Common Sense

•

Rights of Man

Thomas Paine

상식, 인권

토머스 페인 지음 · 박홍규 옮김

:: 옮긴이의 일러두기

페인의 《상식(Common Sense)》과 《인권(Rights of Man)》은 1963년 역사학자 길현모에 의해 사상계사 출판부의 《사상문고》의 하나로(《인권》은 초역), 1967년 영문학자 이가형에 의해 을유문화사 판 《세계사상교양전집》의 하나로 출판된 바 있다. 이미 번역된 책을 다시 번역하는 것은 나의 신념에 어긋난 일이나, 길현모와 이가형의 번역 이후 오랜 세월이 흘렀고, 국가와 정부를 혼동하는 등 그 번역에 문제가 없지도 않으며, 특히 새로운 관점에서 독자들에게 그 내용을 상세히 해설할 필요도 있다고 생각해 새로운 번역을 펴낸다.

역자가 번역의 대본으로 삼은 책은 우리나라 서점에서도 쉽게 구할 수 있는 옥스퍼드대학교 출판사 판 《옥스퍼드 세계고전(Oxford World's Classics)》의 하나로 나온 《인권, 상식, 그리고 다른 정치저술(Rights of Man, Common Sense and Other Political

Writings)》(1995)이다. 참고로 이 옥스퍼드대학교 출판사 판은 마크 필립(Mark Philip)이 편집하고, 서문과 주를 달았다.

역자는 《상식》과 《인권》 두 책이 원래 팸플릿으로 쓰여졌다는 점을 감안하여 이번 번역에서 문장을 가능한 한 짧게 끊고 문단도 나누었으며 뜻이 명확하게 전달되도록 했다. 그리고 성경의 인용은 생명의말씀사에서 나온 《현대인의 성경》(1985)에 따랐다. 페인의 원저에서는 성경의 인용처를 밝히지 않았으나 여기서는 밝혔다. 인용처를 포함한 모든 주는 역자가 붙인 것이며, 번역은 원저의 초판을 기준으로 했다. 원저가 시사적인 팸플릿으로 쓰여졌다는 점에서, 초판 이후에 첨가된 군사적인 설명이나 시사적인 설명의 보충 가운데 우리에게 그다지 흥미를 주지 않는 일부는 생략했으나, 생략한 부분의 위치와 생략한 이유는 반드시 밝혔다.

또한 1792년에 발간된 《인권》 1부의 원저는 분량이 꽤 많음에도 불구하고 장의 구분이 전혀 없으므로, 역자가 적절히 판단해 장을 나누고 각각의 장에 역자 나름의 소제목을 붙여서 독자의 이해를 돕고자 했다. 《인권》 2부나 《상식》의 경우는 원저에서 페인이 구분한 장과 장별 제목을 그대로 옮겼다.

:: 옮긴이의 머리말

상식과 인권, 인권과 상식은 우리 시대의 가장 중요한 화두다. 인권의 확보와 상식의 수립이야말로 이 시대의 가장 중요한 과제다. 사실 인권은 상식이다. 그러나 모든 인간의 인권 확보가 상식임에도 불구하고 우리는 이런 상식이 아직도 확실히 뿌리 내리지 못한 사회에 살고 있다.

요즘 들어 부쩍 '진보와 보수의 대립'이라는 말이 유행처럼 자주 사용되고 있다. 하지만 이는 그 이전의 문제, 즉 원칙과 상식을 공통의 전제로 삼지 않을 경우 대단히 허구적인 것이 된다. 나는 진보나 보수의 어느 편이고 싶지 않다. 지금 소위 진보라는 측이나 보수라는 측 어느 쪽에도 가담하고 싶지 않다. 그러나 원칙과 상식은 분명하다고 믿는다.

2004년 초부터 대통령 탄핵을 둘러싸고 벌어진 논의에서 다수의 국민은 자신들이 뽑은 대통령을 국회가 탄핵한 점에 분노했다.

그 분노는 대통령이나 국민이 갖는 상식인 인권을 국회가 비상식적으로 침해한 민주주의의 원리 문제가 아니라, 대통령의 권위에 대한 국회의 도전에 대한 것이었다. 여기에는 아직도 권위주의적인 대통령상이 도사리고 있다. 대통령이 국회보다 더 부패하지 않았다는 평가가 당시 분노의 이유 중 하나였다고 해도 마찬가지다.

처음에는 탄핵반대 의견이 거세었다가 과거 독재자 대통령의 딸이 국회 다수당의 새 대표로 뽑히자 그 반대가 삽시간에 수그러든 점은, 대통령에 대한 권위주의적인 생각이 국민 대다수의 마음에 존재한다는 점을 더욱 분명하게 보여주었다. 이런 현상은 아직도 우리에게 인권과 민주주의가 상식이 아님을 웅변한다.

인권이 상식인 시대는 그다지 오래되지 않았다. 18세기 말에 와서야 비로소 인권이 상식으로 주장되면서 미국이 독립하고, 프랑스에서 혁명이 터지고, 영국에서 노동운동이 전개됐다. 우리는 그런 역사를 잘 알고 있다. 하지만 당시 그 어떤 정치가나 운동가나 이론가보다 토머스 페인(Thomas Paine, 1737~1809)이 더욱 중요한 역할을 했다는 사실은 잘 모른다. 인권이 상식이 되어 여러 민족의 독립과 혁명을 이루어낸 근대에 페인만큼 중요한 사람은 다시없는데도 말이다.

페인은 영국의 래스키(Harold Laski)가 말했듯이 마르크스(Karl Marx)를 제외하면 "역사상 가장 큰 영향을 끼친 논객"이었고, 페인의 《인권(Rights of Man)》은 톰슨(E. P. Thompson)이 밝혔듯이 "영국 노동운동의 원천을 이루는 저작"이자 "20세기 사회법의 출발점을 제시한 것"이었으며, 따라서 그가 바로 사회법의 아버지였다. 그러나 나는 더욱 근본적으로, 그를 모든 법의 기본인 헌법의 아버지로 본다. 그렇지만 마르크스는 물론 동서양의 온갖 잡동사니 인물들보다도 페인은 우리에게 낯설지 않은가?

그래서 나는 "자유가 없는 곳에 항상 내가 있다"고 외친, 18세기의 페인이 쓴 《상식》(1776)과 《인권》(1791~1792)을 번역한다. 현란한 현대이론에 젖은 사람들은 무슨 케케묵은 구닥다리를 끄집어내느냐고 비웃을지도 모른다. 그러나 나는 페인을 미국 독립운동의 기념관이나 프랑스 대혁명의 기념관에서 사장시키는 고루한 태도에 반대한다. 지금 우리는 그를 묘지에서 끌어낼 필요가 있다. 특히 헌법도 사회법도 독립도 혁명도 제대로 살아있지 않은 이 땅에서는 그를 되살릴 필요가 있다.

그는 단지 적국과 싸운 열렬한 독립운동가나, 왕을 무너뜨린 용감한 혁명가에 그치지 않는다. 그는 국가나 정부에 앞서 인민의 인권이 상식으로 보장되는 자유로운 사회를 주장하고, 거기서 독립과 혁명의 당위성을 찾았다. 그는 민족주의나 국가주의가 아니라 인류 보편의 자연권을 주장하고, 그 원리에 따라 정의로운 사회를 건설하고자 독립과 혁명을 주장했다. 그래서 그는 미국에서 흑인이 노예상태에서 해방되기 훨씬 전인 독립 이전에 흑인을 비롯한 모든 인간의 인권을 주장했다.

최근 계몽사상에 대해 이러저러한 비판이 제기되고 있지만, 계몽사상이 18세기 시민혁명과 19세기 노동운동, 그리고 20세기 민주주의의 핵심을 이루었음을 무시해서는 안 된다. 페인은 계몽사상가의 한 사람으로 평가되지만, 무엇보다 혁명과 운동을 직접 고취한 이론가이자 이론을 실천한 혁명가였다. 바로 이런 이유로 그가 학문적 연구대상에서 제외되는 경향도 있지만, 이는 옳은 태도가 아니다. 역사는 그를 18세기 사상가나 혁명가들 가운데서도 가장 중요한 사람으로 재평가해야 한다.

18세기의 페인과 21세기의 한국 독자들 사이에는 물론 거리가 있다. 그러나 압제로부터의 해방에 관한 그의 주장은 진정한 독립, 자유, 평등을 갈구하는 우리에게 고전으로서 지혜와 용기를 줄 것이라고 나는 기대한다. 아울러 급진적인 반국가주의와 평등주의를 설파한 그의 저술은 자유주의와 사회주의, 그리고 아나키즘의 고전이라는 점에서도 소개할 가치가 있으리라.

글 마지막이나마 인권과 상식의 회복을 위해 이 소중한 고전의 번역을 출판해준 필맥의 이주명 사장에게 감사한다. 이미 윌리엄 모리스의 《에코토피아 뉴스(News from Nowhere)》라는 고전의 번역을 출판해준 이주명은 고전 번역의 중요성을 누구보다 절감하는 출판인이다. 앞으로도 우리 시대에 필요한 고전의 새로운 번역이 이어지기를 기대하며, 역자가 그 기획이나 번역에 참여하게 된다면 무한한 영광으로 여길 것이다.

2004년 11월 박홍규

차례

:: 옮긴이의 일러두기
:: 옮긴이의 머리말

상식 *Common Sense*

서문 · 18
신판 추기 · 20
1 국가의 기원과 의도 일반에 대해, 영국 헌법에 대한 간단한 언급과 더불어 · 21
2 군주제와 세습적 계승에 대해 · 31
3 아메리카의 현 사태에 대한 생각 · 45
4 아메리카의 현재 능력에 대해, 기타 여러 고찰과 더불어 · 71

인권 Rights of Man

인권 1부_프랑스혁명에 대한 버크 씨의 공격에 대한 답변 (1791)

영국판 서문 · 87
1 권력은 후손을 구속할 수 없다 · 91
2 프랑스혁명은 원리를 위한 투쟁이다 · 101
3 혁명 최초의 공격대상은 바스티유였다 · 108
4 인민은 보복하지 않았다 · 119
5 베르사유 행진도 평화적이었다 · 124
6 인권의 기원은 자연권이다 · 132
7 자연권, 시민권, 그리고 국가 · 138
8 프랑스 헌법은 모든 특권을 없앴다 · 147
9 프랑스 헌법은 귀족을 없앴다 · 158
10 프랑스 헌법은 종교의 자유를 인정한다 · 165
11 국가조직 · 172
12 프랑스혁명의 발자취와 발생 상황 · 178
13 인간과 시민의 권리에 관한 선언 · 201
14 인권선언에 대한 고찰 · 205
15 결론 · 208

인권 2부_원칙과 실천의 결합 (1792)

서문 · 221

서론 · 230

1 사회와 문명에 대해 · 236

2 현존하는 낡은 국가의 기원에 대해 · 244

3 낡은 국가체제와 새로운 국가체제에 대해 · 248

4 헌법에 대해 · 269

5 유럽의 정치상황 개선을 위한 방법과 수단, 여러 가지 관찰을 섞어서 · 301

:: 옮긴이 해설_인간을 신뢰한 국제혁명가 · 380

나는 왕이나 양반이 싫다 / 왜 페인인가? /《상식》과《인권》의 역사적 의의 /

페인은 누구인가? / 혁명가 또는 혁명아 /《상식》/《인권》/《인권》에 대한 톰슨의 평가 /

페인의 국가론 / 페인의 인권론 / 버크의 보수주의 / 맺음말

:: 주석 · 408

상식
Common Sense

다음과 같은 흥미로운 주제에 관해, 아메리카[1] 주민들에게 보내는 글

1 국가의 기원과 의도 일반에 대해, 영국 헌법에 대한 간단한 언급과 더불어.
2 군주제와 세습적 계승에 대해.
3 아메리카의 현 사태에 대한 생각.
4 아메리카의 현재 능력에 대해, 기타 여러 고찰과 더불어.

이 책은 원래의 책에 몇 가지 추가된 새로운 판이다.
퀘이커[2]로 불리는 사람들에게 보낸 글과 부록이 추가됐다.[3]

서문

아마도 뒤에 서술될 글 속에 담긴 생각은 아직 대중의 지지를 얻을 만큼 충분히 퍼져있지 않은 내용일 것이다. '그릇된 것'에 대해 아무 생각도 하지 않는 것이 오랜 습관으로 굳어지면, 그 그릇된 것은 표면상 '옳은 것'처럼 보이게 된다. 이렇게 될 경우, 처음에는 관습을 지키려는 무서운 아우성이 일어난다. 그러나 소동은 곧 가라앉기 마련이다. 시간은 이성보다 더 많은 개종자를 만들어낸다.

   권력이 오랫동안 폭력적으로 남용되면, 그 권력의 정당성에 대한 의심이 일게 되는 게 보통이다.(이는 피해자가 고통에 못 이겨 따지려들기 전에는 생각조차 못했을 일에서도 마찬가지다). 영국 왕은 그 자신이 "그들의 권리"라고 말한 것에 의해 수행되는 의회를 "짐의 권리"로 지지한다고 말했다. 이 나라의 선량한 인민은 그런 양자의 결합에 의해 엄청난 압박을 받고 있다. 따라서 이 나라의 인민은 양자의 거짓 주장을 따짐과 동시에 그 양자에 의한 침해를 거부할 명백한 권리를 가진다.

 이 글에서 나는 사람들 사이의 개인적인 모든 일은 회피하고자 노력했다. 개인에 대한 비난이나 찬양은 전혀 없다. 지혜롭고 훌륭한 사람들은 팸플릿 하나의 승리 따위를 필요로 하지 않으며, 지각 없고 비우호적인 사람들은 그들 스스로 개종하는 데 큰 고통이 요구되지 않는 한 그냥 두어도 자연히 사라질 것이므로.

 아메리카의 대의는 바로 전 인류의 대의다. 한 지역에 국한된 것이 아닌 전 세계적인 상황이 지금껏 수없이 일어났고, 앞으로도 계속해서 일어날 것이다. 인류를 사랑하는 모든 인간의 원칙은 그 세계적인 상황의 영향을 받고, 그 결과로 그들에게 애정이 일어나기 마련이다. 어떤 나라를 총검으로 황폐하게 만들고, 전 인류의 자연권에 반대하는 전쟁을 선포하여 그 자연권의 옹호자를 지구상에서 말살하려는 행위는 자연으로부터 감정의 능력을 부여받은 모든 인간의 걱정거리다. 나 역시 당파적인 비난을 초월하여 그와 같은 생각을 하는 사람 중 하나다.

신판 추기(追記)

독립의 이념을 거부하는 그 어떤 반박에 대해서도 (만일 필요하다면) 깊이 고려해보리라 생각했기에 신판 출판을 지연시켜왔다. 그러나 지금까지 아무런 반대의견이 없었고, 누군가가 반대의견을 발표하는 데 필요할 만한 시간도 상당히 지났으므로 이제는 반대의견이 나오지 않으리라 본다.

이 책의 저자가 누구냐를 밝히는 것은 전혀 불필요한 일이다. 주목할 대상은 이론이지 인간이 아니기 때문이다. 그러나 저자는 어떤 당파와도 무관하고, 공사를 불문하고 어떤 종류의 영향 하에 있지도 않으며, 오직 이성과 원칙의 영향 하에 있음을 말하는 것은 불필요한 일이 아니리라.

1776년 2월 14일 필라델피아에서.

국가의 기원과 의도 일반에 대해, 영국 헌법에 대한 간단한 언급과 더불어

어떤 저술가들은 사회와 국가[4]를 매우 혼동하는 탓에 이 둘을 거의 또는 전혀 구별하지 못한다. 그러나 이 둘은 서로 다를 뿐 아니라 그 기원조차 상이하다. 사회는 우리의 필요에 의해 만들어지지만, 국가는 우리의 사악함 때문에 만들어진다. 사회는 우리의 애정을 결합해 '적극적으로' 우리의 행복을 북돋우지만, 국가는 우리의 악을 억제해 '소극적으로' 행복을 북돋운다. 사회는 상호교류를 조성하지만, 국가는 상호차별을 야기한다. 사회는 보호자이지만, 국가는 처벌자다.

사회는 그 모든 상태에서 축복이다. 그러나 국가는 최선의 상태에서도 필요악에 불과하고, 최악의 상태에서는 견딜 수 없는 악이 된다. '국가가 없는' 상황일 때 겪게 될 것이라고 예상했던 불행을 '국가에 의해' 겪거나 당하게 되면, 자신에게 불행을 끼칠 것을 스스로 만들었다는 생각으로 인해 우리의 비참함이 더욱 두드러지기 때문이다. 국가는 옷처럼 순결의 상실을 나타내는 표식이고, 왕의 궁전은 낙원이 무너진 폐허 위에 세워진 것이다. 만약 양심이 분명하고 한결같이 작용하고 무조건 따를 수밖에 없는 것이라면, 인간은 다른 입법자를 필요로 하지 않을 것이다. 그러나 현실은 그렇지 못하기에 인간은 자기 재산의 나머지를 지키기 위해 그 일부를 포기할 필요가 있음을 깨닫는다. 인간이 그러한 자각을 하는 것은, 그들이 매사에 두 가지 악 가운데 하나를 선택해야 할 때 둘 중 덜한 악을 선택하는 것이 좋다고 충고하는 경우와 똑같은 분별력을 갖기 때문이다. 따라서 안전이야말로 국가의 참된 의도이자 목적이고, 이로부터 다음과 같은 의심할 여지가 없는 결론이 나온다. 최소의 비용과 최대의 편의로 우리에게 안전을 가장 잘 보장하는 국가형태야말로 다른 어떤 국가형태보다 바람직하다.

국가의 의도와 목적에 대한 명확하고 올바른 개념을 얻기 위해 지구 위의 다른 지역들과 무관한 어떤 한적한 지역에 자리를 잡고 있는 소수의 사람들을 가정해 보자. 그러면 그들은 어떤 지역이나 세계에서 최초로 나타난 집단이 될 것이다. 그런 자연적 자유의 상태에서는 '사회'가 그들이 생각해내는 최초의 것이리라. 많은 동기들이 그들로 하여금 사회를 만들게 할 것이다. 한 사람의 힘은 자기 자신의 욕구를 충족시키기에도 너무나 부족하고, 그 한 사람의 마음은 영원한 고독을 감당하기에도 너무나 미약하다. 따라서 그는 곧 다른 사람의 도움과 위안을 구하게 되고, 이는 다른 모든 사람도 마찬가지일 것이다.

너덧 사람이 힘을 모으면 황야의 한복판에 아쉬운 대로 살 만한 집을 지을 수 있다. 그러나 오직 한 사람만으로는 평균수명이 다할 때까지 일한다 해도 무엇 하나 이루지 못하리라. 재목을 베었다고 해도 그것을 옮길 수 없을 것이고, 옮겼다고 해도 그것을 세울 수 없으리라. 그러는 사이 배고픔 때문에 일을 더 이상 할 수 없게 되고, 다른 욕망이 그를 다른 길로 가게 하리라. 질병은 물론 재난까지 겹치고, 결국 그는 죽음에 이르리라. 비록 질병이나 재난이 반드시 치명적이지 않더라도 그것들은 그를 살아갈 수 없게 만들고, 죽음이라기보다는 파멸이라고 하는 것이 더 적절한 상태로 그를 몰아갈 것이다.

그러므로 새로 도착한 이주민들은 마치 인력(引力)과도 같은 필요성 때문에 곧 사회를 형성할 것이다. 그들이 상호간에 완전히 공정한 태도를 유지하는 동안에는 법과 국가가 필요하지 않을 것이다. 사회의 호혜적인 축복이 법과 국가의 임무를 대신할 것이기 때문이다. 그러나 악에 굴복하지 않는 것은 하늘밖에 없으므로, 그들을 공통의 목적 아래 결속시킨 이주 초기의 곤란이 극복되어감에 따라 그들은 불가피하게 자신의 의무를 행하는 일과 상호 결합하는 일에 있어 해이해지기 시작할 것이다. 그리고 이런 해이함 때문에 발생하는 도덕적 결함을 메우기 위해 어떤 형태로든 국가를 세워야 할 필요성이 생겨나리라.

그때 어떤 적절한 나무가 그들에게 의사당이 되어주고, 그 나뭇가지 아래 주민들 모두가 모여 공적인 문제를 토의하게 되리라. 그들이 만드는 최초의 법이란 그저 '규칙'이라는 이름밖에는 갖지 못할 것이고, 그 규칙은 위반자에 대한 다른 사람들의 공공연한 냉대로써만 강제되리라. 이 최초의 의회에서는 자연권에 의해 누구나 다 의석을 가질 것이다.

그러나 거주지가 확대됨에 따라 공적인 사항이 증가하고, 주민들은 서로 점점 더 멀리 떨어져 살게 된다. 그러면 주민 수가 적고, 서로의 거리가 가까우며, 공적 사항이 적고 사소했던 초기처럼 언제나 모두가 모인다는 것이 매우 불편해지기 마련이다. 이런 상황은 입법의 역할을 전체 중에서 뽑은 몇몇 사람에게 맡기는 것이 편하다는 생각을 갖게 할 것이다. 이때 선출된 사람들은 그들을 선출한 사람들과 같은 입장에서 같은 생각을 가지고, 주민 모두가 모여서 행동하는 것과 같은 태도로 행동하리라고 가정될 것이다.

만약 거주지가 계속 확대되면 선출되는 대표의 수를 더 늘려야 할 필요성이 생길 것이다. 모든 거주지를 돌보려면, 전체를 관리가 적절한 부분들로 나누고 각 부분에서 적절한 수의 대표를 선출하는 게 최선이라는 데 생각이 미칠 것이다. 그리고 피선출자들이 선출자들 즉 공중의 이익이 아닌 자신만의 이익을 꾀하지 못하게 하려면 선거를 자주 해야 한다는 점을 깨닫게 될 것이다. 피선출자들이 몇 달 만에 다시 선출자들인 전체로 돌아가 그들과 뒤섞일 수 있다면, 그들은 스스로 화를 자초해서는 안 된다는 신중한 생각에서 공중의 의지를 저버리지 않을 것이기 때문이다. 이러한 피선출자의 빈번한 교체는 공동체의 모든 부분에 공통된 이익이 생겨나게 함으로써 자연스럽게 서로 돕도록 만든다. (왕이라는 무의미한 이름이 아니라) 바로 이 점에 '국가의 힘과 피치자의 행복'이 의존하는 것이다.

여기에 국가의 기원과 발생이 있다. 국가는 도덕의 힘으로는 세계를 통치할 수 없기에 필요하게 된 하나의 형태다. 여기에 또한 국가의 의도와 목적인 자유와 안전이 있다. 우리의 눈이 아무리 가식에 현혹되고, 우리의 귀가 아무리 소음으로 인해 잘못 듣고, 우리의 의지가 아무리 편견으로 왜곡되고, 우리의 이해력이 아무리 이익 탓에 어두워진다 해도 자연과 이성의 단순한 목소리는 그것이 옳다고 말하리라.

나는 국가의 형태에 대한 나의 생각을 자연의 원리에서 이끌어냈다. 어떤 것이든 단순하면 단순할수록 부수기 어렵고, 부수어졌다 해도 고치기가 더 쉽다는 원리는 어떤 기교로도 뒤엎을 수 없다. 나는 이런 이치에 입각해서, 그렇게도 자랑돼온 영국의 정체(政體)에 대해 약간 언급하고자 한다. 성립 당시의 어둡고 야만적인 시대에는 그것이 고상했다고 말할 수 있다. 세계가 폭정에 의해 유린될 때는 적어도 그런 상태로부터 벗어날 수 있게 해주는 것만 해도 훌륭한 구원이었다. 그러나 영국의 정체가 불완전하고 동요하기 쉬우며 그것이 약속한 일을 수행할 능력이 없다는 사실은 쉽게 증명된다.

절대국가는 (인간성에 대한 모독이지만) 단순하다는 장점을 가진다. 따라서 절대국가에서는 인민이 고통을 당해도 그 고통이 비롯되는 원인을 알고 그 치료방법도 알기 때문에 원인과 대책의 복잡성 때문에 골치를 썩일 필요가 없다. 그러나 영국의 정체는 너무나 복잡하고, 국민이 여러 해 애를 써도 어디에 그 결점이 있는지를 발견할 수 없다. 어떤 사람은 여기에, 다른 사람은 저기에 결점이 있다고 말하고, 정치적 의사들은 서로 상이한 약을 권유한다.

특수하거나 오래된 편견은 극복하기가 어렵다는 점을 나는 알고 있다. 그러나 영국의 정체를 구성하는 요소들을 심사숙고해 보면, 낡은 전제정치의 비천한 유산 두 가지가 꽤나 새로운 공화제적 요소와 혼합돼 있음을 알 수 있다. 그 혼합은 다음과 같다.

첫째, 왕이라는 사람으로 나타나는 군주적 전제의 유산.
둘째, 귀족이라는 사람들로 나타나는 귀족적 전제의 유산.
셋째, 하원의원이라는 사람들로 나타나는 새로운 공화제의 요소. 바로 이들의 힘에 영국의 자유가 달려 있다.

처음 두 가지 유산은 세습적인 것이므로 인민과 무관하다. 따라서 '정체'라는 의미에서 볼 때 그 두 가지는 국가의 자유에 아무런 기여도 하지 않는다.

영국의 정체가 서로 견제하는 세 권력의 결합이라고 말하는 것은 어처구니없는 짓이다. 그런 말은 전혀 무의미하거나 터무니없는 모순이다.

하원이 왕을 견제한다는 말에는 다음 두 가지 전제가 깔려 있다.

첫째, 왕은 누군가에 의해 감독되지 않는 한 신뢰할 수 없는 존재다. 달리 말하면, 절대권력에 대한 갈망은 군주제 본래의 병폐다.

둘째, 하원은 바로 그런 목적(왕을 감독하는 것)을 위해 임명되므로 왕보다 더 현명하며, 신뢰할 만한 가치가 있다.

그러나 예산 지출을 억제함으로써 왕을 견제할 수 있는 힘을 하원에 부여한 정체가 하원의 법안을 거부할 수 있는 힘을 왕에게 부여하여 하원을 견제하도록 한다. 이는 왕보다 현명하다고 가정된 사람들보다 왕이 더 현명하다고 가정하는 것이다. 얼마나 불합리한 일인가!

군주제의 구조에는 너무나 어처구니없는 것이 포함돼 있다. 즉 군주제는 한 인간에 대해 정보를 얻는 수단을 배제시키고도, 그에게 최고도의 판단이 요구되는 사건들을 처리할 권한을 부여한다. 왕이라는 지위가 그를 세상으로부터 차단시키는데도, 왕의 임무는 그에게 세상을 속속들이 알도록 요구한다. 따라서 군주제의 상이한 부분들이 부자연스럽게 서로 적대하고 파괴해서, 그 전체의 성격이 모순이고 무용하다는 것을 증명한다.

어떤 저술가들은 영국의 정체를 다음과 같이 설명했다. 즉 한쪽에는 왕이, 다른 쪽에는 인민이 있고, 왕을 위한 의회로 상원이, 인민을 위한 의회로 하원이 있다는 것이다. 그러나 이런 설명은 자체 내에서 분열된 의회의 특징을 말하는 것에 지나지 않는다. 듣기 좋은 표현으로 꾸며져 있지만, 따지고 보면 근거 없고 모호하다. 도저히 존재할 수 없는 것이나 너무 어려워 도저히 서술할 수 없는 것을 서술하려고 하는 경우에는 말로 표현할 수 있는 것을 제아무리 멋지게 표현해낸다 해도 한낱 목소리에 지나지 않는다. 그런 말은 우리의 귀를 즐겁게 할 수는 있어도 우리의 마음까지 울릴 수는 없다. 왜냐하면 이러한 설명은 앞에서 말한 의문, 즉 "인민이 믿기 어렵고, 항상 견제해야 하는 권력을 어떻게 왕이 갖게 됐는가?"라는 의문을 불러일으키기 때문이다. 그런 권력을 현명한 인민이 주었을 리 없고, '견제를 필요로 하는 권력'이 신에게서 비롯됐을 리가 없다. 그런데도 영국 정체의 규정은 그런 권력이 존재한다고 가정하고 있다.

그런 규정으로는 정체가 맡은 일을 감당할 수 없다. 그런 수단으로는 목적을 달성할 수도 없을 뿐 아니라 그런 수단 자체가 목적을 달성하려고도 하지 않는다. 이렇게 되면 모든 일은 '자살행위'가 돼 버린다. 언제나 무거운 것이 좀더 가벼운 것을 더 높이 끌어올릴 수 있게 해주고 기계에 달린 모든 바퀴들은 결국 어느 하나의 바퀴에 의해 움직여진다. 따라서 마지막으로 유일하게 알아야 할 것은, 그 정체에서 '어느 것이 가장 무거운가'다. 왜냐하면 바로 그 '무거운 것'이 통치를 할 것이기 때문이다. 그 외 다른 권력들의 전부 또는 일부가 가장 무거운 것의 움직이는 속도를 느리게 하거나, 문자 그대로 '견제'할 수는 있을지 모른다. 하지만 그 움직임을 정지시킬 수 없는 한 그런 노력은 별다른 효과가 없을 것이다. 결국 최초의 원동력이 제 힘을 발휘할 것이고, 속도가 일시적으로 느려져 지연된 부분은 시간이 지나면 복구된다.

영국의 정체에서는 왕이 바로 이런 지배적 부분임은 더 설명할 필요도 없고, 그가 관직과 월급을 주는 사람이라는 점으로 인해 자신의 모든 지위를 얻는다는 것도 자명하다. 그러므로 우리는 현명하게도 절대군주에 대해 문을 닫고 자물쇠를 잠갔다고 하면서, 동시에 어리석게도 왕에게 그 열쇠를 갖도록 했다. 왕, 상원, 하원으로 구성된 자신들의 정부를 찬양하는 영국인들의 편견은 그 대부분 또는 상당 부분이 이성보다는 민족적 자만심에서 유래한 것이다. 영국에 사는 개인들이 다른 어떤 나라의 개인들보다 안전하다는 점은 의심할 여지가 없다. 그러나 프랑스에서와 같이 브리튼[5]에서도 왕의 의지는 나라의 법과 같다. 다른 점이 있다면, 영국에서는 그것이 왕의 입을 통해 직접 발표되지 않고 의회의 법률이라고 하는 가장 무시무시한 형태로 인민에게 전달된다는 점이다. 왜 이렇게 됐냐 하면, 찰스 1세의 운명[6]이 왕들을 더욱 교활하게 만들었을 뿐 더욱 의롭게 만들지는 못했기 때문이다.

따라서 양식이나 형태를 찬양하는 민족적 자만심과 편견을 모두 제거하면 진리가 명백히 그 모습을 드러낸다. 즉 영국 왕이 터키 왕[7]만큼 압제적이지 않은 것은 오직 그 인민의 체질 때문이지, 그 국가의 체질 때문이 아니다.

영국의 국가형태가 지닌 구조적 결점에 대한 검토는 이 시점에서 매우 필요한 일이다. 왜냐하면 우리가 어떤 커다란 편파심의 영향 아래 있는 한 남을 공정하게 대할 수 있는 적절한 조건에 있다고 할 수 없는 것과 마찬가지로, 우리가 고집불통의 편견에 속박돼 있는 한 우리 스스로를 공정하게 대할 수 없기 때문이다. 그리고 창녀에게 사로잡힌 자가 아내를 선택하거나 판단할 자격이 없는 것처럼, 부패한 국가체제를 찬양하는 선입견은 훌륭한 국가체제를 판별하지 못하게 한다.

2
군주제와 세습적 계승에 대해

인류는 본래 창조적 질서 안에서는 평등하다. 이러한 평등은 그 뒤에 발생하는 어떤 사정에 의해서만 깨어질 수 있다. 평등이 깨어지는 것은 대체로 빈부 차별에 기인하며, (빈부 차별 때문이긴 하지만 그 빈부 차별이라는 것이) 압제와 탐욕이라는 잔인하고도 듣기 싫은 이름을 가진 것에 의한 것은 아니다. 압제는 대체로 부의 '결과'이기는 하지만, 거의 또는 결코 부의 '수단'일 수는 없다. 그리고 탐욕은 사람을 극심한 가난에 빠뜨리지는 않지만, 대개 사람을 너무 겁쟁이로 만들기 때문에 부자가 되게 하지도 못한다.

그러나 정말로 자연적이거나 종교적인 이유를 내세울 수 없는, 더욱 중요한 차별이 하나 더 있다. 그것은 바로 인간을 왕과 신하로 가르는 구별이다. 남성과 여성은 자연의 구별이고, 선과 악은 하늘의 구별이다. 그러나 어떻게 인간의 한 종류가 나머지 인간들 위에 높이 자리 잡고 앉아 마치 새로운 종족인 듯 특별한 대우를 받아가면서 이 세상에 나타나게 됐는지는, 그리고 그들이 과연 인류에 대한 행복이나 불행의 수단인지는 추궁해볼 만하다.

성경의 연대기에 의하면, 세계의 초기에는 왕이 없었다. 또한 그 결과인 전쟁도 없었다. 인류를 혼란에 빠뜨린 것은 바로 왕들의 자만이었다. 왕이 없는 네덜란드는 지난 세기에 유럽의 어느 군주제 국가보다 더 많은 평화를 누렸다. 이는 고대에도 마찬가지였다. 조용한 농촌생활을 하는 초기 족장들 사이에는 어떤 종류의 행복이 존재했다. 그러나 유대 왕실의 역사를 들여다보면 그 행복은 사라지고 만다.

왕이 다스리는 국가는 이교도들에 의해 처음으로 세계에 소개됐고, 이스라엘 자손들은 그들의 관습을 본받았다. 그것은 악마가 우상숭배를 증진시키기 위해 내세운 발명품들 가운데 가장 성공적이었다. 이교도들은 그들의 죽은 왕에게 신의 영광을 바쳤으나, 기독교 세계는 그들의 살아있는 왕에게도 같은 영광을 부여하여 이교도들의 관습을 더욱 발전시켰다. 빛나는 영광 속에서 먼지 속으로 허물어져 간 한 마리 구더기에게 '거룩한 제왕'이라는 칭호를 부여하다니, 이 얼마나 불경스러운 짓인가!

한 사람을 다른 사람들보다 더욱 위대하게 높이는 행위는 자연의 평등권이라는 측면에서 정당화될 수 없다. 마찬가지로 그런 행위는 성경의 권위로도 변호될 수 없다. 왜냐하면 기드온과 예언자 사무엘[8]이 말했듯이, 신의 뜻은 명백히 왕에 의한 국가를 부정하기 때문이다. 군주제에 반대하는 성경의 모든 부분들이 군주제 국가에서는 매끄럽게 얼버무려져 왔지만, 아직도 자신의 국가를 형성하지 못하고 있는 나라들에서는 의심의 여지없이 그런 부분들에 주목할 필요가 있다. "황제의 것은 황제에게, 하느님의 것은 하느님에게 바치라"[9]는 말은 궁정에 대한 성경의 원리나, 군주제 국가를 지지한 것은 아니라고 봐야 한다. 왜냐하면 당시 유대인들에게는 왕이 없었기 때문이다. 그들은 로마인들에게 예속된 상태였다.

모세의 창세기로부터 거의 삼천 년이 지나서야 유대인들은 민족적 망상에 사로잡혀 왕을 요구했다. 그때까지 그들의 국가형태는 (신이 개입한 특별한 경우를 제외하고는) 심판자 한 사람과 부족 원로들이 다스리는 일종의 공화국이었다. 그들에게는 왕이 없었고, 만인의 주인을 제외하고 그런 칭호를 인정하는 것은 죄악으로 여겨졌다. 따라서 왕이라는 인간에 대한 우상숭배를 진지하게 생각해 본다면, 언제나 자신의 영광을 바라는 질투심 많은 신이 천국의 대권을 불경스럽게 침해하는 국가라는 형태를 부정하리라는 것은 의심의 여지가 없다.

성경에서 군주제는 유대인의 죄악 가운데 하나로 취급됐다. 이 때문에 유대인들에게는 미리 준비된 하나의 저주가 내려졌다. 이에 관한 역사는 주목할 만한 가치가 있다.

이스라엘의 자손들이 미디안 족의 억압을 받게 되자 기드온은 소수의 군대를 거느리고 그들을 향해 진격했고, 신의 도움을 받아 승리했다. 성공에 의기양양해진 유대인들은 그것이 기드온의 통솔 때문이라고 생각해 그를 왕으로 받들겠다며 이렇게 말했다. "당신과 당신의 자손들이 우리의 통치자가 되십시오."[10] 이는 아주 큰 유혹이었다. 하나의 왕국만이 아니라 세습적 왕국을 제안한 것이다. 그러나 경건한 마음을 지닌 기드온은 이렇게 대답했다. "나는 당신들의 통치자가 되지 않겠소. 물론 내 아들도 마찬가지요. 오직 여호와께서 당신들을 다스릴 것이오."[11] 너무도 분명한 어조였다. 기드온은 영광을 '부정' 한 게 아니라, '영광' 을 부여하겠다는 그들의 권리를 부정한 것이다. 그는 듣기 좋게 포장된 감사의 말로 그들의 제안을 거절하지 않고, 예언자다운 명백한 어조로 그들의 정당한 주권자인 천국의 왕에 대한 불경을 책망했다.

약 130년이 지난 뒤에 그들은 똑같은 실수를 다시 저질렀다. 유대인들이 왜 이교도들의 우상숭배 관습을 동경했는지는 도무지 이해할 수 없지만, 어쨌든 그런 일이 생겼다. 어떤 일을 담당하고 있던 사무엘의 두 아들이 저지른 비행에 대해 증거를 잡은 유대인들이 거칠고 떠들썩한 태도로 사무엘에게 가서 말했다. "보십시오. 이제 당신은 늙었고, 당신의 아들들은 당신의 행위를 본받지 않고 있습니다. 그러니 다른 나라들과 같이 우리에게도 왕을 세워 우리를 다스리게 하십시오."[12] 여기서도 우리는 그들의 동기에 문제가 있었다는 점을 관찰할 수 있다. 자신들의 참다운 영광이 다른 민족인 이교도들과 얼마나 다른가에 있음에도 불구하고, 그들은 이교도들과 같아지려고 했다. 그러나 사무엘은 왕을 세워 달라는 그들의 요구를 기쁘게 여기지 않았기 때문에 여호와께 기도하며 물어보았다. 그러자 여호와께서 이렇게 대답하셨다. "백성들이 너에게 한 말을 다 들어 주어라. 그들은 너를 버린 것이 아니라 더 이상 내가 그들의 왕이 되는 것을 원치 않아 나를 버린 것이다. 내가 그들을 이집트에서 이끌어낸 그날부터 오늘날까지 그들은 계속 나를 저버리고 다른 신들을 섬겨왔다. 이제 그들은 너에게도 똑같은 짓을 하고 있다. 이제 너는 그들의 말을 들어 주어라. 그러나 왕을 모시는 것이 어떤 것인지 그들에게 경고해 주어라."[13] 즉 어떤 특별한 왕이 아니라, 이스라엘 사람들이 그렇게 열렬히 모방하고자 한 지상의 왕들이 지니는 일반적 태도를 알게 하라는 말이었다. 그리고 엄청난 시간의 간격과 풍습의 차이에도 불구하고 그런 왕들의 기질은 아직도 그대로 유행하고 있다. 사무엘은 왕을 요구하는 백성에게 여호와의 말씀을 전하며 이렇게 말했다. "여러분이 왕을 모시겠다고 계속 고집하면 그 왕은 여러분의 아들들을 징발하여 그의 전차와 말을 몰게 하고, 그의 전차 앞에서 달리게 할 것이며…"[14] 이러한 표현은 사람을 강제로 징집하는 현재의 방식과도 일치한다. "또 여러분의 아들들 가운데 어떤 사람은 군부대의 지휘관이 되게 하고, 또 어떤 사람은 종으로 삼아 궁전의 밭을 갈며 추수하게 하고, 또 다른 사람은 왕의 무기와 전차의 도구를 만들게 할 것입니다. 그리고 그는 여러분의 딸들을 데리고 가서 강제로 요리시키고 빵을 굽고 향료를 만들게 할 것입니다."[15] 이는 왕의 압제와 함께 그 낭비와 사치를 묘사한 것이다. "그가 여러분의 밭과 포도원과 감람원 중에서 제일 좋은 것을 빼앗아 그의 신하들에게 줄 것이며, 또 여러분이 추수한 수확의 십일조를 거두어 자기의 관리와 신하들에게 나누어 주고…"[16] 이에 의해 우리는 수뢰, 부패, 정실주의가 왕에게 항상 따라붙는 악덕임을 알 수 있다. "여러분의 남녀 종과 제일 좋은 소와 나귀를 끌고 가서 그의 사적인 일을 시킬 것입니다. 그리고 그는 여러분의 양 떼 가운데 십분의 일을 빼앗아 갈 것이며, 여러분은 그의 종이 될 것입니다. 그때 여러분은 여러분이 선택한 바로 그 왕 때문에 눈물로 부르짖을 것이나 여호와께서는 응답하지 않으실 것입니다."[17] 이는 군주정체가 계속되는 이유를 설명해준다. 비록 그 뒤에 소수의 어진 왕들이 등장하긴 하지만 그들의 자질로도 왕이라는 칭호를 신성화하거나 그 기원의 죄악성을 씻을 수 없다. 다윗에게 바쳐진 높은 찬사는 그를 왕으로서 찬양하는 게 아니라, 신의 마음을 본받은 인간으로 찬양한 것이었다. 그러나 백성은 사무엘의 경고를 듣지 않고 "그래도 우리에게는 왕이 있어야 되겠습니다. 우리는 주변의 다른 나라들과 같이 되기를 원합니다. 그래야 그가 우리를 다스리며 전쟁에서 우리를 지휘하고 우리를 위해 싸울 것 아닙니까?" 하고 우겨댔다.[18] 사무엘은 계속해서 그들을 깨우치려고 했으나 실패했다. 배은망덕하다며 그들을 책망했지만 소용없었다. 그들이 어리석음에 완전히 빠져있음을 보고 사무엘은 이렇게 외쳤다. "내가 기도하면 여호와께서 우레와 비를 보내실 것이오."[19] 당시는 밀을 베는 시기였기 때문에 이는 하나의 처벌이었다. "이제 여러분은 왕을 요구한 죄가 얼마나 큰지 알게 될 것이오." 이윽고 사무엘이 기도

하자 여호와께서 우레와 비를 보내셨다. 그러자 모든 백성이 여호와와 사무엘을 몹시 두려워하며 사무엘에게 이렇게 말하였다. "우리를 위해 당신의 하나님 여호와께 기도하여 제발 우리가 죽지 않게 해주십시오. 우리는 우리가 지은 죄 외에도 왕을 요구하여 또 하나의 다른 죄를 범했습니다."[20]

성경의 위와 같은 부분은 직접적이고 분명하다. 모호한 해석이 허용되지 않는다. 신이 군주정에 반대하는 자신의 단언을 여기에 넣어둔 게 틀림없다. 그렇지 않다면 성경은 거짓이리라. 그리고 가톨릭 국가들이 성경을 대중으로부터 멀게 하려 하는 데는 사제의 술책 못지않게 왕의 술책이 있다고 믿을 만한 충분한 이유가 있다. 모든 면에서 군주제는 정치의 교황제이기 때문이다.

군주제의 악폐에다 우리는 세습적 계승의 악폐를 더했다. 군주제가 우리 자신의 격하와 왜소화를 의미한다면, 세습적 계승은 그것이 권리로 주장될 경우 후손에 대한 모욕이자 기만이다. 왜냐하면 모든 인간은 원래 평등하므로 누구나 출생에 의해 자기 가문을 다른 가문보다 영구히 우월한 지위에 둘 권리를 갖지 못하기 때문이다. 그리고 어떤 사람이 동시대 사람들로부터 어느 정도 고상한 명예를 인정받을 만한 자격을 갖고 있다고 해도, 그의 후손은 그런 자격을 계승할 만큼의 가치가 없는 사람일 수도 있기 때문이다. 왕위 계승권의 어리석음을 보여주는 가장 자연스러운 증거는 바로 자연이 그것을 거부한다는 점이다. 그렇지 않다면 자연은 인류에게 사자 대신 노새를 보내어 그처럼 자주 왕위 계승권을 조롱하지는 않았으리라.

둘째, 처음에는 누구도 자신에게 부여된 공적인 명예 이상의 어떤 명예도 가질 수 없었듯이, 그런 명예의 수여자도 후손의 권리까지 부여할 권한을 갖지 못했다고 봐야 한다. 비록 그들이 "우리는 당신을 우리의 우두머리로 선출한다"고 말했다 해도, "당신의 아들과 자손들이 영원히 우리 후손들의 왕이 되리라"고까지 말하는 것은 그들의 후손에 대한 명백한 침해가 된다. 왜냐하면 그런 현명하지도 정당하지도 자연스럽지도 못한 계약은 그 다음의 왕위 계승에서 그들을 깡패나 바보의 통치 아래 두게 할지도 모르기 때문이다. 대부분의 현명한 사람들은 항상 세습권을 경멸했다. 그러나 세습권이란 일단 자리를 잡으면 쉽게 없애기 어려운 악폐 가운데 하나다. 많은 사람들은 공포 때문에, 또 다른 사람들은 미신 때문에 복종한다. 그리고 힘이 있는 사람들은 나머지 사람들에 대한 약탈에 왕과 함께 가담한다.

이상은 현재 세상의 왕족이 명예로운 기원을 갖고 있다는 것을 전제로 했을 때의 이야기다. 그러나 우리가 옛날을 덮고 있는 어두운 장막을 걷어내고 그것이 처음 나타난 때를 추적할 수 있다면 다음과 같은 사실을 반드시 알게 되리라. 즉 그들 중 최초의 사람은 상당히 불량한 깡패 두목급 악한보다 나을 게 없는 자로서, 그 야만성이나 교활함으로 인해 약탈자들 사이에서 두목의 칭호를 얻었다는 것이다. 또한 권력을 증대시키고 약탈행위를 확대하면서 평화롭고 방어력이 없는 사람들을 위압해 자주 공물을 바치게 함으로써 그들로 하여금 안전을 사도록 한 것이다.

그러나 그를 선출한 사람들은 그의 후손에게 세습권을 부여한다는 생각은 할 수 없었다. 그러한 영구적 자기비하는 그들이 살아가는 원칙이라고 공언한 자유롭고 제약 없는 삶과는 양립할 수 없기 때문이었다. 따라서 초기 군주정에서는 우연이거나 경우에 따라 선택적으로만 왕위 세습이 이루어졌다. 그러나 그런 초기에 대한 기록은 거의 혹은 전혀 남아있지 않고, 역사는 전설로 채워졌다. 그래서 몇 세대가 지난 뒤에는 민중의 목구멍에 세습권을 억지로 밀어 넣기 위해 마호메트처럼 시기를 적당히 맞추어 어떤 미신 이야기를 꾸며내는 것은 너무나 쉬운 일이 됐다. 아마도 지도자가 사망하고 새로운 지도자를 선출하면서 일어났거나 일어날 것 같은 혼란상태 때문에 (왜냐하면 악당들 사이의 선거는 결코 질서정연할 수 없으므로) 많은 사람들이 처음에는 계승권 사칭행위를 지지하게 되었으리라. 이러한 방식에 의해, 처음에는 편의상 부여된 것이 나중에는 권리로 주장되는 일이 벌어졌고, 그 후에도 그런 주장이 이어진 것이다.

영국은 정복된 이래 소수의 훌륭한 군주들이 있긴 했으나, 훨씬 더 많은 나쁜 군주들 밑에서 신음해왔다. 정신이 온전한 사람이라면 윌리엄 정복왕에서 비롯된 그들의 왕위 계승권이 명예로운 것이라고 말할 수 없다. 윌리엄 정복왕은 무장강도를 데리고 영국에 상륙해서 원주민의 뜻에 반해 영국 왕을 자처한 일개 프랑스 귀족의 서자로서, 그 근본이 솔직히 말해 매우 비천하고 흉악스럽다.

그에게는 어떤 신성함도 없다. 세습권의 어리석음을 드러내는 데 많은 시간을 허비할 필요는 없다. 설령 그것을 믿을 만큼 나약한 사람이 있다고 해도, 그들이 노새든 사자든 닥치는 대로 숭배하고 환영하도록 내버려 두자. 나는 그들의 자기비하를 모방하지도, 그들의 헌신을 방해하지도 않을 것이다.

그러나 나는 그들에게 왕이 처음에 어떻게 뽑혔다고 생각하는지 묻고 싶다. 답은 다음 세 가지 중 하나다. 첫째, 추첨에 의해. 둘째, 선거에 의해. 셋째, 찬탈에 의해. 만일 최초의 왕이 추첨에 의해 정해졌다면 이는 다음 왕을 위한 하나의 선례를 만든 것이고, 세습적 계승을 배제하는 것이다. 추첨으로 왕이 된 사울[21]은 그의 자식에게 왕위를 세습하지 않았다. 만약 어느 나라 왕이 선거로 뽑혔다면 이 역시 다음 왕을 위한 선례를 만든 것이다. 왜냐하면 왕뿐만 아니라 왕의 가문까지도 선택한 최초 선출자들의 행위로 인해 모든 미래 세대의 권리가 영구히 박탈됐다고 말하는 것은, 모든 인간의 자유로운 의지가 아담에 의해 상실됐다고 가정하는 원죄의 교리를 제외하고는 성경의 안팎 어디에서도 유사한 예를 찾을 수 없기 때문이다.

이와 같은 원죄와 비교를 해보면 세습적 계승이 전혀 영광스러울 게 없는 것임을 알 수 있다. 아담 이후 모든 인간이 죄를 짓고, 세습적 계승에서는 최초의 선출자들 이후 모든 사람들이 복종했다. 인간은 한편으로는 사탄에게, 다른 한편으로는 군주에게 복종했다. 사탄에 복종함으로써 인간은 순결을 상실하게 됐고, 군주에 복종함으로써 인간은 권위를 상실하게 됐다. 나아가 이 두 가지로 인해 우리가 이전의 상태와 특권을 되찾지 못했기에 원죄와 세습적 계승이 같은 것이라는 결론에 이른다는 것은 반박의 여지가 없다. 이 얼마나 명예롭지 못한 일인가! 얼마나 창피한 연고관계인가! 아무리 재치 있는 궤변가라고 해도 이보다 더 적절한 비유를 만들어내지는 못할 것이다.

찬탈에 대해서는 아무도 그것을 변호하려 하지 못할 것이다. 그리고 윌리엄 정복왕이 찬탈자라는 사실은 누구도 부정할 수 없는 사실이다. 따라서 영국 군주제의 원형이 추궁을 피해갈 수 없음은 너무나도 뚜렷한 사실이다.

그러나 인류에게 문제가 되는 것은 세습의 불합리성보다 그 악폐다. 만일 어떤 종족의 왕위를 세습 받을 사람들이 선량하고 현명한 사람들일 것이란 보장이 있다면, 이는 신적인 권위를 증명하는 것이 되리라. 그러나 세습이란 어리석고 사악하며 부적절한 자들에게 문을 열어주는 것이고, 따라서 그 자체로 압제의 성격을 가진다. 자신은 남을 지배하기 위해 태어났고, 남들은 자신의 지배를 받기 위해 태어났다고 생각하는 자들은 쉽게 오만해진다. 자신이 다른 사람들을 제치고 뽑힌 사람이라고 생각하는 사람들은 거드름에 일찍 중독된다. 그들이 실제로 살아가는 세계는 전체 세계와는 본질적으로 다르기 때문에 그 참된 이해관계를 알 수 있는 기회가 거의 없다. 따라서 그들이 국가를 이어받을 때는 어느 영토를 막론하고 가장 무식하고 부적절한 사람일 가능성이 높다.

세습적 계승에 따르는 또 하나의 악폐는 나이 어린 사람이 왕위에 오르기 쉽다는 점이다. 그럴 경우에는 대개 어린 왕을 대행하는 섭정(攝政)이 자신의 임무를 저버리고 왕을 배신할 수많은 기회와 유혹을 갖게 된다. 왕이 노령과 질병으로 지쳐서 인간으로서 가장 허약한 단계에 들어설 때도 이와 같은 국가적 불행이 생겨난다. 이 두 가지 경우에 민중은 노령과 연소함에서 오는 어리석음을 잘 주무를 수 있는 간악한 무리에게 희생된다.

지금까지 나온, 세습을 지지하는 변명들 가운데 가장 그럴듯한 것은, 그것이 나라를 내란으로부터 지켜준다는 것이다. 만일 이런 변명이 사실이라면 세습을 해야 함이 마땅할 것이다. 그러나 이것이야말로 인류에게 말해진 거짓말 중에서 가장 낯가죽이 두꺼운 거짓말이다. 영국 역사 전체가 그 변명이 거짓이었음을 증명한다. 정복 이후 서른 명의 왕과 두 명의 연소자가 어지러운 왕국을 지배하는 사이에 (혁명[22]을 포함하여) 적어도 여덟 차례의 내란과 열아홉 번의 반란이 있었다. 이처럼 세습적 계승은 평화를 이루기는커녕 평화에 반대되고, 평화가 이루어질 수 있는 토대 그 자체를 파괴한다.

요크가와 랭커스터가가 왕위와 계승을 둘러싸고 벌인 전쟁[23]은 수십 년간 영국을 피바다로 물들였다. 소규모 전투나 공방전을 제외하고도 열두 번의 큰 전투가 헨리와 에드워드 사이에 벌어졌다.[24] 에드워드는 두 번이나 헨리를 포로로 삼았고, 그 역시 헨리의 포로가 됐다. 개인적인 문제 외에 싸움의 원인이 될 것은 전혀 없는 가운데 전쟁의 운명은 불확실했다. 헨리가 이겨 감옥에서 궁전으로 옮기고, 에드워드는 궁전에서 외국으로 도망치는가 하면, 어느새 전세는 뒤바뀌어 이번에는 헨리가 왕위에서 쫓겨나고, 에드워드가 왕이 됐다. 쉽게 급변하고 알 수 없는 게 국민의 성미인지라 의회는 언제나 강자의 편을 들었다.

헨리 6세 시절에 시작된 이 싸움은 양가가 결합된 헨리 7세 때도 완전히 끝나지 않았다. 그것은 1422년부터 1489년까지 무려 67년간 이어졌다.

요컨대 군주제와 왕위 계승은 (이 나라 또는 저 나라만이 아니라) 전 세계를 오직 피와 재 속으로 몰아 넣어왔다. 그것은 신의 말씀을 거스르고, 피가 따르는 국가형태다.

왕이 하는 일이 어떤 것인지를 살펴보면, 어떤 나라에서는 왕이 하는 일이 아무것도 없다는 사실을 알게 될 것이다. 그런 왕은 자기도 즐겁지 않고 국민에게 이익을 주지도 않으면서 그저 일생을 빈둥거리며 보낸 뒤 무대에서 사라지고, 후계자에게도 똑같이 게으른 생활을 물려준다. 절대군주제에서는 문무 만사를 왕이 모두 감당해야 한다. 이스라엘의 자손들은 왕을 요구하면서 "그가 우리를 다스리며 전쟁에서 우리를 지휘하고 우리를 위해 싸울 것"이라는 구실을 강조했다. 그러나 영국과 같이 왕이 심판자도 아니고 장군도 아닌 나라에서 왕이 할 일이란 과연 무엇인가!

어떤 국가가 공화제에 가까워질수록 왕이 하는 일은 더 적어진다. 영국의 국가형태에 적당한 이름을 붙이기란 꽤 어렵다. 윌리엄 메러디스 경[25]은 공화국이라고 한다. 그러나 현재 상태에서 영국은 그런 이름으로 불릴 수 없다. 왜냐하면 모든 관직을 제멋대로 할 수 있는 부패한 왕의 영향력이 권력을 너무나도 효과적으로 삼키고 (그 정체의 공화제 부분인) 하원의 장점을 먹어치워, 프랑스나 스페인의 전제정과 거의 같아졌기 때문이다. 사람들은 이런 점을 이해하지 못하고 이름만 갖고 왈가왈부한다. 그 이유는 영국인이 자랑으로 삼는 것은 영국 정치제도의 군주제적 부분이 아니라 공화제적 부분, 즉 자신들 가운데서 하원을 선출하는 자유이기 때문이다. 이런 공화제적 장점이 무너지면 국민이 노예가 된다는 것은 뻔한 일이다. 군주정이 공화국에 해독을 끼치고 왕이 하원을 무력화시킨다는 이유 외에 또 어떤 이유에서 영국의 정치제도가 병적이겠는가?

영국에서 왕은 전쟁을 일으키고 관직을 부여하는 것 외에 하는 일이 없다. 이런 영국 왕의 일은, 적나라하게 표현하자면 나라를 가난하게 만들고 서로 싸우게 하는 것에 지나지 않는다. 1년에 80만 파운드를 받고 덤으로 존경까지 받는 사람의 일치고는 정말 그럴싸하지 않은가! 지금까지 왕관을 썼던 모든 악당들보다는 정직한 보통 사람 한 명이 사회에 더 가치가 있고 신 앞에 더 가치가 있다.

3
아메리카의 현 사태에 대한 생각

지금부터 여러 쪽에 걸쳐 나는 지극히 단순한 사실, 평범한 논의, 그리고 상식을 말하겠다. 그 이상의 것은 아무것도 제시하지 않겠다. 나는 독자와 확실히 해두어야 할 전제조건으로 단 한 가지 외에는 다른 아무것도 갖고 있지 않다. 그 한 가지는, 편견과 선입견을 버리고 이성과 감정으로 하여금 스스로 판단하도록 한다는 것, 즉 인간의 참된 성격을 갖고, 아니 차라리 그것을 버리지 않고 너그럽게 자신의 견해를 넓힘으로써, 눈앞의 일만 보지는 말아야 한다는 것이다.

영국과 아메리카의 투쟁이라는 주제에 대해 지금까지 많은 책이 쓰어졌다. 각계각층의 사람들이 각자 상이한 동기와 다양한 의도를 가지고 이 논쟁에 참여해왔다. 그러나 그 모든 것은 헛되었고, 논쟁의 시대는 끝났다. 급기야는 마지막 수단으로 무력이 투입돼 싸움을 결판냈다. 무력에 호소한 것은 왕의 선택이었고, 대륙은 그러한 도전에 나서라는 요구를 받아들였다.

(유능한 대신이기는 했으나 결점도 없지 않았던) 죽은 펠럼[26] 씨는 그의 정책들이 오직 임시방편에 불과했다는 이유로 하원에서 공격을 받자 "그것들은 내가 자리에 있는 동안은 유지될 것"이라고 대답했다고 한다. 지금의 싸움에서 그렇게 치명적이고 사내답지 못한 생각이 식민지를 지배한다면 조상들의 이름은 미래 세대에 의해 증오와 함께 회상되리라.

하늘 아래 이보다 더 큰일은 없었다. 이것은 하나의 도시나 하나의 지역 또는 하나의 왕국의 일이 아니라 하나의 대륙, 거주 가능한 지구의 최소한 팔분의 일에 해당하는 대륙에 관련된 일이다. 그것은 하루, 한 해, 한 세대에 관련된 것이 아니라 후손까지 직접적으로 그 싸움에 관련돼 있고, 현재의 진행 결과에 따라 이 세상 마지막까지도 다소간 영향이 미칠 것이다. 지금은 대륙의 통일, 신념, 명예의 파종기다. 오늘의 미세한 상처는 마치 어린 참나무의 부드러운 껍질에 바늘 끝으로 새긴 이름과 같을 것이다. 그 상처는 나무와 함께 커져서 후손들은 그것을 완전히 크게 자란 글자로 읽으리라.

사건의 해결을 논쟁 대신 무력에 맡김으로써 정치의 새로운 시대가 열렸다. 또한 새로운 사고방식도 생겨났다. 적대관계가 시작된 4월 19일[27] 이전의 모든 계획과 제안들은 지난해의 연감(年鑑)과 같은 게 돼버렸다. 당시에는 적절했으나 지금은 쓸모없이 내던져진다. 이 문제에 관해 양쪽 옹호자들이 제시한 것이 무엇이든 간에 그것은 결국 동일한 하나, 즉 영국과의 결합이라는 것에 모아졌다. 양쪽 사이의 유일한 차이는 결합을 하는 방법이었다. 한쪽은 무력을 제안했고, 다른 쪽은 우의를 제안했다. 그런데 지금까지의 상황을 보면 무력을 제안한 쪽은 실패했고, 우의를 제안한 쪽은 무력하게 됐다.

화해의 장점에 대해서는 그동안 많이 논의되었으나 기분 좋은 꿈처럼 사라졌고, 우리는 과거로 되돌아갔다. 따라서 우리가 그런 주장에 반대되는 것을 검토하고, 이 식민지가 영국과 관련되고 종속됨에 따라 현재 겪고 있고, 앞으로 언제까지나 겪게 될 많은 물질적 침해들 가운데 몇 가지를 가려 따져보는 것은 너무나도 당연히 해야 할 일이다. 즉 그 관련과 종속을 자연의 원리와 상식을 바탕으로 검토하고, 분리되는 경우에는 우리가 무엇을 믿어야 하며, 종속되는 경우에는 우리가 무엇을 기대할 수 있는지를 알아야 한다.

아메리카는 지금까지 영국과의 관련 속에서 번영해 왔듯이 장래의 행복을 위해서도 같은 관련이 필요하며, 그런 관련성은 언제나 같은 효과를 낼 것이라는 몇몇 사람들의 주장을 나는 들어왔다. 그러나 그것은 명명백백히 잘못된 주장이다. 그런 주장은 마치 아이가 지금까지 젖을 먹고 자랐으니 고기를 먹어서는 안 된다든가, 인생의 처음 20년간은 그 다음 20년의 선례가 돼야 한다고 주장하는 것과 마찬가지다. 따라서 그런 주장을 허용하는 것은 잘못된 사실을 인정하는 것이다. 만약 그동안 유럽 열강이 아메리카에 전혀 상관하지 않았다고 해도 아메리카는 지금과 다름없이, 아니 더욱 더 번영했을 것이라고 나는 자신 있게 반박할 수 있다. 아메리카를 부유하게 만든 상업 품목은 생활필수품이고, 먹는 것이 유럽의 관습인 한 언제나 그 시장은 무너지지 않을 것이기 때문이다.

그러나 영국이 우리를 보호했다고 주장하는 사람들이 있다. 물론 영국이 자신의 비용과 함께 우리의 비용으로 대륙을 방어했다는 것은 인정한다. 그러나 사실 이러한 방어는 보호라기보다는 독점이며, 영국은 같은 동기, 즉 장사와 영토를 위해서라면 그게 아메리카가 아니라 터키라도 방어했을 것이다.

가련하게도 우리는 낡은 편견 때문에 길을 잘못 들었고, 미신에 엄청난 희생을 바쳐왔다. 우리는 영국의 동기가 '사랑'이 아니라 '이익'이었다는 점을 생각하지 않고, 영국의 보호를 자랑해왔다. 그러나 영국은 '우리를 위해 우리의 적으로부터' 우리를 보호한 것이 아니라, '자신을 위해 자기 적으로부터' 우리를 보호한 것이었고, 그 적은 '이와 다른 이유'로 우리와 싸운 적이 없지만 앞으로는 '이와 같은 이유'로 우리의 적이 될 것이다. 영국이 더 이상 대륙에 그런 거짓 주장을 할 수 없게 하거나 대륙이 더 이상 영국에 종속되기를 거부한다면, 프랑스와 스페인이 영국과 전쟁을 해도 우리는 그들과 평화를 유지할 수 있다. 하노버가가 지난 전쟁[28]에서 입은 재난은 그들과의 연합에 반대하라는 경고임이 틀림없다.

최근 영국 의회는 식민지들이 모국을 통하지 않고서는 서로 무관하다고 주장하고 있다. 즉 펜실베이니아나 저지 등은 영국을 통해서만 자매 식민지일 수 있다는 것이다. 이는 상호관련성을 증명하는 방법으로는 대단히 우회적인 길임이 분명하다. 그러나 그것은 적대성이라고 할 수 있는 것을 증명하기에는 가장 가깝고, 유일하게 확실한 길이다. 프랑스와 스페인은 지금까지 '아메리카인'인 우리의 적이 된 적이 없고 아마 앞으로도 그럴 것이지만, 우리가 영국에 속해 있는 한은 적이거나 적이 될 수 있다.

영국을 조국이라고 말하는 사람들이 있다. 그러나 영국이 정말로 우리의 조국이라면 영국의 행위는 더욱 수치스런 것이다. 짐승도 제 새끼는 잡아먹지 않고, 야만인도 제 가족과는 전쟁을 하지 않는다. 따라서 영국이 우리의 조국이라는 주장은 도리어 그들에 대한 비난이 된다. 그런데 그 주장은 전혀 진실이 아니거나 일부만이 진실이다. '조국'이나 '모국'이라는 말은 무엇이나 쉽게 믿는 우리의 약한 마음에 부당한 편견을 심고자 하는 비열한 가톨릭적 저의를 가진 왕과 그 기생자들이 음흉하게 사용해온 것이다. 아메리카의 조국은 영국이 아니라 유럽이다. 이 신세계는 유럽의 '모든 지역'에서 박해를 받은, 시민적 자유와 종교적 자유를 원하는 사람들이 찾은 피난처다. 그들은 어머니의 부드러운 품이 아니라 괴물의 잔혹함으로부터 도망쳐 이곳으로 왔다. 또한 최초의 이민자들을 고향에서 몰아낸 폭정과 동일한 폭정이 여전히 그 후손들을 내쫓고 있다는 게 오늘날 영국의 명백한 현실이다.

지구 위 이 넓은 지역에서 우리는 360마일(영국의 크기)이라는 좁은 한계를 잊어버리고 폭넓은 우호관계를 맺고 있다. 우리는 유럽의 모든 기독교도들과 동포임을 주장하고, 그런 감정을 아낌없이 발휘하는 데 성공하고 있다.

우리가 세계와의 접촉을 넓혀감에 따라 어떤 규칙적인 단계에 따라 지방적 편견의 세력을 극복하는지를 살펴보는 것은 즐거운 일이다. 교구로 나누어진 영국의 어느 마을에서 태어난 사람은 당연히 대부분의 동료 교구민들과 어울리고 (이해관계가 같은 경우가 많으므로) 서로 '이웃'이라고 부르리라. 그러나 집에서 몇 마일 떨어진 곳에서 만나게 되면, 서로 같은 '동네'라는 좁은 관념을 버리고 같은 '군민'이라는 이름으로 인사한다. 만일 그 군에서 벗어나 다른 군에서 그를 만나게 되면, 서로 동네나 시라는 작은 구분을 잊고 '도민'이나 '동향인'이라고 부른다. 그러나 외국을 여행하다가 프랑스나 유럽의 다른 나라에서 어울리게 되면, 지역감정은 '영국인'이라는 것으로까지 확대되리라.

이와 똑같은 추리에 의해 아메리카나 그 밖의 다른 지역에서 만나는 모든 유럽인은 '동향인'이 된다. 왜냐하면 영국, 네덜란드, 독일, 스웨덴이 그 전체와 비교하여 차지하는 지위는, 더욱 작은 기준에서 거리, 마을, 군이 차지하는 지위를 더욱 큰 규모로 키운 것과 다를 게 없기 때문이다. 그러한 모든 구분은 대륙의 관점에서 보면 너무나 제한된 것이다. 게다가 이 주[29]에서는 영국 계통이 주민의 3분의 1도 안 된다. 따라서 나는 조국이나 모국이라는 말을 영국에만 적용시키는 것은 거짓이고, 이기적이고, 좁고, 너그럽지 못한 짓이라고 보고 배척한다.

그러나 설령 우리가 모두 영국 계통이라고 해도 그것이 어떻다는 것인가? 아무런 의미도 없다. 영국은 이제 공공연한 적이므로, 적 이외의 다른 이름이나 칭호가 있을 수 없다. 그리고 화해가 우리의 의무라는 주장은 정말 터무니없다. 현재 영국 왕계의 시조 왕(윌리엄 정복왕)은 프랑스인이었고, 영국 귀족의 절반은 프랑스에서 온 후손들이다. 같은 방식으로 따지면 영국은 프랑스가 지배하는 것이 된다.

영국의 힘과 식민지의 힘이 결합하면, 즉 둘이 합치면 세계를 다 상대하고도 남을 것이라는 주장도 많았다. 그러나 이는 단순한 가정에 불과하다. 전쟁의 운명은 불확실하고, 그런 표현은 어떤 의미도 갖지 못한다. 왜냐하면 이 대륙이 아시아, 아프리카, 유럽에서 영국의 무력을 지원하기 위해 주민을 소모시키리라고는 도저히 생각할 수 없기 때문이다.

또한 우리가 세계를 상대해서 맞선다는 것이 무슨 의미가 있는가? 우리의 계획은 상업이고, 그것만 잘하면 우리의 평화와 유럽 전체의 우의가 보장될 것이다. 아메리카가 자유항이 되면 유럽 전체가 이익을 볼 것이기 때문이다. 아메리카의 무역은 언제나 보호책이 되고, 금은이 없다는 것도 아메리카를 침략자들로부터 지키는 조건이 될 것이다.

나는 이 대륙이 영국과 연결되어 거둘 수 있는 단 하나의 장점이라도 내보이려는 열렬한 화해주의에 반대한다. 나는 거듭 반대한다. 어떤 장점도 있을 수 없다. 우리의 곡물은 유럽 어느 시장에서도 제값을 받을 것이고, 수입품은 그것을 어디에서 사든 반드시 값을 치러야 한다.

그러나 영국과 연결되어 우리가 받는 침해나 불이익은 무수하다. 우리는 우리 자신뿐 아니라 인류 전체를 위해서라도 그런 동맹을 파기해야할 의무가 있다. 왜냐하면 어떤 식으로든 영국에 복종하거나 예속된다면 아메리카 대륙은 곧장 유럽의 전쟁과 분규에 말려들게 될 것이기 때문이다. 또한 서로 우호관계를 맺고 싶어 하는, 아무런 불평이나 감정도 가지고 있지 않는 나라들과도 사이가 틀어지기 쉽기 때문이다. 유럽은 우리의 무역시장이므로 우리는 그 어느 부분과도 편파적 관계를 맺어서는 안 된다. 유럽의 투쟁에 관여하지 않는 것이야말로 미국의 참된 이익이다. 그러나 아메리카가 영국 정치라고 하는 저울에서 모자라는 부분을 채우기 위한 부속물에 머물러 있는 한 그것은 불가능하다.

유럽에는 왕국이 너무 빽빽하게 자리 잡아 평화가 오래 지속될 수가 없다. 영국과 다른 외국 사이에 전쟁이 터지면, 영국과의 관련성 때문에 아메리카의 무역은 망하고 말 것이다. 다음 전쟁은 지난 번 전쟁과 같은 결말을 낳지 않을지도 모른다. 만일 그렇다면 지금 화해를 주장하는 자들은 다음에는 분리를 희망하리라. 그 경우에는 중립이 전함보다 더 안전한 호위수단이 될 것이기 때문이다. 정당하고 자연스러운 모든 사리가 분리를 지지한다. 살해당한 자들의 피와 인간 본성의 목소리가 개탄하며 외치고 있다. "지금

이야말로 갈라져야 한다"고. 심지어 신이 영국과 미국 사이에 정해 놓은 거리까지도 둘 중 하나가 다른 하나를 지배하는 것은 하늘의 뜻이 아니라는, 강력하고 자연스러운 증명이다. 마찬가지로 대륙이 발견된 시점도 이런 주장에 무게를 더해준다. 이곳에 사람들이 살게 된 방식도 그 유력함을 증대시킨다. 마치 자비로운 신이 장래에 조국이 우의도 안전도 부여하지 않을 때 박해받을 사람들에게 피난의 성소를 열어주려고 한 것처럼 종교개혁이 아메리카가 발견되기에 앞서 일어났다.

이 대륙에 대한 영국의 권위는 조만간 반드시 끝나야 하는 국가 형태다. 소위 '현존의 정치제도'가 임시방편에 불과하다는 사실을 믿어야 하는 고통스럽고 절대적인 상태에서 장래를 바라볼 경우, 진실한 마음을 가진 사람이라면 누구도 진정한 즐거움을 느낄 수 없다. 이 국가라는 것이 우리가 후손에게 남겨줄 수 있을 만큼 충분히 지속될 수 없음을 알면서 부모로서 우리가 즐거울 수는 없다. 그리고 명백한 논리로 따져 보면 우리는 지금 다음 세대를 빚더미에 몰아넣고 있으므로, 그것을 해결할 수 있는 일을 해야 한다. 그렇게 하지 않으면 우리는 후손을 미천하고 불쌍하게 다루는 것이다. 우리의 의무가 지향하는 방향을 옳게 찾기 위해 우리는 우리 자녀의 운명을 걸고 그런 일을 감행해야 하고, 우리의 마지막 수난의 기간을 몇 년 더 길게 정해 놓아야 한다. 그런 높은 경지에 오르면, 현재의 공포나 편견 때문에 볼 수 없는 전망이 우리의 눈앞에 펼쳐지리라.

나는 불필요한 공격을 가하는 것은 조심스럽게 피하고자 한다. 그러나 화해의 이론을 지지하는 모든 사람들은 다음의 부류들에 포함될 수 있다고 믿는다. 단지 자신의 이익만 위해 움직이는 믿을 수 없는 사람들, 앞을 볼 수 없는 유약한 사람들, 달리 보려고 하지 않는 편견에 사로잡힌 사람들, 유럽 세계를 그 실제 이상으로 평가하는 온건한 사람들이 바로 그런 부류들이다. 이들 가운데 마지막 부류, 즉 유럽 세계를 그 실제 이상으로 평가하는 온건한 사람들은 그들의 잘못된 신중함으로 인해 앞에 언급한 세 부류보다 이 대륙에 더 많은 불행의 원인이 될 것이다. 슬픔의 정경으로부터 떨어져 산다는 것은 많은 사람들에게 다행한 일이다. 아메리카의 재산이 불안한 상태에 놓여있음을 그들이 느끼게 할 만큼 재난이 그들의 문 앞에까지는 닥치지 않았다.

그러나 우리가 잠시 보스턴에 가 있다고 상상해 보자. 그 비참함의 근원지는 우리에게 지혜를 가르쳐주고, 믿을 수 없는 나라의 권력과 절연하라고 지시하리라. 불과 몇 달 전만 해도 안락하고 유복하게 살았던, 그 불행한 도시의 주민들이 지금은 앉아서 굶어죽거나 거지가 되는 일 외에 다른 도리가 없다. 만약 그들이 그 도시에 계속 머문다면 그들의 우군이 퍼붓는 포화로 인해 위험에 처하게 되고, 그들이 그곳을 떠난다면 군대에 의해 약탈당할 것이다. 현재 상태에서 그들은 구출될 희망이 없는 포로이고, 그들을 구출하기 위해 총공격을 한다면 그들은 양쪽 군대의 분노에 노출될 것이다.[30]

수동적인 성격의 사람들은 영국의 죄과를 약간은 가볍게 보아넘기고, 여전히 일이 잘 풀리기를 바라면서 이렇게 소리치기 일쑤다. "어서 오십시오. 이런 일이 생겼어도 우리는 다시 친구가 될 것입니다." 그러나 인류의 정열과 감정을 검토해 보라. 화해의 주장을 자연이라는 시금석에 갖다 대어 보라. 그리고서 당신의 나라에 무기를 들여온 권력을 앞으로도 사랑하고 존경하며 믿음으로 섬길 수 있을지 내게 말해 달라. 만일 이 모든 일을 할 수 없다면 당신은 스스로를 속이는 것일 뿐이다. 또한 당신이 행동을 지연시킴으로써 후손에게 파멸을 가져다줄 것이다. 당신이 사랑할 수도 존경할 수도 없는 영국과의 연결을 앞으로도 지속하는 것은 억지이다. 동시에 그것은 부자연스러울 뿐 아니라 오직 눈앞의 편의만을 위한 것이므로 더 비참한 상태를 초래할 것이다.

  그러나 만일 당신이 여전히 그 침해를 용서할 수 있다고 말한다면, 나는 묻는다. 당신의 집이 불탄 적이 있는가? 당신의 재산이 눈앞에서 파괴되는 것을 본 적이 있는가? 당신의 처자가 누워서 잠을 잘 침대와 먹을 빵을 잃어본 적이 있는가? 당신의 부모나 자식이 그들의 손에 죽임을 당했거나, 당신 자신이 몰락하고 버려진 생존자인가? 만일 이 중 아무것도 경험한 적이 없는 사람이라면, 당신은 그런 경험을 한 사람들을 판단할 수 없다. 그러나 만일 당신이 이 중 하나라도 경험한 사람임에도 여전히 살인자들과 악수할 수 있다면, 당신은 남편, 아버지, 친구, 연인이라는 이름들을 가질 자격이 없다. 또한 당신의 지위나 칭호가 무엇이든 간에 당신은 비겁자의 심장과 아첨꾼의 정신을 가진 자다.

이는 사태를 격화시키거나 과장하려는 말이 아니다. 반대로 자연이 정당화하고, 그것 없이는 우리가 인생의 사회적 의무를 완수할 수도, 행복을 누릴 수도 없는 감정과 의향으로 판단하고자 하는 것일 뿐이다. 나는 복수심을 도발할 목적으로 공포를 심으려는 것이 아니라, 어떤 확고한 목적을 단호하게 추구할 수 있도록 치명적이고 비겁한 반수면 상태에서 우리를 일깨우자고 하는 것뿐이다. '머뭇거림'과 '비겁'으로 인해 아메리카인들이 스스로 정복당하려고 하지 않는 이상, 영국이나 유럽은 그들의 힘만으로 아메리카를 정복할 수 없다. 이번 겨울을 올바르게 활용하면 그 기간은 한 시대만큼의 가치가 있겠지만, 헛되이 지나가거나 등한히 넘기면 대륙 전체가 불행해질 것이다. 이처럼 소중하고 유용한 시기를 헛되게 할 매개가 될 수 있는 사람이라면 그가 누구이고 무엇을 하며 어디에 있건 간에 가혹한 처벌을 받아 마땅하다.

이 대륙이 더 오랫동안 어떤 외부세력의 예속 아래 있을 수 있다고 생각하는 것은 이성, 사물의 보편적 질서, 그리고 앞 세대의 모든 선례에 위배된다. 영국에서 가장 낙천적인 사람도 그렇게는 생각하지 않는다. 아무리 지혜를 짜낸다 해도, 이 시기에 대륙에 단 일 년의 안전이라도 보장할 수 있는 다른 계획을 짜낼 수 없다. 오직 분리밖에는. 화해란 이제 헛된 꿈이다. 자연의 본성이 그런 연결을 버렸고, 어떤 인지(人智)도 그 자리를 메울 수 없다. 왜냐하면 밀턴이 현명하게 말했듯이 "치명적인 증오의 상처가 너무 깊이 뚫고 들어간 곳에 참다운 화해는 결코 자랄 수 없기"[31] 때문이다.

평화를 위한 온건한 방도는 지금까지 모두 소용이 없었다. 우리의 탄원은 경멸과 함께 거부당했다. 왕에게 청원을 반복하는 것만큼 그의 허영심에 아첨하고 그의 완고함을 돋우는 것이 없고, 그런 방식만큼 유럽의 왕들을 절대적으로 만드는 데 이바지한 것이 없다는 사실을 우리는 확신할 뿐이다. 덴마크와 스웨덴을 보라.[32] 주먹질밖에는 소용 있는 게 없다. 그러니 부디 마지막 분리의 길로 나아가, 다음 세대가 부모와 자식 간의 관계를 훼손하면서 서로 싸우는 일은 없게 하자.

영국이 다시는 우리를 착취하지 않을 것이라 여기는 것은 헛된 환상이다. 우리는 인지조례가 폐지되었을 때 그렇게 생각했지만 불과 일 년 만에 진실은 드러났다. 따라서 한번 패배한 국민은 그 패배한 일에 대해 절대로 다시 싸움을 시작하지 않으리라고 가정해도 좋다.

영국은 이 대륙을 정의롭게 통치할 힘이 없다. 그 일은 너무 버겁고 복잡해서, 우리와 너무 멀리 떨어져 있고 우리에 대해 너무나 모르는 나라로서는 도저히 불가능하다. 우리를 정복할 수 없다면 우리를 다스릴 수도 없다. 한 가지 이야기나 청원을 가지고 언제나 삼사천 마일을 달려가고, 그 답을 서너 달이나 기다리며, 그렇게 얻은 답을 설명하느라 다시 오륙 개월을 소모하는 것이 얼마나 어리석고 유치한 일인지를 몇 년 안에 알게 되리라. 그렇게 하는 것이 적절한 때도 있었지만 그런 일을 그만두는 게 적절한 때도 있다.

 스스로를 보호할 능력이 없는 작은 섬들은 왕국이 보호할 적당한 대상일 수 있다. 그러나 하나의 대륙이 섬에 의해 영구히 통치돼야 한다고 가정하는 것은 너무나 불합리하다. 자연을 보라. 위성이 그의 행성보다 큰 경우는 어디에도 없다. 영국과 아메리카의 관계도 그런 자연의 질서를 뒤집을 수 없으며, 따라서 서로 다른 체계에 속한다고 보는 것이 타당하다. 즉 영국은 유럽대륙에 속하며, 아메리카는 그 자체로 독립된 대륙이다.

 나는 자만이나 당파심 또는 반감이라는 동기를 가지고 분리와 독립을 주장하는 게 아니다. 단지 독립이 대륙의 진정한 이익임을 분명히, 적극적으로, 양심적으로 믿을 뿐이다. 나는 독립 이외의 모든 것은 한낱 미봉책에 불과하고, 지속적인 행복을 가져다 줄 수 없다고 믿는다. 지금 우리가 독립하지 않는 것은 조금만 더 노력하면, 조금만 더 나아가면 이 대륙에 지상의 영광이 닥쳐올 시기에 후손에게 칼을 인계하고 움츠러드는 것이다.

 영국은 지금까지 전혀 타협하려 하지 않았다. 이것으로 보건대, 우리는 결코 영국으로부터 지금껏 우리가 바친 피와 재화 같은 희생에 걸맞은 방안이나 받아들일 만하다고 생각되는 조건을 얻을 수 없을 거라고 나는 확신한다.

 투쟁의 목적이란 언제나 그것을 위해 들인 비용에 어느 정도 적합한 비례의 관계를 가져야 한다. 노스[33]의 제거나 그 가증스러운 도당 전부를 제거하는 일은, 우리가 지금까지 들인 수백만 달러라는 비용에 걸맞지 않다. 일시적인 무역 정지에 따른 불편은 불평의 대상인 법령이 모두 폐기된다면 그것을 상계하고도 남을 만한 가치가 충분히 있다. 그러나 만약 전 대륙이 무장을 해야 하고 모든 사람이 군인이 돼야 한다면, 우리는 일개 시시한 대신만을 상대로 해서 싸우려고 애쓸 필요가 없다. 법령의 폐기가 우리가 싸워야 할 목적의 전부라면, 그것을 위해 싸우는 것은 너무나, 너무나 비싼 값을 치르는 것이다. 법령의 폐기를 위해 벙커힐에서와 같은 값을 치르는 것은[34], 그 토지를 위해 그런 값을 치르는 것과 마찬가지로 너무나 어리석은 일이다.

나는 언제나 성숙해가는 이 대륙이 최근에 보여준 발전을 거름 삼아 조만간 반드시 독립을 이룰 것이라 생각해왔다. 그것은 먼 미래의 것일 수가 없다. 따라서 적대관계가 생겼을 때 우리가 그것을 중대한 것이라고 생각한 게 아니라면, 시간이 흐르면 결국 해결될 일을 갖고 싸운 것이고 그것은 부질없는 일이었다. 달리 말하면, 그것은 마치 소작기한이 다 된 어느 소작인의 불법행위를 시정하기 위해 소송까지 일으켜 재산을 낭비한 것과 같다.

운명적인 1775년 4월 19일[35] 이전에는 나보다 더 열렬히 화해를 바란 사람이 없었다. 그러나 그 사건을 알게 되자마자, 나는 그 완고하고 음흉한 영국의 파라오를 영원히 거부하게 됐고, '인민의 아버지'라는 거짓 칭호를 갖고 있으면서 인민학살에 관한 이야기를 무감각하게 들을 수 있고 자신의 영혼에 인민의 피를 뒤집어쓰고도 편히 잠들 수 있는 그 철면피를 미워하게 됐다.

지금 화해를 한다고 가정하자. 그 결과는 어떠할 것인가? 나는 이렇게 답한다. 화해의 결과는 이 대륙의 파멸뿐이라고. 여기에는 몇 가지 이유가 있다.

첫째, 통치권이 여전히 왕의 손안에 있으므로, 그가 이 대륙의 모든 입법에 대해 거부권을 가질 것이다. 그는 지금까지 자신이 자유의 숙적임을 스스로 표현해왔고, 전제적 권력에 대한 한없는 욕망을 나타냈다. 그런 그가 이 식민지에 대해 "너희들은 내가 바라는 것 외에는 어떤 법률도 만들 수 없다"고 말할 자격이 있는 사람인가 아닌가? 소위 '현존 정체'에 의하면 대륙은 왕이 허용하는 것 외에는 어떤 법률도 만들 수 없다는 사실을 모를 정도로 무식한 주민이 아메리카에 있는가? 그리고 (지금까지 일어난 일로 보아) 이곳에서는 왕이 자신의 목적에 적합한 것 외에는 어떤 법률도 허용하지 않으리라는 사실을 모를 정도로 미련한 사람이 있는가?

영국이 우리에게 적용하기 위해 만든 법률에 우리 스스로 복종해서 노예가 되는 것처럼, 아메리카에서 필요한 법을 스스로 만들지 못하면 우리는 사실상 노예가 된다. (흔히 말하듯이) 화해가 성립되면 이 대륙을 가능한 한 낮고 천한 지위에 머물게 하는 데 왕이 모든 권력을 행사하리라는 사실 외에 어떤 가능성의 여지가 있을 수 있는가? 우리는 전진이 아니라 후퇴를 해야 할 것이고, 언제나 싸움만 하거나 어리석게 청원만 하게 되리라. 우리는 이미 왕이 바라는 수준 이상으로 커져 버렸으니, 지금부터는 그가 우리를 다시 작게 만들려고 노력하지 않겠는가? 요약해 보자. 우리의 번영을 질투하는 권력이 과연 우리를 지배하기에 적당한 권력인가? 이 물음에 대해 '아니다'라고 답하는 사람이면 누구나 '독립주의자'다. 왜냐하면 '독립'이란 다른 게 아니라 우리가 우리 자신의 법률을 만들 것인가, 아니면 이 대륙에 현재의 적이자 미래의 적일 수 있는 왕이 우리에게 "내가 바라는 것 외에는 어떤 법률도 있을 수 없다"고 말하도록 할 것인가에 달린 문제이기 때문이다.

그런데 영국에서는 왕이 거부권을 가진다고 한다. 즉 그곳의 인민은 왕의 동의 없이는 어떤 법률도 만들 수 없다는 것이다. 그러나 정당하고 선량한 질서라는 관점에서 볼 때 갓 스물한 살 먹은 청년이 (이런 일은 자주 생겨났다) 자기보다 나이도 많고 더 현명한 수백만 인민에게 "나는 너희들의 이 안 또는 저 안을 법률로 만드는 것을 금지하노라"고 말하는 것은 매우 우스꽝스럽다. 나는 앞으로도 그 불합리성을 폭로하는 일을 절대로 그만두지 않겠지만, 여기서는 그런 종류의 이야기는 접어두기로 하고 오직 한 가지만 지적하겠다. 즉 영국은 왕이 거주하는 곳이지만 아메리카는 그렇지 않으므로 전혀 경우가 다르다는 점이다. 아메리카에서의 왕의 거부권은 영국에서보다 열 배나 더 위험하고 치명적이다. 왜냐하면 영국에서는 영국을 가능한 한 강력한 방어태세 속에 두려는 법안에 왕이 동의하지 않을 리가 없지만, 아메리카에서는 그런 법안이 통과되는 것을 왕이 결코 허용하지 않을 것이기 때문이다.

아메리카는 영국의 정치체계에서 부차적인 대상에 불과하다. 영국이 이 나라의 복지를 생각하는 것은, 그것이 자신의 목적을 달성한다는 범위를 벗어나지 않는 한에서다. 따라서 자기 이익을 증진시키지 않거나 최소한 그것을 저해하는 경우에는 언제나 그의 이익이 우리의 이익이 성장하는 것을 억압하기 마련이다. 지금까지의 상황으로 미루어 보면, 낡은 국가 아래서 우리는 곧 가련한 상태에 놓이리라! 이름을 바꾼다고 해서 원수가 친구로 변하는 것은 아니다. 지금의 화해론은 위험한 주장임을 알리기 위해 나는 다음과 같이 확언한다. "여러 지역의 통치권을 다시 장악하기 위해 여러 법안을 폐기한다는 것이 왕의 당면 정책이다. 그리고 이는 단기전에서 강제와 폭력으로 이루지 못한 것을 장기전에서 술책과 기교로 이루기 위한 것이다." 화해와 파멸은 서로 밀접하게 관계돼 있다.

둘째, 화해를 통해 우리가 아무리 유리한 상태를 확보할 수 있다 해도 그것은 식민지가 성장한 뒤까지는 유지될 수 없는 임시방편이고, 일종의 보호정권 이상의 것이 될 수 없으므로 결국 불안하고 기약할 수 없는 것일 뿐이다. 부유한 이민자들은, 국가형태가 실한 가닥에 의존하고 언제 소요와 동란 속에 떨어질지 모르는 위험한 상태에서 비틀거리는 나라로 오려고 하지 않으리라. 그리고 현재의 주민들도 그런 과도기는 가산(家産)을 정리하고 대륙을 떠나야 할 시기라고 생각하리라.

모든 주장들 가운데 가장 중요한 주장은 독립, 즉 대륙적인 국가 형태만이 내란의 발생으로부터 대륙의 평화를 지키고 유지할 수 있다는 것이다. 지금 영국과 화해를 하면 어디에선가 내란이 발생할 가능성이 높다는 점을 나는 두려워한다. 그렇게 되면 영국의 그 어떤 악의가 초래하는 것보다 더욱 치명적인 결과가 초래될 것이기 때문이다.

수천 명의 사람들이 이미 영국의 야만행위로 인해 파멸했다. (앞으로 더 많은 사람들이 같은 운명을 겪으리라.) 그런 사람들은 아무 일도 겪지 못한 우리와 다른 감정을 가진다. 그들이 지금 가진 것이라고는 자유뿐이다. 그들이 과거에 누렸던 것은 모두 그 제물로 바쳐져서 더 이상 잃을 것이 없기에 그들은 굴복을 증오한다. 뿐만 아니라 식민지의 일반적 기질은 마치 어린 시절을 갓 넘어선 청년의 그것과 같기 때문에, 그들은 영국에 거의 개의치 않을 것이다.

그리고 평화를 유지할 수 없는 국가는 결코 국가라 할 수 없으니, 그런 경우 우리의 세금은 헛된 것이다. 그리고 화해가 성립된 바로 그 날에 내란이 터진다면, 오로지 종이 위의 권력에 불과한 영국이 무엇을 할 수 있겠는가? 독립을 하면 내란이 터질까 두렵기 때문에 독립을 꺼린다고 아무 생각 없이 말하는 것을 들은 적이 있다. 맨 처음에 떠오르는 생각이 옳은 경우란 거의 없다는 말은 바로 이런 경우를 가리킨다. 독립보다는 미봉적인 연결 상태에 두려워할 요소가 열 배는 더 많기 때문이다. 나는 당한 사람들의 입장에서 생각해보고 말한다. 내가 만일 모든 재산을 빼앗긴 채 집과 가정에서 쫓겨나고, 내 모든 터전을 짓밟히는 피해를 입은 사람이라면 절대로 화해의 주장을 환영하거나, 그런 주장을 하는 편에 가담할 생각을 하지 않을 것이다.

아메리카의 각 식민지 사람들은 대륙국가에 훌륭한 질서의 의식과 복종의 정신을 표시해 왔다. 그것은 모든 합리적인 사람들로 하여금 편안함과 행복감을 느끼게 하기에 충분한 것이었다. 어느 한 식민지가 다른 식민지보다 우월하게 되려고 애쓸 것이라는, 정말로 유치하고 어처구니없는 주장 외에는 어느 누구도 자신이 느끼는 두려움에 대한 구실을 내세우지 못하고 있다.

차별이 없는 곳에 우월이란 있을 수 없다. 완전히 평등하다면 어떤 유혹도 있을 수 없다. 유럽의 공화국들은 모두 (그리고 아마도 언제나) 평화롭다. 네덜란드와 스위스에는 외전이든 내전이든 전쟁이란 없다. 전제국가가 오랫동안 평화로울 수 없음은 분명한 사실이다. 왕관 자체가 국내의 모험심 강한 악당에게는 유혹이다. 그리고 왕권에는 지나친 자만과 오만이 항상 따라붙게 마련이며, 이 때문에 자연스러운 원칙으로 세워진 공화국이라면 잘못을 상의해 해결하는 경우에도 왕국은 외국과 곧잘 불화를 일으키게 된다.

독립이 두려운 참된 이유는 아직 아무런 계획도 마련되지 않았기 때문이다. 사람은 미래를 내다볼 수 없다. 따라서 나는 계획을 마련하는 과업을 이루기 위한 하나의 시작으로 다음과 같은 간략한 제안들을 제시한다. 동시에 나는 나의 제안들이 더 좋은 제안의 출현을 촉구하는 수단이 될 수 있다는 것 외에는 다른 생각이 없음을 겸손하게 밝혀둔다. 개개인에게 흩어져 있는 생각들을 모아, 현명하고 유능한 사람들이 그것들을 자료로 삼고 더욱 발전시켜 유용한 것으로 만드는 경우가 흔히 있다.

각 주의 의회는 매년 열고, 의장은 한 사람씩만 두자. 대표권 배분은 더욱 평등하게 하자. 그 임무는 오로지 국내 일에 한정하도록 하자. 그리고 각 주 의회는 대륙의회(Continental Congress)의 권위에 복종하게 하자.

각 식민지를 6, 8, 10개의 적당한 수의 구로 나누고, 각 구는 적절한 수의 대표를 대륙의회에 보내게 하되 각 주당 최소한 30명 이상은 보내도록 하자. 이렇게 하면 대륙의회 의원 수는 적어도 390명은 될 것이다. 대륙의회가 소집되면, 의장 선출을 다음과 같이 하자. 의원들이 모이면 13개 식민지들의 추첨으로 한 주를 뽑고, 의장은 그렇게 뽑힌 식민지의 의원들 가운데서 대륙의회가 (투표로) 뽑도록 하자. 다음 대륙회의에서는 직전의 대륙의회에서 의장이 선출된 식민지를 제외한 나머지 12개 식민지 중에서만 추첨으로 한 식민지를 선택하도록 하자. 이런 식으로 13개 식민지 전체가 적당한 순번을 차지할 때까지 같은 방식을 계속 적용하자. 그리고 충분히 정당한 것 외에는 법률로 제정되지 못하게끔 대륙의회에서는 의원 총수의 5분의 3 이상이라야 다수라고 간주하자. 이렇게 평등하게 구성된 국가에서도 불화를 조성하려는 자가 있다면, 그는 마왕과 손을 잡고 반란을 일으켜야 하리라.

그러나 이 과업을 먼저 누가 어떤 방식으로 시작해야 하는가 하는 점에는 미묘한 어려움이 있다. 이 과업은 피통치자와 통치자, 즉 인민과 대륙의회 사이의 어떤 중간체에서 시작되는 것이 적절하고 일관성도 있어 보인다. 그러니 제헌회의(Continental

Conference)를 다음과 같은 방식과 목적으로 열도록 하자.

제헌회의는 각 식민지마다 2명씩의 대륙의회 의원들로 구성되는 26명의 위원회, 주의회나 지방의회에서 각각 2명, 자격 있는 다수의 유권자들에 의해 각 지역의 수도에서 뽑힌 전체 주민의 대표자 5명 이하 또는 더 편리하게 그 지역에서 가장 인구가 많은 2~3개 구역에서 선출한 사람 등으로 구성하자. 이렇게 구성된 제헌회의에서는 업무의 중요 요소, 즉 지식과 권력이 통합되리라. 대륙의회, 주의회, 지방의회의 의원들은 전국적인 문제에 대해 경험을 갖고 있으므로 유능하고 유용한 조언자가 될 것이고, 그 전체는 인민에 의해 권한이 부여되므로 참다운 합법적 권위를 가지리라.

제헌회의가 구성되면 그들에게 대륙헌장(Continental Charter) 또는 (영국의 소위 마그나카르타에 해당하는) 식민지연합헌장(Charter of United Colonies)을 만드는 일을 과업으로 부여하고, 대륙의회와 주의회의 의원 수와 그 선출방법 및 회기를 정하고, 그들 사이에 업무와 관할을 정하도록 하자. (우리의 힘은 지방적인 것이 아니라 대륙적인 것이라는 사실을 언제나 잊지 말고) 모든 사람의 자유와 재산을 보장하며, 그 무엇보다도 양심의 지시에 따른 자유로운 종교활동이 다른 것과 함께 그 헌장에 반드시 포함되도록 하자. 그런 다음 제헌회의는 해산하고, 위 헌장에 맞게 선출되는 기관이 당분간 대륙의 입법자이자 통치자가 되도록 하자. 하늘이여 그들의 평화와 행복을 지켜주소서, 아멘.

앞으로 어떤 사람들이 이러한 목적 또는 이와 어느 정도 비슷한 목적의 과업을 위임받게 된다면, 나는 그들에게 현명한 정치 관찰자였던 드라고네티의 말 중에서 다음 구절을 발췌해 들려주고 싶다. "정치인의 과학이란 행복과 자유의 참된 뜻을 규정하는 것이다. 최소의 국가비용으로 최대의 개인 행복을 실현하는 것을 포함한 통치방법을 찾아내는 사람은 여러 시대에 걸쳐 감사받을 만하다."[36]

그런데 미국의 왕은 어디에 있느냐고 묻는 사람이 있다면, 친구여 나는 이렇게 말하리라. 그는 다스리고는 있지만 영국 왕이라는 야수처럼 인간을 해치지는 않는다고. 그러나 우리가 지상의 예절에서도 흠이 없도록 보이기 위해 헌장을 제정할 날을 엄숙하게 따로 정하고, 그 헌장을 신의 법, 즉 신의 말씀에 근거를 두도록 하고, 그 위에 왕관을 놓음으로써 세상이 다음과 같은 사실을 알게 하자. 우리가 인정하는 군주제가 있다면, 아메리카에서는 '법이 왕'인 군주제다. 왜냐하면 절대국가에서 왕이 곧 법이듯이, 자유로운 나라에서는 법이 반드시 왕이어야 하지 다른 것이 왕이어서는 안 되기 때문이다. 그러나 왕관이 앞으로 잘못 사용되는 일이 없도록 하기 위해, 의식이 끝나면 그 왕관을 깨뜨려 인민들 사이에 뿌리도록 하자. 그렇게 하는 것은 그들 인민의 권리이기 때문이다.

우리에게는 자연권이 바로 국가다. 그리고 누구든 인간사의 불완전성에 대해 심각하게 생각한다면 다음 사실을 확신할 것이다. 우리가 마음대로 할 수 있는 동안에 냉정하고 용의주도한 방법으로 우리 자신의 정체를 만들어내는 것이, 그처럼 흥미로운 일을 시간과 기회에 내맡기는 것보다 더욱 현명하고 안전하다. 만일 우리가 지금 그것을 게을리 하면, 뒤에 마자니엘로[37] 같은 자들이 들고 일어나, 널리 퍼진 불안상태를 틈타 절망한 사람들과 불만을 품은 사람들을 규합해 스스로 통치권을 장악함으로써 대홍수처럼 대륙의 자유를 휩쓸어버릴지도 모른다. 만일 아메리카의 통치권이 다시 영국의 손에 들어간다면 만사가 불안한 상태가 될 것이고, 그런 상태는 절망적인 모험가들로 하여금 자신의 운수를 다시 시험해 보도록 하는 유혹이 될 것이다. 그리고 그런 경우에 영국은 어떤 구원을 해줄 수 있겠는가? 영국이 그런 소식을 듣기도 전에 치명적인 일은 모두 끝나고, 우리는 정복자의 억압 아래 비참한 영국인들처럼 고통을 받게 되리라.

지금 독립을 반대하는 자들이여, 그대들은 자신이 무엇을 하고 있는지를 모르고 있다. 그대들은 국가의 자리를 비워 놓음으로써 영원한 폭정에 문을 열어주고 있다. 인디언이나 흑인을 선동해서 우리를 파멸시키려고 하는, 저 야만적이고 악마적인 권력을 대륙으로부터 추방하는 것을 영광으로 생각하는 사람들이 몇천 명, 몇만 명이나 있다. 그 권력의 잔인성은 이중의 죄, 즉 우리에게는 야수적으로 굴고 그들 스스로는 반역적으로 행동하는 죄를 범하고 있다.

우리의 이성이 우리로 하여금 신뢰하지 못하게 하는 사람들, 천개의 구멍이 뚫리는 상처를 입은 우리의 애정이 우리로 하여금 증오하라고 가르치는 사람들과의 우정을 말하는 것은 미친 짓이고 어리석은 짓이다. 우리와 그들 사이에 아직 남아있는 사소한 인연은 매일 닳아서 없어진다. 상호관계가 없어지는데도 애정이 늘어날 것이라고, 싸움거리가 전보다 열 배나 더 많고 커지는데도 우리가 더욱 쉽게 합의할 수 있으리라고 희망할 이유가 무엇이겠는가?

  우리에게 조화와 화해를 말하는 그대들이여, 그대들은 지나간 세월을 우리에게 되돌려줄 수 있는가? 그대들은 창녀에게 과거의 순결을 되돌려줄 수 있는가? 마찬가지로 그대들은 영국과 아메리카를 화해시킬 수 없다. 이제 마지막 밧줄은 끊어졌고, 영국민들은 우리의 독립에 반대하는 성명을 내놓고 있다. 자연이 용서할 수 없는 침해행위가 있다. 그런 침해행위를 용서한다면 그것은 자연일 리가 없다. 사람은 자신이 사랑하는 연인을 강탈한 자를 용서할 수 없듯이, 대륙은 영국의 살인자들을 용서할 수 없다. 신은 우리가 선량하고 현명한 목적을 달성하도록 우리에게 그런 불멸의 감정을 심어주었다. 그런 감정은 우리 마음속에 있는 신의 이미지를 수호한다. 그것은 우리를 다른 동물의 무리로부터 구별한다. 만일 우리가 애정에 냉담하다면 사회계약은 무너지고, 정의는 지상에서 근절되거나 임시적으로만 존재하게 되리라. 우리가 정신적으로 입는 상처가 정의감을 자극하지 않는다면, 강도와 살인자들은 아무런 처벌도 받지 않고 도망갈 수 있으리라.

  오, 인류를 사랑하는 그대들이여, 전제만이 아니라 폭군도 반대하는 그대들이여, 일어서라! 낡은 세계의 모든 곳이 압박에 짓밟히고 있다. 자유는 온 지구에서 쫓기고 있다. 아시아와 아프리카는 이미 오래 전부터 자유를 추방해왔다. 유럽은 자유를 이방인처럼 생각하고, 영국은 추방명령을 내렸다. 오, 망명자들을 받아들여라! 그리고 때를 놓치지 말고 인류를 위한 피난처를 마련하라.

4
아메리카의 현재 능력에 대해, 기타 여러 고찰과 더불어

지금껏 나는 영국에서나 아메리카에서나 두 나라가 언젠가는 분리될 것이라는 견해를 털어놓지 않는 사람을 본 적이 없다. 그런가 하면 정작 대륙이 독립할 만큼 성숙했는지를 설명하는 노력에서처럼 우리의 판단력이 부족하다고 느껴본 적도 없다.

모든 사람들이 그 조치에는 이의가 없고, 그 시기에 대해서만 의견을 달리한다. 따라서 실수를 피하기 위해 사태를 개관하고, 가능하다면 바로 그 시기를 찾아보는 노력을 해보자. 그러나 우리는 멀리까지 갈 필요가 없다. 이 탐구는 금방 끝난다. 왜냐하면 그 시기 자체가 우리를 찾아냈기 때문이다. 모든 일들이 동시에 때맞춰 발생하고, 훌륭하게 결합돼 있다는 점이 이런 사실을 증명한다.

우리의 위대한 힘은 수에 있는 게 아니라 통합에 있다. 그러나 현재 우리의 수도 전 세계의 힘을 물리칠 수 있을 만큼 충분하다. 지금 대륙은 하늘 아래 어느 나라보다 잘 무장된 훈련병들을 거느리고 있다. 또한 아메리카의 어느 한 식민지도 자신을 지탱할 수 없으나, 전체가 통합되면 자신을 지탱하는 일을 성취할 수 있고, 더 크거나 작아도 그 효력이 줄어드는 힘의 정점에 있다. 우리의 지상군은 이미 충분하다. 그러나 해군의 경우는 다르다. 아메리카 대륙이 영국의 손에 들어 있는 한 영국은 결코 아메리카가 해군력을 키우는 것을 용인하지 않을 것이다. 이는 그냥 무덤덤하게 받아넘길 일이 아니다. 그렇게 되면 우리는 지금으로부터 백 년이 지나도 더 이상 발전하지 못하고, 오히려 후퇴할 것이다. 왜냐하면 이 나라의 목재는 나날이 줄어들고 있고, 마지막까지 남는 것은 너무 먼 곳에 있어서 갖다 쓰기가 어려울 것이기 때문이다.

만일 대륙이 주민들로 가득 찰 때까지도 현재 상황이 계속된다면 대륙의 고통은 극에 달하게 될 것이다. 항구도시가 많아질수록 우리가 방위해야 하거나 상실할 것도 많아질 것이다. 현재의 인구는 우리의 필요에 꼭 맞는 수준이므로 한 사람도 게으를 수가 없다. 무역을 줄여야 군대를 가질 수 있게 되겠지만, 한편으로 군대의 수요는 새로운 무역을 일으킨다.

우리에게는 부채가 없다. 그러나 만일 독립으로 인해 우리가 어떤 부채를 지게 된다 해도 그것은 우리 미덕의 영광스러운 기념물이 되리라. 우리가 후손에게 안정된 국가형태를, 독립된 정체를 물려줄 수 있다면, 아무리 비싼 값으로 그것을 구입해도 싼 값이리라. 그러나 단지 몇 개의 더러운 법령을 폐기하고 현재의 장관을 몰아내기 위해 수백만 달러의 돈을 지출하는 것은 가치도 없으려

니와 후손을 아주 잔인하게 대하는 것이다. 아무런 이익도 얻을 수 없는 부채를 그들의 어깨에 짐 지우는 것이 되기 때문이다. 이런 생각은 명예를 존중하는 사람에게는 무가치한 것이며, 소견이 좁고 하찮은 정치인의 본성에 속하는 것이다.

만약 우리의 과업이 성취된다면 그때 지게 될지도 모를 부채는 크게 걱정할 바가 못 된다. 어느 나라에나 부채는 있기 마련이다. 국가의 부채는 국채이고, 국채에 이자만 더 붙지 않으면 그것을 불평할 필요가 없다. 영국은 1억 4000만 파운드 이상의 빚에 짓눌려 있고, 그것 때문에 400만 파운드 이상의 이자를 지불하고 있다. 그리고 그런 빚을 지는 대가로 영국은 거대한 해군을 갖고 있다. 미국은 부채도 없고 해군도 없다. 그러나 영국 국채의 20분의 1만 있으면 그만한 해군을 가질 수 있다. 지금 영국 해군은 350만 파운드의 가치도 없다.[38]

거의 모든 방어물자를 우리는 풍부하게 갖고 있다. 대마가 아주 많이 자라서 밧줄의 부족을 느끼지 않는다. 우리의 철은 다른 어느 나라의 철보다 우수하다. 우리의 가벼운 무기는 세계의 어느 나라 것과도 비길 만하다. 대포도 얼마든지 만들 수 있다. 초석(硝石)이나 화약도 매일 생산된다. 우리의 지식은 날마다 진보하고 있다. 결단력은 우리의 타고난 성격이고, 용기는 아직까지 우리에게서 떠난 적이 없다. 그렇다면 우리에게 부족한 것이 무엇인가? 왜 우리는 주저하는가? 우리가 영국에게서 기대할 수 있는 것은 오직 파멸뿐이다.

만일 영국이 다시 아메리카 정치에 개입하는 것을 용인한다면, 이 대륙은 살 만한 가치가 없는 곳이 될 것이다. 질투와 반란이 영구히 계속되리라. 그러면 누가 그들을 진압하려고 나설 것인가? 누가 자신의 동포를 외국의 지배 아래 몰아넣기 위해 목숨을 걸 것인가? 소속 불명의 토지 문제와 관련된 펜실베이니아와 코네티컷의 다툼은 영국이 국가로서 무의미함을 보여주었고, 오직 대륙의 권위만이 대륙의 문제를 규제할 수 있음을 완전히 증명했다.

지금이 다른 어느 때보다 독립의 적기라고 말할 수 있는 또 다른 이유가 있다. 우리의 인구가 적으면 적을수록 미점유 토지는 더 많아진다. 이러한 미점유 토지는 왕이 쓸모없는 자기 하인들에게 함부로 나누어주는 용도가 아니라 현재의 부채를 앞으로 갚기 위해서, 또 그뿐 아니라 국가를 튼튼하게 유지하기 위해서 사용될 수 있다. 하늘 아래 어떤 나라도 이런 장점을 가진 곳은 없다.

식민지가 아직 완전히 성숙하지 않은 상태라고 말하는 것은 독립을 반대하는 논거라기보다는 독립을 지지하는 논거다. 우리의 인구는 충분하고, 지금보다 더 많아지면 그만큼 통합성이 줄어들 수 있다. 인구가 많아질수록 군대는 작아진다는 데 주목할 필요가 있다. 군대 수에서는 고대가 현대를 훨씬 능가한다. 그 이유는 분명하다. 상업은 인구팽창의 결과이므로, 사람들이 상업에 많이 흡수되면 그 밖의 일에는 종사할 수 없기 때문이다. 상업은 애국심과 군사적 방위의 정신을 감퇴시킨다. 그리고 역사는 우리에게 가장 용감한 업적들은 언제나 나라가 미성년기에 있을 때 달성됐음을 알려준다. 상업의 성장과 함께 영국은 그 정신을 잃었다. 런던의 수많은 인구는 비겁자나 지닐 법한 인내심으로 계속되는 모욕을 감수해 왔다. 잃는 것이 많으면 많을수록 모험심은 줄어든다. 부자란 대체로 공포의 노예이고, 벌벌 떠는 아첨꾼 같은 이중성으로 궁정권력에 복종한다.

청년기란 개인에게나 국민에게나 훌륭한 습성을 심는 시기다. 지금부터 반세기만 지나도 대륙을 하나의 국가로 만드는 것은 불가능하지는 않더라도 어렵게 될 것이다. 산업과 인구의 증가로 인해 이해관계에 엄청난 차이가 생길 것이며, 이는 다시 혼란을 낳을 것이다. 식민지는 서로 대립하리라. 서로가 다 잘났기 때문에 상대방의 원조를 무시하리라. 거만하고 어리석은 식민지는 자신의 사소한 우월을 뽐내고, 현명한 식민지는 통합이 이루어지지 못한 것을 슬퍼하리라. 따라서 지금이야말로 독립을 이룩할 적기다. 어렸을 때 맺어진 친밀감과 불행한 시절에 형성된 우정이야말로 세상에서 가장 오래 지속되고 변하지 않는 법이다. 우리는 젊고, 지금껏 곤경을 겪어왔다. 그러나 우리의 단결은 그 모든 곤경을 극복하고, 후손이 자랑하며 기념할 시기를 이룩하리라.

마찬가지로, 지금은 어느 민족에게든 단 한번 나타나는 시기, 즉 하나의 국가로 자신을 형성하는 특별한 시기다. 대부분의 민족들은 이런 기회를 흘려보냈고, 그리하여 스스로 법을 만드는 대신 정복자가 만든 법을 받아들여야 했다. 국가의 규약이나 헌장이 먼저 형성된 뒤에 그것을 집행할 사람에게 위임됐어야 함에도 불구하고, 그들은 왕을 먼저 세운 후에 국가형태를 만들었다. 그러나 우리는 다른 나라의 실수로부터 지혜를 배우고, 옳은 방향에서 국가를 시작하기 위해 현재의 기회를 포착하자.

월리엄 정복왕이 영국을 굴복시켰을 때 그는 칼끝으로 영국인들에게 법을 부여했다. 우리 아메리카인들 역시 국가가 합법적이며 정당한 권한에 의해 채워졌다고 스스로 인정하게 되기 전에 월리엄 정복왕과 같은 어떤 운 좋은 악당에게 점령당할 위험이 있다. 만약 그렇게 된다면 우리의 자유는 어디에 있겠는가? 우리의 재산은 어디에 있겠는가?

종교에 관해, 나는 모든 양심적인 종교인을 보호하는 것이 모든 국가의 의무라고 생각한다. 그 외에 국가가 종교에 대해 해야 할 다른 일은 아무것도 모른다. 인색한 자들이 버리기 싫어하는 편협한 마음과 이기주의를 버려라. 그러면 당장 머릿속의 공포로부터 해방되리라. 의심은 비열한 마음의 동반자이고, 모든 선한 사회를 파멸시키는 근원이다. 우리 사이에는 다양한 종교적 의견이 있어야 한다는 것이 신의 뜻이라고 나는 확고하게, 그리고 양심적으로 믿는다. 이런 믿음은 우리의 기독교적 관용에 보다 넓은 시야를 제공한다. 우리 모두 하나의 사고방식을 가진다고 해도, 우리의 여러 종교적 성향들은 시험의 기간을 필요로 한다. 그리고 이러한 자유로운 원칙에서 나는 우리 사이의 여러 종파들을, 각자 세례명만 다른 한 가족의 여러 아이들과 같다고 본다.

앞에서 나는 대륙헌장의 특질에 대한 약간의 생각을 밝혔다.

(나는 구체적인 계획이 아니라 간략한 제안들만을 제시했으므로) 여기서 그 문제를 다시 언급하는 자유를 갖고자 한다. 나는 헌장이 엄숙한 의무의 계약으로 이해돼야 하고, 모든 주가 그것에 가입하는 것은 종교와 개인적 자유와 재산을 막론한 모든 각 부분의 권리를 지키기 위한 것이라고 본다. 확실한 약정과 정당한 계산이야말로 오랜 친구를 만든다.

나는 앞에서 마찬가지로 광범하고 평등한 대표권의 필요성에 대해 설명했다. 그보다 더 주목해야 할 정치적 문제는 없다. 소수의 선거인들이나 소수의 대표자들은 똑같이 위험하다. 대표자의 수가 적을 뿐만 아니라 불평등하기까지 하다면 위험은 더욱 커진다.

그 예로 나는 다음 사실을 든다. 연합론자의 청원[39]이 펜실베이니아의 하원에 제출됐을 때, 출석한 의원 수는 28명뿐이었다. 벅스 군의 의원 8명은 반대쪽에 투표했다. 만일 체스터 군의 의원 7명도 똑같이 반대쪽에 투표를 했다면, 이 지역 전체는 오직 두 군에 의해 통치될 뻔했다. 이런 위험은 언제든지 나타날 수 있다. 지역의 대표자들에 대한 부당한 지배권을 확보하기 위해 하원이 마지막 회기에 행한 부당한 권력남용은, 일반 인민들이 자기 수중에 있는 권력을 어떻게 내놓을 것인가 하는 문제에 대한 경고가 돼야 한다. 대표자들에 대한 일련의 지시사항이 만들어졌지만, 그것은 그 본질과 업무의 관점에서 볼 때 학교를 다니는 학생이 만들었다고 하기에도 창피스러운 수준이었다. 그럼에도 불구하고 그것은 원외의 소수, 그것도 극소수의 승인을 받은 뒤 하원에 제출돼 모든 식민지의 이름으로 통과됐다. 그러나 하원이 어떤 꿍꿍이수로 공적인 정책을 시작했는가를 식민지 전체가 알았다면, 그들은 하원의원이 그런 일을 맡을 만한 가치가 없는 자들이라고 생각하는 데 한 치의 망설임도 없었을 것이다.

당장의 필요는 많은 사항을 편의적으로 처리하게 하지만, 그것이 오래 계속되면 억압으로 바뀌기 쉽다. 편의와 정당성은 서로 다르다. 아메리카가 참화를 입어 자문기관이 필요하게 됐을 때는 여러 지방의회에서 사람을 뽑아 그 임무를 맡기는 것 이상으로 손쉽고 적당한 방법은 없었다. 그리고 그들은 지혜롭게 일을 처리해 이 대륙을 파멸로부터 지켰다. 그러나 대륙의회는 반드시 있어야 하므로, 훌륭한 질서를 바라는 모든 선의의 인간은 그 기관의 구성원을 선출하는 방식이 충분히 숙고할 만한 것임을 인정해야 한다. 인류를 연구하는 사람들에게 한 가지 질문을 하겠다. 대표권과 선거권은 완전히 동일한 사람들의 집단이 모두 갖기에는 너무나 큰 권력이 아닌가? 후손을 위한 계획을 세울 때 세습되지 않는 것이 미덕이라는 사실을 반드시 기억해야 한다.

우리는 적으로부터 종종 훌륭한 교훈을 얻거나, 그들의 실수를 보고 이성을 깨우치는 경우도 많다. (재무부 장관이었던) 콘윌[40]씨는 뉴욕 의회의 청원을 경멸로 다루었다. 그는 단지 26명으로 구성됐을 뿐인 그 의회가 전체를 대표한다고 말할 수 없다고 주장했다. 우리는 그의 무의식적인 솔직함에 감사하는 바이다.[41]

요컨대 그것이 일부 사람들에게는 아무리 이상하게 보여도, 또는 그들이 아무리 그렇게 생각하지 않으려고 해도, 그건 별로 문제가 되지 않는다. 도리어 공개적이고 단호한 독립선언 이상으로 우리의 일을 신속하게 처리할 수 있는 길이 따로 없음을 보여주기 위해 강력하고도 결정적인 많은 이유를 제시할 수 있다. 그중 몇 가지는 다음과 같다.

첫째, 두 민족이 전쟁을 하면 그 싸움과 무관한 다른 권력이 조정자로 개입해서 평화를 위한 예비조건을 갖추게 해주는 것이 여러 민족들 사이의 관습이다. 그러나 아메리카가 스스로 영국에 복종하는 한 아무리 호의적인 권력이라도 중재를 할 수 없다. 따라서 현재 상태에서는 우리는 영원히 싸우게 될 것이다.

둘째, 만일 우리가 프랑스와 스페인의 원조를 오직 영국과 아메리카 사이의 틈을 메우고 그 유대를 강화하기 위해서만 이용하려 든다면, 프랑스와 스페인은 우리에게 어떤 종류의 원조도 제공하려 하지 않을 것이다. 그렇게 되면 그들이 손해를 보게 될 것이기 때문이다.

셋째, 우리가 영국의 속국이라고 공언하는 한 외국의 눈에 우리는 반역자로 보일 수밖에 없다. 사람들이 복종자라는 이름 아래 무기를 들고 일어선다는 선례는 그들의 평화에도 위협이 된다. 우리는 즉각 이러한 모순을 해결할 수 있다. 그러나 저항과 복종을 통합시키기 위해서는 일반인이 이해하기 어려운 매우 엄밀한 개념이 필요하다.

넷째, 하나의 선언을 발표하고 그것을 외국의 궁정들에 보내어 우리가 그동안 견뎌온 불행과 그 불행에서 벗어나기 위해 부질없이 시도해온 평화적 방법을 설명하라. 동시에 영국 궁정의 잔인한 의도 아래서는 더 이상 행복하거나 안전하지 않으므로 우리는 영국과의 모든 관계를 끊어야 할 필요성에 내몰려왔다는 사실을 천명하라. 동시에 그 모든 궁정에 대한 우리의 평화적 의향과 그들과의 무역을 열고자 하는 우리의 소망을 확인시켜라. 이는 영국에 수많은 청원들을 가득 실은 배를 보내는 것보다도 더 나은 효과를 가져다줄 것이다.

영국의 속국이라는 현재의 이름 아래서는 외국으로 하여금 우리를 받아들이게도 우리 말을 듣게도 할 수 없다. 모든 궁정의 관습이 우리를 반대할 것이며, 이 반대는 우리가 영국과 분리돼 독립된 나라의 대열에 들기 전까지 계속될 것이다.

이러한 절차는 처음에는 이상해 보이고 어려울 수 있다. 그러나 우리가 지금까지 겪어온 다른 모든 과정과 마찬가지로 조금만 지나면 익숙해지고 합당한 것이 될 것이다. 그리고 독립을 선언하기까지 대륙은 마치 하기 싫은 일을 날마다 미루는 사람이 그 일을 반드시 해야 하는 줄은 알지만 시작하기는 싫어하고, 그 일을 그냥 비켜가고 싶어 하며, 그러면서도 언제나 그 필요에 대한 생각에 사로잡혀 있는 것처럼 느끼리라.[42]

인권
Rights of Man

인권_1부

프랑스혁명에 대한 버크 씨의 공격에 대한 답변 (1791)

아메리카 합중국 대통령 조지 워싱턴[44] 귀하

제가 당신에게 자유의 원리를 옹호하는 이 대단찮은 논문을 보내는 것은, 당신이 모범적인 미덕으로 자유의 원리를 수립하는 데 탁월한 공헌을 하셨기 때문입니다. 인권이 당신의 자혜로운 소원대로 보편적인 것이 되고, 신세계가 구세계를 재생시키는 것을 보시는 행복을 누리시기를 기원합니다.

당신의 은혜를 잊지 않는 미천한 충복,
토머스 페인.

영국판 서문

버크 씨가 아메리카 혁명에서 맡았던 역할[45]로 보아, 내가 그를 인류의 벗이라고 생각하는 것은 당연한 일이었다. 우리의 친분[46]은 그런 바탕에서 시작됐으므로, 나는 그를 생각하는 내 이런 마음을 변함없이 유지할 수 있었다면 더욱 좋았을 것이다.

지난겨울 버크 씨가 영국 의회에서 프랑스혁명과 국민의회에 반대하는 격렬한 연설을 했을 때[47] 나는 파리에 있었다. 나는 파리의 사정이 얼마나 순조롭게 진행되어 가는지를 알리는 편지[48]를 그에게 썼다. 그리고 그 직후, 그가 자신이 출판하려는 팸플릿을 선전하는 것을 알았다. 혁명에 대한 그의 공격적인 글은 프랑스인들은 잘 모르는 낯선 언어로 씌어졌고, 또 번역이란 것이 모든 것을 그르치므로 나는 그 나라 혁명의 벗들에게 버크 씨의 팸플릿이 나오면 그것에 답하겠다고 약속했다. 나는 버크 씨의 팸플릿이 흉악한 허위진술을 포함하고 있고, 프랑스혁명과 자유의 원칙에 대한 난폭한 욕설이자 나머지 세계에 대한 협잡(挾雜)임을 알았을 때 더욱 그럴 필요를 느꼈다.

나는 (앞으로 설명할 이야기들로 인해) 다른 기대를 했기 때문에 버크 씨의 이러한 행위에 더욱 놀라고 실망했다.

나는 전쟁의 비참함을 신물 나도록 보았다. 때문에 세계에서 더 이상 전쟁이 터지지 않기를 바라며, 이웃나라 사이에서 가끔 발생하는 싸움을 원활히 해결할 수 있는, 전쟁이 아닌 다른 방법이 발견되기를 희망한다. 만일 궁정들이 문제를 정직하게 해결하려고만 한다면, 또는 모든 나라가 궁정에 속지 않을 정도로 계몽된다면 그런 방법은 발견될 수 있을 것이다. 프랑스에 대해 편견을 가지고 있는 영국인들의 특징을 아메리카인들 역시 갖고 자랐다. 그러나 프랑스인을 직접 경험하고 맺은 친분은[49] 그러한 편견이 잘못된 것임을 미국인에게 가장 효과적으로 보여주었다. 그래서 나는 미국과 프랑스의 관계가 그 어느 두 나라 사이보다 더 친밀하다고 믿는다.

1787년 봄에 내가 프랑스에 도착했을 때[50] 수상 직에 있던 툴루즈 대주교[51]는 그 명성이 높았다. 나는 대주교의 개인비서였던 매우 관대한 인사[52]와 무척 친해졌다. 그와 나는 전쟁의 광기에 대해, 그리고 국민의 부담과 세금을 높일 궁리를 끝없이 하는 두 나라, 프랑스와 영국의 초라한 졸책에 대해 의견이 일치했다. 서로 오해 없이 뜻이 통한다는 것을 확인하기 위해 나는 우리 의견의 골자를 적고 다음과 같은 질문을 덧붙여 그에게 보냈다. "만일 내가 지금까지 퍼진 것보다 더 나은 이해를 양국 사이에 촉진시키려는 어떤 경향을 영국 인민 사이에서 본다면, 같은 경향이 프랑스 쪽에도 퍼져 있다는 사실을 어느 정도까지 말할 수 있겠습니까?" 그는 나에게 기탄없는 글을 써서 답장했다. 그런데 그 글은 그 자신뿐만 아니라 수상의 뜻이 담긴 글이기도 했다. 즉 그는 수상의 양해를 받아 편지를 썼다고 공언했다.

나는 이 편지를 이미 3년 전에 버크 씨에게 보냈으나 아직 답을 받지 못했다. 나는 두 이웃나라가 서로 간의 이해부족으로 품게 된, 그래서 양국을 모독하게 되는 오류와 편견을 벗겨내는 데 그가 내 편지를 유용하게 쓸 기회를 갖기를 원했고, 당연히 그리 되리라 여겼다.

프랑스혁명이 터졌을 때 그가 그것을 성찰했다면, 어떤 유익한 일을 할 기회가 그에게 주어졌을 게 틀림없다. 그러나 그는 그 대신 과거의 편견이 사라지는 것을 보자마자 마치 영국과 프랑스의 적대관계가 끝나는 것을 두려워하는 것처럼 당장 새로운 적의의 씨앗을 뿌리기 시작했다. 전쟁을 통해, 그리고 여러 나라의 계속되는 다툼을 이용해 생계를 꾸리는 사람들이 모든 나라에 다 존재한다는 건 정말 소름끼치는 일이다. 한 나라의 정부에 관련된 사람들이 불화의 씨앗을 뿌리고 국가 간 편견을 부채질하는 것을 주요 연구대상으로 삼는 행위는 결코 용서할 수 없다.

버크 씨가 봉급을 받고 있다고 이 책에서 언급한 부분에 관한 소문은 얼마간, 적어도 두 달간 떠돌았다. 사람이란 자신에 관해 알아야 할 가장 중요한 것을 듣기 어려우므로, 나는 버크 씨가 그 소문에 반박할 기회를 가져야 한다고 생각하는 경우에는 그럴 수 있도록 그것을 언급해 놓았다.

토머스 페인

/
권력은 후손을 구속할 수 없다

나라나 개인들이 서로 감정을 긁고 자극하는 무례한 행동 중에서도 프랑스혁명에 대한 버크 씨의 팸플릿은 가히 돋보이는 본보기다. 프랑스의 인민이나 국민의회는 영국이나 영국 의회에 대해 전혀 왈가왈부하지 않는다. 그런데도 버크 씨가 의회와 공중 앞에서 프랑스에 대해 정당한 이유도 없이 공격을 시작한 것은 어느 모로 봐도 예의가 아니며, 정책으로서도 정당화될 수 없다.

영어로 표현되는 욕설 중에서 버크 씨가 프랑스 국민과 국민의회에 퍼붓지 않은 것은 하나도 없다. 악의, 편견, 무식, 유식이 제시할 수 있는 모든 것이 400쪽에 달하는 그 엄청난 분노 속에 들어 있다. 그 논문의 경향이나 규모로 보아 버크 씨는 아마 수천 쪽도 쓸 수 있었을 것이다. 혀끝이나 붓대가 격정의 열광 속에 놓일 때 지쳐버리는 것은 그 인간이지 그 주제가 아니다.

지금까지 버크 씨는 프랑스의 사태에 대해 제시한 자신의 의견들로 인해 오해와 실망의 대상이 돼왔다. 그러나 그런 그의 희망의 교묘함이나 그의 절망이 지닌 악의가 오히려 그를 부추긴다. 한때 버크 씨는 프랑스에서 어떤 혁명도 일어나지 않을 것이라고 확신했다. 당시 그는 프랑스인에게는 혁명을 일으킬 정신도 없고, 그것을 지지할 용기도 없다고 생각했다. 그런데 혁명이 터졌으니, 이제 그는 혁명을 비난함으로써 자신의 실수로부터 도망치려고 한다.

국민의회를 비난하는 것만으로 충분히 만족하지 못한 그는 프라이스 박사(지금 가장 훌륭한 심성을 가진 사람들 중 한 사람)[53]를 비난하고, 영국에서 혁명협회[54]와 헌정연구회[55]로 알려진 두 단체를 비난하는 것에 책의 대부분을 바치고 있다.

프라이스 박사는 1789년 11월 4일 영국에서 '혁명'이라고 부르는 1688년 사건[56]의 기념일에 설교를 했다. 버크 씨는 프라이스 박사의 설교에 대해 이렇게 말했다.

"그 정치적 신학자는 그 혁명의 원리에 의해 영국민이 다음 세 가지 기본권을 얻었다고 주장한다.

첫째, 우리 자신의 통치자를 선택하는 것.

둘째, 그들이 잘못하면 면직하는 것.

셋째, 우리 자신을 위한 정부를 구성하는 것."

프라이스 박사는 이런 일을 할 수 있는 권리가 이 사람이나 저 사람에게 있다거나, 이런 종류의 사람들이나 저런 종류의 사람들에게 있다고 말하지 않고, 국민 모두에게 있다고 말했다. 반대로 버크 씨는 그런 권리가 국민 모두 혹은 일부분에 있다거나 다른 곳에 있다는 것을 부정한다. 참으로 이상하고 놀랍게도 그는 "영국 민은 그 권리를 절대로 부정하고, 그들의 생명과 재산을 걸고 그 주장에 저항하리라"고 말한다. 인간이 그들의 권리를 주장하기 위해서가 아니라, 권리를 갖지 않겠다고 주장하기 위해 무기를 들고 일어나고 자신의 생명과 재산까지 버린다니! 그야말로 금시초문이고 역설의 천재인 버크 씨기에 할 수 있는 말이다.

그 전체건 부분이건 영국 국민에게는 통치자를 선택하고, 면직하고, 정부를 구성할 권리가 전혀 없다는 것을 입증하기 위해 버크 씨가 사용한 방법 역시 기이하고도 어처구니없다. 그런 권리를 갖고 있던 인간의 세대는 죽었고, 그들과 함께 권리도 죽었다는 것이다. 이를 증명하기 위해 그는 약 100년 전에 의회가 윌리엄과 메리에게 바친 다음과 같은 선언을 제시한다.

"성직자, 세속 상원의원, 하원의원은 앞서 말한 인민(당시 생존한 영국 국민)의 이름으로 공경과 충심을 다해 그들[57], 그 후계자 및 후손에게 영원히 복종한다." 그는 또 같은 왕의 시대에 제정된 다른 법령의 조문을 인용한다. "우리(당시의 인민), 우리 후계자 및 후손은 그들, 그 후계자 및 후손에게 마지막 날까지 의무를 다한다."

버크 씨는 이런 조문들을 제시함으로써 자기주장이 충분히 확립되었다고 생각하고, 그런 구절들이 국민의 권리를 영원히 배제시켰다고 말함으로써 주장을 보강한다. 그는 그런 내용을 몇 번이나 되풀이하는 것에 만족하지 않고, 더 나아가 다음과 같이 말한다. "만약 영국민이 혁명 전에 그런 권리를 가졌다고 해도 (예전에는 영국뿐 아니라 유럽 전역에서 국민들은 그런 권리를 가졌음을 그도 인정한다) 영국민은 혁명 때 가장 엄숙하게 자신들과 모든 후손들의 권리를 포기하고 폐기했다."

버크 씨는 그의 가증스러운 원리에서 끄집어낸 독을 영국민만이 아니라 프랑스혁명과 국민의회에까지 뿌리고, 혁명의 빛을 받고 빛을 내는 존엄한 사람들을 '찬탈자'라는 말로 비난한다. 따라서 나는 허심탄회하게 그의 주장과 반대되는 다른 원리를 제시하고자 한다.

1688년 영국 의회는 그들 자신과 그들을 뽑은 사람들을 위한 정당한 어떤 일에 그들의 권리를 행사했다. 그러나 그들은 이 권리에 덧붙여 다른 권리, 즉 이 세상 마지막까지 후손을 구속하고 제약하는 권리를 억지로 내세웠다. 따라서 문제는 두 부분으로 나누어진다. 즉 그들이 대표권에 의해 갖게 된 권리와, 그들이 억지로 내세운 권리다. 전자는 인정할 수 있는 것이나, 후자에 대해서는 다음과 같이 답한다.

후손을 영원히 구속하고 제약할 수 있거나, 세계를 누가 어떻게 통치해야 하는가를 영원히 주관할 수 있는 권리와 권력을 갖는 의회나 인간이나 세대는 지금껏 어느 나라에도 없었고, 앞으로도 없을 것이다. 그런 존재는 있을 수 없다. 따라서 그 어떤 조문, 법령, 선언도 그것을 만들었다 해서 그것을 행사할 권리까지 가질 수는 없다. 만일 누군가가 개인적인 권력을 행사할 의도로 조문이나 법령 등을 만들었다면, 그것들은 모두 무효다. 모든 시대와 세대는 그 보다 앞서 간 시대와 세대처럼 언제나 자신을 위해 자유롭게 행동할 수 있어야 한다. 무덤 너머까지 통치한다는 허세나 뻔뻔함은 모든 폭정 중에서도 가장 어처구니없고 건방진 수작이다. 인간은 인간에 대한 소유권을 가질 수 없다. 마찬가지로 어떤 세대가 그 다음 세대에 대한 소유권을 가질 수 없다. 1688년의 의회나 다른 시대의 의회는 어떤 형태로도 오늘날의 영국민들을 구속하거나 제약할 수 없다. 마찬가지로, 오늘날의 의회나 인민에게도 앞으로 백 년 또는 천 년 뒤에 살 사람들을 구속하거나 제약할 수 있는 권리가 전혀 없다. 모든 세대는 그 세대의 특수한 경우가 요구하는 모든 목적대로 행할 자격을 가지며, 또한 가져야 한다. 우리가 관심을 가져야 하는 대상은 살아있는 자이지 죽은 자가 아니다. 인간이 죽으면 그의 권력과 요구도 끝난다. 그러면 세상일에 더 이상 관여하지 않게 되고, 앞으로 누가 통치자가 되고 어떻게 국가를 조직하며 운영해야 하는가에 대해 지시할 아무런 권위도 갖지 못하는 게 마땅하다.

나는 어떤 국가형태를 지지하거나 반대하기 위해 논쟁하는 것이 아니다. 어떤 당파를 지지하거나 반대하려는 것도 아니다. 전 국민이 선택한 일이라면 그렇게 할 권리가 있다. 그러나 버크 씨는 아니라고 한다. 그렇다면 그 권리는 어디에 있는가? 나는 산 자의 권리를 위해, 다시 말해 그들의 권리가 죽은 자의 권위에 기반한 문서에 의해 양도되고 제약되며 수축되는 것에 반대하여 다투고 있다. 반면 버크 씨는 산 자의 권리와 자유를 지배하는 죽은 자의 권위를 위해 다투고 있다. 왕이 임종 때 유언으로 왕위를 물려주고, 인민을 마치 들짐승처럼 그들이 지명한 후계자에게 무조건 예속시킨 시기도 있었다. 이제 이런 권위는 완전히 파멸되어 기억조차 되지 않을 정도이고, 너무 괴상하여 믿기조차 어렵다. 그런데 버크 씨가 자신의 정치적 교회를 세우는 기반인 의회의 법조문들은 바로 그런 경우와 똑같은 본질을 가진다.

모든 나라의 법령은 어떤 공통의 원리와 유사해야 한다. 영국에서는 어떤 부모나 주인도, 심지어 전능이라고 자처한 의회의 모든 권한도 21세가 넘은 개인의 인격적 자유를 구속하거나 제약할 수 없다. 그렇다면 도대체 어떤 권리에 근거하여 1688년의 의회나 다른 의회가 후손들을 영원히 구속할 수 있다는 말인가?

이미 죽은 사람과 아직 태어나지 않은 사람은, 아무리 풍부한 상상력으로도 미칠 수 없을 만큼 서로 떨어져 있다. 그렇다면 그들 사이에 어떤 의무관계가 성립할 수 있을까? 하나는 없어졌고, 다른 하나는 아직 없어서 이 세상에서는 절대로 만날 수 없는 두 비실재물 중에서 그중 하나가 다른 것을 영원히 통제해야 한다는 어떤 규칙이나 원리를 세울 수 있는가?

영국에서는 당사자의 허락 없이 그 주머니에서 돈을 끄집어 낼 수 없다. 그런데 후손(그들은 존재하지도 않았으니 승낙을 하고 안 하고가 문제가 되지 않는다)의 자유를 통제하고 박탈하며, 때에 따라 행동할 수도 있는 그들의 권리를 영원히 제한할 권한을 1688년

의회에 누가 부여할 수 있었다는 말인가?

　버크 씨의 주장만큼 합리성이 결여된 주장은 다시없으리라. 그는 독자들에게, 그리고 후손에게 백 년 전에 존재한 어떤 사람들이 법을 만들었고, 그것을 변경할 수 있는 권력은 현재의 국민에게는 없으며, 앞으로도 없을 것이며, 있을 수도 없다고 말한다. 신으로부터 부여받은 통치권 운운하며, 얼마나 많은 부언과 허튼소리들로 남의 말을 쉽게 믿는 인간들을 기만했던가! 버크 씨는 새로운 수법을 찾아내 로마[58]까지의 여정을 단축했다. 그리고 이 완전무결한 옛 의회의 권력에 호소함으로써 그는 신의 권위와 같은 것을 만들어냈다. 인간의 힘으로는 영원히 바꿀 수 없는 권력이란 분명히 인간의 것 이상이어야 하기 때문이다.

　그러나 버크 씨는 그런 조문들을 일반의 시야로 끌어냄으로써, 자신의 주장이 아니라 자기 나라에 대해 약간 기여했다. 그 조문들은 권력을 침해하려는 시도를 감시하고, 권력 남용을 방지하는 것이 얼마나 필요한 일인지를 보여준다. 제임스 2세가 쫓겨난 죄목, 즉 '몰래 빼앗음'에 의해 권력을 세웠다는 죄가 그를 내쫓은 의회에 의해 다른 형태로 다시 저질러졌음은 정말 납득할 수 없는 일이다. 이는 혁명 당시 인권이 거의 이해되지 못했다는 것을 말해준다. 후손의 인격과 자유를 영원히 속박할 권력을 가지겠다는 억지는 (누구도 그러한 권력을 부여할 수 없었으므로 대표권에 의해 그것을 가진 것도 아니고, 가질 수 있었던 것도 아니기 때문에) 제임스가 의회와 국민을 틀어쥐기 위해 휘두른 권력, 또 그 때문에 쫓겨난 권력과 마찬가지로 전제적이고 당위성이 없다. 유일한 차이는 한쪽은 산 자에 대한 강탈자이나, 다른 쪽은 아직 태어나지도 않은 사람들에 대한 강탈자라는 것이다. 그러나 한쪽이 다른 쪽보다 더 나은 권위 위에 서는 것도 아니므로 양쪽 모두 똑같이 헛되고 무효한 것일 수밖에 없다.

버크 씨는 자신의 조문을 만들어, 어떤 인간은 후손을 영구히 구속할 수 있는 권리를 가질 수 있다고 주장했다. 그러나 그의 주장에는 납득할 만한 정당성이 결여돼 있다. 그는 그러한 권리가 과연 존재했었는지, 존재했다면 어떤 식으로 존재했었는지를 증명해야 한다. 만일 그러한 권리가 실재했다면 그것은 지금도 존재해야 마땅하다. 그것이 인간의 고유한 본성에서 나온 것이라면 인간에 의해서는 소멸될 수 없기 때문이다. 죽음은 인간의 본질이고, 출생이 계속되는 한 사망도 계속될 것이다. 그러나 버크 씨는 일종의 정치적 아담을 만들어, 모든 후손이 그에게 구속되게 했다. 그 구속을 정당화하려면 버크 씨는 자기의 아담이 그 권력을, 권리를 가졌다는 점을 증명해야만 한다.

약한 노끈일수록 그것을 잡아당기는 힘을 견디기 어려운 법이다. 그런 노끈은 아예 끊어버릴 생각이 아니라면 잡아당겨서는 안 된다. 버크 씨의 지위를 전복하고자 하는 사람이 있다면, 그는 버크 씨가 한 것과 같은 과정을 밟아야 하리라. 그는 권위의 정당성을 심문에 붙이려는 의도를 가지고, 먼저 그 권위를 확대하리라. 그리고 정당성에 대한 의문이 나타나자마자 그 권위들은 포기돼야 하리라.

 한 세대에서 제정된 법률은 대개 다음 세대까지 계속 시행된다. 그러나 그것은 산 자들의 동의 하에 지속된다는 사실은, 조금만 주의를 기울이면 알 수 있다. 어떤 법률이 폐기되지 않고 계속 시행되는 것은, 그 법률이 폐기될 수 없기 때문이 아니라 폐기되지 않았기 때문이다. 이때 폐기되지 않았음은 동의를 얻었음을 뜻한다. 버크 씨의 조문은 이런 관점에 비추어 봐도 옹호받을 만한 자격이 안 된다. 그것은 인간의 동의 여부와 관계없이 스스로 불멸이 되고자 한 탓에 무효다. 그것은 가질 수 없는 권리에 근거함으로써, 가질 수 있을지도 모를 권리마저 파괴한다. 불멸의 권력은 인간의 권리가 아니며, 따라서 의회의 권리일 수도 없다. 1688년 의회가 그들의 권위를 영원히 존속하게 하는 법안을 통과시킬 수 있었다면, 그들이 영생불멸할 수 있는 권능도 만들어낼 수 있었으리라. 이 모든 것들을 종합해 볼 때 그러한 조문들은, 그것을 사용한 사람들이 스스로 축하를 하면서 고대 동양식으로 "오, 의회여, 영원하라!"고 말하는 것과 같은 의미의, 의례적인 말에 지나지 않는다.

 세상의 상황은 계속해서 변하고, 인간의 생각도 변한다. 그리고 국가는 산 자를 위한 것이지 죽은 자를 위한 것이 아니므로 오직 산 자만이 그 안에서 권리를 가진다. 어떤 세대에서는 정당하다고 생각되고 유용하게 보이던 것이 다른 세대에 가서는 부당하다고 생각되고 무용하게 보일 수 있다. 이러한 경우에 누가 결정을 내려야 하는가? 산 자인가, 죽은 자인가?

버크 씨 책의 거의 100쪽은 이러한 조문에 대해 쓰고 있으므로 당연히 다음과 같다고 볼 수 있다. 즉 후손들에게 아무런 동의도 구하지 않고 일방적으로 강탈한 지배권을 영원히 내세우는 한 그 조문은 전혀 권위 없는 것이다. 또한 그 본질이 무효이므로 그것에 근거를 두고 끌어낸 방대한 추론이나 열변 또한 무효다. 나는 바로 이 점을 문제제기의 근거로 삼는다.

2
프랑스혁명은 원리를 위한 투쟁이다

그럼 지금부터 프랑스 사태에 대해 좀더 구체적으로 살펴보자. 버크 씨의 책은 '프랑스 국민을 훈육하고 감화시키기 위한 책'이란 거죽을 쓰고 있다. 그러나 그 거죽은 터무니없는 것이다. 적합한 비유를 들자면, 그것은 마치 빛을 발하려 애쓰는 어둠과 같다.

나는 이 글을 쓰던 중에 우연히도 바스티유 점령[59]이 있기 사흘 전인 1789년 7월 11일에 라파예트 후작[60]이 (나는 그의 이전 연설을 이용한 것에 대해 용서를 구하는데, 이는 오직 비교를 위해 그러는 것이다) 국민의회[61]에 제출한, 인권선언을 위한 몇 가지 제안을 보게 됐다. 그러나 나는 그 신사와 버크 씨가 각각 그들의 원리를 끄집어낸 연원이 너무나도 반대되는 점에 놀라지 않을 수 없었다. 산 자의 권리가 죽어서 더 이상 존재하지 않는 사람들에 의해 '영원히 포기되고 폐기됐다'는 것을 증명하기 위해 곰팡이 핀 기록과 양피지 문서를 참조한 버크 씨와는 반대로, 라파예트 후작은 산 자의 편에서 옛 기록들을 적용했다. 그는 강한 어조로 이렇게 말했다. "자연이 모든 시민의 가슴에 새긴 생각을 상기하자. 모두가 엄숙하게 인정할 때 그것은 새로운 힘을 갖게 된다. 국민이 자유를 사랑하기 위해서는 그들이 그것을 아는 것으로 충분하다. 그리고 자유롭기 위해서는 그것을 바라는 것으로 충분하다." 이처럼 분명하고 간결하며 마음에 생기를 불어넣는 말과 비교하면, 버크 씨가 애써 찾는 연원은 메마르고 무익하며 보잘것없다. 설령 꽃으로 장식한다 해도 그의 설명과 주장은 쓸모없기 짝이 없다! 라파예트 후작의 말은 간단하고 짧지만 관대하고 인간적인 사고의 광대한 지평으로 우리를 인도한다. 버크 씨의 미사여구처럼 귀에는 듣기 좋지만 마음에는 아무것도 남기지 않고 끝나버리지는 않는다.

라파예트 후작의 말을 소개한 김에 1783년에 그가 미국 의회에서 했던 고별연설에 관한 이야기를 보태고자 한다. 프랑스혁명에 대한 버크 씨의 극심한 비난을 보면서 나는 그 연설을 떠올렸다. 라파예트 후작은 전쟁 초에 미국으로 건너와서 전쟁이 끝날 때까지 자원병으로 머물렀다. 전쟁 기간 동안의 그의 행적은, 당시 그가 스무살도 채 안된 청년이었다는 점에서, 역사에서 찾아보기 힘든 아주 특별한 것이었다. 감각적 쾌락의 도가니와 같은 나라에서, 그리고 그것을 누릴 수단을 갖춘 사람으로서 그것을 버리고 미국의 숲과 황야를 선택하고, 그 꽃다운 청춘을 무익한 위험과 고난 속에서 보내려고 한 사람을 찾기란 얼마나 힘든 일인가! 그러나 그는 그랬다. 전쟁이 끝나고 마지막으로 떠나기 직전에 그는 의회에 나타나 사랑이 넘치는 고별사에서 그가 본 혁명을 생각하며 다음과 같이 자신의 심경을 표현했다. "자유를 위해 세워진 이 위대한 기념탑이 압제자에게는 교훈이, 그리고 압제받는 자에게는 선례가 되기를!" 당시 프랑스에 있던 프랭클린 박사[62]는 이 연설을 전해 듣고, 베르젠느 백작[63]에게 그것을 〈프랑스 가제트〉[64]에 실어줄 것을 부탁했지만 거절당했다. 사실 베르젠느 백작은 프랑스의 귀족적 전제주의자로서, 미국혁명 같은 것이 프랑스에서도 일어날까봐 두려워했다. 그런 그의 태도는 마치 지금 어떤 사람들이 프랑스혁명 같은 것이 영국에서도 일어날까 두려워하는 것과 같았다. 그리고 버크 씨가 드러낸 공포 역시 (우리는 이러한 관점에서 그의 책을 읽어야 한다.) 베르젠느 백작의 거절과 같은 것이다. 여기서 다시 버크 씨의 책으로 되돌아가자. 그는 다음과 같이 말한다.

"프랑스인들은 지금까지 가장 불법적인 강탈자나 가장 잔인한 폭군에 대항하여 일어섰다고 알려진 그 어떤 인민보다 더욱 큰 분노로, 더욱 흉악하게, 더욱 모욕적인 행위로, 온화하고 합법적인 군주에 대항하여 반란을 일으켰다." 이는 버크 씨가 프랑스혁명의 기원과 원칙에 무지하다는 것을 보여주는 수천 가지의 보기 가운데 하나다.

프랑스 국민이 혁명을 일으킨 것은 루이 16세에 반대해서가 아니라, 전제적 국가원리에 반대해서였다. 그 기원은 루이 16세가 아니라, 수세기 전의 근원적 제도에 있었다. 그것은 뽑아내기가 불가능할 정도로 너무나 깊이 뿌리박혔고, 기생충과 도둑들로 가득 찬

아우게이아스 왕⁽⁶⁵⁾의 외양간처럼 치우기가 불가능할 정도로 지독하게 더러웠기 때문에 완벽하고 철저한 혁명이 아니고서는 해결할 수 없었다. 그래서 어떤 조치가 필요하게 됐고, 전심전력을 다하여 그 방법에 따르든가, 아니면 처음부터 시도조차 하지 말아야 했다. 그리고 위기가 닥쳤을 때는 단호한 각오로 행동하든가, 아니면 전혀 행동하지 않든가 하는 것 외에는 다른 선택의 여지가 없었다. 프랑스에서 왕은 국민의 벗으로 알려졌고, 이런 점은 도리어 그 일에 유리했다. 절대군주로 자라난 사람 중에서 지금의 프랑스 왕처럼 절대권의 행사를 주저하는 경향의 사람은 없었다. 그러나 국가원리 자체는 여전히 그대로 남아있다. 군주와 군주정은 서로 다르고 독립된 것이다. 반란에 의해 시작되고 혁명에 의해 수행된 것은, 기성 전제제도에 대한 반대이지 사람이나 원리에 대한 반대가 아니다.

버크 씨는 '사람'과 '원리'의 구별에 주목하지 않는다. 따라서 '사람'에 대해 전제정이라는 비난이 없는 경우에도 '원리'의 전제정 자체에 반대하여 반란이 일어날 수도 있다는 사실을 그는 알지 못한다.

루이 16세의 온건한 천성도 군주정이라는 세습적 전제정을 변형시키는 데 전혀 기여하지 못했다. 그러한 세습적 전제정 아래 수행된 과거 군주들의 모든 폭정은 언제든 후계자의 손에 의해 부활될 가능성이 있다. 하나의 왕정을 중단하는 것만으로는 당시의 계몽된 프랑스인들을 만족시킬 수 없었다. 전제정 행사의 일시적 중단은 그 원리의 중단이 아니었다. 전제정 행사의 중단은 권력을 직접 장악한 개인의 덕에 의해서 이루어질 수 있지만, 그 원리의 중단은 국민의 덕과 용기에 의해서만 이루어질 수 있다. 영국의 혁명은 찰스 1세[66]와 그의 아들인 제임스 2세의 개인적 전제에 반대하여 일어난 반란이었다. 반면 프랑스혁명은 기성 국가의 세습적 전제주의에 반대하여 일어난 것이다. 따라서 버크 씨처럼 후손의 권리를 곰팡이 낀 양피지에 내맡길 수 있는 자들은 이 혁명을 판단할 자격이 없다. 이 혁명은 그들의 안목으로는 도저히 볼 수 없는 너무나 광대한 지평에 존재하고, 또한 그들이 도저히 따라잡을 수 없는 강력한 이성에 의해 전진한다.

그러나 이 혁명을 관찰할 수 있는 여러 관점이 있다. 프랑스의 경우처럼 어느 나라에 전제주의가 여러 시대에 걸쳐 확고하게 자리 잡을 때는 오로지 왕이라는 인격만 자리 잡는 것이 아니다. 외면적으로는, 명목상의 권위로서는 그런 외관을 갖지만 실제로는 그렇지 않다. 그것은 어디에서나 그 깃발을 들고 있다. 그래서 모든 관청이나 부서는 관습과 관례에 따라 세워진 전제주의를 가진다. 도처에 그곳 나름의 바스티유가 있고, 모든 바스티유에는 전제군주가 있다. 왕이라는 인격 속에 내재한 근본적인 세습 전제주의는 수많은 형태와 형식으로 분열되고 재분열되어, 결국 각각의 대리자에 의해 행사된다. 이것이 프랑스의 경우였다. 그리고 관청이라는 끝없는 미로를 지나 마지막에는 그 근원을 짐작하기도 어려운 지경에 이르는 전제정에는 구원의 길이 없다. 그것은 의무를 가장함으로써 더욱 강력해지고, 복종이라는 구실 아래 폭군으로 변한다.

프랑스가 처한 정세를 그 국가의 성격이라는 점에서 고찰해보면, 루이 16세의 인격이나 성품에 직접 관련되지 않은, 반란의 이유를 알 수 있다. 군주의 세습적 전제주의 아래 자라났고 그 뿌리가 너무나 깊어 그것과 매우 무관하게 된 수많은 전제주의가 프랑스에서 개혁을 기다리고 있었다고 나는 말할 수 있다. 군주제, 의회, 교회 사이에는 전제주의의 '경쟁관계'가 존재했다. 그 밖에 지방에서도 봉건적 전제주의가 행세했고, 도처에 행정의 전제주의가 작동했다. 그러나 버크 씨는 왕만이 유일한 반란의 대상이 될 수 있다고 생각하여, 프랑스가 마치 하나의 마을인 것처럼 말한다. 그곳에서 일어난 모든 것은 그것을 지배하는 관료에게 알려야 하고, 그가 직접 통제할 수 있는 일 외에는 어떤 압제적 행위도 있을 수 없는 것처럼 말이다. 버크 씨는 루이 14세 때와 같이 루이 16세 때에도 자신의 생애를 바스티유에서 보내야 했을지 모른다. 그리고 두 왕이 모두 버크 씨 같은 사람이 존재하는지도 몰랐을 수 있다. 두 왕의 성향은 폭정과 은혜의 차이처럼 서로 달랐으나, 전제적인 국가원리는 두 왕의 시대 사이에 다를 게 없었다.

버크 씨가 프랑스혁명의 수치라고 생각하는 것은 (즉 이전의 치세보다도 훨씬 온화한 치세에 혁명이 일어났다는 사실은) 도리어 그 혁명의 가장 큰 명예다. 유럽의 다른 나라들에서 일어난 혁명들은 개인에 대한 증오감에서 비롯됐다. 분노의 대상은 사람이었고,

그 사람이 희생자가 됐다. 그러나 프랑스혁명은 인권에 대한 합리적인 사고에서 비롯된 것이며, 처음부터 인간과 원리를 구별했음을 우리는 안다.

그러나 버크 씨는 국가에 대해 고찰한다면서, 그 원리에 대해서는 전혀 모르는 듯하다. 그는 다음과 같이 말한다. "십 년 전만 해도 나는 국가의 성격이 어떻고 그것이 어떻게 운영되는지를 묻지 않고, 프랑스에 국가가 있다는 것을 축복할 수 있었다." 이것이 이성을 가진 인간의 말인가? 그것이 인류의 권리와 행복에 대해 마땅히 느껴야 할 감각을 가진 인간의 말인가? 이런 이유라면 버크 씨는 세상의 모든 국가를 다 찬양해야 하고, 그 아래서 신음하는 피해자가 노예로 팔리고 고문을 당해 죽어간 것은 완전히 잊혀진다. 버크 씨가 존경하는 것은 권력이지 원리가 아니다. 이처럼 지독히 타락한 정신을 가진 그는 국가를 판단할 자격이 없다. 따라서 프랑스혁명이라는 사건에 대한 그의 의견에 대해서는 이것으로 충분하다. 이제 나는 다른 고찰로 넘어가고자 한다.

3
혁명 최초의 공격대상은 바스티유였다

미국에는 '곶(岬) 없는 곶(Point-no-point)'이라는 곳이 있다. 그 곳에 이런 이름이 붙게 된 것은 다음과 같은 이유에서다. 버크 씨가 구사하는 언어처럼 즐겁고 아름다운 그 해안을 따라가면 그 곳 역시 끝없이 뒤로 물러서서 눈앞에 일정한 거리를 두고 나타나는데, 그래도 갈 수 있는 데까지 가면 결국 그 곳이 사라지기 때문이다. 350쪽에 이르는 버크 씨의 책은 바로 이 곳과 같다. 이런 까닭에 그에게 응수하는 것은 쉽지 않다. 그러나 그의 그릇된 진술들로부터 그가 세우고자 하는 요점을 추측할 수는 있다. 우리가 그의 주장을 발견해야 할 곳은 바로 그의 역설 속이다.

버크 씨가 자신의 상상력을 자극하고, 독자들의 그것을 좌우하고자 찾은 그 비극적 묘사들은 극적 효과를 위해 사실을 조작해야 하는 공연에 알맞도록 매우 잘 계산돼 있고, 동정심에 호소해 눈물을 짜내는 효과를 낼 수 있도록 돼있다. 그러나 버크 씨는 자기가

'역사'를 쓰는 것이지 '희곡'을 쓰는 것이 아니라는 사실을, 또 그의 독자가 '진리'를 희망하지 요란하게 쏟아져 나오는 고답적인 '선언문'을 희망하지 않는다는 사실을 간과해서는 안 된다.

자기 말을 믿게 하려는 의도 아래 그가 쓴 책 속에는 다음 같은 말이 있다. "기사도의 시대는 사라졌다! 유럽의 영광은 영원히 사라졌다! 돈으로 살 수 없는 삶의 우아함은 (그게 뭔지 누가 알겠냐만), 값싼 국민의 방위는, 고결한 감정과 영웅적 행위의 보모(保姆)는 사라졌다!"

이와 함께 그 모든 것은 돈키호테의 어리석은 기사도 시대가 가버렸기 때문이라고 한 사나이가 연극적으로 애도하는 것을 보면서, 우리는 그의 판단에서 어떤 견해를 형성할 수 있고, 그가 말하는 사실에 대해 어떤 고려를 할 수 있겠는가? 상상력의 광상곡 속에서 그는 풍차의 세계를 발견했지만, 그것을 공격할 돈키호테가 없기에 슬픔을 느낀다. 그러나 만일 기사도 시대처럼 귀족정 시대도 무너지게 되면 (사실 그 둘은 근본적으로 어떤 관련성을 갖고 있다), 기존질서의 나팔수인 버크 씨도 그의 패러디를 끝까지 되풀이하다가 "오셀로의 임무는 끝났다!"[67]고 절규하며 끝낼지 모른다.

버크 씨의 무시무시한 그림에도 불구하고, 프랑스혁명을 다른 나라 혁명들과 비교해보면 피해자가 극소수라는 특징에 우리는 놀라게 된다. 그러나 파괴하고자 했던 대상이 '인간'이 아닌 '원리'였다는 점을 생각하면 그런 놀라움은 없어지리라. 국민의 마음은 개인에 치중한 동기보다 더 고상한 동기에 의해 움직였고, 적한 사람의 굴복으로 인해 얻을 수 있는 정복보다 더 고상한 정복을 추구했다. 죽은 몇 사람 가운데 의도적으로 색출되어 죽임을 당한 사람은 없다. 그들 모두 순간적인 상황에서 운명을 감수했고, 1745년 사건[68]에서 불행한 스코틀랜드인을 박해했던 냉혹하고 악착같은 장기적 복수심 같은 것에 의해 박해받지는 않았다.

버크 씨의 책 전체를 통틀어 바스티유에 대한 언급은 단 한 군데밖에 없다. 그것도 그 파괴를 유감스러워 하고, 그 재건을 바라는 말투다. 그는 말한다. "우리는 뉴게이트[69]를 재건하여 그곳에 사람들을 가두었다. 그리고 감히 프랑스 여왕들을 비방하는 자들을 위해 바스티유만큼 견고한 감옥을 가지고 있다."[70] 지(G) 아무개 경[71]이라고 불리던 자와 같은 미치광이가 그런 비방을 했다고 하더라도 그건 합리적으로 고려할 만한 가치가 없다. 그에게 있어 뉴게이트는 감옥이라기보다 정신병원이었다. 비방한 자는 광인이었고, 그것만으로 그를 뉴게이트에 가둘 충분한 이유가 됐다. 사실 그를 감금한 자들이 바란 것은 바로 그런 구실이었다. 그런데 광인이라고 자처하지 않는 (다른 사람들은 뭐라 할지 모르지만) 버크 씨가 전혀 이유도 없이, 그리고 가장 비열한 욕설로 프랑스의 대표 기관 전체를 비방한 것이 엄연한 사실이다. 그럼에도 불구하고 버크 씨는 영국 하원에서 의석을 차지하고 있다! 그가 격노와 비탄을 드러내고, 어떤 점에 대해서는 침묵하면서도 다른 어떤 점에 대해서는 과장되게 이야기한 점으로 미루어 전제권력, 교황의 권력, 그리고 바스티유가 무너진 것에 대해 버크 씨가 유감스럽게, 그것도 아주 유감스럽게 생각한다고 믿지 않을 수 없다.

가장 비참한 감옥에서 아무런 희망도 없이 처참한 삶을 이어가는 사람들에 대해 버크 씨는 자신의 책 전체를 통틀어 단 한 구절로도 동정이나 연민을 표하지 않았다. 자신을 타락시키기 위해 자기 재능을 사용하는 사람을 보는 것은 가슴 아픈 일이다. 버크 씨가 자연에 대해 취한 태도에 비해 자연이 버크 씨에 대해 취한 태도가 더 친절했다. 그는 가슴을 울리는 현실의 불행에 감동하지 않고, 그의 상상력을 건드리는 피상적인 유사 불행에만 감동한다. 그는 새의 깃털은 애석하게 생각하나, 새의 죽음은 잊고 있다. 스스로를 잊게 하는 귀족적인 손에 키스하는 데 익숙해진 그는 순수한 영혼을 버리고 인공적 구성물로 타락한다. 그의 남녀 주인공은 연극에서 사라지는 비극의 희생자임에 틀림없으나, 지하 감옥에서 소리 없이 죽어 가는 현실의 비참한 죄수는 아니다.

버크 씨는 바스티유 사건 전체를 지나쳐 버리고 (그의 침묵은 그에게 전혀 이롭지 않은데), 전혀 터무니없는 거짓으로 왜곡된 허구적 사실에 대한 고찰로 독자를 즐겁게 했다. 그러나 나는 그가 설명하지 않은, 바스티유 사건에 선행하는 여러 가지 정세에 대해 좀더 설명하겠다. 나의 이 설명은 다음 사실을 보여주는 데 도움이 될 것이다. 그 사실이란, 혁명의 적이 행한 반역적이고 악의적인 도발을 고려해 볼 때 그런 사건에서 불행이 그 정도밖에 수반되지 않았다는 사실은 보기 드문 일이라는 것이다.

바스티유 점령 당시와 그 전후 이틀 동안 파리시가 보여준 정경보다 더 굉장한 정경을 마음에 그릴 수 있는 사람은 거의 없을 것이다. 또한 그곳이 어떻게 그렇게 빨리 평온해질 수 있었는지를 이해할 수 있는 사람도 거의 없을 것이다. 거리를 두고 바라보면, 이 사건은 독립된 영웅적 행동의 하나처럼 보이며, 그것과 혁명 사이의 밀접한 정치적 관련성은 그 빛나는 성과 속에 묻혀버린다. 그러나 우리는 당면 문제를 두고 싸우는 당사자 개개인에게서 나오는 힘으로 그것을 생각해야 한다. 바스티유는 공격자의 전리품일 수도 있고 감옥일 수도 있다. 그 함락은 전제주의의 함락이라는 개념까지 포함한다. 이러한 복합적 영상은 버니언의 '의심의 성(城)'과 '절망의 거인'처럼 형상적으로 융합되었다.[72]

바스티유 점령 당시와 그 이전에 국민의회는 파리에서 12마일 떨어진 베르사유에서 열리고 있었다. 파리 시민들이 봉기해 바스티유를 점령하기 약 일주일 전에 왕의 막내 동생인 아르투아 백작[73]을 우두머리로 하는 어떤 음모가 발각됐다. 그것은 국민의회를 무너뜨리고 의원들을 체포함으로써, 자유국가를 만들려는 모든 희망과 가능성을 기습적으로 분쇄한다는 음모였다. 그 음모가 실패로 끝난 것은 인류와 자유를 위해 다행한 일이었다. 과거에 국가가 스스로 반란이라고 규정한 사건을 진압하는 데 성공했을 경우 지극히 무섭고 잔인한 복수가 뒤따라왔음을 보여주는 선례는 수없이 많다.

위 음모는 미리 계획된 것이 분명하다. 음모를 실행하기 위해서는 큰 규모의 군사력을 파리 주변에 집결시켜 파리와 베르사유 국민의회 사이의 연락을 차단해야만 했다. 이런 일을 맡은 부대는 주로 프랑스로부터 급료를 받는 외국인부대였고, 그들은 이 특별한 목적을 위해 그들이 주둔하고 있었던 변경(邊境)에서 파리 근처로 이동했다. 2만 5000 내지 3만 명의 병사가 집결되자, 그들은 계획을 실행할 시기가 됐다고 판단했다. 당시 혁명에 호의적이었던 내각은 즉각 쫓겨났고, 음모에 가담한 사람들로 새 내각이 구성됐다. 그들 중 브로글리오 백작[74]이 군사 지휘권을 맡았다. 버크 씨가 그의 책을 쓰기 전에 내게 써 보낸 편지에서 설명한 바에 따르면, 그리고 버크 씨도 잘 아는 신뢰할 만한 사람에 의하면, 브로글리오 백작의 성품은 "냉혹하고 어떤 악행도 저지를 수 있는, 명예욕으로 가득 찬 귀족" 그 자체였다.

이런 상황에서 국민의회는 그 구성원들이 처할 수 있는, 가장 위험하고 중대한 상태에 놓여 있었다. 그들은 이미 바쳐진 제물이었으며, 그들 스스로도 그 사실을 잘 알고 있었다. 국민의 마음과 희망은 그들 편이었지만, 그들에게는 군사력이 없었다. 브로글리오 부대는 의회가 열리고 있는 의사당을 포위했고, 명령만 내려지면 의원들을 체포할 태세를 갖췄다. 이는 2년 전 파리 의회에 대해 취해진 조치와 같았다. 만일 국민의회가 국민의 신임을 저버리거나 나약함 또는 공포의 징조를 나타냈더라면, 그들의 적은 고무되고 나라는 힘을 잃었으리라. 그들이 놓인 상황, 그들이 내세운 주장, 그리고 일촉즉발의 위기(이는 그들의 개인적이고 정치적인 운명,

그리고 그 나라의 운명, 나아가 유럽의 운명을 결정하는 것이었다) 를 하나로 바라보면, 편견 때문에 마비됐거나 의타심 때문에 타락한 심성의 소유자가 아니고서는 누구나 그들의 성공에 관심을 갖지 않을 수 없었다.

당시 국민의회 의장은 비엔 대주교[75]였다. 그는 나이가 너무 많아서 며칠, 아니 단지 몇 시간 동안 일어날 수 있는 사태에도 견딜 수 없는 상태였다. 그래서 더욱 활동적이고 불굴의 정신을 가진 사람이 필요했다. 이에 국민의회는 부의장이라는 이름으로 (의장은 여전히 대주교였으므로) 라파예트 후작을 선출했다. 이는 부의장이 선출된 유일한 경우였다. 라파예트 후작이 인권선언을 제출한 것은 폭풍우 전야(7월 11일)였다. 이것이 앞에서 언급한, 바로 그 인권선언이다. 이 인권선언은 서둘러 기초된 것으로, 그 뒤에 국민의회에서 합의되고 채택된 더 포괄적인 인권선언의 일부에만 해당하는 것이다. 바로 그 때에 그것을 제출한 특별한 이유는, (라파예트 후작이 뒤에 나에게 알려준 바에 의하면) 설령 국민의회가 당시 그들을 둘러싼 위협에 의해 무너지게 되더라도 그 원리 가운데 약간의 흔적만이라도 파멸 뒤에 살아남게 하려고 생각한 데 있었다.

이제 모든 것이 위기로 치닫고 있었다. 그 결말은 자유 아니면 예속이었다. 한쪽에는 거의 3만 명에 이르는 군대가 있고, 다른 한쪽에는 비무장의 시민들이 있었다. 당시 국민의회가 의지해야 했던 파리 시민들은 지금의 런던 시민들과 마찬가지로 무기도 없고 훈련도 받지 않은 상태였다. 그나마 국민의 편에 설 것 같아 보이는 프랑스 방위군도 그 수가 적어 브로글리오가 지휘하는 군대의 십분의 일에도 미치지 못했다. 게다가 방위군 장교들은 브로글리오 편이었다.

음모를 실행할 기세가 익어가자 새 내각이 들어섰다. 독자는 7월 14일 바스티유가 점령됐다는 사실을 기억하고 있을 것이다. 그러나 지금 내가 이야기하려는 시점은 7월 12일이다. 그날 오후 내각이 교체됐다는 소식이 파리에 전해지자 모든 극장과 유흥업소, 상점과 가정이 문을 닫았다. 내각의 교체는 적대행위의 전주곡으로 여겨졌고, 이는 옳은 판단이었다.

외국인부대가 파리로 진격하기 시작했다. 독일 기병대를 지휘한 랑베스크 공작[76]은 몇몇 거리들과 연결된 루이 15세 광장[77]까지 접근했다. 진격하던 중 그는 한 노인을 모욕하고 칼로 내리쳤다. 랑베스크 공작의 그런 오만무례한 행동은 경노사상이 지극한 프랑스인들을 자극했고, 그들이 처해 있던 일반적인 격동상태와 결합되면서 엄청난 영향력을 발휘했다. 그래서 "무기를 들어라! 무기를!"이라는 절규가 삽시간에 도시 전체에 퍼져나갔다.

그들은 무기를 갖고 있지 않았고, 누구도 그 사용법을 몰랐다. 그러나 모든 희망이 위기에 처한 경우에는 결사적인 결단이 잠시 동안이나마 무기를 대신한다. 랑베스크 백작 부대가 집결한 곳 부근에는 새로운 다리를 놓기 위해 갖다 놓은 돌들이 수북이 쌓여 있었다. 민중은 이 돌로 기병대를 공격했다. 프랑스 방위군 중 일부는 총성이 들리자 부대에서 뛰쳐나와 민중의 편에 가담했다. 이윽고 밤이 오자 기병대는 후퇴했다.

좁은 파리의 거리는 방어하기에 유리했다. 여러 층으로 지어져 키가 높은 집들에서 소란을 피울 수 있었다는 점이 그들을 부대의 야간작전으로부터 지켜주었다. 그들은 직접 만들거나 구할 수 있는 모든 종류의 무기, 즉 총, 칼, 대장장이의 망치, 목수의 도끼, 쇠스랑, 창, 미늘창[78], 갈퀴, 쇠꼬챙이, 몽둥이 등을 준비하며 밤을 보냈다. 이튿날 아침에 모인 믿을 수 없을 만큼 많은 사람들과, 그들이 보여준 더 믿을 수 없을 만큼 굳센 결의는 적들을 당황하게 하고 놀라게 했다. 새 내각은 그런 아침 인사를 받으리라고는 생각조차 못했다. 그들은 스스로 예속상태에 젖어 있었기 때문에 '자유'가 그러한 영감을 불러일으킬 수 있고, 무장도 안 한 시민이 감히 3만 명의 군대에 맞서리라고는 상상도 못 한 것이다. 그날의 모든 순간순간은 무기의 수집과 계획의 수립, 그리고 돌발적 움직임 속에서 가능한 최고의 질서로 자신들을 정렬하는 데 이용됐다. 브로글리오는 그 도시에 계속 머물렀으나 그날은 더 이상 공격하지 않았다. 그렇게 그날 밤은 그런 상황에서는 상상할 수 없을 정도로 아주 조용하게 지나갔다.

그러나 방위만이 시민들의 목적은 아니었다. 그들은 자유냐 예속이냐가 판가름 나는 상황에 처해 있었다. 그들은 어느 순간에 공격당할지 모르고, 국민의회가 공격당한다는 소식을 들을지 모른다고 생각했다. 그리고 그런 경우에는 가장 신속한 조치가 최선인

수가 많다. 그래서 떠오른 대상이 바스티유였다. 그런 군대와 맞서 싸워 그런 요새를 점령했다는 전적(戰績)은, 미처 소집될 여유도 갖지 못한 새 내각에게 공포를 불러일으켰을 게 분명하다. 그날 아침 시민들은 편지 한 통을 압수했는데, 그 편지를 통해 그동안 시민의 편인 줄 알았던 파리 시장 데플레셀 씨[79]가 그들을 배반하고 있었다는 사실이 밝혀졌다. 이로 인해 브로글리오가 그날 밤 바스티유의 수비를 강화하려 했음이 분명해졌다. 따라서 그날 당장 바스티유를 공격해야 했다. 그러나 그러기 위해서는 무엇보다 먼저 당시 그들이 가진 것보다 더 나은 무기를 확보할 필요가 있었다.

시민들은 파리 외곽의 부상병병원[80]에 있는 거대한 무기창고의 인도를 요구했다. 그곳은 방어하는 것 자체가 어려운데다 그다지 방어하려고도 하지 않았기에 시민들은 쉽게 목적을 달성했다. 무기를 갖게 된 그들은 바스티유를 공격하기 위한 행진에 나섰다. 모든 나이, 모든 지위, 그리고 모든 종류의 무기로 무장한 거대한 혼합 군중이었다. 그런 행렬의 모습도 모습이지만, 한두 시간 또는 일이 분 사이에도 터질 수 있는 사건에 대한 불안감은 상상으로는 도저히 그려낼 수 없는 것이다. 파리 시민들이 무엇을 하려는지 내각에 알려지지 않았듯이, 내각이 무슨 계획을 짜고 있는지도 파리 시민들에게 알려지지 않았다. 그리고 바스티유를 사수하기 위해 브로글리오가 어떤 조치를 취할지도 시민들은 알 수 없었다. 모든 것이 미스터리였고 운수에 달려 있었다.

최고로 활기찬 자유정신만이 불러일으킬 수 있을 법한 영웅적 열광으로 그들이 바스티유를 공격했다는 사실, 그것도 두어 시간 만에 바스티유가 점령됐다는 사실을 세계는 결코 잊을 수 없을 것이다. 나는 여기서 그 공격 자체를 상세히 묘사하려는 게 아니라, 그 공격을 유발하고 바스티유와 함께 전복된 반국민적 음모를 검토하려 한다. 전제주의의 높은 제단이자 성이었으며, 새 내각이 국민의회 의원들을 잡아넣으려 했던 그 감옥은 그야말로 가장 적합한 최초의 공격 대상이었다. 이 사건으로 새 내각은 와해됐고, 그들은 다른 사람들을 위해 그들이 마련한 그 폐허로부터 도망치기 시작했다. 군대는 흩어졌고, 지휘자 브로글리오는 도망쳤다.

버크 씨는 음모에 대해 수많은 말을 했지만, 국민의회와 국민의 자유에 반대한 음모에 대해서는 단 한번도 말하지 않았다. 그리고 그는 그에 대한 언급을 피하기 위해, 도중에 그런 말이 나올 만한 상황은 모두 지나쳐 버렸다. 그는 프랑스에서 도망쳐 온 망명객들의 처지에 대해서는 지대한 관심을 가졌고 그들에게서 교훈도 얻었지만, 사실 그들이 도망친 것은 음모가 실패했기 때문이었다. 그들을 위해하기 위해 꾸며진 음모는 하나도 없었다. 그러나 그들은 다른 사람들을 위해하려고 음모를 꾸몄다. 죽은 사람들은 자기가 집행하려했던 처벌을 스스로 당한 것이었고, 이는 부당한 일이 아니었다. 만일 교활한 복병 같은 이 음모가 성공했다면, 바스티유 공격에 성공한 사람들이 매우 빨리 그 분노를 자제했으리라고 버크 씨는 말하고자 하는가? 이 물음에 대해서는 과거 모든 국가들의 역사가 답해줄 것이다.

4
인민은 보복하지 않았다

국민의회는 누구를 단두대로 보냈는가? 한 사람도 보내지 않았다. 오히려 그들이야말로 음모의 제물이 될 참이었다. 그러나 음모는 실패로 끝났고, 그들은 누구에게도 보복하지 않았다. 그런데 왜 그들이 저지르지도 않은 보복에 대한 책임을 져야 한단 말인가? 다양한 지위, 기질, 성격이 뒤섞인 모든 인민의 대폭발 속에서, 자신을 파멸시키기 위해 꾸며진 음모로부터 기적적인 힘으로 탈출하는 과정에서, 아무 일도 일어나지 않으리라고 기대할 수 있겠는가? 압제를 당하고 있다는 생각에 분노하고, 새로운 압제가 나타날 것이라는 전망 때문에 위협을 느낄 때도 철학적인 냉정함이나 무감각적인 무기력함이 있어야 하는가? 버크 씨는 폭력에 반대한다고 주장한다. 그러나 가장 심한 폭력을 그 자신이 저지르고 있다. 그의 책은 온통 폭력이다. 그것은 그가 결코 일시적인 충동이라고 변명할 수 없는, 10개월이라는 기간 동안 품어온 생각이다. 그러나 버크 씨는 아무런 공격의 위협도, 아무런 생명의 위협도, 아무런 이익의 위협도 당하지 않았다.

이 투쟁에서 시민들은 적보다 더 많이 죽었다. 물론 너덧 명의 적이 군중에게 붙잡혀 즉시 처형됐다. 바스티유 감옥의 간수장[81], 시민들을 배반한 사실이 발각된 파리 시장, 새 내각의 일원인 풀롱[82], 그의 사위로 파리 군수사령관을 지낸 베르티에[83] 등이 그들이다. 이들의 주검은 머리에 큰 못이 박힌 채 도시 안에서 내돌려졌다. 버크 씨가 묘사한 비극적 장면들에 대한 글 대부분은 바로 이런 처벌 방식에 관한 것이었다. 그렇다면 사람들은 왜 그런 방식으로 적을 처벌할 생각을 했을까?

사람들은 자기들을 지배한 정부로부터 그런 처벌 방식을 배웠다. 그들은 이제껏 흔히 봐온 처벌 방식으로 보복한 것이다. 템플 바[84] 위에 수년간 방치됐던 못이 박힌 머리들은, 파리 거리에서 못에 박혀 내돌려진 머리들의 그 무시무시한 광경과 조금도 다를 바 없었다. 그것은 바로 영국 정부에 의해 자행된 것이었다. 사람이 죽은 뒤에는 그에게 무슨 짓을 해도 상관없다고 말하는 이가 있을지도 모르겠다. 그러나 그것은 살아있는 사람에게는 아주 중요한 사안이다. 그것은 살아있는 사람들의 감정을 괴롭히거나 정신을 냉혹하게 만든다. 둘 중 어느 경우라도 그것은 권력을 손에 넣었을 때 처벌하는 방식을 그들에게 가르친다.

그렇다면 그 뿌리에 도끼를 갖다 대고, 정부에게 인간성을 가르쳐라. 인류를 타락시키는 것은 오히려 정부의 잔인한 처벌 방식이다. 영국에서 행해지는 처벌은 목을 매거나, 끌고 다니거나, 사지를 찢거나, 사형수의 심장을 잘라내 대중에게 내보이는 것이다. 프랑스에서도 과거 정부는 그 못지않게 야만적이었다. 말들에 의해 사지가 찢긴 다미앵[85]의 처형을 누가 잊을 수 있겠는가? 대중이 볼 수 있도록 전시된 그 잔인한 장면의 영향은 온화한 마음을 파괴하거나 복수심을 자극한다. 인간을 이성이 아니라 폭력으로 다스리려는 비열하고 그릇된 생각이 이러한 선례를 만드는 것이다. 이처럼 폭력적인 정치는 대체로 가장 수준 낮은 인간들을 대상으로 이루어지며, 그들을 통해 최악의 결과로 나타난다. 그들은 자기들이 대상이란 걸 느낄 정도의 감각은 지니고 있다. 그리고 자기들 차례가 되면 배운 대로 폭력의 본보기를 보여준다.

유럽의 모든 나라에는 영국에서 소위 '폭도'로 묘사되는 하나의 거대한 계급이 있다. 1780년 런던에서 방화와 약탈을 저지른 자들[86]이 바로 이 계급이었고, 파리에서 못이 박힌 머리를 들고 돌아다닌 자들도 이 계급이었다. 풀롱과 베르티에는 시골에서 체포돼 파리로 압송된 다음 시청에서 조사를 받았다. 새 내각이 취임하자마자 국민의회가 스스로 권고하고 추구한 조치들에 대한 시행책임을 풀롱을 포함한 내각에 지우는 법령을 통과시켜 왕과 내각에 제출했기 때문이다. 그러나 풀롱과 베르티에가 나타나자 분노한 폭도들은 그들이 시청으로 끌려가기 전에 호송자들로부터 그들을 빼앗아 즉결처분을 내렸다. 그런데 왜 버크 씨는 폭력의 책임을 전체 인민에게 돌리는가? 그의 방식대로라면, 1780년의 폭동과 폭력에 대한 책임은 런던의 모든 인민에게 돌려야 하고, 아일랜드 폭동 때의 폭력에 대한 책임은 아일랜드의 모든 사람들에게 돌려야 할 것이다.

그러나 우리의 감정을 거스르고 인간성을 손상시키는 모든 것을 보고 들을 때는, 그것을 비난만 할 게 아니라 달리 생각해 보기도 해야 한다. 아무리 그런 일을 저지른 자일지라도 우리가 참작해 줘야 할 만한 나름의 주장을 갖고 있다. 대체 왜, 오랜 역사를 가진 나라들에는 야비하거나 무식한 폭도라는 이름으로 구분되는 인간들의 거대한 계급이 그렇게도 많은 걸까? 우리는 스스로에게 이런 질문을 던지자마자 하나의 대답을 얻게 된다. 즉 그들은 영국을 포함한 유럽의 모든 오래된 국가의 병든 구조에서 나온 불가피한 결과라는 것이다. 어떤 사람들을 지나치게 추켜세우는 것은, 그 외의 다른 사람들을 지나치게 미천하게 만들고 종국에는 본연의 모습에서 벗어나게 한다. 국가와 귀족정의 꼭두각시극을 더욱 찬란하게 내세우기 위해, 인류라고 하는 거대한 집단이 그 배경 정도밖에 안 되는 것으로 격하되고 마는 것이다. 혁명 초기에 그런 사람들은 자유의 '깃발'을 뒤따르는 자가 아니라 자유의 '진영'을 뒤따르는 자들이며, 자유를 어떻게 존중해야 하는가를 몰랐다.

버크 씨의 연극적 과장을 모두 사실이라고 가정하고, 그에게 묻는다. 그의 그런 과장 때문에 오히려 내가 주장하려는 내용이 더욱 확실해지는 게 아닌가? 그의 과장들을 모두 진실이라고 가정한다 해도, 그것은 그가 내세울 수 있을 만한 다른 어떤 주장과 마찬가지로 프랑스혁명이 반드시 필요했음을 보여준다. 폭력은 혁명의 원리와는 무관한 결과, 다시 말해 혁명 전부터 이미 존재했던 저급한 정신의 결과였다. 이제 혁명은 그런 저급한 정신을 개혁하려 한다. 그러므로 폭력의 뿌리를 제대로 찾아내서 살펴본다면, 버크 씨가 퍼부은 비방은 고스란히 버크 씨 자신에게 되돌아가게 된다.

어떤 권위로도 통제할 수 없는, 무력이 난무하는 혼란의 기간 중에도 국민의회와 파리 시가 본보기와 교훈의 영향 아래서 그토록 자제할 수 있었다는 것은 그들에게 있어 실로 명예스런 일이다. 복수가 아닌 미덕이 이득을 줄 것이란 걸 인류에게 가르치고 일깨우기 위한 노력들 가운데 프랑스혁명만큼 어려웠던 것은 없다. 이제 나는 10월 5일과 6일의 베르사유 행진에 대한 버크 씨의 설명에 대해 몇 가지 소견을 말하고자 한다.

5
베르사유 행진도 평화적이었다

나는 버크 씨의 책을 연극 공연이라는 관점 이상으로 생각할 수 없다. 그는 무대효과를 내기 위해 어떤 사실은 생략하고 어떤 사실은 왜곡하며 전체 구조를 변형시켰다. 베르사유 행진에 대한 그의 기술도 그렇다. 그는 진실이라고 알려진 사실들을 생략하고 그의 설명을 시작한다. 그러나 그가 생략한 사실 외에는 모두가, 심지어 파리에서도 추측에 불과한 것들이었다. 그리고 그는 자신의 감정과 편견에 맞춰 이야기를 꾸며낸다.

버크 씨의 책 전체를 통틀어 봐도, 그가 '반혁명 음모'에 관해 언급한 부분은 단 한군데도 없다. 그러나 모든 재앙은 바로 그 음모로부터 생겨났다. 원인을 생략하고 결과만 보여주는 것은 그의 목적에 걸맞은 행위다. 그것은 연극기술 중 하나다. 연극에서는 사람들의 범죄를 그들의 고난과 함께 보여주면 무대효과가 상실될 수 있다. 관중은 흔히 동정하도록 꾸며져 있는 쪽을 동정하기 마련이다.

이 복잡한 사건(베르사유 행진)에 대한 모든 조사가 끝난 뒤에도, 그것은 여전히 갖가지 미스터리에 둘러싸여 있다. 확고한 의도에서가 아니라 기묘한 환경의 우연한 일치로부터 생기는 사건에는 늘 그런 미스터리가 수반된다. 혁명의 시기에는 늘 그렇듯이, 사람들의 성격이 형성되는 동안에는 서로 간에 불신과 오해가 싹트기 쉽다. 또 서로 다른 견해를 갖고 서로 다른 결과를 희망하는, 원칙상에서 대립된 당파들도 때때로 같은 움직임에 동조하곤 한다. 베르사유 행진이라는 이 복잡한 사건에서도 그런 현상이 많이 나타났지만, 그 전체적인 결과는 아무도 예상하지 못했다.

확실하게 알려진 사실들은 다음과 같은 것들뿐이다. 왕이 국민의회의 법령, 특히 헌법 제정의 기본 원리를 포함한 〈인권선언〉[87]과 〈8월 4일 법령〉[88]의 재가와 공포를 지연시켜[89] 당시 파리에 상당한 불안이 조성됐다. 이 점에 대한 가장 동정적이고 공정한 추측은, 몇몇 장관이 최종 재가와 지방이송 전에 그것들에 대해 부분적으로 비평하고 자기 소견을 가하고자 했다는 추측일 것이다. 그러나 이런 추측이 사실이었다 해도, 〈인권선언〉과 〈8월 4일 법령〉의 재가와 공포 지연에 혁명의 적들은 희망을 품었지만 혁명의 벗들은 불안감을 느꼈다.

이렇게 불안정한 상황에서 근위대[90]는 베르사유에서 막 도착한 외국인부대를 위해 향연을 베풀었다(10월 1일). 근위대는 흔히 그렇듯 궁정과 밀접하게 관련된 사람들로 구성돼 있었다. 그런데 향연이 절정에 이르자, 하나의 신호에 맞춰 근위병들이 모자에서 국민휘장을 떼어내 발로 짓밟고, 미리 준비된 반대 휘장을 달았다. 이런 종류의 휘장 모독은 도발행위에 해당하는 것이었다. 그것은 전쟁선포와 같았고, 이런 도전은 결과를 예측했을 때에만 할 수 있는 것이다. 그렇지만 버크 씨는 이 모든 것을 주도면밀하게 은폐했다. 그는 다음과 같이 자신의 설명을 시작한다. "혼란, 경고, 당혹, 살육의 하루 뒤인 1789년 10월 6일 프랑스 왕과 왕비는 대중이 언약한 신뢰에 몸을 내맡기고, 아무 일도 하지 않은 채 괴롭고 우울한 몇 시간을 보내면서 상황이 전개되는 대로 그저 지켜만 보고 있었다는 사실을 역사는 기록하리라." 이 설명은 역사의 제 모습과도, 역사의 의도와도 다르다. 그것은 모든 것을 추측과 오해에 맡기고 있다. 누구나 적어도 전투가 있었을 것이라고 생각할 것이다. 버크 씨가 책망하는 대상 속에 포함시킨 사람들의 온건한 조심성이 없었다면 그곳에서 전투가 터질 수도 있었다. 버크 씨는 근위대를 도외시하고 그 대신 왕과 왕비를 극적으로 내세워, 마치 행진의 목적이 왕과 왕비에 반대하는 데 있었던 것처럼 만들었다. 그러나 여기서 다시 나의 설명으로 되돌아가자.

누구나 예상할 수 있겠지만, 위와 같은 근위대의 행동은 파리 시민들을 놀라게 하고 분노하게 했다. 원인과 원인 그 자체의 색깔이 너무나도 분명하게 결합됐기 때문에 모욕의 의도가 오해될 여지가 없었다. 그래서 파리 시민들은 근위대의 책임을 추궁하기로 결심했다. 그들은 자발적으로 도전적인 태도를 취한 무장 군인들의 사과(이런 말을 사용해도 좋다면)를 받으려 했다. 그를 위해 진군하는 도중에 비열한 암살행위 같은 일은 전혀 없었다. 그러나 이 사건을 곤경에 빠뜨리는 데 기여한 사정을 살피면, 혁명의 적들이 혁명의 벗들 못지않게 그것을 고무한 것으로 보인다는 점을 알 수 있다. 즉 한쪽에서는 내란을 적시에 견제하여 방어하고자 했지만, 다른 한쪽에서는 내란을 오히려 부추기고자 한 것이다. 혁명에 반대한 사람들의 희망은 왕을 자기편으로 만들어 베르사유에서 메츠[91]로 데려오는 데 달려 있었다. 그들은 메츠에서 군대를 소집해 깃발을 세울 수 있기를 바랐다. 따라서 우리는 동시에 나타나고 같은 수단으로 성취될 수 있으면서도 서로 다른 목적을 보게 된다. 그중 하나는 파리 시민들의 목표로서 근위대를 처벌하는 것이었고, 다른 하나는 그런 상황의 혼란을 이용해 왕으로 하여금 메츠로 떠나도록 유도하는 것이었다.

10월 5일 엄청난 수의 여성과 여장한 남자들이 파리 시청 주변에 모여 베르사유로 출발했다. 그들의 공격대상은 근위대였다. 그러나 지각 있는 사람이라면, 재난은 끝내기보다 시작하기가 더 쉽다는 점을 쉽게 알 것이다. 이런 점은 앞에서 설명한 의혹과, 기병대의 문란한 행동 때문에 더욱 강하게 인식됐다. 충분한 인원이 모이자 라파예트 후작은 파리 시가 공적으로 내린 명령에 따라 2만 명에 이르는 파리 민병대를 이끌고 그들의 뒤를 따랐다. 혼란은 혁명에 아무런 득이 되지 않는다. 오히려 그 반대자에게 득이 될 뿐이다. 라파예트는 부드럽고도 씩씩한 연설 태도로 여러 불안상태를 진정시키는 데 성공해 왔는데, 이 점에서 그는 특히 뛰어났다. 따라서 당시의 상황을 진전시켜 왕이 베르사유를 떠나 메츠로 물러가도록 하는 적당한 구실을 찾고자 하는 사람들의 희망을 끊어버리기 위해, 그리고 근위대와 남녀 밀집부대 사이에 터질지도 모르는 필연적인 결과를 막기 위해, 그는 왕에게 급히 편지를 보내 자신이 파리 당국의 명령에 의해 평화와 보호라는 목적으로 진군 중이라는 사실을 알렸고, 이와 동시에 근위대가 민중에게 발포하지 않도록 그들을 제지할 필요가 있다는 의견을 밝혔다.[92]

그는 밤 열 시에서 열한 시 사이에 베르사유에 도착했다. 근위대는 전열을 정비했고, 민중은 그보다 빨리 베르사유에 도착했으나, 모든 일은 아직 미해결 상태로 남아 있었다. 이제 지혜와 정책은 그 위험한 장면을 행복한 사건으로 바꾸는 것을 목적으로 삼아야 했다. 라파예트 후작은 분노한 양쪽 사이의 조정자가 됐다. 그리고 왕은 앞서 말한 지연행위로 인해 발생한 불안상태를 제거하기 위해 국민의회 의장에게 사람을 보내어 〈인권선언〉과 대기 중이던 헌법의 다른 부분들에도 서명했다.

이제 새벽 한 시경이었다. 모든 일이 타결된 듯 보였고, 사람들은 축하의 말을 나누었다. 북소리와 함께 베르사유 시민들이 동료인 파리 시민들에게 자신들의 집을 숙소로 제공하겠다는 선언을 발표했다. 베르사유 시민에게서 잠자리를 제공받지 못한 사람들은 거리에 그대로 남아 있거나 교회에 가서 잠자리를 얻었다. 그리고 두 시에는 왕과 왕비도 잠자리에 들었다.

이런 상태로 시간이 흘러 새벽이 됐다. 그때 양측의 몇몇 사람이 비난받을 만한 행동을 해 혼란을 일으켰다. 그런 상황에서 늘 발생하는 일이었다. 근위대 중 한 사람이 궁전 창문에 모습을 나타내자, 밤새도록 거리에 있던 사람들이 욕설과 도발적인 말로 그에게 시비를 걸었다. 그런 경우 분별 있는 사람이라면 으레 창문에서 사라지겠지만, 그는 그렇게 하지 않고 도리어 총을 쏴서 파리 민병 한 사람을 죽였다. 이로 인해 평화는 깨지고, 민중은 그 범인을 찾아 궁전 안으로 뛰어 들어갔다. 그들은 궁전 안에 있는 근위대 숙소를 공격했고, 궁전의 모든 통로에서 그들을 추적한 뒤 왕의 처소로 몰려갔다. 이 소란으로, 버크 씨 말대로 왕비만 놀라 깨어난 것이 아니라 궁전 안의 모든 사람들이 놀라 깨어났다. 라파예트 후작은 또다시 중재에 나섰고, 그 결과 근위대는 국민휘장을 달게 됐다. 그리고 두세 사람이 죽은 뒤 사건은 망각되듯 끝났다.

혼란이 끝나갈 무렵 왕과 왕비는 발코니에 나와 있었다. 버크 씨는 두 사람 모두 안전을 위해 몸을 숨겼다고 말했지만, 사실은 그렇지 않았던 것이다. 사태가 수습되고 평온이 회복되자 민중들 사이에서 "왕을 파리로! 왕을 파리로!"라는 환호성이 터져 나왔다. 그것은 평화의 아우성이었고, 왕은 즉시 그들의 요구를 받아들였다. 이리하여 왕을 메츠로 유괴하고, 헌법에 반대하는 깃발을 세우려 했던 모든 기도는 저지됐고 의혹도 사라졌다. 왕과 그의 가족은 저녁에 파리에 도착했다. 그들이 도착하자 파리 시장 베일리 씨[93]는 시민의 이름으로 그들을 환영했다. 자신의 책 전체를 통해 사건, 인물, 원리를 혼동한 버크 씨는 베일리 씨의 연설에 대한 비판에서도 시간을 혼동했다. 그는 베일리 씨가 그 날을 "좋은 날"이라 말했다는 이유로 그를 비난했다. 버크 씨는 이 사태가 이틀간, 즉 모든 위험과 재난의 양상을 띠고 그것이 시작된 날과, 위협적이었던 재난을 겪지 않고 그것이 끝난 날 등 양일에 걸쳐 일어났다는 것을 알았어야 했다. 또 베일리 씨가 "좋은 날"이라고 말한 것은, 사태가 그렇게 평화적으로 종결되고 왕이 파리에 도착한 데 대한 표현이었다는 점도 알았어야 했다. 베르사유에서 출발해 파리로 가는 이 행진에는 30만 명 이상이 참여했고, 도중에 어떤 방해도 받지 않았다.

버크 씨는 국민의회에서 이탈한 랄리 톨랑달 씨[94]의 말을 빌려, 파리에 간 인민들이 "모든 주교를 가로등에 매달아라!"라고 소리쳤다고 전한다. 그러나 톨랑달 씨를 제외한 어느 누구도 그런 말을 듣지 못했고, 버크 씨 외에는 어느 누구도 그 말을 믿지 않는다는 사실은 놀라운 일이다. 그것은 그 사건의 당사자 중 누구와도 무관하고, 그 모든 상황과도 무관하다. 그 이전까지 주교들은 버크 씨의 연극 중 어느 장면에서도 소개된 적이 없다. 그런데 이제 와서 왜 갑자기 무더기로 그들을 등장시키는가? 버크 씨는 어떤 마술 가로등 안에 들어 있는 모습처럼 주교들과 가로등을 제시하고, 연관시키는 대신 대조하는 수법으로 그 자신이 만든 장면을 두드러지게 한다. 그러나 그것은 비방을 위해서는 그럴듯한 것까지 반대한다는 점에서, 그 책이 얼마나 믿을 수 없는 것인가를 보여주는 데 기여할 뿐이다. 따라서 버크 씨처럼 기사도를 찬양하는 독백을 하는 대신, 나는 이상의 고찰로써 베르사유 행진에 대한 평가를 끝내고자 한다.[95]

6
인권의 기원은 자연권이다

이제 나는 버크 씨를 따라 길 없는 황야와 같은 광상곡을, 그리고 일종의 국가론을 헤쳐 나가야 한다. 그 속에서 그는 그럴듯한 증거나 이유도 제시하지 않고, 그저 믿어 주리라는 가정 아래 아무것이나 제멋대로 주장한다.

무슨 일이든 그것을 논증하여 어떤 결론에 도달하기 위해서는, 그 전에 그것을 논증할 만한 어떤 사실, 원리, 자료가 확립되거나 인정되거나 부정돼야 한다. 버크 씨는 난폭하고 상투적 수법으로 프랑스 헌법 제정의 기초로 프랑스 국민의회가 공포한 〈인권선언〉을 비방했다. 그는 〈인권선언〉을 "인권에 대한 보잘것없고 더러운 종잇조각"이라고 부른다. 버크 씨는 인간이 어떤 권리를 갖고 있다는 사실을 부정하는가? 그렇다면 그는 어디에도 권리 같은 것은 없다고 보는 것이고, 그 자신도 권리 같은 것은 없다고 말해야 한다. 그러나 만일 버크 씨가 인간은 권리를 갖고 있다는 것을 인정하려면, 권리란 무엇이며, 어떻게 인간이 그런 권리를 갖게 됐는가 하는 질문에 답해야 한다.

인권에 대해 고찰하면서 과거에서 끌어낸 선례로 그것을 설명하려는 사람들의 잘못은, 그들이 아주 먼 과거까지 완전히 거슬러 올라가지 않는 데서 발생한다. 그들은 과거의 모든 과정을 다 살펴보지 않는다. 그들은 기껏 백 년이나 천 년 정도 거슬러 올라간 중간 단계에 멈춰서, 그때 행해진 예를 현대를 설명하는 기준으로 삼는다. 그것은 아무런 근거도 되지 못한다. 만일 그보다 더 옛날로 거슬러 올라간다면, 우리는 정반대의 의견과 관례가 널리 퍼져 있었음을 알게 될 것이다. 그리고 고대를 근거로 삼는다면, 서로 대립하는 근거들을 수없이 찾을 수 있다. 그러나 우리가 이보다도 더 오랜 옛날로 계속 거슬러 올라가면 마침내 진실에 도달하게 될 것이다. 즉 인간이 조물주의 손에서 태어난 시기에 도달하게 될 것이다. 당시에 그는 무엇이었던가? 인간이었다. 인간이란 그의 고귀하고 유일한 이름이었고, 그보다 더 이상 고귀한 이름은 있을 수 없다. 이 인간이라는 이름에 대해서는 뒤에서 다시 이야기하겠다.

지금 우리는 인간의 기원, 그리고 인권의 기원에 이르렀다. 그날부터 지금까지 이 세계가 통치된 방식에 대해 역사가 보여준 과오나 개선을 적절하게 이용하는 것만큼 우리의 관심을 끄는 것은 없다. 백 년 또는 천 년 전에 살았던 사람들은 지금의 우리와 마찬가지로 당시에는 현대인이었다. 그들에게는 그들의 선조가 있었고, 그 선조에게도 선조가 있었다. 우리 역시 언젠가는 선조가 되리라.

단순히 과거라는 이름만으로 삶의 여러 가지 일들을 다스려야 한다면 앞으로 백 년이나 천 년 뒤에 살게 될 사람들은, 우리가 백 년 또는 천 년 전에 살았던 사람들을 선례로 삼듯이 우리를 선례로 삼으리라. 그러나 과거의 부분 부분만으로는 모든 것을 증명할 수는 있을지 몰라도 확립할 수는 없다. 우리가 창조 당시의 인권의 신성한 기원에 이르기 전까지는 모든 근거들이 서로 대립한다. 창조 시에 이르러서야 우리의 탐구는 안식을 찾게 되고, 우리의 이성은 고향을 발견한다. 만일 창조 후 백 년이 지났을 때 인권에 관한 논쟁이 일어났다면, 사람들은 바로 그 근원적인 근거를 참조했을 것이다. 지금 우리가 참조해야 할 것도 그와 같은 근원적 근거다.

나는 어느 특정한 종교적 분파에 대해 다룰 생각은 없지만, 그리스도의 계보가 아담에까지 거슬러 올라간다는 점은 주목할 만한 가치가 있다고 본다. 그렇다면 왜 인권에 대해서는 인간이 창조된 시기까지 거슬러 올라가보지 않는가? 나는 이렇게 답하련다. 그 이유는, 지금까지 교만한 국가들이 그 사이에 끼어들어 인간을 개조하려고 해왔기 때문이다.

만일 영원히 세계를 다스리는 방식을 지시할 권리를 가진 세대가 있었다면, 그것은 태초에 존재한 세대였으리라. 만일 그 세대가 그렇지 않았다면, 그 뒤의 어떤 세대도 그런 권한을 제시하거나 수립할 수 없다. 인간의 평등권이라는 찬란하고 거룩한 권리는 (그 기원이 인간의 창조주에게 있으므로) 생존한 개개인에게만 관련된 것이 아니라, 뒤를 잇는 사람들의 세대와도 관련된다. 각 세대는 그 앞서간 세대와 평등한 권리를 가지며, 그와 같은 원칙에서 각 개인은 그 동시대인과 평등한 권리를 갖고 태어난다.

학문의 세계에서든 비학문의 세계에서든 창조에 관한 모든 역사와 전통적 견해는 어떤 특수한 점에서는 의견이나 신념이 다를 수 있어도 한 가지, 즉 '인간의 단일성'이라는 점에서는 의견이 일치한다. 이 말을 나는 인간이란 '하나의 지위'이고, 결국 모든 인간은 평등하게 태어나고 평등한 자연권을 가진다는 뜻으로 사용한다. 이는 후손이 이어지는 것은 '생식'에 의해서가 아니라 '창조'에 의해서이고, 생식은 오로지 창조가 실현되는 방식에 불과하다는 뜻과 같다. 따라서 이 세상에 태어나는 모든 아이는 그 존재가 신으로부터 비롯된다고 생각해야 한다. 세계는 최초의 인간에게 새로웠듯이 그 아이에게도 새로울 것이며, 세계 속에서의 자연권 역시 이와 마찬가지다.

창조에 대한 모세의 견해는, 신적인 근거로 보든 단순한 역사적 근거로 보든 '인간은 단일성과 평등성을 가진다'는 말과 완전히 일치한다. 이 표현에는 논란의 여지가 없다. "하나님이 자기 형상 곧 하나님의 형상대로 사람을 창조하시되 남자와 여자를 창조하시고…"[96] 여기에는 양성의 구분은 밝혀져 있으나, 그 밖의 다른 구분은 암시조차 없다. 설령 이것이 신적인 근거는 아니라 해도 최소한 역사적인 근거는 되며, 그것은 인간의 평등이 현대의 이론이 아니라, 기록된 이론 가운데 가장 오래된 것임을 보여준다.

세계에 알려진 모든 종교는 인간이란 모두 다 '하나의 지위'에 있는 존재라는 의미에서 '인간의 단일성'에 입각하고 있다. 천국이든 지옥이든, 앞으로 인간이 처하게 될 상황이 어떠한 것이든 선과 악만이 유일한 구별점이다. 아니, 국가의 법령도 범죄로 인한 지위는 만들되 인격에 따른 지위는 만들어서는 안 된다는 원리에 부합돼야 한다.

이는 모든 진리 중에서 가장 위대한 진리이고, 가꾸어가야 할 가장 유익한 것이다. 이것은 인간이 바로 그 같은 관점에서 타인을 바라보고, 그 같은 관점에서 자신을 바라보도록 함으로써, 인간을 그의 창조주나 그가 일부를 구성하는 피조물에 대한 그의 모든 의무와 밀접하게 관련시킨다. 그리고 인간은 오직 자신의 근원을 잊어버릴 때만, 요즘 표현대로 말하자면 그의 '출생과 근본'을 잊을 때만 무절제해진다. 인간이 창조주로부터 너무 멀리 떨어진 곳에 버려지고, 연이은 장벽이나 관문 같은 것들로 채워진 인위적인 간격을 통과해야만 하는 것으로 간주하는 것은, 현존하는 유럽 국가들에 만연한 악폐 가운데 하나다. 나는 버크 씨가 인간과 창조주 사이에 놓은 장벽의 목록을 인용하고자 한다. 그는 스스로 선지자인 체하면서 이렇게 말한다. "우리는 신을 두려워한다. 우리는 경외심으로 왕을, 친밀감으로 의회를, 의무감으로 관리를, 숭배감으로 신부를, 존경심으로 귀족을 바라본다." 버크 씨는 '기사'를 빠뜨렸다. 또한 베드로를 넣는 것도 잊었다.

인간의 의무는 입장권을 갖고 하나씩 통과해야 할 관문들로 이루어진 황야를 통과하는 것이 아니다. 그것은 간단명료하다. 그것은 두 가지, 즉 사람이면 누구나 느껴야 할 신에 대한 의무와, 남이 해주기를 바라는 것처럼 스스로 남에게 해주는 이웃에 대한 존경으로 이루어진다. 권한을 부여받은 사람들이 잘 처신하면 존경을 받겠지만, 그렇지 못하면 멸시를 받으리라. 그러나 권한이 부여되지 않았는데도 그렇게 행동한다면, 이성적인 세계는 그들을 무시한다.

7
자연권, 시민권, 그리고 국가

지금까지 우리는 오직 인간의 자연권에 대해서만 말했을 뿐이다. 이제 우리는 인간의 시민권을 고찰하고, 그것이 자연권에서 비롯된다는 사실을 알아볼 것이다. 인간이 사회 속에 들어가게 된 것은, 전보다 더 나빠지거나 더 적은 권리를 갖기 위해서가 아니라 권리를 더욱 잘 보장받기 위해서다. 인간의 자연권은 그가 지닌 모든 시민권의 기초다. 그러나 이러한 구분을 더욱 정확하게 하기 위해 자연권과 시민권의 차이점을 지적할 필요가 있으리라.

이는 간단히 설명할 수 있다. 자연권은 인간이 존재하는 데 따르는 권리다. 이런 권리에는 모든 지적 권리와 정신적 권리, 그리고 타인의 자연권을 침해하지 않는 한 자신의 안락과 행복을 위해 개인적으로 행동할 수 있는 권리가 모두 포함된다. 시민권은 인간이 사회구성원이라는 데 따르는 권리다. 모든 시민권은 개인에게 이미 존재하는 자연권을 기반으로 한 것이지만, 모든 개인이 그것을 실제로 누릴 처지에 있지는 않다. 시민권에는 안전과 보호에 대한 모든 권리가 포함돼 있다.

이 간단한 검토로부터, 인간이 사회에 들어간 뒤에도 그대로 갖는 자연권의 종류와, 사회구성원으로서 공동으로 갖는 권리를 구분하는 게 쉬워졌으리라.

인간이 사회에 들어간 뒤에도 갖는 자연권은, 그것을 행사하는 힘이 마치 권리 자체와 마찬가지로 개인에게 완전히 주어지는 권리다. 앞서 설명했듯이 이런 종류의 자연권에는 지적 권리나 정신적 권리가 모두 포함된다. 종교도 그런 권리 가운데 하나다. 반면 '인간이 항상 가지고 있지는 않은' 자연권이란, 개인에게는 완전한 권리이지만 그것을 행사하는 힘은 완전하게 주어지지 않는 모든 권리를 말한다. 그런 권리는 인간의 목표를 실현시켜주지 못한다. 인간은 자연권에 의해 자기 뜻대로 판단할 권리를 가진다. 그리고 정신의 권리에 관한 한 그는 절대 그것을 포기하지 않는다. 그러나 그가 현실을 시정할 수 있는 힘을 가지지 못한다면, 그것을 판단한다는 것이 무슨 소용이겠는가? 따라서 인간은 자신의 권리에 앞서, 그리고 그것에 더해서 이러한 권리를 공동의 소유에 맡기고, 그 자신이 일부인 사회와 협력하게 된다. 사회는 인간에게 아무것도 부여하지 않는다. 모든 사람은 사회의 소유주이고, 따라서 당연한 권리로서 그런 공동 소유의 자본에 의존한다.

이러한 전제로부터 세 가지 결론이 나온다.

첫째, 모든 시민권은 자연권에서 나온다. 즉 시민권은 전환된 자연권이다.

둘째, 이처럼 적절하게 고찰된 시민권은 힘의 관점에서는 개인에게 부족한 감이 있고 그의 목적을 달성시켜 주지 않지만, 어떤 초점에 집중하면 모든 사람 각자의 목적을 만족시켜줄 수 있는 자연권의 집합물로 구성된다.

셋째, 개인의 힘에 있어서는 불완전한 자연권의 집합에서 나오는 권력은, 개인이 항상 가지고 있으며, 또 그것을 행사할 힘이 그 권리 자체와 마찬가지로 완전한 자연권을 침해하기 위해 사용될 수 없다.

지금까지 우리는 몇 마디로 자연적 개인에서 사회 구성원으로 되어가는 인간의 발자취를 추적했다. 그리고 인간이 항상 갖는 자연권의 본질과, 시민권으로 전환된 자연권의 본질을 제시하고자 노력했다. 이제 이러한 원리를 국가에 적용해 보자.

세계를 개관해 보면, 사회나 사회계약에 의해 생긴 국가와 그렇지 않은 국가를 구별하기란 지극히 쉽다. 그러나 이를 한쪽 눈으로 보는 것보다 더욱 명확하게 보고 싶다면, 국가가 생겨나온 근원이자 그 건립의 기초가 되는 몇 가지 근원들을 검토해 보는 것이 적절하리라.

그것들은 다음 세 가지에 다 포함된다. 첫째는 미신이고, 둘째는 권력이며, 셋째는 사회의 공통 이익과 공통된 인권이다. 첫째는 사제의 국가, 둘째는 정복자의 국가, 셋째는 이성의 국가에 각각 대응된다.

일단의 간사한 무리가 신탁을 매개로 하여 마치 그들이 오늘날 유럽 여러 궁정들의 뒷계단을 마음대로 오르는 것처럼 신과 교접하는 체할 때 세계는 완전히 미신의 국가 밑에 놓여졌다. 그들은 모든 것을 신에게 물었고, 신의 응답이라고 조작된 모든 것이 법이 됐다. 이런 국가는 그와 같은 미신이 지속되는 한 계속될 수 있었다.

이런 국가 이후에 정복자들이 나타나 윌리엄 정복왕처럼 권력에 입각한 국가를 세웠다. 즉 칼이, 왕위를 뜻하는 막대기인 홀(笏)의 이름을 차지했다. 이렇게 수립된 국가는 그것을 지탱하는 권력이 유지되는 한 지속된다. 그들은 모든 기관을 자신에게 유리하게 하기 위해 힘에다 거짓을 결합시켜 '신수권(神授權)'이라는 우상을 만들었다. 이는 정신적임과 동시에 세속적임을 자처한 교황을 본받아 기독교의 창조자에게 반대하고, 그 뒤 '교회국가'라고 불린, 다른 형태의 우상으로 변형됐다. 그리하여 성 베드로의 열쇠와 국가금고의 열쇠가 겹쳐지고, 이를 이상하다고 생각하면서도 기만당한 대중은 그렇게 조작된 것을 숭배하게 됐다.

내가 인간의 자연적인 존엄성에 대해 깊이 생각하고, (자연은 나의 감정을 무디게 할 정도로 친절하지 못하므로) 그 명예와 행복을 느낄 때 나는 마치 인류가 모두 악당이고 바보인 것처럼 그들을 힘과 거짓으로 다스리려는 짓에 화가 나고, 또 그렇게 속아넘어간 사람들에 대해서도 치밀어 오르는 혐오감을 피할 수 없다.

이제 우리는 미신과 정복에 의해 생긴 국가와 대조되는, 사회로부터 생긴 국가를 고찰해 보자.

  국가를 통치자와 피치자 사이의 계약이라고 말하는 것은 '자유'의 원리를 확립하는 데 있어 상당한 진보라고 여겨져 왔다. 그러나 이는 진실일 수 없다. 결과를 원인 앞에 내세우고 있기 때문이다. 즉 국가가 존재하기 이전에 인간이 존재하는 것이니 당연히 국가가 존재하지 않은 시기가 있었기 마련이고, 결과적으로 그런 계약을 체결할 통치자가 원래 존재하지 않을 수도 있기 때문이다. 그러므로 사실은 개인들이 스스로 각자의 주권을 갖고 상호간 계약을 체결해서 국가를 만든 것이 틀림없다. 그리고 이것만이 국가가 생겨날 권리를 갖는 유일한 방식이고, 국가가 존재할 근거가 되는 유일한 원리다.

  국가가 무엇이며 무엇이어야 하는가에 대한 명확한 생각을 갖기 위해서는 우리는 그 기원까지 추적해 올라가야 한다. 그렇게 하면 국가가 인민으로부터 생겨났거나, 인민을 지배함으로써 생겨났다는 사실을 쉽게 발견할 수 있다. 그러나 버크 씨는 이런 구별을 하지 않는다. 그는 그 근원까지 조사하지 않았으므로 모든 것을 혼동한다. 그러나 그는 언젠가 기회를 봐서 영국과 프랑스의 헌법을 비교해 보겠다고 했다. 이렇게 그가 논쟁의 제목까지 내세워 도전한 이상 나는 그와의 싸움을 받아들이겠다. 고매한 도전만이 고매한 진리를 탄생시킬 권리를 갖는 법이다. 또 이 싸움은 사회에서 비롯된 국가에 대한 문제를 살펴볼 기회도 마련해 주므로, 나는 그것을 더욱 기꺼이 받아들인다.

그러나 우선 헌법이 무엇인지부터 정의할 필요가 있으리라. 헌법이라는 말을 받아들이는 것만으로는 충분하지 않다. 우리는 그 기준이 되는 정의를 확정해야 한다.

헌법이란 단지 명목만이 아니라 실질적인 것이다. 그것은 이상적인 것이 아니라 현실의 실재를 갖는 것이다. 따라서 그것을 가시적 형태로 만들 수 없는 곳에는 헌법이 존재하지 않는다. 헌법은 국가에 선행하는 것이고, 국가는 헌법의 창조물에 불과한 것이다. 어떤 국가의 헌법은 그 국가의 법이 아니라 국가를 구성하는 인민의 법이다. 그것은 우리가 각 조문을 참조할 수 있고, 인용할 수 있는 여러 요소들의 집합이다. 그 속에는 국가를 수립하는 원리, 국가를 조직하는 방식, 국가의 권력, 선거 방법, 의회나 그 밖의 다른 이름으로 불리는 기관의 존속기간, 국가의 집행부가 갖는 권력 등 요컨대 시민국가의 완전한 조직에 관련된 모든 것과 시민국가가 행동하고 제약을 받는 원칙이 포함돼 있다. 따라서 헌법과 국가의 관계는 국가와 국가에 의해 만들어진 법령에 의해 수립된 법원의 관계와 같다. 법원은 법을 만들거나 바꿀 수 없고, 오직 만들어진 법에 맞게 행동할 뿐이다. 마찬가지 방식으로 국가는 헌법에 의해 지배된다.

그렇다면 버크 씨는 영국 헌법을 만들어낼 수 있는가? 만일 그가 그렇게 할 수 없다면, 지금까지 많은 말이 있었지만, 영국에는 헌법 같은 것은 존재하지 않고, 존재한 적도 없으므로 앞으로 인민이 헌법을 만들어야 한다고 우리는 결론지을 수 있다.

버크 씨는 이미 내가 제시한 견해, 즉 국가가 인민으로부터 생겨났거나 인민을 지배함으로써 생겨났다는 사실을 부정하지 않으리라고 나는 짐작한다. 영국이라는 국가는 정복으로 생긴 것이지 사회로부터 자연적으로 생겨난 것이 아니며, 따라서 인민을 지배함으로써 생겨난 것이다. 그리고 윌리엄 정복왕 이래 정세에 따라 수없이 수정되긴 했지만, 영국이 스스로 쇄신된 적이 없기 때문에 헌법이 없다.

버크 씨가 왜 영국 헌법과 프랑스 헌법을 비교하는 일을 시작하기 싫어하는지 그 이유를 나는 쉽게 알 것 같다. 일단 비교를 시작하면 헌법과 같은 것이 자기에게 유리한 쪽으로 존재하지 않는다는 사실을 깨달을 수밖에 없다는 걸 알기 때문이다. 그의 책은 정말로 두꺼워서 양국 헌법의 비교와 관련해 그가 말할 수 있는 것이라면 무엇이나 다 실을 수 있었을 것이고, 그렇게 했더라면 두 나라의 인민이 양쪽의 장점을 비교해 판단하는 최선의 방법을 얻었으리라. 그렇다면 그는 왜 유일하게 쓸 가치가 있었던 것을 쓰기를 거부했을까? 만일 그것이 자기에게 유리하면 그가 가질 수 있는 최강의 기반이 되겠지만, 그렇지 못하면 최악의 기반이 될 것이기 때문이었다. 그가 그것을 다루기를 거부한 것은, 그것이 없거나 유지할 수 없다는 증거다.

지난겨울 의회 연설[97]에서 버크 씨는 국민의회가 최초의 3부(제3신분, 사제, 귀족)로 모였을 때는 프랑스도 훌륭한 헌법을 가졌다고 말했다. 이런 그의 말은 다른 많은 사례들 가운데서도 헌법이 무엇인지에 대해 버크 씨가 이해하지 못하고 있음을 가장 잘 보여준다. 그렇게 모인 사람들은 '헌법'이 아니라 헌법을 만들기 위해 모인 '공회'였다.

엄격하게 말하면, 현존하는 프랑스 국민의회는 개인적인 사회계약이다. 그 구성원은 그 '본질적'인 성격에서 국민의 대표다. 그러나 미래의 의회는 그 '조직적'인 성격에서 국민의 대표가 되리라. 현재 의회의 권위는 미래 의회의 권위와 다르다. 현재 의회의 권위는 헌법을 제정하기 위한 것이고, 미래 의회의 권위는 그 헌법에 규정된 원리와 형식에 따라 입법을 하기 위한 것이 되리라. 그리고 앞으로 같은 경험을 통해 변경, 개정, 추가가 필요하다는 사실이 나타날 경우에 헌법은 그런 일을 처리할 방법을 지시하지, 그것을 미래 국가의 자의적 권력에 맡기지 않는다.

'원리에 입각한 국가'는 사회로부터 생겨나는 입헌국가의 근거가 되며, 스스로를 변경할 권리를 갖지 못한다. 만일 그런 권리를 가진다면, 그 국가는 전제국가가 되리라. 그렇게 되면 자기 멋대로 아무것이나 될 수 있게 되고, 그러한 권리가 설정되는 곳이라면 어디에서나 헌법이 없는 것이다. 자기 스스로 7년의 회기를 정한 영국 의회는 영국에 헌법이 없음을 보여준다. 왜냐하면 영국 의회는 마찬가지의 자기 권위에 의해 7년보다 더 긴 회기는 물론 종신 회기도 정할 수 있다는 이야기가 되기 때문이다. 의회를 개혁하기 위해 몇 년 전 피트 씨[98]가 의회에 제출한 법안 역시 잘못된 원칙에 입각한 것이었다. 개혁의 권리는 근본적 성격에서 국민에게 있고,

그 합헌적 방법은 그 목적을 위해 선출된 전국적 집회(공회)에 의해 개혁이 추진돼야 했다. 타락한 기관이 스스로 개혁한다는 생각 자체에 모순이 있었다.

8
프랑스 헌법은 모든 특권을 없앴다

위와 같은 전제로부터 나는 몇 가지 비교를 도출한다. 권리의 선언에 대해서는 이미 말했다. 나는 가능한 한 간단히 말하려 하므로 프랑스 헌법의 다른 측면으로 넘어가겠다.

프랑스 헌법은 1년에 60수(영국에서는 2실링 6펜스)의 세금을 내는 모든 남자는 선거인이라고 규정하고 있다. 버크 씨는 이에 맞먹는 어떤 조항을 내놓을 수 있는가? 영국의 선거인 자격조건처럼 제한적이면서도 변덕이 심한 것이 또 어디 있는가? 제한적이라고 함은, 백 명 중 한 사람도(나는 지금 매우 신중하게 말하고 있다) 투표를 할 수 없기 때문이다. 또한 변덕이 심하다고 함은, 어떤 곳에서는 도저히 상상할 수 없을 정도로 비열한 인간이나, 정직한 생활을 할 만큼 뚜렷한 수단을 갖지 않은 자가 선거인이고, 어떤 곳에서는 엄청난 세금을 내어 훌륭한 인물로 알려지거나, 일 년에 삼사백 파운드의 지대를 물고 그 액수의 서너 배에 이르는 농장 재산을 갖고 있는 농부가 선거인이 될 수 없기 때문이다. 버크 씨가 다른 곳에서 말했듯이, 이러한 괴상한 혼란 속에서는 모든 것이 부자연스럽고, 모든 종류의 어리석음이 모든 종류의 범죄와 뒤섞인다. 윌리엄 정복왕과 그 후손은 그런 식으로 나라를 분할하고, 그 일부를 소위 '특허장'이란 것을 통해 회유했으며, 그 나머지 부분을 더욱 더 자기 뜻에 맞도록 유지했다. 콘월[99]에 특허장이 그렇게도 많은 것은 바로 이런 이유 때문이다. 그곳 인민은 정복으로 수립된 국가에 적대적이었고, 수비대가 주둔한 마을들은 회유를 당해 노예상태로 빠졌다. 모든 낡은 특허장은 정복의 표지이고, 변덕 많은 투표권이 생긴 것도 같은 이유에서였다.

프랑스 헌법은 어느 곳의 대표이든 그 수는 납세 주민이나 선거인의 수에 비례한다고 규정하고 있다. 버크 씨는 이에 대항하는 어떤 조항을 내놓을 수 있는가? 거의 일백만 명이 사는 요크셔 주의 대표는 두 명이지만, 주민 수가 그 백분의 일도 안 되는 러틀랜드 주의 대표도 두 명이다. 세 집밖에 없는 올드새럼의 대표는 둘이나 되지만, 육만 명 이상이 사는 맨체스터 시에는 대표가 한 사람도 없다. 여기에서 어떤 원칙을 발견할 수 있는가? 자유의 흔적이나 지혜의 흔적을 발견할 만한 게 하나라도 있는가? 이쯤 되면 버크 씨가 비교를 거부하고 모순의 광상곡을 거칠고 체계 없이 연주해서 독자들의 주의를 흐트러뜨린 것이 전혀 놀라울 게 없다고 할 만하지 않은가.

프랑스 헌법은 국민의회가 2년마다 다시 선출돼야 한다고 규정하고 있다. 버크 씨는 이에 맞서는 어떤 조항을 제시할 수 있는가? 이에 대해 그는 국민에게는 아무런 권리도 없고, 국가가 완전히 제 마음대로 할 수 있다고 말하리라. 그리고 그 근거로 아마도 이전 의회의 선례를 인용하리라.

프랑스 헌법에는 사냥규제법은 있을 수 없다고 돼있다. 즉 자기 땅에서 산짐승을 발견한 농민은, 자기 땅의 소산물을 먹고 사는 그 산짐승을 취할 수 있는 모든 권리를 가진다고 규정돼 있다. 그리고 프랑스 헌법에서는 어떤 종류의 독점도 금지된다. 즉 모든 직업은 자유이고, 모든 사람은 정직하게 생계를 이어나갈 수 있는 일이라면 어떤 직업에도, 전국 어디에서든 자유롭게 종사할 수 있다. 이에 대해 버크 씨는 무슨 말을 할 것인가? 영국에서는 산짐승이, 자기 돈을 들여 그 산짐승을 먹여 살리는 사람이 아닌, 전혀 무관한 사람의 재산이다. 독점에 관해서는 또 어떤가? 영국은 나라 전체가 독점으로 구성돼 있다. 특허장을 가진 모든 마을은 그 자체가 귀족적 독점체이고, 선거권에 대한 제한은 이런 특허장 독점에서 나온다. 이것이 자유인가? 이것이 버크 씨가 말하는 헌법인가?

특허장 독점 지역에서는 다른 지역에서 온 사람은 마치 외적이라도 되는 양 쫓겨난다. 같은 영국인이면서도 자신의 나라 안에서 자유롭지 못한 것이다. 그런 곳의 모든 사람은 타지인의 길을 막고, 그는 자유인이 아니며 권리가 없다고 말한다. 이런 독점 안에는 또 다른 독점도 들어 있다. 가령 바스(Bath)에는 이삼만 명의 주민이 있지만 의회에 보낼 대표를 선출할 권리는 약 31명에 의해 독점된다. 그리고 같은 마을 사람일지라도 부모가 어떤 직업을 정해주지 못하는 입장에 처한 사람은, 제아무리 재능이 뛰어나고 부지런해도 직업을 가질 자연권을 박탈당하는 게 일반적이다.

영국의 이런 사례들이 프랑스처럼 노예상태를 벗어던지고 다시 태어나는 나라에서도 되풀이될까? 절대로 그렇지 않다. 그리고 영국민도 이런 점을 고찰하게 된다면, 프랑스에서처럼 그런 낡은 압제의 표지를, 그런 정복된 국가의 흔적을 없애려 하리라고 나는 확신한다. 버크 씨가 《국부론》[100]의 저자와 유사한 재능을 가졌다면, 헌법에 포함될 모든 부분을, 합쳐져 하나의 헌법을 형성할 모든 부분을 충분히 이해했으리라. 그는 사소한 것에서 거대한 이론을 추론했을 것이다. 그가 선택한 주제에 그가 저자로서 적합하지 않은 것은, 단순히 그의 편견 때문만이 아니라 그의 재능에 무질서함이 있기 때문이기도 했다. 게다가 그 재능은 짜임새가 없다. 그것은 제멋대로의 재능이지 짜여진 재능이 아니다. 그러나 그는 무엇인가 말해야 했다. 그래서 풍선처럼 공중으로 올라가, 대중이 서 있는 땅으로부터 그들의 시선을 끌고자 했다.

프랑스 헌법은 배울 점이 아주 많다. 정복과 폭정이 윌리엄 정복왕과 더불어 노르망디에서 영국으로 이식되었고, 그 나라는 아직도 그 흔적으로 흉측하다. 그렇다면 프랑스의 한 지역이 파괴한 자유를 재생시키는 데 프랑스 전체의 본보기가 기여하리라!

프랑스 헌법에서는 국민의 대표가 부패하는 것을 방지하기 위해 국민의회의 의원이 공무원, 관료, 또는 봉급생활자가 될 수 없다고 규정하고 있다. 버크 씨는 무엇으로 이에 대항할 것인가? 나는 그의 대답을 대신 속삭여보겠다. "빵 조각과 생선." 아! 빵 조각과 생선이라는 물질적 이익을 추구하는 그 국가는, 인민이 지금까지 생각해온 재난보다 더욱 큰 재난을 그 속에 지니고 있다. 국민의회는 새로운 발견을 했고, 이는 세계에 선례가 되고 있다. 국가들이 과세로 자기 나라의 껍데기를 벗길 목적으로 전쟁을 하기로 동의한다 해도, 그들은 지금 성공한 것 이상으로 성공할 수 없다.

영국 국가 안의 많은 일은, 그것이 그러해야 하고 그렇다고들 말하는 것과는 정반대인 것으로 나에게는 보인다. 비록 불완전하고 변덕스럽게 선출된다고 해도, 영국 의회는 국민을 대신하여 국고를 맡는다고 가정된다. 그러나 영국 의회가 구성되는 방식에서는 마치 동일인이 저당을 잡는 동시에 저당을 잡히는 사람이 되는 것과 같고, 위임을 악용하는 경우에서는 마치 범죄인이 재판관 자리에 앉아 스스로를 재판하는 형사재판의 경우와 같다. 세출을 표결하는 사람들이 표결된 세출을 지급 받는 사람과 동일인이고, 그 세출의 지출에 대한 결산 보고를 그 표결자에게 해야 할 책임을 진다면, 그것은 '자기가 자기 자신에게 책임을 지는 것'이고, '실수희극'이 정숙한 '무언극'으로 끝나는 것과 같다. 이 경우에 대해 여당도 야당도 관여하지 않는다. 국고는 누구나 탈 수 있는 공동의 말이다. 그것은 마치 '시골사람이 네가 조금 타고, 그 다음에는 내가 조금 타는 식으로 말을 타는 방식', 즉 '교대로 말 타기'와 같다.[101] 프랑스에서는 이런 일이 그보다는 잘 처리된다.

프랑스 헌법은 전쟁과 평화의 결정권이 국민에게 있다고 말한다. 그 비용을 물 사람들을 제외하고 누구에게 그 권리가 있겠는가?

영국에서는 전쟁과 평화의 결정권이 한 번에 6펜스나 1실링만 내면 런던탑에서 볼 수 있다는 것, 즉 왕관과 사자에 있다고 한다. 둘 중에서는 사자에게 그 권리가 있다고 하는 편이 이치에 한 걸음 더 가까우리라. 왜냐하면 생명이 없는 왕관은 하나의 모자보다 나을 게 없기 때문이다. 우리는 아론의 송아지 우상이나[102] 네부카드네자르의 황금 우상[103]을 숭배하는 어리석음을 알고 있다. 그러나 사람들은 왜 다른 사람들의 어리석은 짓을 경멸하면서도 스스로는 그런 짓을 계속하는 것일까?

영국민을 대표하는 방식에 대한 권한은 어디에 있는가, 왕인가 의회인가? 둘 중 어느 쪽에 있는지 분명하지 않다고 말하는 것이 합리적이리라. 모든 나라에서 전쟁은 공금의 분할과 지출에 참가하는 모든 사람들의 공동수확이다. 그것은 '국내 정복'의 기술이고, 그 목적은 수입의 증가에 있으며, 수입은 과세에 의해서만 증대되므로 지출의 구실을 만들어내야 한다. 영국이라는 국가의 역사를, 그 전쟁과 과세의 역사를 재검토하면서 편견으로 눈이 어두워지거나 이해관계에 얽히지 않은 관찰자라면, 전쟁을 수행하기 위해 세금을 올리는 게 아니라 세금을 거두기 위해 전쟁을 일으킨다고 말하리라.

버크 씨는 하원의 의원으로서 영국 국가의 일부를 구성한다. 그는 스스로는 전쟁에 반대한다고 말하면서, 정작 전쟁을 없애려는 프랑스 헌법을 비난한다. 그는 영국을 모든 면에서 프랑스에 대한 본보기로 내세운다. 그러나 그는 프랑스인이 영국에 대해 하는 말을 먼저 들어야 할 것이다. 프랑스인들은 영국인이 누리는 자유는 전제정치에 의한 것보다 더욱 생산적으로 한 나라를 노예화시키기에 알맞은 수준이라고 말한다. 그들은 또 모든 전제주의의 참된 목적은 수입에 있으므로, 그렇게 형성된 국가는 완전한 전제주의나 완전한 자유상태에서 얻을 수 있는 것보다 더 많은 것을 얻고, 따라서 이익이라고 하는 점에서 완전한 전제주의나 자유상태에 대립한다고 말한다. 그리고 프랑스인들은 전쟁을 일으키는 상이한 동기를 지적하고, 영국과 같은 전제국가에서는 항상 전쟁을 시작하려는 마음이 나타난다고 설명한다. 완전한 전제국가에서는 전쟁이 자만의 소산이지만, 전쟁을 과세의 수단으로 삼는 그런 국가에서는 그것으로 인해 그 신속성을 더욱 오랫동안 지속시키게 된다.

따라서 이러한 악폐 모두에 반대하기 위해 프랑스 헌법은 선전포고의 권한을 왕과 장관들로부터 빼앗아 그 비용을 부담하는 측에 주었다.

전쟁과 평화를 결정하는 권리에 관한 문제가 국민의회에서 논의되었을 때 영국민은 그것에 매우 큰 흥미를 보이고 그 결말을 크게 환영하는 듯했다. 그것은 하나의 원칙으로 모든 나라에 적용된다. 윌리엄 정복왕은 정복자로서 전쟁과 평화를 결정하는 권한을 자신이 가졌다. 그리고 그 후손은 윌리엄 정복왕의 선례에 따라 그 권한이 자기 것이라고 주장했다.

버크 씨는 명예혁명기의 영국 의회는 국민과 후손을 영원히 제약하고 통제할 권한을 가진다고 주장하면서도 한편으로는 의회나 국민이 소위 왕위 계승을 부분적으로 또는 어떤 제한된 범위 안에서가 아니라 전적으로 바꿔질 권한을 가진다는 사실은 부정한다. 그렇게 함으로써 그는 이 문제를 '노르만 정복'으로 되돌아가게 한다. 또한 그렇게 하여 왕위 계승의 계보를 윌리엄 정복왕으로부터 시작하여 오늘에 이르기까지 뻗침으로써 윌리엄 정복왕이 누구였고 무엇을 했으며 어디에서 왔는가 하는 문제, 즉 대권의 기원, 역사, 성격에 대해 탐구해야 할 필요성을 느끼게 한다. 모든 일에는 시작이 있고, 그 시작을 찾으려면 시간과 고대라는 안개를 뚫고 들어가야 한다. 그렇다면 버크 씨에게 그의 노르망디공 윌리엄을 내세우도록 하자. 왜냐하면 그것이 그가 하는 논의의 근원이기 때문이다. 이러한 왕위 계승의 계보를 살펴보면 불행히도 이와 평행하는 다른 또 하나의 계보가 나타난다. 즉 왕위 계승이 정복의 계보를 따르면 국민은 피정복의 계보를 따르게 되는 것이다. 국민은 그러한 수치에서 벗어나야 한다.

그러나 선전포고의 권한은 정복의 계보를 따라 내려오지만, 그것은 전쟁물자의 보급을 중지시킬 수 있는 의회의 권한에 의해 견제를 당한다고 말할 수 있을지도 모른다. 원래 잘못된 것은 아무리 수정해도 옳게 되지 않는 법이다. 그리고 그런 수정은 한편으로 좋은 결과를 낳기도 하지만, 다른 한편으로는 나쁜 결과를 낳기 쉽다. 바로 이 경우가 그렇다. 왜냐하면 한쪽에서 당연한 권리로 성급하게 선전포고를 하는데도 다른 한쪽이 역시 자기권리로 성급하게 보급을 중지시키게 되면, 이는 치료가 오히려 병을 악화시키는 것과 마찬가지로, 아니 그 이상으로 더 나쁜 게 되기 때문이다. 한쪽은 국민을 전투에 나가도록 몰아세우고, 다른 한쪽은 그 손을 묶는 격이다. 그러나 더욱 더 생기기 쉬운 결과는, 싸움이 양쪽의 충돌로 끝나고, 양쪽에게 모두 하나의 장벽이 된다는 점이다.

이런 전쟁 문제에서는 세 가지가 고려되어야 한다. 첫째 선전포고의 권리, 둘째 전쟁을 지탱할 비용, 셋째 선전포고 뒤 그것을 수행하는 방식이다. 프랑스 헌법에서는 선전포고의 권리를 그 비용부담자에게 부여한다. 비용부담자라는 단위는 오직 국민에게만 있을 수 있다. 그리고 선전포고를 한 뒤 그것을 수행하는 방법은 집행부서에 맡겨진다. 모든 나라에서 그렇게 한다면 우리는 전쟁 이야기를 더 이상 듣지 않게 되리라.

프랑스 헌법의 다른 부분을 고찰하기 전에 지루한 논쟁의 피로를 덜기 위해, 프랭클린 박사에게서 내가 들은 이야기 한 토막을 소개하고자 한다.

전쟁 중 미국 대사로 프랑스에 머무는 동안 박사는 여러 나라의 제안자들에게서 수많은 제안을 받았다. 그들은 젖과 꿀이 흐르는 땅, 미국으로 가려고 했다. 그중에는 미국의 왕이 되겠다고 한 사람도 있었다. 그가 박사에게 자신이 미국의 왕이 되겠다고 제안한 편지는 지금 파리의 보마르셰 씨[104])에게 있다. 그 편지에서 그는, 첫째 미국인들은 자기 왕을 내쫓았거나 내보냈으므로 다른 왕을 원할 것이고, 둘째 자신도 노르만 사람이며, 셋째 자신은 노르망디 공보다 더 역사 깊은 집안 출신이고 그의 가계에는 서자가 없으며, 넷째 노르만에서 왕이 나온 선례가 영국에 있다고 서술하고, 이러한 이유들에 근거한 그의 제안을 박사가 미국에 전해주기 바란다고 했다. 그러나 박사가 그의 요청을 들어주지 않고 답장도 보내지 않자, 그는 박사에게 다시 편지를 보냈다. 자신은 미국으로 건너가 정복하겠다고 위협하지도 않았고 오직 엄숙하게 제의했을 뿐이니, 미국이 그의 제안을 받아들이지 않더라도 자신의 관용에 대해 약 3만 파운드의 사례금을 바쳐야 한다는 내용이었다! 이 이야기는 사실이다.

그런데 왕위 계승에 대한 모든 주장은 그 계승을 반드시 어떤 시작과 관련시켜야 하므로, 이 주제에 대한 버크 씨의 논의는 다음 사실을 명시하려고 하고 있다. 그것은 지금까지 영국계가 왕이 된 선례는 없었으며, 정복의 권리에 의해 노르만계의 후손만이 왕이 되었다는 점이다. 그러므로 위 제안자의 이야기를 그에게 들려주고, 다음 사실도 알려줌은 그의 이론에 도움이 될 것이다. 즉, 모든 생물이 당해야 하는 죽음을 왕이 당할 경우 윌리엄 정복왕의 경우보다 더욱 합당한 조건으로 다시 노르만에서 왕을 데려올 수 있고, 따라서 1688년 혁명 때 훌륭한 영국민은, 이처럼 관대한 노르만인이 그들의 소망을 더욱 잘 알았고 그들 또한 노르만인의 소망을 더 잘 알았더라면, 훨씬 더 훌륭하게 행동했으리라는 점이다. 버크 씨가 그처럼 높이 찬양하는 기사적 성격은 확실히 '까다롭게 따지는 네덜란드인'[105] 이상으로 쉽게 거래를 할 수 있으리라. 다시 헌법 문제로 돌아가자.

9
프랑스 헌법은 귀족을 없앴다

프랑스 헌법은 어떤 작위도 있을 수 없다고 규정하고 있다.[106] 그 결과 '귀족'이라고 하는 모호한 족속에 속하는 모든 계급은 일소되었고, 그들은 '인간'으로 승격했다.

작위는 별명에 불과하고, 모든 별명은 하나의 칭호다. 그것은 그 자체로서는 전혀 해롭지 않다. 그러나 그것은 인품에 일종의 허식을 씌움으로써 인품을 타락시킨다. 그것은 큰일에서는 남자를 위축시키고, 작은 일에서는 여자를 모조품으로 만든다. 그것은 마치 소녀처럼 예쁜 '청색 리본'[107]에 대해 말하고, 마치 아이처럼 새로운 '양말 대님'을 자랑해 보인다. 옛날 어느 저술가는 "나도 어렸을 땐 어린아이처럼 생각했다. 하지만 어른이 된 후론 유치한 짓을 버렸다"고 말했다.

작위와 같이 어리석은 것이 프랑스의 고매한 정신으로부터 떨어져나간 것은 당연한 일이다. 그것은 몸이 커져 '백작'이니 '공작' 이니 하는 것과 같은 어린애 옷은 맞지 않게 되었고, 어른이 되어 바지를 입게 된 것이다. 프랑스는 평등하게 된 것이 아니라 승격한 것이다. 난쟁이를 내려놓고 어른을 세운 것이다. 공작이니 백작이니 하는 무의미한 말처럼 보잘것없는 것은 누구도 기쁘게 하지 않는다. 그러한 작위를 가졌던 사람들도 쓸데없는 말장난 같은 그 이름을 버렸고, 난쟁이 상태를 벗어난 후에는 딸랑대는 장난감을 거들떠보지도 않았다. 고향인 '사회'를 갈구하는 인간의 순수한 마음은 자신을 사회로부터 분리시키는 그 싸구려들을 멸시한다. 작위란 요술쟁이의 막대기로 그린 원과 같이 인간 행복의 범위를 좁힌다. 작위는 언어의 바스티유에 갇혀 살며, 멀리서 인간의 생활을 부러운 눈으로 바라본다.

그렇다면 작위가 프랑스에서 무너진 것이 놀라운 일일까? 오히려 그것이 다른 곳에서 그대로 존재한다는 게 더 이상한 게 아닐까? 대체 그것들이 뭔가? 무엇을 의미하며, 어떤 가치를 지니는 걸까? 우리가 '판사'나 '장군'을 생각하거나 말할 때 그런 호칭을 관직이나 성격과 결부시킨다. 하나는 근엄성, 다른 하나는 용감성과 결부시켜 생각한다. 그러나 단지 하나의 칭호로 그런 말을 사용할 때는 거기에 어떤 생각도 결부되지 않는다. 아담의 모든 용어를 조사해보아도 공작이나 백작이라는 것은 없다. 또한 우리는 그 말들에 어떤 생각도 결부시킬 수 없다. 그것들이 강함이나 약함, 현명함과 우둔함, 아이나 어른, 기수나 말을 뜻하는 것인지 온통 애매하다. 그렇다면 아무것도 설명해주지 않고 아무 뜻도 없는 것에 대해 어떤 존경을 바칠 수 있겠는가? 상상력은 켄타우로스[108]나 사투로스[109], 그리고 전설에 나오는 모든 종족에게도 형태와 성격을 부여했다. 그러나 작위는 상상력마저도 막는, 키메라[110]와 같은 정체불명의 것이다.

그뿐 아니다. 만일 나라 전체가 그것들을 멸시하게 되면 그것들의 가치는 없어지고, 누구도 그것들을 가지려고 하지 않으리라. 그것들을 무엇으로 만드느냐, 또는 아무것도 아닌 것이나 아무것도 아닌 것보다 더욱 나쁜 것으로 만드느냐는 오직 여론에 달려 있다. 작위를 박탈할 필요도 없다. 사회 전체가 조롱하게 되면 그들 스스로 그것을 내던질 것이기 때문이다. 상상 속에서 중요시된 그런 것들은 유럽의 모든 부분에서 눈에 띄게 줄어들었고, 이성의 세계가 계속 부상하면서 그 소멸을 재촉하고 있다.

소위 귀족의 최하층이 지금 최상층보다 더 높다고 생각되고, 말을 타고 모험을 찾아 모든 기독교 지역을 돌아다니던, 갑옷 입은 무사가 현대의 백작보다 숭배된 시기가 있었다. 세계는 그런 어리석은 짓이 조롱을 당하고 없어지는 것을 보았다. 작위 같은 어리석은 것도 그와 같은 운명에 처하리라. 프랑스 애국자들은 사회의 지위나 위신이 새로운 기반을 가져야 함을 제때 발견했다. 낡은 기반은 완전히 없어졌다. 이제 그것은 작위라는 망상적 기반 대신 성품이라는 실질적 기반을 가져야 한다. 그래서 그들은 제단에서 이성에 바치는 제물로 불태워졌다.

작위라는 어리석음 자체에 재난이 붙어 다니지 않았더라면, 국민의회가 공포한 것처럼 치명적이고 공식적인 파괴를 당하지는 않았을 것이다. 이런 점에서 귀족제의 본질과 성격을 더욱 깊이 규명할 필요가 있다.

원래 귀족계급은 정복에 의해 만들어진 국가에서 생겨났다. 그것은 군사국가를 유지하기 위한 군사질서였고, 정복에 의해 수립된 모든 국가가 그러했다. 그리고 그 질서를 계속해서 유지하기 위해 장남을 제외한 모든 자식들의 상속권을 박탈하는 '장자상속법'이 제정됐다.[111]

바로 이 법이 귀족제의 본질과 성격을 그대로 보여준다. 그것은 모든 자연법에 위배되고, 자연 자체가 그 파멸을 요구한다. 가족의 정의를 확립하면 귀족제는 무너진다. 장자상속제라는 귀족적 법 때문에 가족 내 여섯 명의 아이들 가운데 다섯 명은 버림받는다. 귀족제는 한 아이 외에는 인정하지 않는다. 나머지는 남에게 먹히기 위해 태어난다. 그들은 식인종에게 먹이로 던져지고, 이는 자연적인 부모가 자연에 어긋나는 식사를 준비하는 것이다.

인간의 본성에 어긋나는 모든 것은 사회의 이익에 크든 작든 해를 끼치는 법이고, 이는 이 제도에서도 마찬가지이다. 귀족제가 내버린 모든 아이들은 (즉 장자를 제외한 모두는) 마치 고아처럼 교구에 맡겨져 공중에 의해 키워짐으로써 부담이 컸다. 그들을 키우기 위해 공중의 부담으로 국가나 법원에 불필요한 관리나 장소가 생겨났다.

그들의 부모는 어떤 어버이의 마음으로 그 어린 자식들을 생각할까? 당연히 그들은 자식들이고, 혼인에 의한 후계자들이다. 그러나 귀족제로 인해서 그들은 거지이자 고아들이 됐다. 그들은 같은 핏줄을 이어받은 양친의 혈육이지, 다른 핏줄을 이은 친척이 아니다. 따라서 양친을 자식들에게 돌려주고 자식들을 양친에게 돌려주기 위해(서로의 관계, 인간의 사회에 대한 관계를 되돌리기 위해), 그리고 귀족제라는 괴물을 근절하기 위해 프랑스 헌법은 장자상속법을 파괴했다. 그래서 여기 그 괴물이 쓰러져 있다. 원한다면 버크 씨는 그 비명을 써도 된다.

지금까지 우리는 귀족제를 하나의 관점에서 고찰했다. 이제는 다른 관점에서 고찰해보자. 물론 그것을 앞에서 보든, 뒤에서 보든, 옆에서 보든, 달리 보든, 집안에서 보든, 공적으로 보든 여전히 하나의 괴물임에는 변함이 없겠지만.

프랑스의 귀족제는 다른 나라들의 귀족제에 비해 한 가지 특징을 덜 갖고 있다. 다시 말해 프랑스의 귀족제는 세습적인 입법자들의 집단을 구성하지 않았다. 언젠가 라파예트 후작은 나에게 영국 상원을 가리켜 '귀족회'라고 말했다. 프랑스 입법자 집단은 그런 영국 상원과 다르다. 그렇다면 프랑스 헌법이 프랑스에 그런 상원을 두는 것에 반대한 이유를 검토해보자.

첫째, 이미 설명했듯이 귀족제는 가족적 전제주의와 불공평에 의해 유지되기 때문이다.

둘째, 귀족들이 국민을 위한 입법자가 되기에는 귀족제 안에 부자연스럽고 부적합한 점이 있기 때문이다. 그들의 '배분의 정의'

라는 개념은 그 뿌리부터 부패했다. 그들은 자신의 아우들이나 누이들을, 또 모든 친척들을 짓밟는 것으로 인생을 시작하고, 또 그렇게 하도록 교육받는다. 여러 아이가 있는 가족 전체의 유산을 혼자 독차지하고, 그 일부를 마치 선물이라도 주는 양 거만한 태도로 조금씩 던져 주는 인간이 어떤 정의감이나 명예감을 갖추고 입법부에 들어갈 수 있겠는가?

셋째, 세습적 입법자라는 개념은 세습적 판사나 세습적 배심원이라는 개념만큼 모순이기 때문이다. 그것은 세습적 수학자나 세습적 현인만큼 모순이고, 세습적 계관시인만큼 우스꽝스러운 것이다.

넷째, 누구에게도 책임을 지지 않는다고 자처하는 인간들은 누구에게도 신임을 받을 수 없기 때문이다.

다섯째, 귀족제는 정복으로 세워진 국가의 야만적 원리를 지속하고, 인간이 인간을 소유하며 개인적 권리로 인간을 지배한다는 비열한 개념을 지속시키기 때문이다.

여섯째, 귀족제는 인간이라는 종을 타락시키는 경향을 갖고 있기 때문이다. 어떤 소수가 사회 전체에서 분리되어 자기들끼리만 결혼하면, 그런 인간의 종은 퇴화한다. 이런 경향은 자연의 보편적 섭리에 의해서도 알 수 있고, 유대인의 예에 의해서도 증명된다. 그것은 귀족제가 스스로 내세운 목적도 달성하지 못하게 하고, 시간이 지남에 따라 인간 속에 있는 고귀한 것과는 반대의 것이 된다. 버크 씨는 귀족제에 대해 말한다. 그가 그것이 무엇인지를 깨닫게 하자. 세계가 아는 위대한 인물들은 민주적 기반에서 나타났다. 귀족제는 민주제와 보조를 맞출 수 없다. 인위적인 귀족은 천성의 귀족 앞에 위축된다. 그리고 몇몇 소수의 보기에서만 (어느 나라에나 그 몇은 있다) 마치 기적에 의한 것처럼, 자연의 천성이 귀족제 안에서도 살아남는다. 그들은 귀족제를 경멸한다. 그러나 이제 새로운 주제로 넘어갈 시간이다.

10
프랑스 헌법은 종교의 자유를 인정한다

프랑스 헌법은 성직자의 지위를 개혁했다.[112] 그것은 하급 및 중급 성직자의 수입을 높이고 상급 성직자의 수입을 깎았다. 이제 수입이 천이백 리브르(영국 돈으로 오십 파운드) 이하인 사람도 없고 이삼천 파운드 이상인 사람도 없다. 이에 대해 버크 씨는 무엇이라고 말할까? 여기서 그가 한 말을 살펴보자.

"영국민은 대주교가 공작 앞에 앉는 것을 아무렇지 않게 바라볼 수 있다. 그들은 더럼 주교나 윈체스터 주교가 매년 만 파운드 이상의 수입을 갖는 것도 바라볼 수 있다. 그러나 그런 재산이 왜 백작이나 지주의 손에 있는 비슷한 액수의 재산보다 더 나쁜 사람의 손에 있는지는 알지 못한다." 그리고 버크 씨는 이를 프랑스에 대한 본보기로 제시한다.

위 글의 앞부분, 즉 주교가 백작에 앞서는가, 아니면 백작이 주교에 앞서는가 하는 문제는, 일반적으로 인민에게는 옆집 사람 누군가 서로 앞서는가 뒤서는가 하는 것과 다름이 없다고 나는 믿는다. 뭐든 마음이 가는 것을 먼저 두면 되고, 솔직히 말해 이 문제의 가치를 모르기 때문에 이 문제로 버크 씨와 다투고 싶지 않다.

그러나 뒷부분에 대해서는 할 말이 있다. 버크 씨는 문제를 똑바로 제시하지 못했다. 즉 주교를 백작이나 지주에 빗댐으로써 비교를 제대로 못한 것이다. 제대로 하려면 주교를 교구 목사와 비교하고, 말을 이렇게 바꾸어야 한다. "영국민은 더럼 주교나 윈체스터 주교가 매년 만 파운드 이상의 수입을 갖는 것에 비해 교구 목사는 매년 삼십 혹은 사십 파운드나 그 이하로 살아가는 것을 아무렇지 않게 바라본다." 아니다. 천만의 말씀이다. 그들은 그런 일을 아무렇지 않게 바라보지 않는다. 이야말로 각자의 정의감에 비춰 볼 문제이고, 헌법의 필요성을 소리 높여 외치게 하는 문제의 하나이다.

프랑스에서는 "교회! 교회!"라는 외침이 버크 씨 책에서처럼 반복됐고, 분리주의자의 법안이 영국 의회에 제출됐을 때처럼 시끄러웠다. 그러나 프랑스 성직자 대부분은 이러한 외침에 더 이상 속지 않았다. 구실이 무엇이든 간에 그들은 그런 외침의 대상 중 하나가 자신들임을 알았다. 그것은 연 소득액 만 파운드의 성직자와 교구 신부 사이에서 생긴, 수입에 대한 모든 규제를 저지하고자 한 고소득 성직자의 외침이었다. 따라서 그들은 자신들의 문제를 다른 모든 압제받는 계급에 속하는 사람들의 문제와 결합시켰고, 문제를 올바르게 해결했다.

프랑스 헌법은 '10분의 1세'를 폐지했다. 이는 징수자와 교구민 사이에 끊이지 않은 분쟁의 원인이었다. 10분의 1세로 인해, 토지를 소유한다는 것은 사실상 두 당사자가 하나의 부동산을 공유하는 상태를 말했다. 즉 한쪽이 생산량의 10분의 1을 받고, 다른 쪽이 10분의 9를 받는다는 것이었다. 따라서 만일 그 토지를 개량하여 과거의 두세 배 이상으로 생산량이 늘어나면, 그 개량에 소요된 경비도 생산량을 나누어 갖는 사람들끼리 같은 비율로 부담함이 공평성의 원칙에 맞다. 그러나 현실은 그렇지 않았다. 즉 농민이 비용 전부를 물고, 징수자는 원래의 10분의 1에다 개량에 의해 얻은 부분의 10분의 1을 더 얻게 되어, 결국 10분의 1이 아니라 10분의 2를 얻게 되었다. 이것이 헌법의 필요성을 외치게 된 또 하나의 이유다. 프랑스 헌법은 종교적 '관용'과 '불관용'을 금지 또는 폐기하고, '보편적인 양심의 자유'를 확립했다.

관용이란 불관용의 반대가 아니라 그 모조품이다. 둘 다 전제주의다. 불관용은 양심의 자유를 억제할 권리가 있다고 자처하지만, 관용은 그것을 허용할 권리가 있다고 자처한다. 불관용은 기껏해야 나뭇단으로 무장한 교황이고, 관용은 면죄부를 판매 또는 수여하는 교황이다. 불관용은 교회와 국가의 결합인데 반해, 관용은 교회와 장사꾼의 결합이다.

종교적 관용은 더 뚜렷하게 보일 수 있다. 종교적 인간은 자신을 섬기는 것이 아니라 창조주를 섬긴다. 그리고 그가 요구하는 양심의 자유는 자기에게 예배하기 위해서가 아니라 신에게 예배하기 위해서다. 따라서 이 경우 우리는 두 존재라는, 서로 관련된 개념을 가질 수밖에 없다. 두 존재란 예배를 하는 '필멸의 존재'와 예배를 받는 '불멸의 존재'다. 따라서 관용은 인간과 인간 사이, 교회와 교회 사이, 종파와 종파 사이에 자리하는 것이 아니라 신과 인간 사이, 예배를 하는 존재와 예배를 받는 존재 사이에 자리한다. 그리고 이는 인간에게 자기 멋대로 예배하는 것을 관용하는, 가장된 권위에서 나온 태도와 동일한 태도로 신으로 하여금 그 예배를 받는 것을 관용하는, 뻔뻔하고 신을 모독하는 수준까지 자신을 추켜세우는 것이 된다.

'신에게 유대인이나 터키인의 예배를 받아들일 자유를 관용하거나 부여하는 법' 또는 '신에게 그것을 받아들이는 것을 금지하는 법'이라는 법안이 어느 의회에든 제출된다면, 모든 사람은 놀라며 그것을 신에 대한 모독이라고 부르리라. 그리고 엄청난 분노가 터져 나오고, 종교적 관용이 지닌 뻔뻔스러움이 폭로되리라. 그런 법에 '인간'이라는 이름이 들어간다는 이유로 그 뻔뻔스러움이 덜해지는 것도 아니다. 왜냐하면 '예배를 하는 자'와 '예배를 받는 자'라는, 서로 관련된 개념은 분리될 수 없기 때문이다. 그렇다면 허망한 먼지와 재에 불과한 그대는 누구인가! 그대가 왕이든 주교든 교회든 국가든 의회든 또는 다른 무엇이든 간에 인간의 정신과 신 사이에 하잘것없는 그대를 억지로 들이미는 존재가 아닌가? 그대 자신의 일을 생각해 보라. 그대가 믿는 대로 신이 믿지 않는다면, 이는 신이 믿는 대로 그대가 믿지 않는다는 증거이고, 그대와 신 사이의 관계를 결정할 수 있는 지상의 권한은 어디에도 없다.

만일 자신의 종교를 자신이 판단하게 되면 나쁜 종교란 있을 수 없다. 그러나 서로가 상대방의 종교를 판단하게 된다면 옳은 종교란 있을 수 없다. 따라서 모든 세계가 옳든가 나쁘든가 둘 중 하나다. 그러나 종교 자체는 그것이 어떤 이름으로 불리는가에 관계없이 인류라는 보편적인 개념의 가족으로부터 나타난 것이라고 볼 때 그것은 인간이 그 창조자에게 마음의 열매를 바치는 것이다. 비록 그 열매가 지상의 열매처럼 서로 다를지라도 각자가 나름대로 감사의 마음을 표시하는 것은 얼마든지 받아들여진다.

더럼 주교나 윈체스터 주교, 또는 공작보다 앞서는 대주교들은 사람들이 바치는 10분의 1세가 건초더미가 아니라는 이유로 밀다발을 거절하거나, 밀다발이 아니라는 이유로 건초더미를 거절하거나, 또는 건초더미도 밀다발도 아니라는 이유로 돼지를 거절하지는 않으리라. 그러나 똑같은 사람들이 기성 교회라는 모습 아래서는, 그들의 창조자가 사람들이 바치는 다양한 10분의 1세를 받아들이는 것을 허용하지 않으리라.

버크 씨 책에서 끝없이 들려오는 합창 가운데 하나로 '교회와 국가'가 있다. 여기서 그가 말하는 교회와 국가는 하나의 특정한 교회나 특정한 국가가 아니라 모든 교회나 국가를 다 지칭한다. 그는 모든 나라에서 교회와 국가를 통합시키는 정치이론을 주장하기 위한 일반적 표현으로 '교회와 국가'라는 말을 사용하고, 프랑스에서 국민의회가 그렇게 하지 않은 점을 비난한다. 이 주제에 대해 몇 가지 생각해보자.

모든 종교는 그 본질상 온유하고 자혜로우며 도덕의 원리와 결합한다. 처음부터 사악하고, 잔인하고, 박해하고, 부도덕한 것을 가르쳐서는 신자를 모을 수 없다. 다른 모든 것과 마찬가지로 종교에도 시작이 있고 점차로 교리, 의식, 전례를 갖추게 된다. 그렇다면 어떻게 종교가 본래의 부드러움을 잃고, 침울하고 비관용적인 것으로 되어가는 것일까?

이는 버크 씨가 권하는 관련성에서 비롯된다. 즉 교회를 국가에 관련시킴으로써 '법에 의해 수립된 교회'라고 불리는 일종의 잡종동물, 즉 기를 수가 없어 결국은 죽어야 하는 것이 만들어진다. 그것은 태생부터 자신을 낳은 어미에게도 낯선 것이고, 머지않아 그 어미를 발로 차서 죽일 존재다.

스페인의 종교재판은 종교의 고유한 가르침에서 나온 것이 아니라, 교회와 국가 사이에서 태어난 이 잡종동물에서 비롯됐다. 스미스필드의 화형[113]도 그것과 유사한 이질적 산물에서 비롯됐다. 그 후 영국에서 주민들 사이에 증오심과 무신앙이 새로 야기되고, 퀘이커나 비국교도[114]라고 불린 사람들이 미국으로 추방된 것도, 이 괴상한 동물이 부활한 탓이었다. 어떠한 종교에서도 박해는 그 고유한 특징이 아니다. 박해는 법적인 종교(law-religions) 혹은 법에 의해 수립된 종교가 뚜렷이 보여주는 특징이다. 법에 의해 수립된 것은 모두 집어던져라. 그러면 모든 종교는 그 본연의 인자함을 되찾게 된다. 미국에서는 가톨릭 신부도 선량한 시민, 선량한 인물, 선량한 이웃이다. 성공회 목사도 마찬가지다. 이런 점은 사람 자체와는 무관한 것으로, 미국에는 법으로 수립된 종교가 없기 때문에 가능한 것이다.

이 문제를 세속적 관점에서 보더라도, 우리는 그것이 국민의 번영에 나쁜 영향을 끼쳐왔음을 알 수 있다. 교회와 국가의 결합은 스페인을 가난하게 만들었다. 낭트 칙령의 폐기[115]는 견직공업을 프랑스에서 영국으로 몰아냈고, 지금 영국의 교회와 국가의 결합은 면직공업을 영국에서 미국과 프랑스로 몰아내고 있다. 그러나 버크 씨가 교회와 국가라는 그의 반정치적 이론을 계속 주장하도록 내버려두자. 무언가 좋은 점이 있을지도 모른다. 국민의회는 그의 충고를 따르지 않겠지만, 그의 어리석음을 보고 교훈을 얻을 것이다. 미국이 교회와 국가의 결합을 경계하게 된 것은, 영국에서 나쁜 결과를 보았기 때문이다. 그리고 프랑스에서는 경험에 의해 국민의회가 그것을 폐지했고, 미국에서처럼 '보편적인 양심의 권리와 보편적인 시민권'을 확립했다.[116]

11
국가조직

여기서 나는 프랑스 헌법의 원리에 대한 검토를 그치고, 영국과 프랑스에서의 국가 공식기구에 대한 몇 가지 고찰로 이 주제의 결론을 맺고자 한다.

각 나라의 집행권은 왕이라는 사람의 손에 있다. 그러나 프랑스 헌법은 왕과 주권을 구별한다. 다시 말해, 왕이라는 자리를 하나의 관리직으로 생각하고, 주권을 국민에게 둔다.

국민의회를 구성하는 국민의 대표는 입법권력으로서, 인민의 타고난 권리인 선거에 의해 탄생한 것이다. 영국은 다르다. 이런 차이는 군주제의 최초 수립에 차이가 있다는 데서 비롯된다. 영국은 정복에 의해 인민이나 국민의 모든 권리가 정복자(나중에 정복자라는 칭호에다 왕이라는 칭호가 보태졌다)의 손에 흡수된 나라다. 그래서 지금 프랑스에서 인민이나 국민의 권리라고 주장되는 것들이 영국에서는 소위 왕으로부터 받은 하사품으로 간주된다.

영국의 의회는 상원과 하원 모두, 정복자의 후손으로부터 얻은 특허장에 의해 수립됐다. 하원은 대표를 뽑거나 선거를 할 수 있는 인민의 당연한 권리로 시작된 것이 아니라 하사품이나 은혜로 시작된 것이다.

프랑스 헌법에서는 국민은 언제나 왕보다 먼저 불러진다. 〈인권선언〉 3조는 이렇게 말한다. "모든 주권의 근원은 본질적으로 국민이다." 버크 씨는 영국의 경우 왕이 근원, 즉 모든 명예의 근원이라고 말한다. 그러나 그러한 생각은 분명 정복으로부터 시작된 영국의 역사에서 비롯된 것이다. 이에 대해 나는 모든 것을 뒤집는 것이 정복의 본성이라는 것 외에 다른 평가는 하지 않겠다. 버크 씨는 두 번 말할 특권을 거절당하지 않을 것이고, '근원'이 아니라면 '결과'일 수밖에 없으니, 다음번에는 그가 옳게 말하리라.

프랑스 헌법은 집행에 앞서 입법을 둔다. 즉 '왕 앞에 법'이다. 이 역시 사물의 자연적 질서에 따른 것이다. 법은 그것이 집행될 수 있기 전에 존재해야 하기 때문이다.

프랑스 왕은 국민의회를 일컬어 영국 왕처럼 '짐의 의회'라는 말을 사용하지 않는다. 또한 그 말은 헌법에 맞게 사용할 수도 없을뿐더러 헌법이 이를 허용하지도 않는다. 물론 영국에서는 그런 말을 쓰는 게 가능하다. 앞서 설명했듯이 영국의 양원(상원과 하원)은 왕의 특허나 은혜에 의해 만들어진 것이지, 그 이름부터 기원을 말해주는 프랑스의 국민의회처럼 인민의 타고난 권리에 의해 만들어진 것이 아니기 때문이다.

국민의회 의장은 영국 하원의장처럼 의회의 언론 자유를 왕으로부터 부여받고자 왕에게 요청하지 않는다. 국민의회의 헌법상 권위는 스스로 격하될 수 없다. 첫째, 언론의 자유는 인간이 언제나 갖는 자연권의 하나다. 언론의 자유를 행사하는 것은 국민의회의 의무이고, 국민은 그들이 지닌 권위의 근거다. 국민의회 의원들은 지금까지 유럽 세계에서 그 유래를 볼 수 없었던, 가장 많은 사람들이 선거권을 행사함으로써 선출됐다. 그들은 부패한 선거구의 시궁창에서 나오지 않았고, 귀족 대표에 종속된 대표도 아니다. 그들은 이러한 성격에 걸맞은 존엄성을 느끼며, 언론 자유를 지지한다. 안건에 대해 찬성하든 반대하든 의회에서 그들의 발언은 자유롭고 대담하고 당당하며, 안건의 모든 부분과 상황에 대해 언급한다. 집행부나 집행부를 주재하는 인물(왕)에 관한 사항이나 문제가 의회에 제출되어도 그것은 인간의 정신과 신사의 언어로 토론되고, 그들의 답변이나 제안도 같은 모습으로 이루어진다. 그들은 저속한 무식꾼의 멍한 표정으로 냉담하게 서 있지 않고, 아첨꾼처럼 몸을 굽실거리지도 않는다. 그들은 진실을 자랑하는 우아한 자존심으로 극단을 피하고, 생활의 모든 부분에서 인간의 올바른 성격을 유지한다.

이제 문제의 다른 측면을 보도록 하자. 영국 의회가 왕에게 바치는 상소문에서 우리는 프랑스 옛 의회의 대담한 정신이나 현재 국민의회의 침착한 위엄을 볼 수 없다. 그렇다고 해서 무뚝뚝한 영국식 태도 같은 것을 볼 수 있는 것도 아니다. 그렇다면 그것은 외국의 본을 딴 것도 아니고 영국산도 아니므로 다른 곳에서 그 기원을 찾아야 한다. 그 기원이란 바로 노르만 정복이다. 기원에 의하면 그것은 분명 신하계급의 방식이고, 정복자와 피정복자 사이에 존재하는 예속적인 거리를 명백하게 보여준다. 이러한 신하적 사고와 언어 양식이 1688년 혁명에서도 불식되지 않았음은 의회가 윌리엄과 메리에게 보낸 선언에 나오는 다음 구절에도 분명히 나타난다. "저희와 저희 후계자, 그리고 후손들은 공경과 충심을 다해 왕께 영원히 복종합니다." '복종'이란 자유의 존엄성을 철저히 무시하는 신하적 용어이고, 정복 당시에 사용된 언어의 메아리다.

모든 사물이 비교에 의해 적절한 평가를 받듯이, 여러 사정에 의해 실제 가치 이상으로 평가돼온 1688년 혁명도 그에 적절한 수준의 평가를 받게 되리라. 이성의 궤도가 확대되고 미국과 프랑스에서 찬란한 혁명이 터짐에 따라 1688년 혁명의 명성은 이미 쇠퇴하고 기울었다. 다시 1세기가 가기도 전에 그것은 버크 씨의 책과 함께 캐퓰릿 일족[117]의 납골당으로 가리라. 그렇다면 인류는 자유국가를 자처하는 어떤 나라가 네덜란드에서 어떤 사람을 데려와 그에게 권력을 씌우고 일부러 그를 두려워해야 하는 처지에 자신을 빠뜨리게 하리라고는, 그리고 자신과 후손이 노비처럼 그에게 복종할 수 있도록 허락해 달라며 1년에 거의 백만 파운드를 그에게 주리라고는 도저히 생각할 수 없게 되리라.

그러나 반드시 알아야 할 진실이 있다. 나는 그것을 알 기회가 있었는데, 그것은 바로 '겉보기와는 달리 신하들만큼 군주제를 경멸하는 사람은 없다'는 것이다. 그러나 그들은 그런 사실을 자신들만 알아야지, 남에게 알려지면 더 이상 협잡을 부릴 수 없음을 잘 안다. 그들은 마치 쇼를 벌여 생계를 유지하는 사람들이 그 쇼의 어리석음을 너무나 잘 알기 때문에 그것을 스스로 비웃는 것과 같은 입장에 있다. 그러나 관객이 그들만큼 현명해지면 그 쇼와 함께 돈벌이도 끝이 나리라. 군주제를 보는 공화주의자와 신하의 차이는, 전자는 군주제가 대단한 것이라고 믿기 때문에 그것을 반대하는 반면 후자는 그것이 아무것도 아님을 알기 때문에 그것을 비웃는다는 것이다.

과거에 버크 씨와 편지를 주고받을 때 나는 그가 자신의 책에서 보여주는 것보다 건전한 원칙을 지닌 사람이라고 믿었다. 지난해 겨울 파리에서 나는 그에게 상황이 너무 잘 돼간다는 내용의 편지를 썼다. 그 편지에는 당시 국민의회가 처한 행복한 상태에 대한 설명도 적혀있었다. 나는 그에게 국민의회는 그 구성원들의 도덕적 의무와 정치적 이익이 합치되는 바탕을 갖고 있다고 말했다. 국민의회 의원들은 다른 사람들을 믿게 하려는 기만적인 목적을 위해 자신도 믿지 않는 주장을 할 필요가 없다. 그들의 지위는 국민의회를 지탱하기 위한 술책을 필요로 하지 않고, 오직 계몽된 인류에 의해서만 유지될 수 있다. 무식을 유지하는 것이 그들의 이익이 아니라, 무식을 배격하는 것이 그들의 이익이다. 그들은 영국의 여당이나 야당과 같은 처지에 있지 않고, 비록 서로 대립은 해도 공통의 대의를 유지하기 위해 여전히 결합돼 있다. 국민의회는 광명의 창고를 열어야 한다. 국민의회는 인간에 걸맞은 성격을 보여주어야 한다. 그리고 인간을 그 기준이 되는 깃발에 더욱 가까이 데려올수록 국민의회는 더욱 강해진다.

프랑스 헌법을 관찰하면서 우리는 그 속에서 사물의 합리적인 질서를 본다. 그 원리는 그 형태와 조화되고, 그 둘은 그 기원과 조화된다. 혹시 나쁜 형태를 보고도 그것이 단지 형태에 불과하다는 변명으로 얼버무리고 만다면, 이는 잘못이다. 형태는 원리에서 생겨나고, 그것이 유래한 원리를 유지시키는 작용을 한다. 나쁜 원리에 의존하지 않는 나쁜 형태는 구체화될 수 없다. 따라서 나쁜 형태는 좋은 원리에 접붙일 수 없고, 어떤 국가이든 그 형태가 나쁘다는 것은 그 원리 역시 나쁘다는 것을 보여주는 확실한 표시다.

12
프랑스혁명의 발자취와 발생 상황

여기서 영국과 프랑스의 헌법을 비교하는 논의를 끝낼까 한다. 나는 버크 씨가 자진해서 이런 비교를 거부했다는 점을 지적하며 논의를 시작했다. 그는 (자신의 책 241쪽에서) 시간이 없어 그 일을 못했다고 변명한다. 버크 씨는 8개월 이상 걸려 책을 썼고, 분량도 366쪽에 이른다. 생략하고 넘어간 것만 해도 그의 주장에 해로운데, 그의 변명은 그의 주장을 더욱 취약하게 만든다. 그래서 바다 건너 영국에 있는 사람들은 소위 영국의 헌법이라는 것에 무슨 결정적인 결함이라도 있는 것이 아닌지, 그래서 그 결함을 내보이지 않으려고 버크 씨가 비교를 생략한 게 아닌지 의구심을 갖기 시작하리라.

버크 씨는 헌법에 대해 쓰지 않았듯이 프랑스혁명에 대해서도 쓰지 않았다. 그는 그 시작이나 경과에 대해 아무런 설명도 하지 않았다. 그저 놀라움만 표명했을 뿐이다. 바로 이렇게. "그것은 마치 프랑스만의 사건이 아니라 전 유럽의, 아마도 유럽 이상의 거대한 위기인 것처럼 보인다. 모든 상황을 종합해 보면, 프랑스혁명은 지금까지 이 세계에서 생긴 사건들 가운데 가장 놀라운 사건이다."

슬기로운 사람은 어리석은 일에 놀라고, 어리석은 사람은 슬기로운 일에 놀란다. 나는 버크 씨의 놀라움을 어느 쪽이라고 봐야할지 모르겠다. 그러나 그가 프랑스혁명을 이해하지 못하고 있다는 사실만큼은 분명하다. 프랑스혁명은 표면적으로는 혼동으로부터의 창조인 것처럼 터졌지만, 이미 그전부터 프랑스에 존재해온 정신혁명의 결과에 다름 아니다. 국민의 마음은 이미 변한 상태였고, 사물의 새로운 질서가 자연스럽게 그 새로운 사고의 질서를 따른 것이었다. 나는 여기서 가능한 한 간략하게 프랑스혁명의 잉태과정을 추적하고, 그 출산에 기여한 상황도 지적하고자 한다.

루이 14세[118]의 전제주의는 궁전의 화려함과, 번지르르한 겉치레를 좋아하는 그의 성품과 결합되어 프랑스인의 심성을 매우 비굴하게 만듦과 동시에 매혹했다. 이로 인해 프랑스의 인민은 그들의 '위대한 군주'가 지닌 존엄성에 빠져 자기들 자신의 존엄성은 상실한 듯했다. 그리고 오직 유약함을 특징으로 하는 루이 15세[119]의 치세는 도저히 깨어날 가능성이 없는 일종의 혼수상태를 전 국민에게 퍼뜨리는 것 이상의 어떤 변화도 초래하지 못했다.

그런 시기에 자유정신의 유일한 징후는 프랑스 철학자들의 저술에서 나타났다. 보르도 고등법원의 원장이었던 몽테스키외[120]는 전제국가에 사는 저술가의 입장에서 나아갈 수 있는 데까지 나아갔다. 원리와 신중 사이에서 균형을 잡을 수밖에 없었으므로, 그의 본심은 종종 베일에 가려졌다. 이런 점에 비추어 우리는 그가 표현한 것 이상으로 그를 평가해야 한다.

전제주의에 아첨하면서도 그것을 풍자했던 볼테르[121]는 다른 길을 택했다. 그의 특기는 교회의 책략과 정치의 책략이 결합하면서 국가 속에 얽히든 여러 미신들을 폭로하고 조롱하는 것이었다. 그가 그런 공격을 가한 것은 그의 원리가 순수했거나 그가 인류를 사랑했기 때문이 아니라(풍자와 인류애는 본래 화합하는 것이 아니므로), 어리석음의 본질을 꿰뚫어보는 그의 탁월한 능력과, 그것을 폭로하고자 하는 그의 참지 못하는 성격에서 비롯됐다. 그러나 그 공격은 마치 동기가 고결한 것인 양 굉장했다. 따라서 그는 인류에게 존경보다는 도리어 감사를 받을 만하다.

이와 달리 우리는 루소[122]와 아베 레날[123]의 저술에서 자유를 두둔하는 아름다운 감정을 찾아볼 수 있다. 그런 감정은 존경심을 불러일으키고 인간의 능력을 고양시키는 것이었다. 그러나 그런 생기를 불러일으키면서도 그들은 그런 작용을 앞장서 이끌지 않았고, 사람들로 하여금 어떤 대상을 좋아하도록 내버려둘 뿐 그것을 소유할 방법을 설명하지 않는다.

케네[124], 튀르고[125], 그리고 두 사람의 친구들이 남긴 저술은 진지한 것들이다. 그러나 그들도 몽테스키외처럼 불리한 조건에서 글을 썼다. 그들의 글에는 국가에 관한 도덕적인 격언이 풍부하게 들어있지만, 전체적으로는 국가 자체보다는 국가행정의 낭비를 제거하고 그것을 개혁하려는 쪽으로 기울었다.

각각의 단점에도 불구하고 이 모든 저술과 그 밖의 다른 많은 저술들은 중요한 것이었다. 그들이 국가문제를 다룬 다양한 방법, 즉 몽테스키외의 법에 대한 판단과 지식, 볼테르의 기지, 루소와 레날의 활기, 케네와 튀르고의 도덕적 격언과 경제제도에 대한 생각에서 여러 계급의 독자들이 각각 자기 구미에 맞는 요소를 발견했다. 그리고 영국과 당시의 아메리카 식민지 사이에 분쟁이 터졌을 때 정치적 탐구의 정신이 전국에 널리 퍼졌다.

프랑스가 그 뒤에 개입한 전쟁에서 아메리카는 프랑스 내각에 의해 그 운명이 좌우되는 것처럼 보였다는 사실은 널리 알려져 있다. 두 나라는 각각 자신의 견해를 갖고 있었으나, 서로 다른 목표를 지향했다. 아메리카는 자유를 추구했으나, 프랑스 내각은 영국에 대한 복수를 추구했다. 이런 목적을 갖고 아메리카로 간 프랑스 관리와 군인들도 결국은 자유의 학교에 자리를 잡고, 그 실천과 함께 원리를 진심으로 배웠다.

아메리카에서 일어난 군사적 사건은 아메리카 혁명의 원리와 분리될 수 없기에 그 사건을 프랑스에서 공표하는 일은 필연적으로 그 사건을 야기한 원리와 관련되지 않을 수 없었다. 많은 사실들은 그 자체가 원리였다. 가령 인간의 자연권을 인정하고 압제에 대한 저항을 정당화한 아메리카의 독립선언과 프랑스와 아메리카 사이의 동맹조약 같은 것이 그랬다.

당시의 프랑스 외무부 장관 베르젠느 백작은 아메리카의 벗이 아니었다. 프랑스 궁정에서 아메리카의 주장을 하나의 대세로 만든 사람은 프랑스 왕비였다. 이렇게 말하는 것은 그녀의 역할을 인정하고 감사하기 위해서다. 베르젠느 백작은 프랭클린 박사의 개인적인 사교 친구였다. 프랭클린 박사는 뛰어난 우아함으로 베르젠느 백작에게 일종의 감화를 주었다. 그러나 원리적인 측면에서 말하자면, 베르젠느 백작은 전제주의자였다.

아메리카 대사로서 프랭클린 박사의 처지는 여러 상황의 연관 속에서 고려돼야 한다. 외교 분야는 인간이 활동할 수 있는 사회 중 가장 좁은 영역이다. 외교 분야에서는 상호불신이 교제를 못하게 한다. 그리고 외교관이란 서로 무관한 원자와도 같아 끊임없이 서로 배격하고 배격 당한다. 그러나 프랭클린 박사의 경우는 달랐다. 그는 궁정의 외교관이 아니라 인류의 외교관이었다. 철학자로서 그의 성격은 오래전에 형성됐고, 프랑스에서 그의 사교범위는 각 분야에 걸쳐 폭넓은 것이었다.

베르젠느 백작은 미국 헌법을 프랑스에서 번역 출판하는 것에 상당한 기간 동안 반대했다. 그러나 그는 여론과 그런 일이 지닌 정당성에 이 문제를 양보해야 했다. 정당성은 그가 그 일을 막으려 했어도 그 일이 이뤄지도록 했다. 미국의 헌법과 자유의 관계는 문법과 언어의 관계와 같았다. 그것은 품사를 규정하고, 품사들을 구문으로 구성하는 것이었다.

당시 라파예트 후작의 특수한 처지는 거대한 연관의 한 고리였다. 그는 의회의 위임을 받아 아메리카 장교로서 아메리카에 봉사했다. 그리고 그 광범한 친분관계로 인해 아메리카의 군부뿐 아니라 민간정부와도 밀접한 우의를 맺을 수 있었다. 그는 영어로 말했고, 국가의 원리에 대한 토론에 참여했으며, 모든 선거에서 항상 환영받는 사람이었다.

전쟁이 끝나고 프랑스 장병들이 고국으로 귀환하자, 자유의 대의와 관련된 그들의 영향이 자연스럽게 프랑스에 퍼졌다. 그때 경험된 지식은 이론과 결합됐다. 그것을 현실에서 실현하기에 부족한 것은 오직 기회뿐이었다. 인간은 상황을 자신의 목적에 맞게 만들 수는 없지만, 어떤 상황이 발생할 경우 그것을 개선하는 힘은 언제나 갖고 있다. 그리고 바로 프랑스의 경우가 그랬다.

1781년 5월에 네케르 씨[126]가 경질됐다. 이어 재정을 잘못 관리함으로 인해, 특히 칼론느 씨[127]의 문란한 재정 운영으로 그의 재임기간에 연간 2400만 파운드에 이른 프랑스의 세입이 세출을 감당하지 못하게 됐다. 이는 세입이 줄어서가 아니라 세출이 늘어났기 때문이었다. 그리고 바로 이 점이 국민으로 하여금 혁명이 필요하다고 판단하게 했다. 영국 수상 피트 씨는 그의 예산안에서 프랑스의 재정상태에 대해 여러 차례 말했으나 그 문제점을 제대로 이해하지는 못했다. 영국 의회가 새로운 세금 징수를 인정했듯이 프랑스 고등법원이 새로운 세금 징수를 위한 명령을 등록시켰다면 재정파탄은 생기지 않았을 것이고, 혁명도 발생하지 않았을 것이라고 그는 말했다. 그러나 진정한 사실은 앞으로 전개될 내 이야기

속에서 분명히 밝혀질 것이다.

우선 그때까지 프랑스에서 세금이 어떻게 징수됐는지에 대해 설명할 필요가 있다. 궁정 또는 내각은 자신의 생각대로 징세령을 만들어 왕의 이름으로 고등법원에 보내 등록하게 했다. 그 징세령은 고등법원에서 등록시키기 전까지는 시행되지 않는다. 고등법원의 이런 권한을 두고 궁정과 고등법원 사이에 오랜 기간 논쟁이 계속돼왔다. 궁정 측은 고등법원의 권한이 징세에 대해 충고하거나 반대하는 이유를 제시하는 것에 그쳐야 하고, 그 이유에 근거가 있는지 없는지를 결정하는 권한은 궁정에 있으며, 따라서 징세령을 철회하거나 직권으로 등록시키라고 명령할 권한도 궁정에 있다고 주장했다. 이에 대해 고등법원 측은 충고할 권한뿐 아니라 거부할 권한도 갖고 있다고 주장했고, 이런 주장은 국민의 지지를 받았다.

여기서 다시 나의 설명으로 돌아가자. 돈이 필요해진 칼론느 씨는 새로운 세금에 반대하는 고등법원의 완강함을 알았기에 직접적인 권위를 행사하기보다는 온건한 방식으로 고등법원에 접근하거나 책략을 써서 두뇌싸움으로 이기고자 했다. 그리고 그런 목적으로 1787년 명사회라는 명칭으로 여러 지방에서 사람들을 소집했다. 명사회는 고등법원에 새로운 징세 제도의 도입을 권유하거나, 그 스스로 고등법원인 것처럼 행동했다. '명사회'라는 이름의 회의는 1617년에 소집된 적이 있었다.

우리는 이 명사회 소집이 프랑스혁명의 발화점이 되었다는 점에서, 그에 관한 몇 가지 특수한 사항들을 검토해보는 게 좋겠다. 명사회는 어떤 지역에서는 삼부회로 오인되기도 했지만, 그 둘은 명백히 달랐다. 삼부회는 언제나 선거로 구성됐으나, 명사회는 왕이 지명한 140명으로 구성됐다. 그러나 명사회에서 과반수 이상의 지지를 얻을 것이란 확신을 할 수 없었던 칼론느 씨는 매우 교묘한 방식으로 140명의 절대다수가 44명이 되게끔 조작했다. 구체적으로 그는 명사회를 각각 20명으로 구성된 7개의 독립 소위원회로 나누었다. 그리고 모든 일반 문제는 인원의 다수가 아니라 위원회의 다수로 결정하도록 했다. 이렇게 하면 하나의 위원회에서 다수는 11명이면 되고, 4개의 위원회라면 7개 위원회 중 다수가 되므로, 44명이면 일반적인 문제를 결정할 수 있고, 따라서 투표에서 패하지 않을 것이라는 계산이었다. 그러나 이런 그의 계획은 의도대로 되지 않았고, 결국 그가 실각하는 이유가 됐다.

당시 라파예트 후작은 제2위원회에 소속돼 있었고, 그 위원장은 아르투아 백작이었다. 돈 문제가 명사회 소집의 목적이었으므로 돈에 관련된 모든 상황을 검토하는 것은 당연했다. 라파예트 후작은 200만 리브르에 이르는 왕의 영지를 왕도 모르는 방식으로 매각한 데 대해 구두로 공격했다. 아르투아 백작은 (당시에는 아직 바스티유가 존재했으므로 마치 위협이라도 하려는 듯이) "그 공격을 서면으로 제출할 것이오?"라고 물었다. 후작은 "그렇게 하겠다"라고 답했다. 아르투아 백작은 그것을 직접 요구하지 않고 왕이 보낸 그런 취지의 서한을 가져왔다. 그래서 라파예트 후작은 공격문을 작성하고 그것을 왕에게 제출해 관철하려고 했다. 이 사건에 관해 그 이상의 다른 조치는 이어지지 않았다. 그러나 칼론느 씨는 곧 왕에 의해 해임됐고, 영국으로 도망갔다.

아메리카에서 많은 경험을 한 라파예트 후작은 당시 명사회 구성원 중 시민정부에 대한 지식을 가장 많이 가진 이였기에 그 일의 주요 부분을 맡게 되었다. 헌법을 구상한 사람들의 계획은 세금 문제에 대해 궁정과 대립했고, 그중 몇몇은 자기들의 목적을 공공연히 밝혔다. 여러 문제에 대해 아르투아 백작과 라파예트 후작 사이에 논쟁이 자주 벌어졌다. 이미 발생한 미불금에 대해 후작은 수입을 지출에 맞출 것이 아니라, 수입에 지출을 맞추어 해결하자고 제안했다. 그리고 바스티유와 전국의 국립감옥을 모두 폐지하고 (그것들을 유지하느라 막대한 비용이 들었다) 법원의 체포영장이 아닌 왕의 체포영장을 금지하자는 개혁안을 내세웠다. 그러나 당시에 이런 주장은 크게 주목받지 못했다. 특히 왕의 체포영장에 대해서는 귀족 대부분이 지지하는 입장에 서있었다.

새로운 세금으로 국고를 보충하는 문제에 대해 명사회는 자신들에게 권한이 없다는 데 의견 일치를 보고, 이 문제를 다루지 않기로 했다. 토론에서 라파예트 후작은 인민에 의해 자유롭게 선출되고 그들의 대표로 행동하는 국민의회만이 새로운 세금을 부과할 수 있다고 주장했다. 이에 대해 아르투아 백작은 "삼부회를 의미하느냐"라고 물었고, 라파예트 후작은 "그렇다"라고 답했다. 그러자 백작은 후작에게 "당신의 말에 서명하여 왕에게 그것을 제출하겠느냐"고 물었다. 후작은 "그렇게 할 뿐만 아니라, 더 나아가 효과적인 방식은 왕이 헌법 제정에 동의하는 것이라고 말하겠다"라고 답했다.

그리하여 두 가지 계획 중 하나인, 명사회로 하여금 고등법원 노릇을 하게 하려는 계획이 실패하자 다른 계획, 즉 권유의 계획이 대두됐다. 이에 대해 명사회는 두 개의 새로운 세금을 고등법원이 등록하도록 권유하기로 합의했다. 하나는 인지세이고 다른 하나는 토지세였다. 두 세금은 1년에 약 500만 파운드로 짐작됐다. 여기서 일이 전개되는 중심에 있던 고등법원에 대해 살펴보자.

(그 뒤 상스의 대주교를 지냈고 지금은 추기경인) 툴루즈 대주교는 칼론느 씨가 해직된 직후 재정책임자로 임명됐다. 당시 그는 수상직도 겸했는데, 수상은 프랑스에 언제나 있었던 직책이 아니었다. 수상이라는 직책이 없었을 때 각 부 장관들은 왕과 직접 접촉하여 일을 처리했으나, 수상이 임명되자 장관들은 오직 수상하고만 접촉했다. 대주교는 슈아죌 공작[128] 이래 어떤 장관보다 국가 권력에 기울었고, 국민은 강력하게 그를 지지했다. 그러나 도저히 까닭을 알 수 없는 일련의 행동으로 인해 그는 모든 기회를 놓쳐버리고 전제주의자로 변모해 명예롭지 못한 처지에 빠진 추기경이 되었다.

명사회가 해산되자 수상은 두 가지 새로운 징세령을 고등법원에 보내 등록하게 했다. 그것은 제일 먼저 파리 고등법원에 보내어졌으나, 법원은 "국민으로부터 거둬들이는 세입에 대해서는 '세금'이란 명목이 그것을 감소시킬 목적 이외로 사용되어서는 안 된다"고 답하고, 두 가지 징세령을 모두 기각했다.[129]

이 기각 때문에 고등법원은 베르사유로 옮기라는 명령을 받았다. 그곳에서 왕은 소위 '어전법정'을 소집했고, 고등법원이 참석한 가운데 두 가지 징세령을 강제등록 했다. 그러나 고등법원은 바로 다음날 파리로 돌아와 그들의 회의를 다시 연 후 어전법정에서 강제등록된 징세령의 무효화를 선언했다.[130] 그러자 고등법원의 모든 구성원들에게 체포영장이 발부됐고, 그들은 결국 트루아로 추방됐다. 그들은 추방당하는 와중에도 예전과 다름없이 완강한 반대를 계속했지만, 그런 그들을 응징한다고 해서 세금이 보충되는 것도 아니어서 그들은 곧 파리로 다시 소환됐다.

징세령은 다시 고등법원에 제출됐다. 아르투아 백작은 왕의 대변인 역할을 하기 위해 베르사유에서 파리로 긴 행차를 했고, 고등법원은 그를 맞이하기 위해 소집됐다. 그러나 구경거리나 퍼레이드는 프랑스에서 이미 그 영향력을 상실한 것이었다. 아르투아 백작은 얼마나 중요한 생각을 하며 떠나왔든 간에 굴욕감과 실망감을 안고 돌아가야 했다. 고등법원 계단을 오르기 위해 그가 마차에서 내리자 (엄청나게 모인) 군중이 판에 박힌 말투로 말했다. "이자가 우리 돈을 더 많이 축내려 하는 아르투아다." 비난은 그를 불안하게 만들었다. "받들어 총!"이란 말이 그를 뒤따른 호위대 장교의 입에서 튀어나왔다. 그 소리가 너무 커서 고등법원 앞 거리 전체에 울려 퍼져 한때 혼란이 야기됐다. 당시 나는 아르투아 씨가 지나가야 할 건물 안에 있었는데, 모멸을 당하는 사람의 처지가 얼마나 비참한 것인지를 생각하지 않을 수 없었다.

그는 호언장담으로 고등법원에 영향을 주고자 위엄을 과시하며 "우리의 군주이며 주인이신 왕"이라고 말했다. 고등법원은 그를 매우 냉담하게 대했고, 징세령을 등록시키지 않겠다는 결심을 바꾸지 않았다. 회담은 그렇게 끝이 났다.

그 후 새로운 문제가 생겼다. 세금 문제를 두고 궁정과 고등법원 사이에 갖가지 줄다리기가 이어지는 가운데 파리 고등법원은 마침내 다음과 같이 선언했다. 즉 징세령을 편의상 고등법원에 등록함이 지금까지의 관례였으나, 그 권한은 오직 삼부회에 속하는 것이므로 권한도 없는 고등법원이 이 일을 두고 논쟁을 계속함은 옳지 않다는 것이었다. 그 후 왕이 파리로 와서 고등법원과 아침 10시부터 저녁 6시까지 회담했다. 그는 내각이나 장관들과 상의도 하지 않고 직접 자기 생각만으로, 삼부회를 소집하겠다고 고등법원에 말했다.

그러자 이전과는 전혀 다른 배경 아래 또 하나의 소동이 벌어졌다. 장관들과 내각이 삼부회 소집에 반대하고 나선 것이다. 만일 삼부회가 소집되면 자신들이 망한다는 것을 알고 있었기 때문이다. 그래서 그들은 왕이 '특정 시점'을 말하지 않았다는 점을 이용해, 자신들이 반대한다는 것을 드러내지 않고도 삼부회 소집을 피할 수 있는 교묘한 계략을 생각해냈다.

이러한 목적으로 궁정은 자체적으로 헌법 비슷한 것을 만들기 시작했다. 그것은 주로 국새(國璽)보관자인 라무아뇽[131] 씨의 작품으로, 그 뒤 그는 자살했다. 그 새로운 안은 '전체궁정회의'라는 이름 아래 하나의 기관, 즉 정부가 이용할 수 있는 모든 권력이 부여된 기관을 설립한다는 것이었다. 그 구성원은 왕에 의해 임명되고, 문제가 된 징세권은 왕에게 주어지며, 새로운 형법 및 형사소송법이 이전의 것을 대체한다는 것이었다. 여러 가지 점에서 당시까지의 정부운영 원칙보다 더 나은 것이었다. 그러나 어찌됐건 전체궁정회의는 전제주의가 직접 자신의 뜻대로 행한다는 것을 나타내지 않으면서도 그렇게 하기 위한 하나의 수단에 불과했다.

내각은 이 새로운 계략에 큰 기대를 했다. 전체궁정회의를 구성할 사람들은 이미 지명됐다. 그럴싸해 보일 필요도 있으므로 국내의 많은 훌륭한 인물들이 포함됐다. 그것은 1788년 5월 8일에 시작될 예정이었다. 그러나 두 가지 이유에서 반대가 일어났다. 하나는 원칙, 또 하나는 형태에 관한 것이었다.

원칙의 측면에서는, 정부를 변경하는 것은 국민의 권리이지 정부의 권리가 아닐진대, 만약 그런 일이 한번 허용되고 나면 후에 정부가 다시 어떤 변경을 희망할 경우에도 선례로 작용할 것이라는 주장이 제기됐다. 그리고 형태의 측면에서는, 전체궁정회의란 확대된 내각에 불과하다는 주장이 제기됐다.

당시 라 로슈푸코 공작[132], 뤽상부르 공작[133], 노아유 공작[134] 등 많은 사람들은 전체궁정회의의 구성원으로 지명됐지만 이를 거부하고, 그 계획 자체에 완강하게 반대하고 나섰다. 새로운 전체궁정회의 설립을 위한 칙령이 등록되어 시행되도록 고등법원에 보내어지자 고등법원도 이에 반대했다. 파리 고등법원은 그 권한을 거부했을 뿐 아니라 부정했다. 이렇게 되자, 고등법원과 내각 사이의 싸움은 이전보다 더욱 치열해졌다. 고등법원이 이 문제를 토의하자 장관들은 한 연대의 군인들에게 그 청사를 포위하고 봉쇄하도록 명령했다. 그러자 구성원들은 침대와 일용품을 들여와 포위된 성 안에서 지내듯 시간을 보냈다. 이렇게 아무런 효과를 보지 못하자, 청사 안에 들어가 그들을 체포하라는 명령이 연대 지휘관에게 내려졌다. 이 명령에 따라 고등법원의 중요한 멤버 몇 사람이 각각 다른 감옥에 갇혔다. 그 무렵 전체궁정회의의 설립에 항의하기 위해 브리타니 지방에서 온 대표들은 도착하자마자 대주교에 의해 바스티유로 보내졌다. 그러나 국민의 정신을 이길 수는 없었다. 국민의 정신은 자신이 부딪힌 암초, 즉 과세라는 암초를 충분히 인식하고 있었기 때문에 일종의 조용한 저항을 지속하는 것만으로도 효과적으로 당시 그들을 위해하기 위해 꾸며진 모든 계획을 와해시켰다. 결국 전체궁정회의라는 계획은 수포로 돌아갔고, 수상 역시 오래지 않아 같은 운명에 놓여져야 했으며, 네케르 씨가 복직되었다.

국민들은 깨닫지 못했지만, 전체궁정회의를 수립하고자 한 시도는 그들에게 한 가지 영향을 끼쳤다. 낡은 정부형태를 사라지게 하고, 미신적인 옛 권위로부터 떼어놓는 데 보이지 않게 이바지한 것은 바로 새로운 정부형태였다. 그것은 정부가 정부를 몰아내는 것이었고, 낡은 것이 새로운 것을 만들고자 함으로써 하나의 균열을 만든 것이었다.

이 계획이 실패하자 삼부회를 소집하는 문제가 다시 대두됐고, 이는 새로운 정략을 부추겼다. 삼부회 소집에 확정된 형식은 없었다. 확실한 것은 그것이 당시 성직자, 귀족, 평민이라고 불린 세 계층의 대표들로 구성된다는 점뿐이었다. 그러나 그 인원수나 비율은 일정하지 않았다. 그들은 특별한 경우에만 소집되었는데, 최후로 소집된 해는 1614년이었다. 당시에 세 계층의 인원수는 같았고, 신분별로 투표했다.

1614년의 방식으로는 당시의 정부나 국민의 목적을 달성할 수 없음을 현명한 네케르 씨가 모를 리 없었다. 당시 상황으로 보아 그런 방식으로 서로 다투기만 하면 아무것도 합의할 수 없었다. 특권과 면제에 대한 논쟁이 그치지 않을 것이고, 그렇게 되면 정부의 요구나 헌법을 바라는 국민의 희망은 배려되지 않았을 것이다. 그러나 그는 결정의 책임을 스스로 지지 않으려고 했기 때문에 다시 명사회를 소집하여 그들에게 문의했다. 주로 귀족과 고소득 성직자들로 구성된 명사회는 1614년 방식을 지지했다. 이 결정은 국민의 감정에 반하는 것이었고, 궁정의 희망에도 반하는 것이었다. 명사회가 이런 결정을 내린 이유는, 귀족이 국민과 궁정 양자에 대항하여 그 어느 쪽에 의해서도 구애받지 않는 특권을 누리고자 했기 때문이었다. 그래서 이 문제는 결국 고등법원에서 다루어지게 됐다. 고등법원은 평민 대표의 수를 다른 두 계층의 수와 같게 하되,

모두 한 집에 모여 하나의 기관으로 투표해야 한다고 권고했다. 최종적으로 결정된 삼부회의 인원수는 1200명이고, 그 가운데 600명은 평민에 의해 선출되며(그들의 가치와 중요도를 국가적 관점에서 고려하면 그 수는 당연히 차지해야 할 비율보다 적었다), 300명은 성직자, 300명은 귀족에 의해 선출되게 됐다. 그러나 함께 모일 것인가, 따로 모일 것인가 하는 회합방식이나 투표방법에 관한 결정은 삼부회 자체에 맡겨졌다.[135]

뒤이은 선거는 경쟁적이지는 않았으나 사람들을 흥분시키는 것이었다. 후보는 인물이 아니라 원칙이었다. 많은 단체들이 파리에 생겨났고, 사람들을 계몽하고 그들에게 시민정부의 원리를 설명하기 위해 많은 통신 및 연락 위원회가 설립됐다. 그리고 선거는 질서정연하게 치러져 소란의 풍문조차 들리지 않았다.

삼부회는 1789년 4월에 베르사유에서 열릴 예정이었으나 실제로는 5월에야 열렸다. 그들은 세 개의 분리된 방에 모였다. 아니 성직자와 귀족들이 각각 다른 방으로 물러갔다고 말하는 게 정확할 것이다. 귀족의 대다수는 부별 투표라는 특권을 주장하고, 그런 방식으로 동의 또는 거부의 특권을 주장했다. 그리고 많은 주교들과 고소득 성직자들도 자기 신분에 맞는 특권을 주장했다.

제3신분(당시에 이렇게 불렸다)은 인위적인 신분과 인위적인 특권을 일체 부정했다. 이 점에서 그들은 단호했을 뿐 아니라 거만하기조차 했다. 그들은 귀족제란 사회의 부패에서 자라난 하나의 병균이므로 그 어떤 부분도 받아들일 수 없다고 생각했다. 그리고 체포영장을 지지하는 등 여러 가지 사례로 드러난 귀족제의 성격으로 보아, 인간을 국민 이외의 다른 성격으로 인정해서는 어떤 헌법도 만들 수 없다는 것이 분명한 사실이라고 생각하기 시작했다.

이에 대한 여러 논쟁 뒤에 제3신분 또는 평민은 (아베 시에예스[136]의 제안에 따라) "우리는 국민의 대표이고, 다른 두 신분은 단체의 대표에 불과한 것으로 보아야 한다. 그들이 무게 있는 목소리를 낼 수 있으려면 국민의 대표로서 국민적 성격으로 모여야만 할 것이다"고 주장했다. 이에 따라 삼부회의 형태는 없어지고 오늘날의 형태인 국민의회가 생겨났다.

이러한 제안은 갑작스레 만들어진 것이 아니라 냉정한 심사숙고의 결과로, 인위적인 특권 구별의 어리석음과 그로 인한 불행 및 불의를 깨달은 두 신분의 애국적 대표와 국민 대표 사이에 합의된 것이었다. 헌법이라는 이름으로 불릴 가치가 있는 헌법이란 국민적 기반에 입각해서만 확립될 수 있다는 점이 명백해졌다. 귀족들은 그때까지 궁정의 전제에 반대해왔고, 애국심이란 말을 즐겨 사용했다. 그러나 그들이 궁정에 반대한 이유는 궁정을 경쟁자로 보았기 때문이었다(영국 귀족들이 존 왕에 반대한 것처럼). 이제 그들은 같은 이유로 국민에 반대한 것이다.

이 제안을 수행하고자 국민 대표들은 이미 합의된 대로 두 신분에게 초대장을 보내어 국민적 성격으로 그들과 결합하여 일을 해나가자고 했다. 주로 교구 신부들인 성직자의 다수가 성직자 회의에서 물러나 국민 측에 가담했고, 귀족 측의 45명도 같은 방식으로 국민 측에 가담했다. 귀족과 관련해 설명이 필요한 비사(秘史)가 있다. 귀족이란 칭호를 가진 신분회의의 애국적 의원들 전부가 일시에 떨어져 나온다는 것은 신중하지 않은 것으로 판단됐다. 그래서 그들은 일부를 남기고 조금씩 떨어져 나오면서 탈퇴의 이유를 설명하고 혐의자를 감시했다. 그 수는 금방 45명에서 80명으로 늘었고, 그 뒤 더욱 늘어났다. 여기에 성직자 다수가 더해지고 국민대표 전원이 합쳐져 반대자는 극소수의 처지가 되었다.

왕이라 불리는 자들의 일반적인 속성과 달리 선량한 심성을 갖고 있던 당시의 프랑스 왕은 국민의회가 취한 기반 위에서 삼부가 통합하도록 권유하려 했다. 그러나 반대자들은 새로운 계략을 꾸미며 왕의 뜻을 방해하려 했다. 그들은 귀족 측의 다수와, 주로 주교 및 고소득 성직자들인 성직자 측의 소수로 구성되었다. 그들은 실력이든 계략이든 간에 모든 것을 문제 삼으리라 결심했다. 그들은 헌법 그 자체에 반대한 것이 아니라, 그것이 그들 자신이 기초하고 있는 그들만의 견해와 특수 상태에 적합한 것이어야 한다고 주장했다. 반면 국민 측은 시민으로서의 자격 이외의 다른 어떤 것도 인정하지 않고, 그런 교만한 짓은 단호히 배격할 결심이었다. 귀족적으로 보이면 보일수록 더욱더 경멸됐다. 대다수 귀족들이 현저한 무력감과 지성의 결핍 증세를 보였다. 그것은 시민 이상이 되고자 하지만 인간 이하밖에 되지 않는, 무엇이라고 해야 할지 모르는 어떤 것이었다. 그 기반이 상실된 것은 증오 때문이 아니라 경멸 때문이었다. 이런 점들은 모든 나라 귀족, 소위 노블스(Nobles)나

노빌러티(Nobility), 아니 차라리 노-어빌러티(No-ability, 무능)의 일반적 특징이다.

반대자들의 계획은 이제 두 가지로 압축됐다. 헌법에 관한 모든 문제를 더욱 전문적으로 부별(또는 신분별)로 심의하고 투표하도록 하든가(그러면 귀족부는 헌법의 모든 조항에 대해 거부권을 갖게 된다), 그런 목적이 달성될 수 없으면 국민의회를 완전히 전복시켜 버리는 것이었다.

이 두 가지 목표 중 한 가지라도 실현하기 위해 그들은 당시까지 적대시한 전제주의와 우의를 다지기 시작했다. 아르투아 백작이 그들의 우두머리가 됐다. 왕은 (뒤에 그들에게 속아서 말려든 것이라고 했으나) 과거의 어전법정을 답습한 '사법회의'를 열어, 여러 가지 문제를 심의하고 머리수에 따라 투표하도록 했다. 그러나 헌법에 관한 모든 문제의 심의와 표결은 삼부가 따로 하도록 했다. 이러한 왕의 선언은 네케르 씨의 조언에 반하는 것이었다. 이제 궁정 내에서 네케르 씨의 인기가 떨어지고 장관 교체가 고려됐다.

삼부별로 모인다는 형식이 실질적으로는 무너졌으나 표면상으로는 여전히 지속됐기 때문에 국민 측 대표들은 왕의 성명 직후 자기들 방에 모여 그것에 반대하는 저항을 상의했다. 그리고 국민 측에 가담한 자칭 귀족 측 소수파도 같은 방법으로 상의하기 위해 한 개인의 집에 모였다. 반면 반대파는 궁정과 계책을 합의했고 아르투아 백작이 이를 실행에 옮겼다. 반대파는 왕의 선언이 자극한 불만과, 선언에 반대하는 항의로 인해 부별 투표로는 장래의 헌법에 대한 통제력을 획득할 수 없음을 알게 됐다. 그래서 그들은 자신들의 최종 목표, 즉 국민회의에 반대하는 음모를 꾸미고 그것을 전복시키기 위한 준비에 들어갔다.

다음날 아침 굳게 닫힌 국민회의의 문 주위로 군대가 지키고 서서 의원들의 입장을 저지했다. 그러자 의원들은 그들이 찾을 수 있는 가장 손쉬운 장소인 베르사유 부근의 테니스장으로 가서 회의를 재개하고, 헌법제정 시까지 죽음이 갈라놓기 전까지는 결코 서로 흩어지지 않는다는 맹세를 했다. 의회 문을 닫아도 의원들의 결속을 더욱 다지게 하는 것 외에 아무런 효과가 없자 다음 날 문이 다시 열렸고, 공무는 평상시의 장소에서 재개됐다.

이제 우리는 국민의회의 전복을 완수할 새로운 내각의 형성을 살펴보아야 한다. 전복을 위해서는 무력이 필요했다. 따라서 3만 명의 군대를 집합시키라는 명령이 내려졌고, 그 지휘권은 새 내각의 일원이자 그 목적을 위해 지방에서 소환된 브로글리오에게 부여됐다. 그러나 실행할 준비가 끝날 때까지 계획을 숨겨야만 했다. 아르투아 백작이 발표한 선언은 그런 정략에 의한 것이었으므로 여기서 그것을 소개하는 게 적절하겠다.

반대파가 계속 국민의회와 별도로 자기들 방에 모이면, 국민의회와 섞였을 때보다 더욱 눈총과 음모에 대한 의심을 받기 마련이었다. 그들은 이런 눈총과 의심을 벗어버릴 구실을 찾아야만 했다. 이에 아르투아 백작은 "만약 우리가 국민의회에 가담하지 않으면 왕의 생명이 위태롭게 될 것이다"고 선언함으로써 그 구실을 만들어냈다. 그래서 그들은 자신들의 신분을 버리고 의회와 섞였다.

아르투아 백작의 선언은 발표 당시 어리석은 짓이라는 인식이 일반적이었으면서도 한편으로는 두 신분의 주요 의원들이 처한 보잘것없는 상태로부터 그들을 구출했다는 평가를 받았다. 만약 다른 일이 생기지 않았다면 그런 결론은 타당했으리라. 그러나 모든 일은 그 결과를 통해 전모를 간파할 수 있듯이, 그러한 표면상의 통합은 비밀리에 진행된 음모를 은폐하기 위한 덮개에 불과했고, 그 선언은 그런 목적을 실현하기 위한 수단이었을 뿐이다. 뒤이어 국민의회는 군대에 의해 포위됐고, 매일 수천 명의 군대가 더해졌다. 이에 대해 국민의회는 매우 강력한 선언을 왕에게 보내어 그 조치가 부당하다고 말하고, 그런 조치를 취한 이유를 설명해줄 것을 요구했다. 왕 스스로 뒤에 말했듯이, 귀족계급의 비밀 음모에 가담하지 않은 왕은, 크게 문란해진 공공의 안녕을 유지하는 것 외에 다른 어떤 목적도 없다고 답했다.

그러나 그로부터 며칠 지나지 않아 음모는 그 모습을 드러냈다. 네케르 씨와 내각이 해임되고 새로운 내각이 혁명의 적들로 구성되었다. 그리고 그들을 지원하기 위해 브로글리오가 2만 5000 내지 3만 명의 군대를 이끌고 도착했다. 이제 가면은 벗겨지고, 사태는 위기를 맞았다. 그러나 사태는 사흘 안에 새 내각과 그 선동자들은 해외로 도피하는 게 현명하다는 결과로 나아갔다. 바스티유는 점령당했고, 브로글리오와 그의 외인부대는 해산됐다. 이는 이 책의 앞부분에서 이미 설명했다.

이 단명한 내각과 단명한 반혁명 기도의 역사에는 몇 가지 특이한 상황이 있다. 궁정이 있던 베르사유 궁전은 국민의회가 열린 곳에서 사백 야드밖에 떨어져 있지 않았다. 당시 그 두 곳은 교전 중인 두 개의 군대 본부와도 같았다. 그러나 궁정은 파리에서 국민의회에 도착한 정보에 대해서는 마치 서로 백 마일이나 떨어진 듯 완전히 무지했다. 이러한 특수한 상황에서 국민의회 의장으로 선출된 라파예트 후작은 의회의 명령에 따라 그날 낮부터 바스티유가 함락된 저녁까지 세 차례에 걸쳐 왕에게 보낼 대표를 지명하고, 사태를 그에게 통보하고 상의하고자 했다.

그러나 자신이 공격을 받고 있다는 사실도 제대로 파악하지 못하고 있던 내각은 모든 의견교환을 배제하고, 곧 승리하리라고 착각했다. 그 후 몇 시간도 채 안 돼 보고가 한꺼번에 쏟아지자 그들은 앉아있던 책상을 떠나 뛰어야 했다. 그들은 자기 신분을 드러내지 않으려고 이런 가장, 저런 가장을 하고 도망쳤다. 이제 잡히지 않을까 하는 그들의 불안이 소식을 앞섰다. 소식도 빨리 뛰었지만 불안보다 빠르지는 못했다.

국민의회가 도망치는 음모자들을 뒤쫓지 않았고, 주목하지도 않았으며, 어떤 식으로든 보복하려 하지도 않았다는 사실은 언급할 가치가 있다. 모든 나라에서 국가가 그 위에 존재할 권리를 갖는 유일한 권위인 인간의 권리와 인간의 권위에 입각한 헌법을 확립하는 것에 몰두한 국민의회는, 자신의 권위나 세습적 계승권이라는 불합리에 입각한 오만한 정부의 성격을 표시하는 유치한 감정 같은 것은 전혀 느끼지 않았다. 자기가 생각하는 것이 되고, 자신의 목적과 조화된 행동을 하는 것이 인간 정신의 능력인 것이다.

  귀족계급의 음모가 무산된 후 국민의회가 해야 할 최초의 일은, 다른 정부들이 한 것처럼 음모자들을 처벌하라는 포고를 내리는 것이 아니라, 새로운 헌법을 세울 기반으로서 인권선언을 공포하는 것이었다. 다음 장에 그것을 싣는다.

13
인간과 시민의 권리에 관한 선언
- 프랑스 국민의회

국민의회를 구성하는 프랑스 인민의 대표들은 인권에 관한 무지, 망각 또는 멸시가 공중의 불행과 정부 부패의 모든 원인이라고 판단하고, 하나의 엄숙한 선언을 통하여 자연적이고 소멸될 수 없으며 양도될 수 없는 신성한 인간의 권리를 밝히기로 결의했다. 이 선언은 사회의 모든 구성원들이 항상 이 선언에 준하여 부단히 그들의 권리와 의무를 상기할 수 있도록 하고, 입법권 및 행정권의 행사가 언제나 모든 정치제도의 목적과 비교될 수 있게 함으로써 더욱 존중되도록 하며, 또한 시민들의 요구가 단순하고 명확한 원리에 의해 인도됨으로써 언제나 헌법의 유지와 모두의 행복에 이바지할 수 있도록 하는 것이다. 따라서 국민의회는 신의 축복과 가호 아래, 신 앞에서 다음과 같은 인간과 시민의 신성한 권리를 승인하고 선언한다.

제1조. 모든 인간은 자유롭고도 평등한 권리를 갖고 태어난다. 따라서 사회적인 차별은 공공의 이익을 근거로 해서만 있을 수 있다.

제2조. 모든 정치적 결사의 목적은 자연적이고 소멸될 수 없는 인간의 권리를 보전하는 것이다. 그리고 여기서 권리란 자유, 재산, 안전 그리고 압제에 대한 저항 등이다.

제3조. 모든 주권의 근원은 본질적으로 국민이다. 어떤 개인이나 단체도 명백히 국민에게서 나오지 않은 권위를 행사할 수 없다.

제4조. 정치적 자유는 타인을 해치지 않는 모든 것을 할 수 있는 권리다. 그러므로 모든 사람의 자연권 행사는 사회의 다른 구성원이 동일한 권리를 자유롭게 행사할 수 있도록 보장하는 데 필요한 제한 외에는 어떤 제한도 받지 않는다. 이러한 제한은 오직 법에 의해서만 규정될 수 있다.

제5조. 법은 사회에 유해한 행위만을 금지해야 한다. 법에 의해 금지되지 않은 것은 어떠한 것이라도 방해할 수 없다. 또한 법이 명하지 않는 일은 누구에게도 강요할 수 없다.

제6조. 법은 공동체 의지의 표현이다. 모든 시민은 스스로 또는 대표를 통해 법 제정에 참여할 권리를 가진다. 법은 보호를 하든 처벌을 하든 모든 사람에게 동일해야 한다. 모든 사람은 법 앞에 평등하므로 그들의 상이한 능력에 따라, 그리고 그들의 덕행과 재능에 의한 차별 이외에는 어떤 차별도 없이 모든 명예, 직위, 직무를 평등하게 가질 수 있다.

제7조. 누구도 법에 의해 정해진 경우와, 법이 규정한 형식에 의하지 않고서는 기소, 체포, 구속될 수 없다. 자의적인 명령을 제기하거나 교사하거나 집행하거나 집행시키는 자는 처벌된다. 그러나 법에 의해 소환되거나 체포된 모든 시민은 모두 즉각 순응해야 한다. 저항할 경우 유죄가 된다.

제8조. 법은 엄격히, 그리고 명백히 필요한 형벌만을 부과할 수 있다. 누구도 범행 이전에 공포되고 합법적으로 시행된 법에 의하지 않고서는 처벌될 수 없다.

제9조. 모든 사람은 유죄 판결을 받을 때까지는 무죄로 추정된다. 따라서 구속이 불가피한 피의자를 체포하더라도 필요 이상의 가혹 행위는 할 수 없도록 법으로 지정해야 한다.

제10조. 법에 의해 정해진 공공질서를 문란하게 하지 않는 이상 그 누구도 자신의 의견을, 그것이 비록 종교에 관한 것이라 해도, 방해받지 않고 자유롭게 가질 수 있다.

제11조. 사상과 의견의 자유로운 교환은 인간의 가장 고귀한 권리 중 하나다. 따라서 모든 시민은 자유롭게 말하고 쓰고 출판할 수 있다. 단, 법으로 정한 경우 그 자유의 남용에 대해서는 책임을 져야 한다.

제12조. 인간과 시민의 권리를 보장하기 위해서는 공적 무력이 필요하다. 그러나 이것은 공동체의 이익을 위해서만 설정되는 것으로, 그것을 위임받은 사람들의 개인적인 특수 이익을 위해서는 설정될 수 없다.

제13조. 공적 무력의 유지와 정부의 기타 비용을 충당하기 위해서는 공적 조세가 불가결하다. 단, 이는 공동체 구성원들 사이에 그 능력에 따라 평등하게 분담돼야 한다.

제14조. 모든 시민은 스스로 또는 그들의 대표를 통해 공적 조세의 필요성, 그 배분, 액수, 부과방법 및 기간을 결정하는 것에 관해 자유롭게 발언할 권리를 가진다.

제15조. 공동체는 모든 공무원으로부터 그 행정에 관한 보고를 요구할 권리를 가진다.

제16조. 권력의 분립과 권리의 보장이 없는 공동체는 헌법을 갖지 않는다.

제17조. 재산권은 침해될 수 없고 신성하다. 따라서 명백한 공적 필요성이 있다고 법적으로 인정되고, 정당한 사전보상이라는 조건이 없는 한 누구도 침탈당할 수 없다.

14
인권선언에 대한 고찰

처음 세 개 조항들은 일반적인 용어 속에 인권선언 전체를 포괄한다. 그 뒤를 잇는 모든 조항들은 첫 세 개 조항에서 이미 나온 내용이거나 그 내용을 부연 설명하는 것들이다. 4~6조는 1~3조에 일반적으로 표현된 것을 더욱 구체화시켜서 규정한 것이다.

7~11조는 이미 선언된 권리와 부합되는 법률을 제정할 원칙을 선언한 것이다. 그러나 10조의 경우 그것이 허용하고자 한 권리를 충분히 보장하는지 여부는 프랑스뿐 아니라 다른 나라의 선량한 사람들에게도 의문이다. 또한 그것은 종교의 신성한 존엄성을 벗어던지고, 종교를 인간법의 주제로 만들려는 자들의 실력발휘를 약화시킨다. 그것은 마치 흐린 물체에 가로막힌 빛처럼 사람에게 나타난다. 빛의 근원이 희미하게 보이는, 어슴푸레한 빛 속에서는 성스러운 것이라고는 아무것도 보지 못하게 된다.[137]

12조 이하의 나머지 조항들은 실질적으로는 앞선 조항들의 원칙에 포함된 것이다. 그러나 당시 프랑스가 처했던 특수한 상황에서는 나쁜 것을 제거하고 옳은 것을 세워야 했기 때문에 다른 상황에서 필요한 것 이상으로 더욱 구체적이어야 했다.

인권선언이 국민의회에 제안되자, 몇몇 의원들은 인권선언이 공표된다면 의무선언도 따라야 한다고 주장했다. 사려 깊은 사람들 중에도 그런 생각을 한 사람이 있었으나, 그것은 충분히 심사숙고하지 않아 생긴 실수였다. 인권선언은 동시에 의무선언이었기 때문이다. 인간으로서 나의 권리가 무엇이든, 그것은 동시에 남의 권리이기도 하다. 그리고 권리를 갖는 것과 마찬가지로 그것을 보장하는 것도 나의 의무다.

처음 세 개의 조항들은 개인적으로나 국가적으로나 자유의 기반을 이룬다. 이 세 개의 조항들에 내포된 원칙으로부터 시작하지 않고 그 원칙들을 순수하게 유지하지 못하는 나라는 자유롭다고 할 수 없다. 인권선언은 지금까지 제정된 그 어떤 법령보다 더욱 가치 있고 유익하리라.

인권선언의 처음에 나오는 선언적 서문에서 우리는 그 창조자의 비호 아래 국가를 수립하는 과업을 시작하는 엄숙하고도 장엄한 광경을 목격한다. 이 광경은 너무도 새롭고 유럽 세계의 어느 것과도 비교될 수 없을 정도로 아주 뛰어난 것이다. 그러므로 혁명이라는 말도 그것의 성격을 표현하기에 부족한 감이 있다. 그것은 그야말로 인간의 갱생을 보여주는 것이다. 오늘날의 유럽 국가를 불공정과 억압 이외의 다른 무엇이라 말할 수 있는가? 영국이란 무엇인가? 그 주민들까지도 시장, 즉 모든 사람에게 가격이 붙어있고, 기만당한 인민을 대가로 하여 부패가 활개 치는 시장이라고 말하지 않는가? 그렇다면 프랑스혁명이 중상모략을 받는 것도 이상한 일이 아니다. 만일 혁명이 극악한 전제정을 무너뜨리는 데 그쳤다면 아마도 버크 씨나 다른 사람들은 침묵했을 것이다. 이제 그들의 아우성은 '너무 멀리 갔다.' 즉 그들에게 너무 지나친 것이 되었다는 것이다. 그것은 부패를 정면에서 폭로한다. 따라서 타락한 족속들은 모두 간담이 서늘해진다. 그들의 공포심은 그들의 분개 속에 드러나고, 그들은 오직 상처 입은 악의 신음소리를 낼 뿐이다. 그러나 그런 반대 때문에 프랑스혁명은 괴로움을 당하기보다 도리어 숭배를 받는다. 두드리면 두드릴수록 그것은 더욱 많은 불꽃을 발할 것이다. 아니, 도리어 충분히 두드려지지 않을까 걱정이다. 공격을 두려워할 이유가 전혀 없다. 진리가 혁명을 확립시켰으며, 시간은 그 자신처럼 영원한 이름으로 혁명을 기록하리라.

지금까지 프랑스혁명의 과정을 그 주요 단계를 통해 시작부터 바스티유 점령, 인권선언에 의한 그 확립까지 추적했다. 나는 라파예트 후작의 힘찬 표현으로 이 주제에 대한 글을 맺음하려 한다. "자유를 위해 세워진 이 위대한 기념비가 압제자에게는 교훈으로, 압제 받는 자에게는 본보기로 이바지할지어다!"[138)139)]

15
결론

서로 대립하는 이성과 무지는 많은 인류에게 영향을 끼친다. 만약 그중 하나가 어떤 나라에 충분히 퍼질 수 있게 된다면 국가기구는 쉽게 운용되리라. 이성은 스스로의 의지로 복종하고 무지는 지시된 대로 무엇에나 굴복하기 때문이다.

이 세상에 널리 퍼진 국가의 두 가지 형태 중 첫째 형태는 선거와 대표에 의한 국가이고, 둘째 형태는 세습적 계승에 의한 국가다. 전자는 보통 공화국이라는 이름으로 알려져 있고, 후자는 군주국과 귀족국으로 알려져 있다.

그렇게 서로 반대되는 두 형태는 이성과 무지라고 하는 서로 반대되는 기반 위에 서있다. 국가가 작동하려면 재능과 능력이 필요하고 재능과 능력은 세습적으로 유전될 수 없으므로 세습적 계승은 인간에게 신앙을 요구하는 게 분명하다. 그 신앙은 이성으로는 납득할 수 없고, 오직 무지 위에만 설 수 있다. 그리고 무지한 나라일수록 이런 종류의 국가형태가 더 알맞다.

반대로 잘 조직된 공화제 국가는 이성으로 설명할 수 있는 범위를 넘는 어떠한 신앙도 인간에게 요구하지 않는다. 사람은 모든 조직의 이치, 기원, 기능을 볼 수 있다. 또한 그것이 가장 잘 이해될 때 가장 잘 뒷받침되므로, 이러한 국가형태에서 인간은 자신의 재능과 용기를 대담하게 발휘할 수 있다.

따라서 각 형태는 상이한 기반에서 움직인다. 하나는 이성의 도움을 받아 자유롭게 움직이고, 다른 하나는 무지에 의해 움직인다. 우리가 그 다음으로 생각해야 하는 것은 소위 혼합국가라는 국가형태가 어떻게 운용되는가 하는 점이다. 혼합국가란 이것, 저것, 그것을 모두 합친 괴상한 양식의 국가다.

이러한 종류의 국가의 원동력은 필연적으로 부패다. 혼합국가에서 선거와 대표가 아무리 불완전한 것이라고 해도, 역시 그것은 세습적인 요소가 좌우하기 힘든 큰 비중으로 이성의 여지를 남겨둔다. 그러므로 그 이성을 모조리 매수할 필요성이 생긴다. 혼합정부는 모두가 불완전해 서로 맞지 않는 부분을 부패라는 매개로 땜질하여 전체로 작동하도록 만들어 놓는다. 버크 씨는 프랑스가 혁명을 끝내고 나서 그가 말하는 '영국식 헌법'이라는 것을 채택하지 않았다는 이유로 프랑스혁명을 대단히 혐오하는 듯한 태도를 보였다. 그러나 그가 스스로 표현한 유감의 태도에는, 영국 헌법이 그 결함을 지닌 채로 면목을 유지하려면 그 무엇인가가 부족하다는 불안감이 반영돼 있다.

혼합국가에는 책임이란 게 없다. 각 부분이 서로 옹호하기 때문에 책임은 상실된다. 또 그 기구를 움직이는 부패도 동시에 빠져나갈 방도를 마련한다. '군주는 과오를 범할 수 없다'는 말이 하나의 격언으로 전제되고, 이는 군주에게 마치 천치나 정신병자가 누리는 것과 같은 안전을 보장한다. 따라서 군주에게 있어 책임이란 문제가 되지 않는다. 그러면 그 책임은 장관에게로 떠밀리게 된다. 장관은 의회 내 다수파의 비호를 받는데, 그 의회의 다수란 지위, 수입, 부패라는 수단을 통해 장관이 항상 좌우할 수 있는 자들이다. 그리고 그 다수는 장관을 비호하는 바로 그 권위에 의해 스스로를 정당화한다. 이러한 순환 과정에서 책임은 각 부분에서 떨어져나가고, 결국 전체로부터도 떨어져나간다.

정부 안에 과오를 범할 수 없는 부분이 있다는 것은, 결국 그 부분이 아무 일도 하지 않고, 다른 권력의 권고와 지시에 따라 행동하는 기계에 불과하다는 것을 뜻한다. 혼합국가에서 왕의 역할을 하는 것은 내각이다. 내각은 언제나 의회의 일부이고, 의원들은 충고하고 행동할 때 다르고 변명할 때 다르기 때문에 혼합국가는 끝없는 수수께끼가 된다. 그래서 혼합국가는 여러 부분들을 땜질하기에 필요한 막대한 부패가 발생해, 모든 형태의 국가를 한꺼번에 지탱할 만한 경비를 나라에 부과하고, 결국은 위원회제 국가가 된다. 그 경우 충고자, 집행자, 인가자, 변명자, 책임자, 무책임자가 모두 같은 사람들이 된다.

이러한 무언극과 같은 계략, 그리고 장면과 등장인물의 변화를 통해 각 부분은 혼자서는 감히 해보려고 생각조차 못하는 일들을 하는 데 서로가 서로를 돕는다. 일단 돈이 생기면 많은 의견차이는 금세 없어지고, 의회의 막대한 상금이 각 파벌에 배당된다. 각 부분은 서로의 지혜, 관용, 공정함을 입이 닳도록 찬양하고, 그들은 모든 국민의 부담에 대해 동정의 한숨을 짓는다.

그러나 잘 조직된 공화국에는 이러한 땜질, 칭찬, 동정 같은 것이 있을 리 없다. 대표권은 전국을 통해 평등하고, 그 자체가 완전하기 때문에 그것이 입법과 행정에 어떻게 조직되든 간에 모두 하나의 동일한 자연적 원천을 가진다. 각 부분은 민주국, 귀족국, 군주국처럼 서로 완전한 남이 아니다. 합치될 수 없는 구별이 없으므로 타협에 의한 부패나 계략에 의한 혼란이 발생하지 않는다. 공공정책은 저절로 국민에게 이해되고, 그 자체의 유용성에 입각하므로 공연한 것에 아첨하여 적용해보는 것과 같은 짓은 하지 않는다. 무거운 세금부담을 한탄하는 것도 혼합국가에서는 성과를 거둘지 모르지만, 공화국의 감각과 정신에는 맞지 않는다. 과세가 필요하다면, 그것은 물론 유익한 것일 게다. 그러나 과세에 어떤 변명을 필요로 한다면, 그 변명은 반드시 규탄을 초래하게 된다. 그렇다면 왜 인간은 강요를 당하거나 스스로에게 강요를 하겠는가?

인간이 왕과 신민이라고 불려지거나 국가가 군주국, 귀족국, 민주국이라는 별개의 이름이나 복합된 이름으로 설명될 때 이성적인 인간이 그러한 말로 이해하게 되는 것은 도대체 무엇인가? 만일 이 세상에 인간 능력의 요소 중 두 가지 이상의 서로 다른 요소가 정말로 존재한다면 그러한 말로 설명하기에 알맞은 몇 가지 기원을 찾을 수 있다. 그러나 인간의 종은 하나뿐이므로 인간 능력의 요소도 하나일 수밖에 없다. 그리고 그 요소는 바로 인간 그 자체이다. 군주국, 귀족국, 민주국이라는 것은 상상의 산물에 불과하다. 그리고 상상이라면 그 세 개뿐만 아니라 천 개라도 만들 수 있다.

아메리카와 프랑스의 혁명, 그리고 다른 나라에서 생긴 징조로 볼 때 국가제도에 대한 세계의 의견이 바뀌었고, 혁명이 정치적 계산의 범위를 벗어났음이 분명해졌다. 거대한 변화를 낳은 원인이라고 사람들이 생각한 시간과 환경의 변화는 너무나도 기계적이기 때문에 혁명을 일으킨 정신력이나 사고의 속도를 측정할 수 없다. 모든 낡은 국가들은 이미 나타났고 두 번 다시 일어날 것 같지 않은 혁명들에 충격을 받았고, 이제 유럽에 전면적인 혁명이 터진다고 해도 그보다 더한 놀라움의 대상이 되지는 않는다.

세습적 군주제 국가조직 아래서 사람들이 시달리는 비참한 처지, 즉 어떤 권력에 의해 집에서 끌려나오거나 다른 권력에 의해 쫓겨나고, 적에 의한 것보다도 세금에 의해 더욱 가난해진 처지를 조사하면, 그런 조직이 나쁘고, 국가의 원리와 구조에서 전반적인 혁명이 필요함이 명백해진다.

국가란 국민의 일을 처리하는 것 이상의 무엇인가? 그것은 어떤 특수한 개인이나 가족의 소유물이 아니다. 본질적으로 그럴 수도 없으며, 다만 그 부담으로 유지되는 전 공동체의 소유물이다. 그리고 폭력이나 계략에 의해 그것이 침해되고 세습화됐다고 해도, 그 침해가 관련되는 권리를 변경할 수는 없다. 주권이란 오직 국민에 속하는 것이지 어느 개인에 속하는 것이 아니다. 그리고 국민은 적절하지 않다고 생각되는 국가형태를 언제라도 폐지하고 자신의 이익, 의향, 행복에 적합한 국가를 수립할 불멸의 생득권을 가진다. 인간을 왕과 신민으로 구분하는 몽상적이고 야만적인 일은 궁정인의 조건에는 맞을지 몰라도 시민의 조건에는 맞지 않는다. 또한 그 구분은 현존하는 여러 국가가 입각하는 원리에 의해 이미 무너졌다. 모든 시민은 주권자 중 하나이므로 누구도 개인적으로 그들을 예속할 수 없다. 그는 오직 법률에만 복종할 수 있다.

국가가 무엇인지를 생각할 때 사람들은 국가가 자신의 권한을 행사하는 모든 대상과 사항에 대해 잘 안다고 가정할 수밖에 없다. 국가에 대한 이러한 관점에서 미국이나 프랑스에 수립된 것과 같은 공화제는 국민 전체를 포괄하는 기능을 발휘한다. 또 그 모든 부분들의 이익에 필요한 지식은 그 부분들이 대표를 통해 형성하는 중심에서 찾아볼 수 있다. 그러나 과거의 국가들은 행복만이 아니라 지식도 배제하는 구조 위에 서있다. 왕에 의한 국가는 수도원 담 밖의 세상일은 전혀 모르는 수도사들에 의한 국가와 마찬가지로 불합리하다.

과거에 우리가 혁명이라고 부른 것들은 인물의 교체나 지역적 환경의 변화 정도에 불과했다. 그것들은 일상사와 마찬가지로 생겼다가 사라졌고, 그런 일의 발생이나 운명 속에는 그것이 발생한 지역 밖에까지 영향을 미칠 것이 전혀 없었다. 그러나 미국과 프랑스의 혁명을 통해 우리가 지금 세계에서 보는 것은 사물의 자연적 질서의 변화이고, 진리와 인간 존재처럼 보편적인 원리의 체계이며, 도덕과 정치적인 행복과 국민적 번영의 결합이다.

1. 모든 인간은 자유롭고도 평등한 권리를 갖고 태어난다. 따라서 사회적 차별은 공공의 이익을 근거로 해서만 있을 수 있다.
2. 모든 정치적 결사의 목적은 자연적이고 소멸될 수 없는 인간의 권리를 보전하는 것이다. 그리고 여기서 권리란 자유, 재산, 안전 그리고 압제에 대한 저항 등이다.
3. 모든 주권의 근원은 본질적으로 국민이다. 어떤 개인이나 단체도 명백히 국민에게서 나오지 않은 권위를 행사할 수 없다.

이러한 원리에는, 야심을 부채질하여 국민을 혼란 속에 몰아넣는 것은 아무것도 없다. 그것은 지혜와 능력을 불러일으켜 그것을 공익을 위해 사용하도록 하려는 의도에서 만들어졌지, 특별한 부류의 사람들이나 가족들의 이득과 부강을 위한 것이 아니다. 군주의 주권이라고 하는 인류의 적이자 불행의 원천은 제거됐다. 그리고 주권 자체는 그 자연적인 원래의 자리, 즉 국민에게 되돌아왔다. 이것이 전 유럽을 통해 이루어지면 전쟁의 원인은 사라지리라.

1610년 무렵 폭넓고 인자한 마음을 가진 프랑스의 앙리 4세[140]가 유럽에서 전쟁을 없앨 방안을 제시했다고 한다. 그것은 유럽회의, 또는 프랑스 저자들이 말하는 '평화공화국'을 조직한다는 내용이었다. 이는 국가와 국가 사이에 일어나는 모든 분쟁을 조정하는 중재법원 역할을 맡기 위해 여러 나라에서 대표를 임명하자는 것이었다.

당시 그 제안이 채택됐더라면 프랑스와 영국의 세금은 프랑스혁명이 시작될 당시의 액수보다 적어도 각각 매년 1000만 파운드는 줄었으리라.

그러한 계획이 채택되지 않은 이유를 (그리고 전쟁을 예방하기 위한 회의 대신, 수년간의 무익한 낭비 뒤에 전쟁을 종결시키기 위한 회의가 겨우 소집된 이유를) 이해하려면 국가의 이익이 국민의 이익과 다르다는 점을 생각할 필요가 있다.

국민에 대한 과세의 이유가 무엇이든 간에 그것은 정부에게는 수입의 수단이다. 모든 전쟁은 세금의 증대, 따라서 수입의 증대라는 결과로 끝난다. 그리고 전쟁이 시작되고 끝나는 경우와 같이 전쟁 중에도 어떤 사건이 일어날 때마다 국가의 권력과 이익은 증가한다. 따라서 전쟁은 과세, 그리고 지위와 직위의 임명이 필요하다는 구실을 쉽게 마련해주는 그 생산성으로 인해 낡은 국가제도에서 중요한 부분을 이룬다. 그러므로 전쟁을 없애는 어떤 방식을 수립한다는 것은, 국가로부터 가장 수지맞는 부분을 잘라내는 것을 의미한다. 그것이 아무리 국민에게 유리한 것이라 할지라도! 시시한 일로 전쟁이 시작되는 것은, 국가들이 전쟁체제를 유지하고자 하는 본성과 욕심을 드러내는 행위이다.

공화국이 전쟁에 휘말리지 않는 이유는, 그 국가의 본성이 국민의 이익과 어긋나는 이해관계를 용납하지 않기 때문이라는 것 외에 무엇이겠는가? 잘못 조직된 공화국이자 전 세계에 걸친 상업망을 가진 네덜란드조차 전쟁 없이 한 세기를 지내왔다. 프랑스에서도 국가형태가 바뀌자마자 평화와 국가번영과 경제라는 공화국의 원리가 새로운 국가와 함께 생겨났다. 이와 동일한 결과는 다른 나라에서도 같은 원인으로 인해 일어나리라.

전쟁은 낡은 구조 위의 국가체제이므로, 국민들이 서로 품는 적개심은 그 체제의 정신을 유지하기 위해 그 국가정책이 자극시킨 것에 불과하다. 각 국가는 각각 자기 국민의 감정을 격화시키고 그들의 적개심을 부추기는 수단으로 타국의 배신, 음모, 야망을 비난한다. 인간은 잘못된 국가제도라는 매개물을 통하지 않고서는 인간의 적이 될 수 없다. 따라서 왕들의 야망을 비난할 것이 아니라, 그러한 국가의 원리를 비난해야 한다. 그리고 개인을 개혁하려는 대신, 그 체제를 개혁하는 데 국민의 지혜를 사용해야 한다.

지금도 통용되는 국가의 형태와 원리가 국가수립 당시의 세계 실정에 맞는 것이었는가 하는 여부는 여기서 문제가 되지 않는다. 낡으면 낡을수록 그것은 사물의 현 상태에 대한 적실성이 낮다. 시간, 환경, 의견의 변화는 그것들이 관습과 태도에 영향을 미치는 것과 같이 국가형태를 퇴화시키는 데 결정적 영향을 미친다. 국민의 번영을 가장 크게 증대시키는 농업, 상업, 공업 및 평온한 기술은 낡은 세계의 실정 아래서 요구된 것과는 다른 국가체제, 그리고 그 운용을 지도할 다른 종류의 지식을 요구한다.

인류의 계몽된 상태로 미루어볼 때 세습국가가 몰락의 단계에 들어섰고, 국민주권과 대표제 국가라고 하는 광범한 기반 위에 유럽에서 혁명이 전개되고 있다는 사실을 인식하기는 어렵지 않다. 그러므로 혁명의 도래를 예견하고 이성과 화해로 혁명을 수행하는 것은, 그것을 폭발적인 사건에 맡기는 것보다 현명한 행동이리라.

지금껏 우리가 봐온 것으로 미루어 볼 때, 정치의 세계에서 개혁이 불가능한 부분은 없다. 모든 것을 기대할 수 있는 것이 바로 혁명의 시대의 특징이다. 전쟁체제를 유지하는 궁정의 음모는 그것을 없애려는 국민의 연합을 조장하리라. 그리고 자유국가의 발전을 보호하고 국민 상호간의 문명을 발전시키려는 유럽회의도 프랑스와 아메리카의 혁명 및 동맹 이상으로 실현 가능성이 높다.

인권_2부

원칙과 실천의 결합(1792)

라파예트 후작께

아메리카의 어려운 상황에서 15년 가까이 알고 지냈고, 유럽에서 여러 가지 조언을 해준 당신에게, 내가 사랑하는 미국에 끼친 당신의 공헌에 대한 감사와 당신이 지닌 공적이면서도 사적인 미덕에 대한 존경의 표시로 이 글을 드리게 된 것을 기쁘게 생각합니다.

내가 아는 한 우리의 유일한 차이점은 국가의 원리에 대한 것이 아니라 시간에 대한 것입니다. 나는 아무리 좋은 원리라도 그것을 질질 끄는 것은 너무 빨리 서두르는 것만큼이나 해롭다고 생각합니다. 따라서 나는 당신이 14년 내지 15년 내에 완수할 수 있으리라 가정하는 것을 더욱 앞당겨 실현시킬 수 있다고 믿고 싶습니다. 나는 지금의 인류가 자신의 참다운 권익을 이해할 만큼 충분히 성숙하다고 봅니다. 물론, 이는 그 권익이 그들이 이해할 수 있도록 분명히 제시되고, 이기적인 의도와 같은 것으로 의심을 불러일으키거나 너무 많이 차지하려고 도발하지 않게 하는 방식으로 제시된다는 조건하에서입니다. 개혁을 바라는 곳에서 우리는 비난을 해서는 안 됩니다.

미국혁명이 완수되고 나서 나는 조용히 앉아서 평온을 즐기고 싶었습니다. 평온을 버리게 하는, 미국혁명 전에 내가 느꼈던 것을 다시 느끼게 할 만큼 큰일은 더 이상 일어나지 않을 줄 알았지요. 그러나 장소가 아니라 원칙이 행동의 활동적인 원인인 경우 사람이란 어디에서나 마찬가지란 것을 알았습니다.

이제 나는 다시 세상에 나왔습니다. 그리고 내겐 당신처럼 오랜 기간 깊이 숙고할 만큼 많은 여생이 남아있지 않기 때문에 최대한 서둘러 노력하기로 결심했습니다. 나는 당신의 도움과 협력을 간절히 바랍니다. 부디 당신의 원칙과 방침을 재촉해 나를 따라잡아주십시오. 만약 당신이 오는 봄에 그 운동을 시작하면(아마도 그럴 계기는 주어지지 않겠지만), 나는 당장 당신에게 가담하겠습니다. 시작만 된다면 그 운동은 독일의 전제정을 종식시키고 독일 전역의 자유를 확립하는 것으로 끝맺음 할 것이라고 기대합니다. 프랑스가 혁명으로 둘러싸이게 될 때 프랑스는 평화와 안전을 얻고, 그 세금은 독일의 세금과 같이 필시 경감될 것입니다.

1792년 2월 9일 런던에서 당신의 성실한 벗 토머스 페인.

서문

작년에 출판한 《인권》 1부의 '결론' 부분을 쓰기 시작했을 때 나는 그것을 더욱 길게 쓸 생각이었다. 그러나 덧붙이고 싶었던 내용을 머릿속에 정리하면서 나는 그것들을 다 쓰면 책이 너무 방대해질 것이므로 계획을 대폭 축소하기로 했다. 그래서 주제를 최대한 드러내는 한도 내에서 서둘러 끝맺음을 하고, 나머지 이야기들은 다음 기회로 잠시 미뤄뒀다.

이렇게 결심했던 데는 몇 가지 다른 이유도 있었다. 이야기를 더 진행시키기 전에 오늘날 영국의 일반적인 관습과는 다른 사고와 표현으로 씌어진 책이 어떤 대접을 받을지 알고 싶었다. 프랑스혁명이라는 매개에 의해 인류의 눈앞에는 거대한 무대가 펼쳐졌다. 게다가 버크 씨의 무지막지한 반대는 영국 내에서 논쟁을 불러일으켰다. 그는 내가 자기와 싸워서라도 지키려 하는 원리를 공격했다. 그 원리는 내가 선이라고 믿고 있는, 그것을 확립하기 위해 노력해 왔으며 그것을 방어하는 것이 나의 의무라고 여겨온 원리이다. 그는 그 원리에 대한 나의 생각을 전해 들어 알고 있었다. 그가 논쟁을 시작하지 않았다면 나도 아마 말없이 지나쳤을 것이다.

내가 나머지 이야기를 다음 기회로 미룬 또 다른 이유는, 버크 씨가 그의 첫 책에서 다음 기회에 그 주제를 새롭게 다루겠으며, 영국 헌법과 프랑스 헌법을 비교하겠다고 약속했기 때문이다. 그래서 나는 그를 위해 내 이야기들을 잠시 보류했다. 그 후 그는 두 권의 책을 추가로 출판했지만 그 약속은 지키지 않았다. 그 비교가 자신에게 유리했다면 그가 그것을 하지 않았을 이유가 없었으리라.

그의 최근작 《구 휘그 당원에 대한 신 휘그 당원의 호소》에서 그는 내 책 《인권》 1부의 10쪽 정도를 인용했다. 그런 번거로운 일을 하면서 그는 "반박하려는 의도는 전혀 없다"고 했다. 이는 그 책에 들어있는 원리를 두고 하는 말이다. 나는 버크 씨를 잘 안다. 그는 무엇이든 하려고만 하면 할 사람이다. 그는 다투는 대신 "나는 내 할 일을 다 했다"며 자위했지만, 정작 자기가 해야 할 일은 하지 않았다. 그는 헌법을 비교하겠다는 약속을 지키지 않았다. 그는 논쟁을 시작하고 도전하긴 했지만 끝내지 않고 도망쳐버렸다. "이제 기사의 시대는 가버렸다"는 자신의 생각에 스스로 하나의 적절한 보기가 된 셈이다.

그의 최근작은 그 내용뿐 아니라 제목에서부터 그의 오류를 드러낸다. 원리는 그 자체의 가치에 의존해야 한다. 그것이 훌륭하다면 더더욱! 버크 씨처럼 원리를 타인의 권위라는 비호 아래 두는 것은 그것을 의심스럽게 만들 뿐이다. 그는 자신의 명예를 남과 나누는 것을 좋아하지 않는 사람이지만, 이 경우에는 교묘하게 자신의 불명예를 남과 나누려 한다.

그러나 버크 씨가 호소하고자 하는 상대가 누구인가? 바로 지난 세기에 태어난 유치한 사상가들과 얼치기 정치인들이 아닌가. 그들은 하나의 당파로서 자기들의 목적에 부합하는 원칙에서 한 치도 벗어나지 못하는 자들이다. 그들은 늘 국민을 도외시해왔고, 이런 태도는 그때부터 지금까지 모든 당파의 특징이다. 그들의 책이나 정략에는 국민이 주목할 만한 내용이 하나도 없다. 당파를 움직이는 것은 사소한 일로도 가능하겠지만, 국민을 움직이기 위해서는 더욱 큰일이어야 한다.

버크 씨의 '호소'에는 주목할 점이라곤 하나도 없지만, 내가 몇 마디 언급해야 할 표현이 하나 있다. 주로 《인권》 1부를 상당 부분 인용한 뒤 그 책에 포함된 원리와 관련해서는 다투기를 거부하면서 그는 말한다. "(만약 이러한 책이 형사재판상의 논박 이외의 다른 어떤 논박의 대상이 될 수 있다고 생각된다면) 아마도 이는 나와 같은 생각과 소망을 갖고 있는 사람들에 의해 수행될 것임에 틀림없다."

그러나 무엇보다 먼저, 그 일은 누구에 의해서도 수행되지 않았다. 나는 적어도 《인권》 1부에 대한 답변으로 의도된 여덟 내지 열 편의 팸플릿이 서로 다른 사람들에 의해 쓰여졌다고 믿는데, 내가 알기로 그중 하나도 중판 발행되지 않았음은 물론이려니와, 그 제목조차 널리 기억될 만한 것이 없다. 나는 불필요하게 많은 책을 내는 것을 싫어하기 때문에 그 책들 중 어느 것에 대해서도 답하지 않았다. 또한 나는 다른 사람은 쓸 수 없는데 혼자만 쓰다가는 평판이 나빠질지도 모른다고 믿기 때문에 그런 위험을 피하려 했다.

나는 한편으로는 불필요한 출판을 피하고자 하면서도, 다른 한편으로는 과도한 교만으로 보일 수 있는 모든 것을 회피하고자 한다. 만일 버크 씨나 그의 편 중 누군가가《인권》1부 발행부수의 절반, 아니 사분의 일이라도 되는《인권》1부에 대한 반론을 내놓는다면 나는 답을 하겠다. 그러나 그때까지는 대중의 견해를 나의 안내자로 삼겠다(내가 아첨꾼이 아님은 세상이 다 안다). 대중이 읽을 만한 가치가 있다고 생각하지 않는 것에 대해서는 내가 답할 가치가 없다고 본다. 나는《인권》1부가 영국, 스코틀랜드, 아일랜드에서 최소한 사만 내지 오만 부 이상 발행됐다고 생각한다.

이제 나는 버크 씨의 책에서 내가 인용한 구절 중 나머지 부분에 대해 간단히 언급하겠다. 그것은 "만약 이러한 책이 형사재판상의 논박 이외의 다른 어떤 논박의 대상이 될 수 있다고 생각된다면"이라는 부분이다.

말장난을 한다면, 그것은 어떤 저술을 논박하는 대신 그것에 대해 선고를 내리는, 바로 그 형사재판임에 틀림없다. 그것에 대한 최대의 선고는 논박이리라. 그러나 버크 씨가 시사하는 방식을 따르면, 선고란 결국 절차상의 유죄가 되지만 저술에 대한 것은 되지 않으리라. 그리고 이 경우 나는 저술에 선고를 내리는 판사나 배심원이 되기보다는 차라리 저자가 되겠다.

그러나 바로 논점으로 들어가자. 나는 공소에 대해 직업적 전문가들과는 다른 입장을 취해왔다. 또한 그들이 나의 의견에 가까워지고 있다고 느끼기 때문에 여기서 그것을 가능한 한 완전하게, 그러나 간단하게 서술하겠다.

먼저 나는 어떤 법의 경우에 대해 고찰하고, 이어 그것을 국가 또는 영국에서 오늘날 헌법이라고 불리는 것, 또는 지금까지 그렇게 불려온 것과 비교하겠다.

그러한 법 또는 다른 법의 기반이 되는 원리가 좋은 것이든 나쁜 것이든 간에, 그 원리를 규명하지 못하게 하는 법을 제정하는 것은 전제주의 또는 영국에서 자의적 권력이라고 부르는 것의 행위이리라.

만약 어떤 법이 나쁜 것이라면 그 시행에 반대할 수 있다. 그러나 그 잘못을 폭로하고, 그 결점을 따지며, 그것을 폐기하고 그것을 대신할 다른 법을 제정해야 하는 이유를 제시하는 일은 별개의 문제다. 나는 지금까지 나쁜 법을 어기기보다는 일단 그것에 복종하면서 그 잘못을 제기하고 그 폐기를 주장하는 편이 더 낫다는 의견을 견지해왔으며, 그렇게 실천해왔다. 왜냐하면 나쁜 법이라 해서 그것을 위배하는 선례는 법의 효력을 약화시키고, 좋은 법까지도 멋대로 위배하는 결과를 초래할 수 있기 때문이다.

이런 논리는 국가의 원리와 형태 또는 소위 헌법과 헌법을 구성하는 부분에 대해서도 마찬가지다.

국가가 수립돼야 하고 인류가 그것을 유지하려고 노력해야 하는 것은 국민의 복지를 위해서이지 특정 개인의 이익이나 세력의 확장을 위해서가 아니다. 원리와 형태 양면에서 모든 국가와 헌법의 결점이 공개적 논의의 대상이 돼야 한다는 것은 법의 결점에 대한 경우와 마찬가지 이치에 의한 것이고, 그러한 결점을 지적하는 것은 각 개인이 사회에 지고 있는 하나의 의무다. 그러한 결점과, 그 결점을 시정하는 방법을 국민이 인식할 때 그들은 국가나 헌법을 개혁하게 된다. 이는 마치 국가가 법을 폐기하거나 개정하는 것과 같지만 국가의 기능은 법률을 제정하고 시행하는 것에 국한된다. 헌법과 국가를 형성하거나 개혁하고, 창조하거나 개조하는 권리는 국민의 것이다. 따라서 그러한 문제들은 원리를 구명하는 것과 마찬가지로 언제나 국민에게 당연한 권리로 제시되고, 그 국민의 일반적인 권리를 침해하지 않고서는 공소의 대상이 될 수 없다. 이러한 근거에서 나는 버크 씨가 바라면 언제라도 그에 맞서겠다. 모든 주장을 전부 밝히는 것이 그것을 숨기는 것보다 낫다. 논쟁을 시작한 것은 바로 그였으니, 그는 논쟁을 회피해서는 안 된다.

나는 유럽의 어떤 계몽된 국가에서도 군주제나 귀족제가 7년 이상 지속되리라고 믿지 않는다. 군주제나 귀족제에 반대하는 이유보다 훨씬 훌륭한 지지의 이유를 제시할 수 있다면 그것들은 지속되리라. 그러나 그 반대라면 그렇지 못할 것이다. 이제 인류에게 생각하지 말라거나 읽지 말라고 말할 수 없게 됐다. 그리고 적어도 정부의 원리를 규명하여 여러 체제의 장단점을 깨닫게 하고 고찰하게 하며, 그러한 장단점을 제시하는 출판물이라면 응당 나올 만한 가치가 있다. 만약 그런 출판물이 주목을 끌지 못한다면 공소 문제 같은 것은 생길 수도 없다. 또 설령 주목을 끈다 해도 그것이 독서를 금지할 수는 없으므로 공소는 아무것도 아니게 되리라. 이는 저자에 대한 선고가 아니라 대중에 대한 선고가 되고, 동시에 혁명을 야기하거나 촉구하는 가장 효과적인 수단이 된다.

국가체제에 관해 국민에게 일반적으로 적용되는 모든 문제를 열두 명의 배심원이 결정할 수는 없다. 심문할 증인이 없는 경우 어떤 사실도 입증될 수 없다. 또한 모든 문제가 모든 대중 앞에 제시되고 그 장단점이 그들의 의견에 달려있는 경우, 그리고 법정 밖에 있는 모든 사람이 아는 사실 외에는 법정 안에서 아무것도 알 수 없는 경우에 어떤 열두 명을 골라도 다른 열두 명과 마찬가지로 훌륭한 배심원단이 된다면 십중팔구는 다른 배심 판결을 뒤엎는 판결을 내리거나, 각기 의견이 달라서 어떤 판결도 내리지 못하게 되리라. 하나의 국민이 어떤 사업이나 계획을 인정하는 것과, 국민이 국가를 개혁하는 권리를 갖거나 국가를 개혁하는 결정권을 갖느냐 못 갖느냐 하는 것을 그러한 배심원에게 맡길 것이냐 하는 것은 전혀 별개의 문제이다. 내가 이런 문제들에 대해 설명하는 것은, 내가 법이란 무엇이고 또한 권리란 무엇인가 하는 것에 대한 고찰 없이는 국가에 대해 단 한 줄도 쓴 적이 없다는 점을 버크 씨에게 알리기 위해서다. 그러한 경우에 유효한 유일한 배심은 공정하게 선출된 전 국민의 회의이리라. 왜냐하면 그런 모든 경우에 전 국민이 바로 이웃이 되기 때문이다. 만약 버크 씨가 그런 배심을 제안한다면 나는 다른 나라의 시민이 되는 모든 특권을 포기하고, 그 원리를 지키면서 논점을 유지하겠다. 단, 그 역시 나와 같이 행동하리라는 전제하에서다. 왜냐하면 나의 책이나 원리가 아니라 그의 책이나 원리가 비난받을 것이라는 게 내 생각이기 때문이다.

인간이 교육과 관습으로 인해 어떤 특정한 국가형태나 국가체제에 대해 갖는 편견은 이성과 반성의 검증을 거쳐야 한다. 사실 그런 편견은 하잘것없는 것이다. 나쁜 것일 줄 알면서 그것을 두둔하는 사람은 없다. 사람이 편견을 갖는 것은 그것이 옳다는 신념에 입각한 것이다. 그 신념이 틀리다는 사실을 깨닫게 되면 편견은 사라진다. 편견이 무엇인지에 대해 우리는 불완전한 개념밖에 갖지 못한다. 사람이 자신을 위해서만 생각하는 동안은 모든 게 '편견'이지 '의견'이 아니라고 할 수 있다. 왜냐하면 이성과 반성의 결과만이 의견이기 때문이다. 내가 이 점을 지적하는 것은, 버크 씨가 영국의 관습화된 편견을 너무 신뢰하지 않기를 바라기 때문이다.

나는 영국 국민이 공평무사한 대접을 받아왔다고 생각하지 않는다. 그들은 정당과 지도자라는 사람들에게 기만당해 왔다. 이제 그 국민이 그런 어리석음에서 벗어날 때가 왔다. 지금까지 그렇게 오랫동안 과중한 과세를 조장한 원인이 돼온 그 무관심의 태만을 버릴 때이다. 사람을 노예화하려 한, 사고를 저지시키는 작용을 한 노래와 축배를 버릴 때다. 이 모든 문제에 대해 사람들은 오직 생각만 하면 된다. 그러면 그들은 옳지 못한 행동을 하지도 않고 잘못된 길로 빠지지도 않으리라. 어떤 인민이 자유를 누릴 자격이 없다고 말하는 것은, 빈곤을 그들의 운명으로 만들려는 것이다. 또한 그 말은, 그들이 무거운 과세를 부담하는 것이 그렇지 않은 것보다 더 좋다고 말하는 것과 같다. 만일 그것이 사실이라면, 그들을 지배하는 사람들 역시 통치할 자격이 없다는 사실을 입증하는 것과 같다. 왜냐하면 그들 역시 동일한 국민 대중의 일부이기 때문이다.

전 유럽의 국가가 모두 변모한다고 해도, 그것은 폭동이나 복수 없이 수행될 수 있을 게 틀림없다. 국민에게 어떤 큰 이익을 주지 않는다면, 변화나 혁명은 일으킬 가치가 없다. 그리고 아메리카나 프랑스에서처럼 그러한 이익이 국민에게 나타날 때, 변화나 혁명에 반대하는 사람들에게는 위험이 닥친다. 이 점을 생각하면서 서문을 마친다.

1792년 2월 9일 런던에서 토머스 페인.

서론

"만약 딛고 설 어떤 지점만 주어진다면 세계를 들어올릴 수 있다." 역학적인 힘에 대한 아르키메데스의 이 말은 이성과 자유에도 적용될 수 있다.

미국혁명은 역학에서 이론에 불과한 것을 정치에서 구현했다. 구세계에서는 인간의 정치적 조건을 개혁하려는 움직임이 일어날 수 없었다. 폭정과 구습의 뿌리가 너무 깊어서 사람들의 마음속에 너무나 확고하게 자리 잡은 탓이다. 자유는 지구 어디서나 박해를 받아왔고, 이성은 반역으로 간주되었으며, 공포의 노예가 된 인간들은 생각하기를 두려워했다.

그러나 진리의 본성은 억누를 수 없는 것이므로, 그것이 요구하고 바라는 모든 것은 스스로 발현된다. 태양과 암흑을 구별하는 데는 아무런 표식도 필요하지 않다. 미국이라는 국가가 세상에 모습을 드러내자마자 전제주의는 충격을 받았고, 사람들은 잘못된 것을 바로잡아야 한다고 생각하기 시작했다.

　미국의 독립이 국가의 원리와 실제적인 혁명을 수반한 것이 아니라 단순히 영국으로부터의 분리에 불과했다면, 그것은 시시한 일이었으리라. 미국은 자신을 위해서만이 아니라 세계를 위해 일어섰고, 자신이 취할 수 있는 이득 이상의 것을 희망했다. 미국과 싸우기 위해 고용된 헤센 사람들[141]조차 자신들의 패배를 축복하며 살게 됐고, 영국 사람들도 자기네 국가의 사악함을 비난하고 그 실패를 기뻐하고 있다.

　정치적 세계에서 보편적인 개혁의 원리가 작동되기 시작할 수 있는 유일한 지점이 미국이었던 것과 같이 자연적 세계에서도 미국은 최고였다. 여러 가지 조건이 합쳐져서 협력하는 가운데 그 원리를 만들어냈을 뿐만 아니라 그 원리에 엄청난 성숙성을 더했다. 그 나라가 목격자들의 눈앞에 보여준 광경에는 위대한 사상을 낳게 하고 북돋우는 무엇인가가 있다. 그들에게 자연은 거대한 규모로 나타난다. 그들이 바라보는 거대한 대상은 그들의 마음을 넓혀주고, 그들은 스스로 생각하는 위대함에 참여하게 된다. 최초의 정착자들은 유럽 여러 나라에서 온 이민자들로서 다양한 신앙을 가졌고, 구세계 국가의 박해를 피해 신세계에서 적이 아니라 친구로 만났다. 황무지를 개발하자면 반드시 따르게 마련인 여러 가지 필요성들은, 국가 사이의 투쟁과 음모로 인해 오랫동안 시달려온 나라들에서는 사라진 사회상태를 그들에게 마련해 주었다. 그러한 상태에서 사람들은 올바른 사람이 된다. 그들은 자기 종족을 적이라고 하는 비인간적인 관념으로 보지 않고 친척이라고 본다. 이러한 예는 인위적인 세계의 인간이 지식을 얻기 위해서는 자연으로 돌아가야 한다는 점을 보여준다.

모든 분야에서 미국이 이루는 급속한 성장을 보건대 만일 아시아, 아프리카, 유럽 국가들이 미국의 경우와 유사한 원리에서 시작했거나, 그런 원리로부터 그렇게 빨리 벗어나 부패하지 않았다면 지금쯤 그 나라들은 지금보다 훨씬 우월한 조건에 있을 것이라고 결론을 내릴 수 있다. 지금까지 많은 세월이 그 참상을 보기 위해서라는 목적만으로 흘러갔다. 만일 세상일이라고는 아무것도 모르고 오직 관찰을 하기 위해 이 세상에 나온 관찰자가 있다면, 그는 구세계의 대부분을 정착 초기의 어려움과 괴로움에 맞서 싸우는 신세계라고 생각할 것이다. 그는 낡은 나라에 가득한 비참한 빈민의 무리란 자신들에게 필요한 것을 마련할 시간을 아직 갖지 못한 사람들이라고밖에 달리 생각할 수 없으리라. 빈민들이란 그런 나라들에서 소위 국가라고 불리는 것이 낳은 결과임을 그는 모를 것이다.

구세계 중에서도 상대적으로 더 비참한 지역에서 눈을 돌려 개혁이 상당히 진전된 지역을 바라보아도, 여전히 국가의 탐욕스러운 손이 산업의 모든 틈새에까지 구석구석 파고들어가 대중으로부터 약탈한 것을 장악하고 있음을 우리는 본다. 수입과 과세를 위한 새로운 구실을 마련하기 위해 끝없이 조작이 시도된다. 국가는 번영을 자기의 먹이라고 보고, 공물을 바치지 않고서는 그 무엇도 빠져나가지 못하게 한다.

혁명이 일단 시작되면 (그리고 어떤 일이 시작된 뒤 그것이 진전되는 경향보다 그 시작을 반대하는 경향이 언제나 더욱 크기 때문에) 다른 혁명이 연이어 발생할 것이라고 기대하는 것은 당연하다. 낡은 국가들이 감당하는 놀랍고도 여전히 증대되고 있는 지출, 그들이 참여하거나 도발하는 수많은 전쟁, 보편적인 문명과 상업의 길을 가로막는 장애들, 그리고 국내에서 그들이 행사하는 압제와 침해는 인내의 바닥을 드러내게 했고, 세계의 재산을 거덜 나게 했다. 이러한 상황에서, 게다가 이미 선례까지 있으니 혁명이 추구되기 마련이다. 혁명은 이제 보편적인 화제가 됐고, 시대의 유행으로 생각될 정도다.

만일 기존의 국가보다 비용이 덜 들면서도 보편적인 행복을 더 잘 실현하는 국가를 도입할 수 있다면, 그러한 진보에 반대하는 모든 시도는 결국 부질없는 것이 되리라. 이성은 시간과 같이 제 길을 갈 것이고, 편견은 권익과의 싸움에서 패배할 것이다. 세계적인 평화, 문명, 상업이 인간의 행복을 증진시키는 요소라면, 그것은 국가체제를 근본적으로 뜯어고치는 혁명에 의해서만 성취될 수 있다. 모든 군주국은 군사적이다. 전쟁이 그들의 업이고, 약탈과 수입이 그들의 목표다. 이러한 국가가 존재하는 한 단 하루도 절대적인 평화를 보장받을 수 없다. 모든 군주국의 역사는 인간 참상의 구역질나는 장면과 일이 년간의 휴식기라는 우연한 중단 외에 무엇인가? 그들은 전쟁에 지치고 인간도살에 싫증나면 그제야 앉아

쉬면서 그것을 평화라고 부른다. 하늘이 인간에게 바란 상태는 분명 이런 것이 아니다. 이런 게 군주제라면 그것은 마땅히 유대인의 죄목 중 하나로 간주되리라.[142]

지금까지 세계에서 일어났던 혁명들은 많은 인류의 관심을 끌 만한 것을 갖지 못했다. 그런 혁명들은 원리의 변화가 아니라 오직 사람과 방식의 변화에 그쳤고, 일상사 중에서 일시적으로 일어났다 사라졌다. 따라서 지금 우리가 목격하는 것을 '반혁명'이라고 부르는 것은 적절하지 않다. 역사의 초기에 정복과 폭정에 빼앗긴 권리를 이제 되찾고 있는 것이다. 인간 만사의 조류란 서로 반대방향으로 밀물과 썰물을 이루듯이 여기서도 마찬가지이다. 도덕적 이론, 보편적인 평화체제, 불멸의 생득적 인권에 근거한 국가는 지금 서쪽에서 동쪽으로 닥치고 있다. 이는 칼의 국가가 동쪽에서 서쪽으로 넘어온 것보다 더욱 강력한 추진력에 의한 것이다. 그것은 특정 개인의 이익을 위해서가 아니라 발전하고 있는 인민의 이익을 위한 것이고, 인류에게 새로운 시대를 약속하는 것이다.

혁명의 성공을 가장 위태롭게 하는 위험은, 혁명 진전의 원리와 혁명의 결과로서의 혜택을 충분히 예견하고 이해하기도 전에 혁명을 시도한다는 점에 있다. 국민의 상황에 관련된 거의 모든 것이 국가라고 하는 막연하고 신비로운 말 속에 흡수되고 혼합되어 왔다. 국가는 자신이 저지른 실수나 재앙을 자기 탓으로 돌리지 않으려고 하면서, 번영의 외관을 띠는 것은 모조리 자기 공으로 돌리려고 한다. 국가는 근면의 결과로 얻어진 성과를 자신의 덕이라고 자처하여 근면의 공을 빼앗고, 인간의 보편적인 성격으로부터는 사회적 존재로서의 인간에 속하는 이점을 빼앗고 있다.

그러므로 이 혁명의 시기에 국가가 이룬 것들과 그렇지 않은 것들을 구분해 놓는 것은 유익한 일이리라. 이를 위해 사회와 문명, 그리고 그것에서 비롯되는 결과를 소위 국가라고 하는 것과 구분해서 관찰하는 것이 가장 좋을 것이다. 이러한 검토로 시작함으로써 우리는 여러 결과에 대해 그 적정한 원인을 찾을 수 있고, 많은 일반적 오류를 분석할 수 있을 것이다.

/
사회와 문명에 대해

인류를 지배하는 질서의 대부분은 국가가 만든 것이 아니다. 그것은 사회의 원리와 인간의 자연적 본질에서 비롯됐다. 그것은 국가 이전에 존재했고, 국가라는 형식이 없어진다 해도 존재하리라. 인간이 인간에 대해, 그리고 문명사회의 모든 부분이 서로에 대해 가지는 상호의존과 상호이해 관계는 그들을 하나로 통합시키는 거대한 연쇄를 만들어낸다. 지주, 농민, 제조업자, 상인, 무역업자, 그리고 그 밖의 모든 직업인들은 서로 남의, 그리고 전체의 도움으로 번영하게 된다. 공동의 이해관계가 그들의 관계를 규정하고, 그들의 법을 형성한다. 이렇게 일반 관습으로부터 형성되는 법률은 국가가 제정하는 법률보다 더 큰 영향력을 가진다. 요컨대 국가가 한 것으로 간주되는 거의 모든 일은, 사실은 사회가 스스로 수행한 것이다.

인간에게 적합한 국가의 본질과 범위를 이해하기 위해서는 인간의 본성에 유의할 필요가 있다. 자연은 인간을 사회생활에 맞게 창조했으므로 자연이 바란 위치에 맞도록 인간을 만들었다. 자연은 인간의 자연적 욕망이 언제나 그 개인적 능력보다 크게끔 인간을 만들었다. 사회의 도움 없이는 누구도 그 자신의 욕망을 충족시킬 수 없으며, 그러한 욕망은 모든 개인에게 작용하여 그들 전체를 사회 속으로 들어가도록 강요한다. 이는 마치 중력이 중심으로 작용하는 것처럼 자연스러운 것이다.

그러나 자연은 여기에서 그치지 않는다. 자연은 각자의 상호부조에 의해서만 충족될 수 있는 다양한 욕망을 부여함으로써 인간을 사회 속에 들어가도록 강요했을 뿐만 아니라, 자신의 생존을 위해서는 필요하지 않지만 자신의 행복을 위해서는 필수적인 사회적 애정을 인간의 마음속에 심어놓았다. 사회에 대한 이러한 애정은 평생 중단되지 않고 이어진다. 그것은 우리의 존재와 함께 시작되고 함께 끝난다.[143]

만약 우리가 인간의 구조와 그 본질, 각자의 다양한 욕망과 사회에 대한 애정을 서로 조절하고, 그 결과 사회로부터 얻는 혜택을 유지하기 위한 각자의 다양한 재능을 주의 깊게 검토해 보면, 소위 국가라고 하는 것의 대부분이 강요된 것에 불과하다는 점을 쉽게 알 수 있으리라.

국가는 사회와 문명이 쉽게 충족시켜주지 못하는 극소수의 일을 맡는 수준이면 충분하다. 그리고 그 밖에 국가가 할 수 있는 모든 유용한 일들은 지금까지 국가 없이 사회의 공동합의에 의해 수행돼왔음을 보여주는 사례는 얼마든지 있다.

아메리카 전쟁이 시작된 후 2년 이상, 그리고 몇몇 아메리카 주에서는 더 오랫동안 어떤 확정적인 국가형태가 존재하지 않았다. 낡은 국가는 폐지되었는데, 그 나라는 방어에 너무 열중한 나머지 새로운 국가의 수립에 관심을 기울이지 못했다. 그러나 그 공백 기간에도 질서와 조화는 유럽의 어느 나라 못지않게 평온하게 유지됐다. 인간에게는 어떠한 상황에 처하게 되든지 그 상황에 적응하는 타고난 성향이 있는데, 이러한 성향은 다양한 능력과 자원을 가지고 있는 사회에서 더욱 강하게 나타난다. 형식적인 국가가 폐기되자마자 사회는 활동을 개시한다. 즉 전반적인 결합이 이루어지고, 공동의 이해관계는 공동의 안전을 낳는다.

어떤 형식적인 국가의 폐기도 사회의 붕괴를 뜻한다는 주장은 지금까지 그럴듯하게 여겨졌으나 사실과는 거리가 멀다. 도리어 그것은 반대되는 충동에 의해 작동해서 사회를 더욱 긴밀하게 결속시킨다. 사회가 국가에 맡긴 조직의 모든 부분은 다시 사회에 되돌아와 사회의 매개를 통해 활동한다. 사람들이 서로의 이익을 위해, 또 자연적인 본능에서 사회생활과 문명생활에 익숙하게 되면 그들이 국가에 있어 만들 필요가 있다거나 편리하다고 생각하는 어떤 변화를 통해 그것들을 실제로 수행하는 원리는 언제나 충분히 있다. 요컨대 인간은 본래 사회적인 동물이므로 그를 사회 밖에 두는 것은 거의 불가능하다.

형식적인 국가는 문명생활 중에서 작은 한 부분을 구성하는 것에 불과하다. 그리고 인간의 지혜로 고안할 수 있는 최선의 국가가 수립된다고 해도 그것은 실제적인 것이라고 하기보다도 도리어 명목과 개념에 치우치는 것이다. 개인과 전체의 안전과 번영은 사회와 문명의 위대하고도 근본적인 원리, 전반적인 동의를 얻고 서로 지지되는 공동의 관습, 수많은 통로를 통해 문명인의 전체 집단에 힘을 부여하는 이해관계의 끝없는 교류 등에 달려있다. 그러한 원리, 관습, 교류 등이야말로 잘 조직된 국가가 수행할 수 있는 그 어떤 것보다도 훨씬 더 큰 영향을 안전과 번영에 미치는 것들이다.

문명이 완전하면 완전할수록 국가의 필요성은 더욱 줄어든다. 사람들이 자신의 일을 자율적으로 처리하게 되고, 자치하게 되기 때문이다. 그러나 낡은 국가의 현실은 이런 이치와는 전혀 반대되는 것이어서, 국가의 비용이 축소돼야 함에도 불구하고 도리어 늘어나고 있다. 문명생활에 필요한 법률은 아주 일반적인 것 몇 가지, 그것도 굉장히 보편적으로 쓸모가 있어서 국가라는 형태에 의해 시행되든 안 되든 똑같은 효력을 발휘하는 법률 정도면 충분하다. 만일 우리가 사람들을 최초로 사회 속에 집약시킨 여러 원리가 무엇이고, 그 뒤에 그들 서로의 관계를 규제하는 동기가 된 것이 무엇인지를 생각해보면, 소위 국가라고 하는 것이 만들어지기까지는 거의 모든 일이 각 부분 상호간의 자연적인 기능에 의해 수행됐다는 사실을 발견하게 되리라.

이 모든 점에서 인간은 그 자신이 알고 있는 것보다, 또는 국가가 그에게 믿게 하고자 하는 것보다 더욱 합리적인 피조물이다. 사회의 모든 위대한 법칙은 자연의 법칙이다. 상업과 무역에 관한 법칙은, 그것이 개인 간의 접촉에 관한 것이든 국민 간의 접촉에 관한 것이든 간에 상호의 호혜적인 이해관계에 관한 법칙이다. 사람들이 그것에 따르고 복종하는 것은 그렇게 하는 것이 자신에게 이익이 되기 때문이지, 그들의 국가가 부과하거나 삽입하는 어떤 형식적인 법률 때문이 아니다.

그러나 국가가 사회에 대한 자연스런 애정을 방해하거나 파괴하는 경우가 얼마나 많은가! 국가가 사회의 법칙과 자연스럽게 접목된 상태에 머무르지 않고 독립한 존재로 나서려고 하고 편애와 억압의 편파적인 행동을 취할 때는 그것이 외려 자신이 방지해야 할 재앙의 원인이 된다.

여러 시기에 영국에서 발생한 폭동과 소요를 되돌아보면, 우리는 국가가 없었기 때문에 그런 일이 발생한 것이 아니라 오히려 국가 자체가 그 발생 원인이었음을 알게 된다. 국가는 사회를 통합시키기는커녕 분열시켰다. 국가는 사회로부터 그 본연의 단결력을 빼앗고, 그렇지 않다면 존재하지도 않았을 불만과 무질서를 만들어냈다. 상업의 목적으로, 또는 국가란 것이 전혀 문제되지 않고 오로지 사회의 원칙에 의해서만 행동하는, 어떤 사업을 목적으로 사람들이 아무렇게나 만든 단체들을 보면, 그 다양한 당사자들이 얼마나 자연스럽게 결합되는지를 알 수 있다. 그리고 이와 비교해보면 국가는 언제나 질서의 원인이거나 수단이기는커녕 흔히 그 파괴자가 된다는 것을 알 수 있다. 1780년의 폭동[144]은 국가 자체가 조장한 편견의 잔재 외의 다른 원인에 의한 것이 아니었다. 그러나 영국의 경우에는 그 밖의 다른 원인도 있었다.

과세의 과중과 불평등은 그 수단을 아무리 위장한다 해도 결과를 통해 반드시 드러나기 마련이다. 그것은 사회의 대집단을 빈곤과 불만 속에 빠뜨림으로써 언제라도 폭동이 일어날 수 있는 상태를 유발한다. 그리고 불행하게도 호소할 수단마저 박탈당한 대중은 쉽게 분노하게 된다. 어떤 폭동의 표면상 원인이 무엇이든 간에 참된 원인은 언제나 행복의 결핍에 있다. 그것은 사회를 유지하는 요소인 공공복지를 해치는 그 어떤 잘못이 국가체제 안에 있다는 것을 보여준다.

그러나 사실이 이론보다 우월하듯이 미국의 사례는 이러한 관찰을 확증해 준다. 일반적인 추정에 따르면 이 세상에서 일치단결을 기대하기 가장 어려운 나라가 미국이다. 서로 다른 국가의 형태와 관습에 젖어 서로 다른 언어를 말하고, 신앙의 양식에서는 더욱더 다른, 서로 다른 국가에서 온 인민들로 미국이 구성됐으니[145], 그런 인민들의 통합이란 불가능한 것처럼 보였다. 그러나 단순히 사회와 인권의 원리에 입각하여 국가를 세우는 것만으로 모든 어려움은 극복되고, 모든 부분은 긴밀한 통일 속에 융합됐다. 그곳에서는 가난한 자들도 압제를 당하지 않고, 부유한 자라고 해서 특권을 누리지 않는다. 국민의 부담을 탕진하는 궁정의 호사스러운 낭비 때문에 산업이 억눌리지도 않는다. 국가가 공정하기 때문에 세금부담이 적다. 또 그들을 불행하게 하는 것이 없기 때문에 폭동과 소요를 일으킬 이유도 없다.

버크 씨와 같은 관념적인 사람도 그런 인민을 어떻게 통치할 수 있었는지, 그 방법을 알아내려고 고심했으리라. 어떤 이들은 기만으로, 어떤 이들은 힘으로, 또 어떤 이들은 계략으로 다루고, 무지한 사람들에게 강요하기 위해서는 천재를 고용해야 하며, 구경거리와 행렬로 속인들을 매혹해야 한다고 상상했을지도 모른다. 그는 너무나 많은 연구 속에서 길을 잃고 이런 답 저런 답을 찾아 헤매다가, 결국은 바로 자기 앞에 놓인 분명하고도 알기 쉬운 길을 간과했다.

미국혁명이 가져온 가장 큰 성과 중 하나는 원리를 발견하고 국가의 기만성을 폭로한 점에 있다. 그때까지의 모든 혁명은 궁정이라고 하는 좁은 영역 속에서만 이루어졌고, 국민이라고 하는 거대한 무대 위에서 일어난 것이 아니었다. 당파들은 언제나 궁정에 속한 계층이었고, 개혁에 대한 열정을 가졌다고 해도 조심스럽게 직업적인 기만성을 유지했다.

그 어떤 상황에서도 그들은 국가를 자기들만이 이해하는 신비로운 것으로 구성된 무엇이라고 표현하려 유의했고, 알아서 유익한 유일한 것, 즉 '국가란 사회의 원리에 입각하여 행동하는 인민의 결합에 불과하다'는 사실을 국민이 알아채지 못하도록 은폐했다.

지금까지 나는 인간이 사회적이고 문명화된 상태에 이르게 되면 그것을 보호하고 통치하는 데 필요한 거의 모든 일을 스스로 수행할 수 있다는 점을 보여주고자 노력했다. 지금부터는 이와 다른 각도에서 현존하는 낡은 국가를 관찰하고, 그 원리와 현실이 그런 점과 합치하는지를 검토해 보자.

2
현존하는 낡은 국가의 기원에 대해

지금까지 이 세상에 존재해온 것과 같은 국가들이 신성하고 도덕적인 모든 원칙을 완전히 침해하는 방법이 아닌 다른 방법으로 출발하는 것은 불가능한 일이었다. 현존하는 모든 낡은 국가의 기원이 모호하다는 것은 그 시작이 불공정하고 불명예스러웠다는 것을 암시한다. 미국과 프랑스의 현 국가의 기원은 그것을 기록해둘 만큼 명예로우니 영원히 기억되리라. 그러나 나머지 국가들은 제아무리 칭송한다 해도 결국은 아무런 비명도 없이 시간의 무덤 속에 묻히게 될 것이다.

인적이 드물었던 초기의 세계, 즉 가축을 몰고 다니는 것이 인간의 주요 생업이던 때에는 한 무리의 악당이 어느 한 나라를 유린하고 공물을 바치게 하는 일이 조금도 어려운 일이 아니었다. 그렇게 권력을 잡은 도당의 우두머리는 군주라는 이름으로 도적이라는 제 이름을 없애려고 했다. 이것이 바로 군주국과 왕의 기원이다.

영국이라는 국가의 기원은 이른바 군주제의 계보 중 가장 최근의 것이기 때문에 아마도 가장 잘 기록됐을 것이다. 노르만 족의 침입과 폭정에 대한 영국민들의 뿌리 깊은 증오심은, 그 침입의 역사를 희미하게 가리려는 계략보다 더 오래 살아남았던 게 분명하다. 저녁에 불을 끄라는 종소리에 대해 다른 말을 한 궁신이 한 사람도 없었다고 해도 그것을 잊은 마을은 하나도 없다.

　그러한 도둑의 무리는 세계를 분할하여 영토로 구분하고, 그런 상황에서 으레 그러하듯 서로 싸우기 시작했다. 애초에 폭력으로 얻은 영토이니만큼 다시 다른 사람이 그 땅을 빼앗는 것도 합법적이라고 간주됐고, 그리하여 두 번째 약탈자가 첫 번째 약탈자를 이었다. 그들은 서로 자기 것이라고 주장한 영토에 번갈아가며 침입했으며, 그들이 상대를 다룬 잔인성은 군주제의 기원적 성격을 말해 준다. 그것은 악당이 악당을 괴롭히는 것이었다. 정복자는 피정복자를 포로가 아닌 재산으로 간주했다. 정복자는 피정복자를 쇠사슬로 묶어서 끌고 다녔으며, 마음대로 노예로 삼거나 죽였다. 시간이 흘러 기원의 역사가 희미해지자 그 후계자들은 불명예의 흔적을 없애기 위해 새로운 외피를 뒤집어썼다. 그러나 그들의 원리와 목적은 그대로 남아 있다. 처음에는 약탈이었던 것이 세금이라는 보다 부드러운 이름으로 바뀌었고, 원래는 강탈한 권력이 이제는 세습된 것인 양 꾸며졌다.

　그러한 기원을 가진 국가에게 끝없는 전쟁과 강탈의 체제 외에 달리 무엇을 기대할 수 있겠는가? 그것은 하나의 사업으로 자리 잡았다. 악덕은 그중 어느 하나에 특히 더 많았던 것이 아니라, 그 모두에 적용되는 공통 원리였다. 그러한 국가에는 개혁을 접목할 만한 활력이 없기 때문에 가장 신속하고 효과 있는 구제수단이 새로 마련돼야 한다.

그러한 국가의 성격을 숙고하고 그 역사를 살펴보면, 얼마나 무시무시한 광경, 얼마나 철저한 불공정이 나타나는지! 만일 우리가 생각만 해도 몸서리쳐지고 비열한 심성과 위선적인 용모를 지닌 인간을 묘사하고자 한다면 왕들, 대신들, 내각들이야말로 그런 초상의 모델이 될 것이 틀림없다. 인간이라면 당연히 가질 수 있는 모든 결점을 가진 자도 그런 자들과는 비교가 되지 않는다.

만일 국가가 올바른 원리에서 비롯되고 옳지 못한 원리를 추구하는 데 관심이 없었다면, 세계가 지금까지 우리가 봐온 것처럼 비참하고 투쟁적인 상태에 빠질 수 있으리라고 조금이라도 상상할 수 있겠는가? 농업에 종사하는 농부가 그런 평화스러운 일을 저버리고 다른 나라의 농부와 싸우러 나가게 할 만한 어떤 유혹이 있겠는가? 또는 제조업자에게 그렇게 하도록 할 어떤 유혹이 있겠는가? 그들이나 나라의 다른 계층 사람들에게 영토란 도대체 무엇인가? 그것이 사람들의 토지를 일 에이커라도 늘려주거나 그 값을 올려주는 것인가? 정복을 하건 패배를 하건 그들의 재산에는 변함이 없고, 그 결과는 오직 세금 증가뿐 아닌가? 그러나 이런 추론은 국민의 입장에서만 합당한 것일 뿐 국가의 입장에서는 전혀 합당한 것이 아니다. 전쟁은 국가의 노름판이고, 국민은 그 노름에서 속임을 당하는 자다.

이런 비참한 국가의 광경에서 기대 이상으로 놀라운 것을 하나 들자면, 그것은 그토록 오랜 기간 누적된 장애와 억압 아래서도 농업, 공업, 상업과 같은 평화적 기술이 이루어낸 진보일 것이다. 이런 진보는, 동물의 본능은 인간에게 작용하는 사회와 문명의 원리만큼 강력한 충동으로 작용할 수 없다는 점을 보여준다. 모든 장애에도 불구하고 인간은 자신의 목적을 추구하며, 불가능 이외의 그 어떤 것에도 굴복하지 않는다.

3
낡은 국가체제와 새로운 국가체제에 대해

낡은 국가를 세운 여러 원리와 사회, 문명, 상업 등이 인류에게 가져다줄 수 있는 환경만큼 현격히 대조돼 보이는 것도 없다. 낡은 체제의 국가란 세력 확장을 위해 권력을 찬탈한 것이다. 반면 새로운 체제의 국가란 사회의 공동이익을 위해 권력을 위임한 것이다. 낡은 체제의 국가는 전쟁체제를 유지함으로써 지탱되지만, 새로운 체제의 국가는 국민을 부유하게 하는 참된 수단으로 평화체제를 증진시킨다. 전자는 국민적 편견을 조장하지만, 후자는 세계적인 교역의 수단으로 세계적인 사회를 촉진한다. 전자는 착취한 수입의 양에 의해 그 번영이 측정되나, 후자는 그것이 요구하는 세금의 양이 얼마나 적은가에 의해 그 우월성이 증명된다.

버크 씨는 신구 휘그당원에 대해 말한 적이 있다. 만약 그가 어린아이처럼 명칭과 구분을 갖고 혼자 즐기는 것이라면, 내가 그의 그런 흥을 깨뜨려서는 안 될 것이다. 나는 이 장을 그에게 쓰는 것이 아니라 아베 시에예스[146]에게 쏟다. 나는 군주국가라는 주제에 대해 토론하기로 시에예스와 약속했다. 군주국가에 대한 나의 견해는 신구 체제를 비교하는 가운데 자연스럽게 나타날 것이므로, 이 기회에 나는 그런 방식으로 나의 견해를 그에게 피력하고자 한다. 그리고 이야기 도중에 가끔 버크 씨에 대해서도 언급할 것이다.

지금 새로운 체제라고 부르는 국가체제는 근원적인 생득적 인권에 근거하기 때문에 원칙적으로 지금까지의 어떤 국가체제보다 오래된 것임을 증명할 수 있다. 하지만 폭정과 무력으로 인해 생득적 권리의 행사가 과거 여러 세기에 걸쳐 저지당했다. 따라서 구별을 분명하게 하기 위해서는, 낡은 것을 낡았다고 말하기보다는 차라리 새로운 것을 새롭다고 말하는 것이 더 나을 것이다.

두 체제 사이의 최초의 일반적 구별은, 지금 낡은 것이라고 하는 것이 전체적 또는 부분적으로 세습적인 것인 반면, 새로운 것은 완전히 대의제의 형태라는 점이다. 새로운 국가체제는 다음과 같은 이유로 모든 세습적 국가에 반대한다.

첫째, 그것은 인류에 대한 기만이다.

둘째, 그것은 국가를 필요로 하는 목적에 부합되지 않는다.

두 가지 이유 가운데 첫째 이유는, 세습적 국가란 어떤 권리에서 시작될 수 있는지가 증명될 수 없기 때문이며, 이는 곧 그런 국가를 수립할 권리는 인간이 지닌 힘의 범위 안에 존재하지 않는다는 뜻이다. 개인적 권리와 관련해 후손을 지배할 권한은 누구에게도 없다. 따라서 세습적 국가를 수립할 권리는 누구에게도, 어떤 집단에게도 없으며, 있을 수도 없다. 심지어 후손이 뒤를 잇지 않고 우리가 다시 환생한다 해도, 그럴 경우 우리 것이 될 권리를 빼앗을 권리를 지금의 우리는 갖고 있지 않다. 그럴진대 어떤 근거에서 우리가 타인의 권리를 빼앗을 수 있다고 말할 수 있겠는가?

모든 세습적 국가는 그 본질이 전제에 있다. 세습 왕관, 세습 왕위, 또는 그 밖의 어떤 허황된 이름으로 불려지든, 그런 것이 존재한다는 것은 인류를 세습할 수 있는 재산으로 간주한다는 것 외의 다른 중요한 의미를 내포하지 않는다. 국가를 세습한다는 것은 마치 가축을 세습하는 것처럼 인민을 세습한다는 것이다.

둘째 이유, 즉 세습적 국가는 국가를 필요로 하는 목적에 부합되지 않는다는 점에 대해서는, 국가라는 것이 본질적으로 무엇인지를 고찰하고 그것을 세습적 왕위 계승을 지배하는 상황과 비교하는 것만으로 충분히 설명이 된다.

국가는 언제나 완전히 성숙된 상태에 있어야 한다. 그것은 개인을 지배하는 모든 우연적인 사건보다 우월하도록 구성돼야 한다. 세습적 왕위 계승이란 모두 우연적인 사건에 뒤따르는 것이므로, 모든 국가체제 가운데 가장 불규칙하고 불완전한 것이다.

우리는 인권을 가리켜 수평화[147] 체제라고 부르는 것을 듣는다. 그러나 수평화라는 말이 참으로 적용될 수 있는 유일한 제도는 바로 세습적 군주제 체제다. 그것은 정신적 수평화 체제다. 그것은 모든 종류의 사람들에게 무차별적으로 하나의 권위만을 받아들이

게 한다. 악덕과 미덕, 무지와 지혜, 요컨대 좋든 나쁘든 모든 자질을 같은 수준에 놓는 것이다. 왕들은 이성적인 존재로서가 아니라 동물로서 서로 계승하고 있다. 그들의 정신적 또는 도덕적 성격이 어떤지는 중요하지 않다. 국가 자체가 이러한 저열한 수평화 체제 위에 형성되는 군주국에서 인간의 정신이 저열한 상태에 있는 것을 보고 놀랄 일이 있겠는가? 그것은 일정한 특성을 전혀 가지고 있지 않다. 오늘 이것이었는가 하면, 내일은 저것이 된다. 그것은 후계자 개개인의 성격에 따라 변하고, 각자의 모든 다양성에 좌우된다. 그것은 격정과 우연이라는 매개를 통한 국가다. 그것은 어린이, 늙은이, 노망든 자, 유모에게 맡겨진 젖먹이, 장님, 절름발이라는 다양한 종류의 인물로 등장한다. 그것은 건전한 자연의 질서를 뒤집는다. 그것은 아이를 어른 위에 앉히는가 하면, 미성년자의 환상을 지혜와 경험 위에 올려놓기도 한다. 요컨대 우리는 세습적 계승이 그 모든 경우에 제시해 보이는 것 이상으로 어처구니없는 국가형태를 생각할 수 없다.

만일 미덕과 지혜가 변함없이 세습적 계승의 특성이 되는 것이 자연법칙이 되고 하늘의 명령으로 등록되어 사람들이 그것을 알 수만 있다면 세습제에 대한 반대도 없어지리라. 그러나 자연은 세습제를 용납하지 않고 오히려 그것을 우롱하는 듯 작용한다. 모든 나라에서 후계자의 지적 특성이 인간의 평균지력 이하이고, 누구는 폭군인가 하면 어떤 자는 백치이고, 또 다른 어떤 자는 정신병자이고, 그 셋을 모두 합친 자가 나타나기도 하는 것은 바로 그 때문이다. 이 지경이니, 인간이 이성의 힘을 발휘하는 한 도저히 그것을 신뢰할 수가 없다.

아베 시에예스에 대해서는 내가 이러한 이론을 적용할 필요가 없다. 그는 이 문제에 대한 그의 의견을 이미 피력해서, 그런 일을 해야 하는 나의 수고를 덜어주었다. 그는 이렇게 말했다. "세습권에 대한 나의 의견을 묻는다면, 나는 주저 없이, 참된 이론에서는 어떤 권력이나 지위의 세습적 이양도 참된 대의의 법칙과 합치될 수 없다고 말하겠다. 이런 의미에서 세습제는 사회에 대한 모욕이자 원칙에 대한 오점이다. 그러나 …" 하고 그는 말을 이었다. "모든 선거제 군주국과 공국의 역사를 살펴보면, 선거제가 세습적 계승보다 더 나쁘지 않은 나라가 하나라도 있는가?"

두 가지 중 어느 것이 더 나쁜지를 논의하는 경우 둘 다 나쁠 수 있다고 보는 점에서 우리는 의견이 일치한다. 그러나 한쪽을 두둔한 시에예스의 편애는 결국 그가 두둔한 것에 대한 비난이 된다. 그런 주제에 대한 그런 추론은 용납될 수 없다. 왜냐하면 그것은 결국 신의 섭리에 대한 비난, 즉 마치 신이 국가에 대해 두 가지 악 중에서 하나를 고르는 것 외에는 어떤 선택권도 인간에게 주지 않았고, 그중에서 좋다고 하는 것도 기껏해야 "사회에 대한 모욕이자 원칙에 대한 오점"에 불과하다고 그는 말하기 때문이다.

군주제가 세계에 초래한 모든 악과 재난을 잠깐 무시한다고 해도, 세습 이상으로 시민국가에서 군주제의 무용성을 훌륭하게 증명해주는 것은 다시없다. 직책을 완수하려면 지혜와 능력이 필요한 직위를 우리는 세습제로 만들고자 희망하는가? 지혜와 능력이 필요 없는 직책이라면 그게 무엇이든 간에 피상적인 것이고, 중요하지 않은 것이리라.

세습적 계승은 군주제에서 볼 수 있는 하나의 웃음거리다. 어떤 어린이나 바보라도 차지할 수 있는 직책으로 나타나는, 이런 웃음거리는 가장 해괴한 조명을 받는다. 평범한 직공이 되는 데도 일정한 재능이 필요하다. 그러나 왕이 되기 위해서는 사람이라는 동물의 모습만 갖추면 된다. 그것은 일종의 숨쉬는 자동인형이다. 이런 종류의 미신은 몇 년은 더 갈지 모르지만, 인간의 계몽된 이성과 관심에 오래 저항할 수는 없다.

버크 씨는 군주제를 고집한다. 나는 그가 왕으로부터 돈을 받는 입장이라고 믿지만, 그는 완전히 그런 입장에서만이 아니라 하나의 정치인으로서도 그것을 고집한다. 그는 인류에 대해 모욕적인 의견을 피력했고, 인류는 인류대로 그에 대해 똑같은 모욕적인 의견을 피력한다. 그는 인류를 거짓, 허수아비, 연극으로 다스려야 하는 무리로 본다. 그리고 하나의 허수아비도 마치 사람처럼 군주국의 상징 역할을 충분히 해낼 수 있다고 생각한다. 그러나 그에 대해 공정하게 말하자면, 미국에 관한 한 그는 열렬한 찬양자다. 내가 들은 바에 따르면 그는 미국 인민은 영국이나 유럽의 어느 나라 인민보다 더 계몽됐으며, 따라서 미국에서는 연극을 적용할 필요가 없다고 본다.

대의제는 세습적 군주제와 선거제 군주제를 모두 부인하기 때문에 시에예스가 한 양자간 비교가 여기서는 불필요하지만, 굳이 그 둘을 비교한다면 나는 그와 정반대되는 결론을 내리겠다.

대립된 세습권 주장에서 비롯된 내란은 선거로 인해 발생한 내란보다 더 많았고 더 무시무시하며 더 오래 끌었다. 프랑스의 내란은 모두 세습제 때문에 생겼다. 즉 세습권을 주장했기 때문에 생겼거나, 섭정이나 유아 군주를 용인하는 세습 형식의 불완전성 때문에 생겼다. 영국의 역사 역시 같은 불행으로 가득하다. 요크가와 랭카스터가 사이의 왕위 계승 다툼은 1세기 동안 계속됐고, 그 뒤에도 같은 성격의 다른 내란이 되풀이됐다.[148] 1715년과 1745년의 내란도 같은 종류의 것이었다.[149] 스페인 왕위를 둘러싼 계승전쟁[150]은 유럽의 거의 절반을 들끓게 했다. 네덜란드의 분쟁은 총독 세습제에서 비롯됐다.[151] 세습적 관직을 두면서도 자유롭다고 자처하는 국가는, 살 속에 박힌 가시와 같은 그것을 뽑아내려 애쓰는 소동을 낳기 마련이다.

나아가 대외전쟁 역시 종류를 불문하고 같은 원인에서 생긴다고 할 수 있다. 영토와 수입을 불변의 목적으로 삼는 영구적인 가문의 이해관계는 군주제라는 악폐에다가 세습적 계승이라는 악폐가 겹치게 됨으로써 성립된다. 폴란드는 선거제 군주국이지만 세습적인 군주국보다 전쟁이 적었다. 또한 비록 작은 것이라고 해도 그 나라의 상태를 개혁하기 위한 자발적 시안이라도 만들어낸 것은 오직 그 국가뿐이다.

지금까지 낡은 국가, 즉 세습적 국가체제의 몇 가지 결점을 보았다. 이제 그것을 새로운 국가, 즉 대의제 국가와 비교해보자.

대의제는 사회와 문명을 그 기반으로 하고 자연, 이성, 경험을 그 지침으로 삼는다.

모든 시대, 모든 나라의 경험은 자연에 의한 지력의 분배를 우리가 좌우할 수 없음을 분명히 보여준다. 자연은 지력을 자기 마음대로 부여한다. 자연이 어떤 법칙에 따라 인류에게 지력을 분배하는지는 외견상으로는 어떻게 나타나든 간에 우리에게는 언제나 신비스럽다. 지혜의 세습화를 고정시키는 것은 미의 세습화를 고정시키는 것만큼 어리석다. 지혜는 어떤 성분으로 된 것이건 간에 종자 없는 식물과 같다. 그것이 나타났을 때 기를 수는 있지만 마음대로 만들어낼 수는 없다. 사회의 일반 대중 속에는 모든 목적을 이루는 데 필요한 충분한 지혜가 항상 어딘가에 있지만, 그것이 사회의 어느 부분인가를 보면 그 장소는 끝없이 바뀐다. 오늘은 여기에서 나타나는가 하면, 내일은 다른 곳에서 나타난다. 따라서 지구의 모든 가족을 돌아가면서 찾아가기도 하고 사라지기도 하면서 순환됨에 틀림없다.

이러한 것이 자연의 질서에 따른 것이라면, 국가의 질서 역시 이에 따를 수밖에 없다. 만일 그렇지 않다면 우리가 보듯 국가는 무식한 것이 돼버린다. 따라서 세습제란 인권에만 위배되는 것이 아니라 인간의 지혜에도 위배되고, 불공정함과 동시에 불합리한 것이 된다.

문인들의 공화국이어야 천재에게 모든 기회가 공평하게 부여되어 최고의 문학작품이 나올 수 있듯이, 대의제 국가여야 지혜를 그것이 발견되는 곳으로부터 모아서 가장 현명한 법률을 만들 수 있다고 생각된다. 문학과 모든 학문을 세습적으로 만든다면 그것들이 얼마나 형편없는 웃음거리의 수준으로 떨어질까를 생각하면 나는 저절로 웃게 되는데, 같은 생각이 국가에도 적용된다. 세습적 통치자는 세습적 작가와 마찬가지로 불합리하다. 호머[152]나 유클리드[153]에게 아들이 있었는지 나는 모른다. 그러나 설령 그들에게 아들이 있었고 그들이 작품을 미완성으로 남겼다고 해도, 그들의 아들이 그것을 완성할 수 있었으리라고는 생각되지 않는다.

세습적 국가의 불합리성을 보여주는 것으로서 어떤 분야의 생활에서건 한때 유명했던 사람들의 후손들에게서 볼 수 있는 것 이상으로 강력한 증거를 들 필요가 있을까? 완전히 정반대되는 자질이 나타나는 예가 드물지 않다. 지능의 물결은 마치 어떤 통로로 끝까지 흐르면 그 다음에는 그 통로를 벗어나 다른 통로로 흐르는 것처럼 보인다. 그렇다면 지혜가 함께 흐르기를 거부하는 권력의 통로를 수립하는 세습제란 얼마나 불합리한 것인가! 이러한 불합리를 계속한다면 사람은 영원히 자기모순에 빠지고 말 것이다. 그렇게 되면 일개 순경으로도 뽑으려 하지 않을 사람을 왕이나 장관이나 입법자로 받아들인다.

일반인에게는 혁명이 천재와 인재를 창조해내는 것처럼 보인다. 그러나 혁명은 그들을 전면에 끌어내는 것 이상의 역할은 하지 않는다. 인간은 다양한 잠재능력을 가지고 있다. 그 잠재능력은 무엇인가가 그것을 움직이도록 자극하지 않는 한 잠재된 상태로 무덤까지 인간을 따라간다. 사회의 모든 자질을 활용하는 것이 사회에 유익하기 때문에 국가는 혁명 시에 반드시 나타나는 모든 능력을 온건하고 통상적인 기능에 의해서도 충분히 발휘시킬 수 있도록 구성돼야 한다.

이는 무기력한 세습국가에서는 불가능하다. 세습국가는 그렇게 되는 것을 방해할 뿐만 아니라 그런 과정 자체를 마비시키기 때문이다. 세습적 계승과 같은 국가 내의 어떤 정치적 미신에 의해 국민의 정신이 왜곡되면, 여타의 문제와 목적에서도 그 힘의 상당 부분을 잃게 된다. 세습적 계승은 지혜에 대해서나 무식에 대해서나 똑같이 복종할 것을 요구한다. 그리고 일단 지혜와 무식을 가리지 않고 충성하기로 마음을 먹는 순간 그 정신은 어른의 지적 수준 이하로 떨어진다. 그것은 사소한 일에서만 위대하기 알맞다. 그것은 자신을 배반하고 탐구하려는 열정을 질식시킨다.

고대의 여러 국가는 비참한 처지에 놓인 인간의 모습을 우리에게 보여준다. 그러나 오직 하나, 일반적인 서술에서 제외되는 것이 있다. 아테네 민주주의[154]가 그것이다. 우리는 그 위대하고도 탁월한 인민에게는 역사가 제시하는 그 어떤 것보다 더 찬양할 것이 많고 비난할 것이 적음을 볼 수 있다.

버크 씨는 국가의 구성원리에 대해 아는 것이 거의 없기 때문에, 민주주의와 대의제를 혼동하고 있다. 대의제란 고대 민주주의에는 알려지지 않은 것이었다. 그곳에서는 인민이 (문법적으로 말하자면) 제1인칭으로 만나 법률을 제정했다. 단순한 민주주의는 고대인들의 집회장과 다름이 없다. 그것은 국가의 공적 원리와 함께 그 형태를 뜻한다. 그러한 민주주의에서 인구가 늘고 지역이 확대됨에 따라 단순한 민주주의 형태는 불편하고 실용성이 떨어지는 것이 됐다. 그러나 당시는 대의제에 대해 알려지지 않았던 때였으므로, 결국 군주국으로 퇴화하거나 당시 존재한 군주제 나라에 흡수되게 됐다. 당시 사람들이 지금과 같은 대의제를 이해했더라면 오늘날 군주국이나 귀족국이라고 부르는 국가형태가 나타나지 않았을지도 모른다. 그런 자연스럽지 못한 국가양식이 시작될 기회를 부여한 것은, 인구가 너무 많아지고 지역이 너무 넓어져서 단순한 민주주의 형태로서는 감당할 수 없게 된 뒤에 사회 각 부분을 묶는 방법이 없었다는 점과, 세계의 다른 지역에서는 양치기와 목동들처럼 격리되고 느슨한 상태가 빚어졌다는 점이다.

국가 문제를 다루면서 저질러진 오류를 일소할 필요가 있기 때문에 나는 다른 문제들도 언급하겠다.

궁신들과 궁정국가는 그들이 공화주의라고 부르는 것을 비난하는 것을 자신들의 정치적 계략으로 삼아 왔다. 그러나 공화주의가 무엇이었고 지금 무엇인가에 대해 그들은 설명하려고 시도하지 않는다. 따라서 이 문제를 조금 검토해보자.

국가형태는 민주국, 귀족국, 군주국, 그리고 지금 대의제라고 불리는 것뿐이다.

소위 공화국이란 국가의 특수한 형태가 아니다. 그것은 오로지 국가가 그것을 위해 구성돼야 하고, 국가가 해야 할 목표, 사항, 대상을 나타내는 것이다. 공화국의 어원인 'Res-publica'는 공적 사업이나 공적 재화를 뜻하고, 문자 그대로 옮긴다면 공적인 것이다. 그것은 국가의 성격과 사업이 무엇이어야 하는지를 말해주는 멋진 어원이고, 이러한 의미에서 비열한 근본적 의미를 갖는 군주국이란 말에 당연히 반대된다. 군주국이란 개인적 인격의 자의적 권력을 뜻하고, 그 행사에서 공적 사항이 아니라 그 자신이 바로 목적이다.

공화국의 원리에 의해 행동하지 않는 국가, 달리 말해 공적 사항을 그 전체이자 유일한 목적으로 삼지 않는 모든 국가는 좋은 국가가 아니다. 공화국이란 개인적으로나 집단적으로나 공공의 이익을 위하여 수립되고 운영되는 국가, 바로 그것을 말한다. 그것은 반드시 어떤 특수형태와 관련되지는 않지만, 가장 자연스럽게 대의제 형태와 관련된다. 왜냐하면 대의제는 그것을 뒷받침하는 데 드는 비용에도 불구하고 국가를 유지해 가는 그 목적을 가장 훌륭하게 보장해 주는 것으로 생각되기 때문이다.

여러 형태의 국가가 공화국이라는 모습을 갖는 체했다. 공화국을 자처하는 폴란드는 소위 선거제 군주국의 외양을 갖기도 하는 세습적 귀족국이다. 공화국을 자처하는 네덜란드도 세습적 총독제의 귀족국이 대세다. 그러나 완전히 대의제에 입각한 미국이란 국가는 그 성격과 실제에서 현존하는 유일한 참된 공화국이다. 그 국가는 국민의 공적 사업 이외의 다른 목적을 가지고 있지 않다.

따라서 미국이야말로 진정한 공화국이다. 그리고 미국인들은 모든 세습적인 것을 거부하고 오직 대의제에만 입각한 국가를 수립하여 다른 어떤 것도 아닌 이것만이 그들 국가의 목적이 되도록 유의해 왔다.

공화국은 넓은 영토를 갖는 나라에 알맞은 국가형태가 아니라고 주장해온 사람들은 첫째, 국가의 사업을 국가의 형태로 착각했다. 왜냐하면 공적 사항이란 모든 크기의 영토와 인구에 똑같이 있기 때문이다. 둘째, 그들이 말한 국가형태란 것은 대의제를 갖지 못한 고대 민주주의 국가양식과 같은 단순한 민주주의 형태다. 따라서 이 경우에는 공화국이 넓은 지역에 적용될 수 없다고 할 것이 아니라, 순수한 민주주의에 적용될 수 없다고 해야 한다. 따라서 문제는 '당연히 인구가 너무 많아지고 지역이 너무 넓어져서 단순한 민주주의 형태로서는 감당할 수 없게 된 뒤에는 무엇이 국민의 공적 사항, 즉 공적 사업을 수행하기에 가장 훌륭한 정부의 형태인가' 하는 것이 된다.

그것은 군주국일 수 없다. 왜냐하면 군주국은 순수 민주국이 직면하는 것과 동일한 반대에 직면해야 하기 때문이다.

한 개인이 어떤 넓이의 영토에 대해서도 제도적으로 수립해야 할 국가의 원리체계를 세울 수 있다. 그러나 이는 자신의 권한으로 활동할 수 있는 정신의 작용 이상의 것은 아니다. 그러나 그러한 원리에 입각한 실행, 즉 국민의 다양한 상황인 농업, 공업, 무역, 상업 등에 적용하고자 하면 다른 종류의 지식이 필요하게 되고, 이러한 지식은 사회의 다양한 부문에서만 얻어질 수 있다. 그것은 실천적 지식의 집합이고, 어떤 개인도 그것을 다 소유할 수 없다. 따라서 군주국 형태는 유용한 실행이라는 측면에서 지식의 빈곤으로 인해 엄청난 제약을 받는다. 이는 민주국 형태가 인구의 증대로 인해 제약을 받는 것과 같다. 민주국은 팽창으로 인해 혼란에 빠져들고, 모든 군주국은 거대한 군주국들이 보여주듯 무지와 무능에 빠져든다. 따라서 군주국 형태는 민주국 형태를 대신할 수 없다. 왜냐하면 마찬가지로 불편하기 때문이다.

세습제로 된 군주국은 더더욱 민주국을 대신할 수 없다. 이는 지식을 배격하기 위한 모든 형태 중에서 가장 효과적으로 지식을 배격하는 형태다. 고도의 민주적 정신을 가진 사람이라면 누구나 이성과 인간에 대한 모욕이고 치욕인 단순히 동물적 체계에 불과한 제도를 따르는 어린아이와 바보, 또는 모든 형편없는 인간에게 지배당하려고 스스로 복종할 수 없다.

귀족국 형태도 군주국 형태와 같은 악폐와 결점을 갖지만, 수적인 비율에서 능력발휘의 기회가 좀더 많다는 장점이 있다. 그러나 그 능력의 정당한 사용과 적용에 대한 보장 역시 보잘것없다.[155]

이를 본래의 순수한 민주국과 관련하여 설명하면, 그것은 대규모의 국가가 시작될 수 있는 참된 자료를 부여한다. 민주국이 확장될 수 없는 것은 그 원리 때문이 아니라 그 불편한 형태 때문이다. 반면 군주국과 귀족국은 그 무능함 때문에 확장될 수 없다. 그래서 민주국을 기초로 하고 군주국과 귀족국의 부패체제를 배제하면 당연히 대의제가 나타나기 마련이다. 그것은 순수 민주국의 형태적 결점과 다른 두 제도의 지적 무능함을 한꺼번에 치유하는 것이다.

단순한 민주주의는 이차적 수단의 도움 없이 자치하는 사회였다. 민주주의에 대의제를 접목함으로써 우리는 여러 가지 이해관계와 모든 크기의 영토와 인구를 포용하고 연합할 수 있는 국가체제에 이르게 된다. 그리고 그러한 국가가 세습적 국가보다 더욱 뛰어난 장점을 갖는 것은 문인들의 공화국이 세습적 문학보다 더욱 뛰어난 장점을 갖는 것과 같다.

바로 이러한 체제 위에 미국이라는 국가가 세워졌다. 그것은 민주주의에 대의제를 접목한 것이다. 그것은 모든 경우에 원리를 충분히 실현할 수 있는 규모로 형태를 고정시켰다. 아테네가 축소된 것이라면, 미국은 확대된 것이다. 한쪽이 고대 세계의 경이였다면, 다른 쪽은 현대의 찬미 대상이자 모범이 된다. 그것은 모든 국가형태 중에서 가장 이해하기 쉽고, 실제로 운영하기에도 가장 적합하다. 또한 세습적 양식의 무지와 불안, 그리고 단순한 민주주의의 불편을 한꺼번에 제거한다.

대의제를 실시했을 때 당장 나타나게 된 것과 같은, 그런 넓은 영토와 이해관계의 범위에 대해서 통치권을 행사할 수 있는 국가제도를 생각하기란 불가능하다. 프랑스는 넓고 인구도 많지만, 그 제도의 포용범위 내의 한 점에 불과하다. 그것은 심지어 작은 영토에서도 단순한 민주주의보다 낫다. 만약 아테네가 대의제를 실시했더라면 민주주의의 한계를 극복해냈으리라.

소위 국가라는 것은, 아니 오히려 우리 국가란 이런 것이어야 한다고 생각하는 것은 사회의 모든 부분이 집중되는 어떤 중심점 이상이 아니다. 이는 대의제처럼 공동체의 다양한 이해관계에 부응할 수 있는 방법에 의하지 않고서는 성취될 수 없다. 그것은 부분과 전체의 이익에 필요한 지식을 집중시킨다. 그것은 국가를 항상 성숙한 상태로 유지한다. 지금까지 보아왔듯이 그것은 어리지도 않고 늙은 것도 아니다. 그것은 미성년자나 노망한 자에 의해 좌우되지도 않는다. 그것은 요람 속에 있거나 지팡이에 의지하지도 않는다. 그것은 지식과 권력 사이의 분리를 용납하지도 않고, 국가가 마땅히 그러해야 하듯이 개개인의 모든 우연사보다 우월하고, 따라서 소위 군주국보다 우월하다.

국민이란 그 모습이 인체로 표시될 수 있는 실체가 아니라 하나의 원에 포함된 실체로서, 거기에는 모든 반경이 만나는 하나의 중심이 있다. 그 중심이 바로 대의제에 의해 형성된다. 대의제를 소위 군주국과 연결시키면 중심이 맞지 않는 변칙적인 국가가 된다. 대의제는 그 자체가 국민이 위임한 군주제라고 볼 수도 있고, 그것을 타인과 나누어 가짐으로써 스스로를 타락시킬 수 없다.

버크 씨는 그의 의회 연설과 저술에서 아무런 뜻도 없는, 같은 말을 되풀이했다. 국가에 대해 그는 다음과 같이 말한다. "공화주의를 기반으로 하고 군주제를 그 교정수단으로 삼기보다는, 군주국을 기반으로 하고 공화주의를 그 교정수단으로 삼는 것이 더 낫다." 그가 말하는 의미가, 지혜로 어리석음을 교정하는 것이 어리석음으로 지혜를 교정하는 것보다 낫다는 것이라면, 나는 어리석음을 완전히 배격하는 것이 훨씬 나을 것이라고 지적할 뿐, 그 외에는 그와 다투지 않겠다.

그러나 버크 씨가 말하는 군주국이란 도대체 무엇인가? 그는 그것을 설명해줄 수 있는가? 대의제가 무엇인지는, 그리고 그것이 반드시 여러 가지 지식과 재능을 포함하는 것이어야 한다는 것은 누구나 이해할 수 있다. 그러나 군주국에 이와 동일한 자질이 들어있다는 보장이 있는가? 군주가 어린아이인 경우에는 어디에 지혜가 있을 수 있는가? 국가에 대해 어린아이가 아는 것이 무엇인가? 그렇다면 누가 군주이고, 어디에 군주제가 있는가? 만일 군주의 역할이 섭정에 의해 수행된다 해도 웃음거리가 될 것이다. 섭정이란 공화국을 모방한 종류의 것이고, 군주국 전체에 이보다 적절한 묘사는 없다. 그것은 상상력에 의해 그려질 수 있는 다양한 것이다. 그것은 국가가 마땅히 가져야 할 불변의 성격은 전혀 갖지 못한다. 모든 계승은 혁명이고, 모든 섭정은 반혁명이다. 그 전체가 영원한 궁정의 파벌과 음모의 장면이고, 버크 씨 자신이 그 하나의 보기다. 군주를 국가와 부합시키려면, 다음 계승자는 어린아이로 태어나서는 안 되고, 당장 어른, 그것도 솔로몬[156]과 같은 어른으로 태어나야 한다. 소년이 자라서 어른이 될 때까지 국민은 기다려야 하고 국가는 중단되어야 한다면 어처구니없는 일이다.

사물을 판단하는 지각이 부족한지, 기만당할 성격이 강한지, 또는 자존심과 같은 것이 너무 높은지, 아니면 너무 적은지는 문제 삼지 않겠다. 그러나 군주국이라고 하는 것이 나에게는 언제나 항상 어리석고 하잘것없어 보인다는 사실은 분명히 말할 수 있다. 나는 그것을 커튼 뒤에 숨겨진 어떤 것에 비유한다. 즉 사람들이 엄청나게 야단법석을 부리고 보기에는 대단히 장엄한 분위기도 풍기지만, 어쩌다가 커튼이 열려 관중이 그 뒤에 있는 것이 무엇인지를 알면 폭소를 터뜨리게 되는 그런 것이다.

대의제 국가에서는 이러한 일이 있을 수 없다. 국민 자체와 마찬가지로 대의제 국가는 육체적으로나 정신적으로 영원한 활력을 가지고, 공정하고도 씩씩하게 세계의 열린 무대에 스스로를 드러낸다. 그 장단점이 무엇이든 간에 모든 사람에게 보인다. 그것은 기만과 신비에 기대어 존재하지 않고, 공염불이나 궤변으로 일을 처리하지도 않으며, 마음에서 마음으로 전달되어 느껴지고 이해되는 말을 고쳐한다.

소위 군주국의 어리석음을 보지 않으려면, 우리는 이성에 눈을 감고 우리의 이해력을 형편없이 낮추어야 한다. 자연은 질서정연하게 모든 일을 진행한다. 군주국은 그러한 자연에 거역하는 국가 양식이다. 그것은 인간의 자질이 발전되지 못하게 한다. 그것은 어른이 어린이에게 지배당하고, 지혜가 어리석음에 지배당하게 한다.

반대로 대의제는 언제나 자연의 질서와 불변의 법칙에 따르며, 모든 부분에서 인간의 이성에 부합한다. 예를 들어 보자.

미국의 연방정부에서는 의회의 어떤 개인 의원보다 연방 대통령에게 더 많은 권한이 위임된다. 따라서 35세 미만인 사람은 대통령으로 선출될 수 없다. 35세가 되면 인간의 판단력은 성숙되고, 사람들과 사물들에 대해, 그리고 자기 나라에 대해 충분히 알 만큼 산 것이다. 그러나 군주국의 풍습에서는 (세상에 태어난 모든 사람에게 인간의 재능을 뽑는 추첨에서 당첨되는 수많은 기회를 배제하여) 다음 후계자가 누구이건 18세만 되면 국민과 국가의 우두머리가 된다. 이것이 지혜로운 행위처럼 보이는가? 이것이 국민의 정당한 존엄과 씩씩한 성격과 합치되는가? 그런 젊은이를 인민의 아버지로 부를 타당성이 어디에 있는가? 다른 모든 경우에 21세 미만이면 누구나 미성년자다. 이 나이가 될 때까지는 일 에이커의 토지나 한 떼의 양, 한 떼의 돼지에 대해서도 그 관리를 위임받지 못한다. 그러나 18세의 나이로 한 나라의 국민을 위임받을 수 있다니 얼마나 놀라운 일인가!

군주국이란 물거품에 불과하고, 돈을 빼앗기 위한 궁정의 술책에 불과하다는 것은 (적어도 나에게는) 우리가 관찰할 수 있는 모든 특성으로 보아 분명하다. 대의제 국가의 합리적 체제에서는 이러한 기만책이 용인하는 것과 같은, 거액에 달하는 지출을 요구할 수 없으리라. 국가는 그 자체가 돈이 많이 드는 기구가 아니다. 내가 이미 말했듯이 대의제에 입각한 미국 연방국가의 지출총액은, 영국의 거의 10배나 되는 지역을 다스리면서도 겨우 60만 달러, 즉 13만 5000파운드에 불과하다.

건전한 정신을 가진 사람이라면 아무도 유럽 여러 왕들의 성격과 워싱턴 장군의 성격을 비교하려 하지 않으리라고 나는 생각한다. 그런데 프랑스에서는, 또 영국에서는 한 사람을 지원하기 위한 왕실비용의 지출만 해도 미국 연방국가 지출 총액의 8배나 된다. 그 이유를 설명하는 것은 거의 불가능에 가깝다. 미국 인민의 대다수가 프랑스나 영국의 인민 대다수보다 더 많은 세금을 낼 수 있음에도 그렇다.

미국에서는 대의제가 국가의 임무에 대한 많은 지식을 국민 전체에 전파하기 때문에 무지를 없애고 기만을 배제한다. 이러한 기반 위에서는 궁정의 술책이 통할 수 없다. 신비가 들어설 자리도 없고, 그것이 시작될 수도 없다. 대표가 아닌 사람도 대표인 사람처럼 일의 성격에 대해 잘 안다. 신비로운 중대함이라고 꾸며도 정체가 탄로나리라. 국민에게는 비밀이 없다. 개인의 비밀과 마찬가지로 궁정의 비밀도 언제나 그들의 결점에 대한 것이다.

대의제에서는 모든 것에 대한 이유가 공개돼야 한다. 모든 사람이 국가의 주인이고, 모든 것에 대한 이유를 이해하는 것은 자기 일에 필요한 부분이라고 생각한다. 모든 것이 그의 이익과 관련된다. 왜냐하면 그것이 자신의 것인 국가에 영향을 미치기 때문이다. 그는 비용을 검토하고 그것을 이득과 비교한다. 그리고 무엇보다도 그는 다른 국가에서 소위 지도자라고 부르는 자들을 추종하는 노예적 관습을 답습하지 않는다.

과도한 수입을 확보하려면, 인간의 이해력을 눈가림하고 그에게 국가라는 것이 놀랍고도 신비로운 것으로 믿게 하는 방법밖에 없다. 군주국은 이런 목적을 달성하기 위해 잘 꾸며져 있다. 무지한 자들에게나 재미있을 일을 늘 꾸미고, 말없이 세금을 내게 하는 것이 그들 국가의 상투수단이다.

정확하게 말하면, 자유로운 나라에서는 국가가 사람이 아닌 법에 근거한다. 법을 제정하는 데는 많은 비용이 필요하지 않다. 그리고 그 법이 시행될 때 시민국가의 모든 일이 수행된다. 나머지는 모두 궁정의 농간에 불과하다.

4
헌법에 대해

사람들이 헌법과 국가에 대해 말할 때 그것은 서로 다른 별개의 것을 의미함이 명백하다. 그렇지 않다면 왜 그 말을 서로 다르게 별도로 사용하겠는가? 헌법은 국가의 소산이 아니라, 국가를 구성하는 인민의 소산이다. 따라서 헌법 없는 국가는 권리 없는 권력에 불과하다.

국민에게 행사되는 모든 권력은 어떤 기원을 가짐에 틀림없다. 그것은 위임된 것이 아니면 횡령된 것이다. 그 밖의 다른 기원은 없다. 모든 위임된 권력은 신탁이지만, 모든 횡령된 권력은 찬탈이다. 시간은 그 어느 것의 본질과 특성을 바꾸지 않는다.

이 주제를 고찰하는 과정에서 미국의 경우와 상황은 세계의 시초와 같은 모습으로 드러난다. 그리고 국가의 기원에 대한 우리의 추구도 우리 시대에 일어난 사실들을 참조함으로써 더 쉬워진다. 우리는 그것에 대한 지식을 얻기 위해 모호한 고대를 더듬을 필요도 없고, 위험한 억측을 할 필요도 없다. 우리는 마치 시간이 시작된 시점에 사는 것처럼 국가가 시작되는 것을 볼 수 있는 시점으로 단번에 인도됐다. 역사책이 아니라 참다운 사실의 책이 바로 우리 앞에 있다. 그것은 전통의 계략이나 오류에 의해 훼손되지 않은 것이다.

여기서 나는 미국 헌법의 제정 과정을 간단히 설명하겠다. 그것으로 헌법과 국가의 차이가 충분히 드러나리라.

미국은 13개 주로 구성되고, 각 주는 1776년 7월 4일 독립선언 후 각각 따로 하나의 국가[157]를 세웠다는 사실을 독자에게 상기시킴은 부질없는 일이 아닐 것이다. 각각의 국가를 형성하는 과정에서 각 주는 다른 주와 무관하게 행동했다. 그러나 공통된 일반원리가 전체를 지배했다. 몇 개의 주 국가가 수립되자 그들은 전체의 이익에 관련된 모든 일에서, 또는 각 주 상호간이나 외국과의 교류에 관련된 모든 일에서 전체를 통괄하는 연방국가 수립에 착수했다. 나는 그 일례로 주 국가 중 하나(펜실베이니아)로부터 이야기를 시작하고, 이어 연방국가로 나아갈 것이다.

펜실베이니아 주는 거의 영국 영토와 같은 넓이를 갖고 있지만, 당시에는 단지 12개 군으로 구분됐다. 그 각각은 영국과 분쟁이 시작되자 하나의 위원회를 선출했다. 마찬가지로 위원회를 가진 필라델피아 시는 정보의 최고 중심지였기 때문에 여러 군 위원회의 연락 중심지가 되었다. 국가를 형성하게 되자 필라델피아 위원회는 군 위원회들의 회의를 그 도시에서 열자고 제안했고, 1776년 7

월 말에 첫 회의가 열렸다.

이 위원회들은 인민들에 의해 선출되기는 했지만 명백히 헌법 제정이라는 목적을 위해 선출된 것이 아니었고, 그런 권한을 부여받은 것도 아니었다. 그리고 미국의 권리 개념에 따르자면, 그들은 그런 권한을 사칭할 수 없었기 때문에 그 문제에 대해 오직 상의만 하고 그것을 본궤도에 올렸을 뿐이었다. 따라서 회의 참가자들은 몇 가지 일, 즉 상황을 설명하고, 헌법을 제정하여 이를 공중에 제의할 권한을 가진 여섯 명의 대표를 선출하여 그들로 하여금 필라델피아에서 회의하도록 여러 군에 권고하는 일을 했을 뿐이었다.

벤저민 프랭클린이 의장이었던 이 회의가 열려 헌법을 심의하고 결정한 뒤, 그들은 그것을 확정된 것으로서가 아니라 전체 인민의 의견을 듣기 위해, 즉 그들에게 인준할 것인지 거부할 것인지를 묻기 위해 공표하도록 명했고, 그 후 일정 기간 휴회했다. 휴회기간이 끝나자 회의가 다시 열렸다. 헌법을 인준한다는 인민의 일반 여론이 확인됨에 따라 헌법이 서명되고 날인되어 인민의 이름으로 공포됐고, 원본은 공적 기록으로 보관됐다. 이어 회의는 정부를 구성할 대표를 선출하기 위해 총선 날짜와 정부 발족 시기를 정했다. 그 일을 끝내자 그들은 산회하여 각자의 집과 직장으로 되돌아갔다.

이 헌법의 앞부분에 '권리의 선언'이 실렸다. 이어 국가가 가져야 할 형태와 권력, 즉 사법법원과 배심원의 권한, 선거의 운영방식과 선거인수에 대한 대표의 비율, 각 회의에 적용할 일 년이라는 회기, 국가재정의 부과 및 지출회계의 양식, 공무원의 임명 등이 규정됐다.

이 헌법에 의해 생긴 국가는 헌법의 어떤 조문도 자의적으로 수정하거나 위반할 수 없었다. 즉 그것은 국가가 지켜야 할 하나의 법이었다. 그러나 경험의 혜택을 배제함은 현명하지 못하기 때문에, 잘못이 발견될 경우 그것이 되풀이되지 않도록 하기 위해, 그리고 각 주와 국가의 조화를 항상 유지하기 위해 헌법에 다음과 같이 규정됐다. 즉 7년마다 필요하다고 인정되는 경우 헌법을 수정하고, 그 일부를 변경, 부가, 폐기한다는 뚜렷한 목적 아래 새로운 회의가 선출돼야 한다는 것이다.

여기서 우리는 하나의 정상적인 과정, 즉 인민이 그들의 본래 성격에서 형성한 헌법으로부터 국가가 탄생하는 과정을 보고, 또한 헌법이 하나의 권위로서만이 아니라 국가를 통제하는 법으로서 작용하는 것을 볼 수 있다. 그것은 그 국가의 정치적 성경이었다. 그것을 갖고 있지 않은 가정은 거의 없었다. 국가의 모든 구성원은 헌법을 하나씩 갖고 있었다. 그리고 어떤 법의 원리나 어떤 권한의 범위에 대해 논쟁이 생기면, 그 구성원은 주머니에서 인쇄된 헌법을 꺼내어 논쟁 중인 사항과 관련된 조문을 읽는 것이 예사였다.

지금까지 하나의 주를 대상으로 살펴보았으니, 이제는 미국의 연방헌법이 탄생되어 형성된 과정을 살펴보겠다.

1774년 9월과 1775년 5월에 열린 최초의 두 회의에서 연방의회는 나중에 주가 된 몇몇 지방의 입법부에서 파견된 대표들의 모임에 불과했다. 따라서 그 연방의회는 전체가 동의하고, 공적 기관으로 행동하는 데 반드시 필요한 권한밖에 갖지 못했다. 연방의 국내 문제에 관련된 모든 사항에서는 연방의회가 각 지방의회에게 권고를 하는 정도 이상의 일을 할 수 없었고, 그 권고를 수락하거나 거부하는 것은 지방의회의 권한이었다. 연방의회는 강제력을 전혀 갖지 못했다. 그러나 이런 상황에서도 유럽의 어느 국가에서보다도 더욱 충실하고 호의적인 추종을 받았다. 이 사례는 프랑스 국민의회의 경우와 마찬가지로 국가의 힘이 국가 자체 안에 있는 어떤 것으로 구성되지 않고, 국민의 애착심, 그리고 인민이 국가를 지원하고자 느끼게 하는 이익으로 구성되었다는 사실을 충분히 보여준다. 이를 상실하면 국가는 어린아이의 힘밖에 갖지 못하고, 프랑스의 옛 정부처럼 얼마 동안은 개인을 괴롭힐 수 있을지 모르지만, 결국은 자신의 몰락을 재촉하는 것에 불과하다.

독립선언 뒤에 연방의회의 권한을 규정하고 확정해야 한다는 것이 대의제 국가의 원칙에 합당한 것이 되었다. 그 권한이 당시 연방의회가 행사한 자율적인 권한보다 더 커야 하느냐, 작아야 하는가는 문제가 아니었다. 단지 그 한계를 분명히 하자는 것뿐이었다.

이러한 목적을 위해 '연합법령(일종의 미완성 연방헌법)'이라는 법령이 제안됐고, 그것은 오랜 심의 끝에 1781년에 결의됐다. 그것은 연방의회 자체의 법률이 아니었다. 왜냐하면 어떤 기관이 자신에게 권한을 부여하는 것은 대의제 국가의 원리에 어긋나기 때문이었다. 연방의회는 먼저 연방에 요구되는 의무와 봉사를 연방이 수행할 수 있도록 하기 위해 그 연방에게 부여할 필요가 있다고 생각하는 권한을 각 주에 알렸다. 그리고 각 주는 서로 개별적으로 합의하여 그 권한을 연방의회에 집중시켰다.

이 두 가지 사례(하나는 펜실베이니아의 경우이고, 다른 하나는 연방의 경우)에서 한쪽은 인민, 다른 쪽은 국가 사이의 계약과 같은 개념이 존재하지 않는다는 점을 관찰함은 부질없는 짓이 아니리라. 그 계약은 국가를 만들고 구성하기 위해 맺은 인민 상호간의 계약이었다. 어떤 국가가 전체 인민과의 계약에서 한쪽 당사자가 될 수 있다고 가정함은, 그것이 존재할 권리도 갖기 전에 벌써 존재한다고 가정하는 것이 된다. 국가를 운영하는 사람들과 인민 사이에 계약이 성립될 수 있는 유일한 경우는, 인민이 그들을 고용하는 동안 그들에게 임금을 지급할 때뿐이다.

국가란 어떤 개인이나 집단이 자기 이익을 위해 설립하여 운영할 수 있는 상행위가 아니라 어디까지나 하나의 신탁이며, 그것을 위탁한 사람들과 언제라도 그것을 회수할 수 있는 사람들의 권리에 복속하는 것이다. 국가는 그 자체로서는 아무런 권리도 갖지 못한다. 오로지 의무만 있을 뿐이다.

지금까지 헌법의 근원적 형성과 관련해 두 가지 사례를 보았다. 이제 그것들이 처음 만들어진 뒤 변화한 양식을 제시하겠다.

각 주 헌법에 의해 부여된 각 주 국가의 권한은 너무 크고, 연합법령에 의해 연방국가에 부여된 권한은 너무 작다는 점이 경험을 통해 발견됐다. 결점은 원칙에 있었던 것이 아니라 권력의 배분에 있었다.

연방국가를 새로 설계할 필요가 있고, 그것이 타당하다고 주장하는 출판물이 팸플릿과 신문을 통해 수없이 발표됐다. 출판과 언론을 통로로 이루어진 상당한 공적 토론 뒤에 상업적인 측면에서 불편을 경험한 버지니아 주가 대륙회의를 열자고 제안했다. 그 결과 대여섯 개의 주 의회 대표들이 1786년 메릴랜드의 아나폴리스에서 만났다. 이 모임은 개혁업무를 다룰 충분한 권한이 자신에게 없음을 알았기 때문에 그런 조치의 타당성에 대한 일반적 의견을 진술하고, 모든 주가 참가하는 회의를 다음 해에 열도록 권고하는 데 그쳤다.

그 회의는 1787년 5월 필라델피아에서 열렸고, 워싱턴 장군이 의장으로 선출됐다. 당시 그는 어떤 주 국가나 연방국가와도 무관했다. 전쟁이 끝나자 그는 자신의 임무를 후임자에게 넘겨주고, 그 뒤에는 일개 시민으로 살았다.

그 회의는 모든 주제를 깊게 다루고, 다양한 토의와 조사 뒤에 연방헌법의 여러 부분에 대해 의견일치를 보았다. 이제 문제는 그것에 권한을 부여하고 실시하도록 하는 방법이었다.

이 목적을 위해 그들은 궁신 도당처럼 네덜란드의 총독을 불러온다든가, 독일의 선제후를 불러들인 것이 아니라 모든 일을 그 나라의 양식과 이익에 맡겼다.

첫째, 그들은 제안된 헌법을 발표하도록 지시했다. 둘째, 각 주는 그것을 토의하여 인준하거나 거부하기 위해서라는 명백한 목적으로 회의를 선출하고, 9개 주의 동의와 인준을 얻으면 각 주는 곧 새로운 연방정부에 보낼 의원을 각 주 비율에 따라 선출하여 새 국가의 기능이 시작되고 과거의 연방정부는 없어지게 한다는 것이었다.

이에 따라 각 주는 각각 주 의회를 선출했다. 몇몇 주 의회는 절대다수로 헌법을 인준했고, 두세 개 주 의회는 만장일치로 인준했다. 다른 주에서는 많은 논의와 의견 대립이 있었다. 보스턴에서 열린 매사추세츠 주 의회에서는 약 삼백 명 가운데 다수당이 열아홉 또는 스무 명을 넘지 못했다. 그러나 모든 일을 다수결로 조용히 결정하는 것이야말로 대의제 국가의 본성이었다. 매사추세츠 주 의회에서 토의가 끝나고 투표가 실시된 뒤 반대파 의원들이 일어나 다음과 같이 말했다. "우리가 논의하고 반대투표를 한 것은 일부 내용을 다른 의원들과 상이한 각도에서 보았기 때문이다. 그러나 투표 결과가 헌법안을 지지한다는 결정을 내린 이상 우리도 찬성투표를 한 것과 같이 동일한 실질적 지지를 할 것이다."[158]

아홉 개 주가 동의를 하자 (나머지 주도 주 의회를 선출한 순서에 따라 뒤를 이었다) 곧 옛 연방정부의 기구는 무너지고 새로운 기구가 설립됐고, 워싱턴 장군이 대통령으로 취임했다. 여기서 나는 그의 성품과 공헌은 소위 왕이라는 자들로 하여금 수치를 느끼게 하기에 충분하다는 점을 지적하지 않을 수 없다. 왕들은 그 능력이나 공헌에 비해 도저히 받을 수 없는 거액의 보수를 인류의 땀과 노력으로부터 받는 데 비해, 워싱턴은 자신이 할 수 있는 모든 공헌을 하면서도 일체의 금전적 보수를 거절했다. 그는 총사령관으로서도 아무런 보수를 받지 않았고, 연방 대통령으로서도 아무런 보수를 받지 않고 있다.

새로운 연방헌법이 제정된 뒤 펜실베이니아 주는 주 헌법 중 일부를 변경할 필요가 있다고 생각하고, 이를 위한 주 의회를 선출했다. 개정안은 공표 후 인민의 동의를 거쳐 확정됐다.

이렇게 헌법이 형성되거나 변경되는 동안 아무런 불편사항도 발생하지 않았다. 모든 절차는 방해받지 않았고, 적극적인 협조 속에 진행됐다. 국민의 대다수에게는 일을 틀린 대로 버려두기보다는 바로 하는 편이 언제나 유리하다. 그리고 공적 사항이 공개 토론되고 대중의 판단이 자유로울 때, 급히 서두르지 않는 한 나쁜 결정이 내려지지는 않는다.

헌법을 개정한 두 사례에서 당시의 국가는 어느 모로 보나 그 주체가 아니었다. 국가는 헌법의 제정이나 개정의 원리 또는 방식에 관한 어떤 토의에도 당사자로 참여할 권리를 갖지 못했다. 헌법과 헌법에서 나오는 국가를 확립하는 것은 국가권력을 행사하는 사람들의 이익을 위한 것이 아니다. 그 모든 사항에서 판단하고 행동하는 권리는 납세자에게 있는 것이지 세금징수자에게 있는 것이 아니다.

헌법은 국민의 것이지 정부를 운영하는 사람들의 것이 아니다. 미국의 모든 헌법들은 인민의 권위 위에 수립돼야 한다고 선언하고 있다. 프랑스에서는 국민이란 말이 인민이란 말 대신 사용된다. 그러나 어느 경우에서나 헌법은 국가에 앞서고, 언제나 국가와 구별되는 것이다.

영국에서는 국가를 제외한 모든 것이 헌법을 가진다는 점을 쉽게 알 수 있다. 모든 단체나 결사가 최초로 몇 가지 근원적 조항에 합의하여 그 형식을 갖춘 것이 각각의 헌법이다. 이어 단체나 결사가 그 헌법에 서술된 권한과 권위를 갖는 직원을 임명함으로써 그 단체와 정부의 집행부가 출현하게 된다. 그 직원이 무엇이라 불리던 간에 그는 애초의 근원적 조항에 첨가, 변경, 생략하는 권한은 갖지 못한다. 그런 권리는 오직 헌법제정권에 속한다.

헌법과 국가의 차이에 대한 이해부족 때문에 존슨 박사[159]와 그와 같은 부류의 저술가들은 항상 갈팡질팡해왔다. 그들은 어디엔가 통제를 가하는 권력이 반드시 존재해야 한다고 생각할 수밖에 없었고, 그래서 그 권력을 국민이 만든 헌법 안에 두지 않고 정부를 운영하는 사람들의 분별심에 맡겼다. 헌법 안에 권력을 두면 그것은 국민의 지지를 얻게 되고, 자연적 통제력과 정치적 통제력이 합치된다. 정부가 제정한 법률은 인간을 오직 개인으로 통제하지만, 국민은 그 헌법을 통하여 전체 정부를 통제하며, 또 그렇게 할 수 있는 자연적 능력을 가진다. 따라서 궁극적 통제권과 본래의 헌법제정권은 하나의 동일한 권력이 된다.

헌법이 있는 나라에서라면 존슨 박사는 그런 입장을 내세우지 못했으리라. 따라서 그 자신이 바로 영국에는 헌법이 존재하지 않는다는 증거가 된다. 그러나 영국에 헌법이 존재하지 않음에도 불구하고 헌법이 존재한다는 생각이 어떻게 그리도 널리 퍼지게 되었는가를 문제로 제시하여 규명함은 부질없는 짓이 아니리라.

이 문제를 해결하기 위해서는 헌법을 두 가지 측면에서 고찰할 필요가 있다. 첫째는 정부를 만들고 그것에 권력을 부여하는 것으로서의 헌법이고, 둘째는 그렇게 부여한 권력을 규제하고 제약하는 것으로서의 헌법이다.

노르만의 윌리엄으로부터 시작하면, 영국이라는 국가가 본래 침략과 정복에 기반을 둔 전제정이었음을 알게 된다. 이 점을 인정하면 이어, 여러 상이한 시대에 그 전제정을 배제하고 그것을 덜 혹독한 것으로 만들려고 한 국민의 노력으로 헌법이 나왔다는 사실이 드러난다.

소위 마그나 카르타는 (지금 그것은 그 시대의 모든 것을 보여주는 연감과 같다) 정부가 횡령한 것의 일부를 포기하도록 정부에게 강요한 것에 불과했다. 그것은 헌법이 행하는 방식으로 정부에게 권력을 만들어준 것이 아니었다. 그것은 겨우 재정복(再征服)의 성격인 것이지 헌법이 아니었다. 왜냐하면 프랑스가 그 전제주의를 완전히 쫓아낸 것처럼 국민이 그 찬탈행위를 완전히 쫓아내어야 비로소 헌법을 제정할 수 있기 때문이다.

스튜어트 왕조가 시작되기까지 에드워드 왕조 및 헨리 왕조의 역사는 국민이 제약을 가한 범위 내에서 나타날 수 있는 모든 폭정을 보여주었다. 스튜어트 왕조는 그 제약을 넘어서려고 노력했고,

그 운명은 잘 알려져 있다. 그 모든 사례에서 우리는 헌법과 같은 것은 볼 수 없고, 오직 횡령한 권력에 대한 제약을 볼 뿐이다.

그 후 같은 가계에서 나왔고 같은 기원을 가진다고 주장한 또 다른 윌리엄[160]이 권력을 잡았다. 그리고 국민은 제임스와 윌리엄이라는 두 악마 중에서 덜 나쁘다고 생각하는 쪽을 선택했다. 왜냐하면 형편상 하나를 선택하긴 해야 했기 때문이었다. 여기서 권리장전이라는 법령이 등장한다. 그러나 그것은 정부의 여러 부문이 권력, 이익, 특권을 나누어 갖기 위한 흥정에 불과했다. 즉 서로 "너는 그만큼 가져라, 나는 나머지를 갖겠다"고 하면서, 국민에게는 "너희 몫으로는 청원권을 가져라"라고 말한 것이었다. 사실이 이러하므로 권리장전은 차라리 '부당함과 모욕의 장전'이라고 부르는 게 옳다. 소위 공회의회[161]란 스스로 만들어졌고, 그 뒤에야 자기 행동의 권한을 만들었다. 몇 사람이 모여 자신들을 그렇게 불렀다. 그들 중 다수는 선출된 것이 아니었고, 더욱이 그런 목적으로는 아무도 선출되지 않았다.

윌리엄 시대 이후 일종의 정부가 이러한 연합 권리장전으로부터 생겨났고, 이는 월폴[162]의 손에 의해 하노버가의 왕위 계승 시에 도입된 부패로 인해 더욱 심해졌다. 이는 전제적 입법이라는 이름 외에 달리 서술될 수 없다. 각 부분이 서로를 괴롭힐 수 있을지 모르지만 전체로서는 아무런 제약도 받지 않았다. 그리고 그것이 자신에게 속하지 않는다고 주장하는 유일한 권리는 청원권이었다. 그렇다면 권력을 부여하기도 하고 제약하기도 하는 헌법이 도대체 어디에 있다는 말인가?

만약 선거로 선출된 사람들이 의회라는 이름으로 무제한의 권력을 갖게 된다면, 정부의 일부가 선거제라고 해서 그 정부가 덜 전제적인 게 되는 것이 아니다. 이 경우 선거는 대의제와는 다르게 실시되고, 입후보자도 전제주의를 위한 입후보자일 뿐이다.

만일 정부가 헌법이라고 외치고 다니지 않았다면, 국민이 자신의 권리를 따져보면서 그것을 헌법이라고 부를 생각을 했을까? 나는 아니라고 본다. 헌법이라는 말은 보어(bore)라든가 퀴즈(quoz)라는 말이 창문의 덧문이나 현관의 문기둥에 씌어져 유행어가 된 것처럼 의회 연설에서 자주 쓰여 유행어가 됐다. 그러나 다른 관점에서 볼 경우 헌법이 무엇이든 간에 그것은 지금까지 발명된 것 중에서 가장 생산적인 과세기구였음에 틀림없다. 새로운 헌법 아래서 프랑스의 세금은 1인당 13실링 이하임에 분명한데,[163] 소위 현행 헌법 아래 영국의 세금은 남녀노소를 불문하고 1인당 48실링 6펜스이고, 이는 100만 파운드를 넘는 징수비 외에 약 1700만 파운드에 이르는 것이다.

시민행정 전부가 교구 관리, 치안판사, 분기별 법원, 배심원, 순회법원과 같은 기관을 통해 각 읍면의 주민들이 집행하기 때문에 정부가 신경 쓸 일이 거의 없고, 판사의 급여 외에는 어떠한 세금 부담도 주지도 않는다는 영국 같은 나라에서 어찌 그리 많은 세금이 부과될 수 있는지 놀라울 따름이다. 심지어 국내의 방위비조차 세입에서 지출되지 않는다. 실제적이든 가상적이든 간에 모든 경우에 끝없이 새로운 부채와 새로운 세금에만 의존하게 되어 있다. 그렇다면 궁정의 지지자들에게 매우 유익한 정부기구가 그렇게도 찬양을 받는 것은 전혀 이상한 일이 아니지 않은가! 또한 세인트 제임스 궁이나 세인트 스티븐 궁에서 그칠 줄 모르는 헌법 외침에 공명한다고 해서 이상할 것도 없지 않는가! 마찬가지로 프랑스혁명을 비판하고, 공화국을 비난한다고 해서 이상할 것도 없지 않는가! 프랑스 귀족명부와 마찬가지로 영국의 귀족명부가 그 이유를 설명해 주리라.[164]

이제 나는 한숨 돌릴 참으로 버크 씨 이야기로 돌아가 한두 가지를 생각해 보겠다. 그를 오랫동안 무시한 점에 대해 그에게 사과한다.

그는 (캐나다 헌법안에 대한 연설에서) "미국은 인권과 같은 어리석은 교의를 꿈꾼 적이 없다"고 말했다.

버크 씨는 그렇게 대담하게 가정하는 자이고, 그렇게 불충분한 판단만으로 그의 주장과 전제를 제시하므로, 우리는 굳이 철학이나 정치의 원리까지 고민하지 않고도 그런 주장과 전제가 초래하는 단순한 논리적 귀결이 터무니없음을 알 수 있다.

가령, 버크 씨의 주장대로 만일 국가가 인권은 아니지만 여하튼 어떤 권리에 근거한다고 한다면, 그것은 결국 인간이 아닌 다른 무엇의 권리에 근거해야 하는 것이 된다. 그렇다면 그 무엇이란 무엇인가?

일반적으로 말해, 우리는 인간과 짐승 이외에 지구에 사는 다른 동물을 알지 못한다. 그런데 두 가지만 있고 그중 하나를 인정해야 하는 모든 경우 하나를 부정하면 다른 하나를 긍정하는 것이 된다. 따라서 버크 씨는 인간의 권리를 부인함으로써 짐승 편을 드는 것이다. 그 결과 국가는 짐승이라는 것을 그는 증명하게 된다. 그리고 어려운 문제들은 가끔 서로를 설명해주듯이, 우리는 사나운 짐승을 런던탑에 가두어 둔 기원을 이제 알게 된다.[165] 왜냐하면 그 짐승들은 국가의 기원을 보여주는 것 외에 다른 용도는 전혀 없기 때문이다. 그런데 그들이 헌법의 자리를 차지하고 있다. 오, 존 불[166]이여, 사나운 짐승이 되지 못해 그대의 명예를 잃었구나! 버크 씨의 이론에 의한다면 그대는 평생 런던탑 안에 있어야 했는데.

설령 버크 씨의 주장이 너무 무게가 없어 사람들을 진지하게 만들지 못한다고 해도, 그 실수는 나의 탓이 아니라 그의 탓이다. 그리고 내가 하고 싶은 대로 취한 행동에 대해 독자들의 양해를 감히 구하고자 하며, 마찬가지로 버크 씨도 그 원인을 제공한 점에 대해 나처럼 양해를 구하기 바란다.

지금까지 버크 씨에게 그를 잊지 않았다는 경의를 표했으니, 다시 본론으로 돌아간다.

권력의 난폭한 충동을 제한하고 규제할 헌법이 없기 때문에 영국에서는 많은 법률이 비합리적이고 전제적이며, 그 집행이 애매하고 문제가 많다.

'영국에서의 국가' (나는 '영국 국가'[167]라기 보다 이런 호칭을 택한다)는 독일과 정치적 관계를 맺은 뒤부터 대외문제와 세금증수의 수단에만 온통 그 관심을 집중하는 것 같다. 그래서 다른 목적을 위해서는 국가가 존재하지 않는 것처럼 보인다. 국내 문제는 무시되고 체계적으로 균형 잡힌 법률은 거의 존재하지 않는다.

때문에 이제 모든 문제는 어떤 선례에 의해 결정된다. 그 선례가 좋든 나쁘든, 제대로 적용되든 안 되든 상관없다. 게다가 이러한 관행이 너무나 일반화되어 그것이 생각보다 더 심오한 정책에서 비롯된 게 아닌가 하는 의심을 품지 않을 수 없다.

아메리카혁명 이후, 더욱이 프랑스혁명 이후 그런 사건들이 일어나기 이전의 시대와 환경에서 끌어낸 선례의 이론을 이렇게 찬양하는 것은 영국 국가의 상투수단이 되었다. 그런 선례의 대부분은 반드시 그러해야 하는 것과는 반대되는 원리와 견해에 입각한 것들이다. 그리고 그런 선례를 끌어온 시대와의 거리가 멀면 멀수록 더욱 더 의심스럽다. 그러나 수도사들이 유물을 보여주면서 그것을 신성한 것이라고 부르듯이 그런 선례를 고물 숭배의 미신과 결부시키고, 대부분의 인류는 그 계략에 속아 넘어간다. 그래서 이제 국가는 마치 인간의 생각을 단 하나라도 깨우치는 것을 두려워하듯이 행동한다. 국가는 인간의 재능을 말살하고, 사람들의 시선을 혁명의 장면에서 돌리기 위해 은근히 그를 선례라는 무덤으로 인도한다. 국가는 인간이 국가가 바라는 이상으로 더욱 빨리 지식을 얻는 데에 대해 위협을 느끼고 있다. 선례를 내세우는 정책이 바로 그들의 두려움을 보여주는 지표다. 과거의 종교적 가톨릭과 같이 이러한 정치적 가톨릭은 한때 성행했지만, 지금은 출구를 향해 달음질치고 있다. 초라한 유물과 낡은 선례, 수도사와 군주는 함께 무너지리라.

선례의 원리를 전혀 고려하지 않고 선례에 의존하는 국가는, 세울 수 있는 제도 가운데 가장 잘못된 것 중 하나이다. 수많은 경우에서 선례는 하나의 본보기가 아니라 하나의 경보 노릇을 하기 마련이고, 본받아야 할 것이 아니라 배격돼야 할 것이다. 그러나 도리어 선례가 무더기로 채택되어 한꺼번에 헌법과 법률의 역할을 맡고 있다.

선례의 이론은 사람들을 무지상태 속에 두려는 정책이거나, 국가는 해를 거듭할수록 지혜를 상실하여 선례라는 지주나 지팡이의 힘을 빌려야만 절뚝거릴 수라도 있다는 것을 사실상 고백하는 것에 불과하다. 그들의 선조보다 현명하다고 자랑스럽게 생각하는 사람들이 동시에 지나간 지혜의 유령으로만 보인다니 도대체 어찌된 일인가? 고물이 얼마나 이상한 대접을 받는 것인가! 어떤 목적을 위해서는 암흑과 무지의 시대라고 답하면서, 다른 목적을 위해서는 세계의 광명이라고 답하고 있는 것이다.

만일 선례의 이론을 따라야 한다면, 국가의 지출은 항상 같을 필요가 없다. 별로 하는 일도 없는 사람들에게 국민이 왜 엄청난 돈을 지불해야 하는가? 만일 일어날 수 있는 모든 일이 이미 선례에 있다면 입법은 끝난 것이고, 선례가 마치 사전처럼 모든 경우를 규정한다. 그러므로 정부는 노쇠해져 갱신할 필요가 있거나, 지혜를 행사해야 할 모든 경우들은 이미 과거에 모두 다 일어난 것이 된다.

지금 우리는 모든 유럽에서, 특히 영국에서 국민은 이쪽을 바라보는데, 국가는 저쪽을 바라보는 괴상한 현상을 보고 있다. 즉 한쪽은 앞을 바라보는데, 다른 쪽은 뒤를 바라보고 있다. 국민은 개조를 계속하려는데 국가는 선례만 계속 답습하려 한다면, 그들은 결국 분리될 수밖에 없다. 그리고 그 시점을 결정하는 것이 빠르면 빠를수록, 그리고 문명적이면 문명적일수록 더욱 더 좋다.[168]

지금까지 헌법 일반에 대해 실제의 국가와는 다른 것으로 설명해 왔다. 이제 한 걸음 더 나아가 헌법을 구성하는 여러 부분들을 고찰해보자.

이 점에서는 전체에 대해서보다 의견이 더 갈라진다. 하나의 국민은 그 정부의 행위를 규정하기 위한 하나의 헌법을 가져야 한다는 것은, 직접적인 궁신들을 제외하고는 누구나 인정하는 단순한 문제이다. 의문과 의견이 많아지는 것은 그 구성에 관한 경우뿐이다.

그러나 다른 모든 경우와 같이, 이러한 어려움 역시 바르게만 이해하면 사라진다.

첫째, 국민은 헌법을 수립할 권리를 가진다는 점이다.

국민이 이 권리를 처음부터 가장 현명하게 행사하느냐 하는 것은 다른 문제이다. 국민은 자신의 판단에 따라 그것을 행사하고,

계속 그렇게 함으로써 모든 오류는 결국 없어지게 된다.

국민에게 이 권리가 확립되면 그것이 자신을 해치는 데 사용될지도 모른다는 두려움은 없어진다. 나빠지는 것에 국민이 흥미를 가질 리가 없다.

미국의 모든 헌법들은 하나의 일반원리 위에 서있지만, 그 구성부분이나 그것들이 실제 정부에 부여하는 권력분배에서 서로 같은 것은 하나도 없다. 어떤 것은 더 복잡하고 어떤 것은 덜 복잡하다.

헌법 제정에서는 첫째, 국가를 필요로 하는 목적이 무엇인지 고려할 필요가 있다. 둘째, 그러한 목적을 달성하기 위한 최선의 수단과 최소의 경비가 무엇인지를 고려해야 한다.

국가란 국민의 결합에 불과하고, 그 결합의 목적은 개인적으로나 집단적으로나 모두의 복지를 위한다는 것이다. 모든 사람은 자기 직업에 종사하여, 평화롭고 안전하게 또한 가능한 한 최소한의 경비로 자기 노동의 성과와 자기 재산의 소산을 누리고자 한다. 이러한 일들이 달성될 때 국가를 수립해야 하는 모든 목적이 이루어진다.

정부에 대해 고찰할 때는 그것을 세 가지의 상이한 큰 항목으로 구분하는 게 일반적이다. 즉 입법부, 행정부, 사법부다.

그러나 우리가 복잡하게 여러 용어를 사용하는 버릇에 휘둘리지 않고 제대로 된 판단을 내린다면, 우리는 시민정부를 구성하는 권력으로 두 가지 구분만을 인정할 수 있을 것이다. 즉 법률을 제정하는 권력과 법률을 집행하는 권력이다. 따라서 시민정부에 속하는 모든 것은 이 두 가지 중 하나로 분류된다.

법률의 집행에 관한 한 소위 사법권이란, 엄격하고 적절하게 말해서, 국가의 집행권에 속한다. 모든 개인이 호소하는 것은 그 권력이고, 법률이 집행되도록 하는 것도 그 권력이다. 법률의 공식적 집행에 대해 우리는 다른 명백한 개념을 갖고 있지 않다. 영국에서는, 또한 미국이나 프랑스에서도 이 권력은 치안판사에서 시작해 모든 법정에까지 미친다.

나는 소위 군주국을 집행부라고 부르는 뜻이 무엇인지에 대한 설명은 궁신들의 몫으로 남겨두겠다. 그것은 단지 정부 기능의 운영주체에 대한 하나의 이름에 불과하다. 같은 목적에 답하는 것으로서는 그 밖의 다른 대답이 없으리라. 법률도 이에 대해서는 아무런 권위를 갖지 않는다. 법률이 지지를 받는 것은 법률의 원리가 지닌 정당성으로부터 생겨나고, 국민이 법률에서 느끼는 이익에서 생겨나야 한다. 만일 법률이 그 이상을 요구한다면, 그것은 정부제도 안의 무엇이 불완전하다는 징표이다. 집행되기 어려운 법률은 일반적으로 좋은 법률이 될 수 없다.

입법권의 조직에 대해서는 여러 나라에서 상이한 방식이 채택되고 있다. 미국에서는 양원제로 구성됨이 보통이고 프랑스는 단원제이지만, 두 나라 모두 전적으로 대의제에 의하여 구성된다.

사실 인류는 (찬탈된 권력의 오랜 전제로 인해) 최선의 정부 방식이나 원리를 찾아내기 위해 필요한 실험을 해볼 기회가 매우 적었기 때문에 정부라는 것이 이제 막 알려지기 시작했고, 또한 여러 특수한 문제를 결정할 만한 경험이 아직도 부족하다.

양원제에 대한 반대는 첫째, 어떤 문제가 입법기구 전체에서 아직도 토의 중이고, 따라서 새로운 의견이 나올 수 있음에도 불구하고 전체 입법기구의 일부분에서 어떤 문제를 투표로 최종 결정하는 것은 자기모순이다.

둘째, 양원이 서로 분리된 기관으로서 각각 표결함으로써 소수가 다수를 지배할 가능성이 항상 있고, 실제로도 가끔 그러하며, 경우에 따라서는 중대한 모순을 초래할 정도로 그렇다.

셋째, 양원이 자의적으로 서로를 견제하거나 통제하는 것은 모순이다. 왜냐하면 정당한 대의제의 원리에 의하면 한쪽이 다른 쪽보다 현명하거나 우수함이 증명될 수 없기 때문이다. 그 견제는 옳은 방향일 수도 있고, 나쁜 방향일 수도 있다. 견제권을 사용하는 지혜를 우리가 줄 수 없고, 그 정당한 사용을 보장할 수도 없는 곳에 권력을 부여하는 것은, 그 위험성이 권력남용 예방효과보다 적어도 더 크다는 것이다.[169]

한편 단원제에 대한 반대는, 그것이 항상 속결의 과오를 범할 수 있다는 것이다. 동시에 기억해야 할 점은, 권력을 제한하고 입법부의 활동범위를 규제하는 원칙을 확립한 헌법이 존재하는 경우에는 이미 더 효율적인 견제책이 마련돼 있는 것이고, 이런 견제책이 다른 어떤 견제책보다 더 강력한 작용을 한다는 것이다.

예를 들면, 현 회기 이상으로 의회 회기를 연장하기 위해 조지 1

세 초기[170]에 영국 의회에서 통과된 법령과 유사한 것이 미국의 어느 입법부에 제출됐다면, 이런 제출까지는 가능하나 그 이상은 불가능하다고 효과적으로 규정한 견제책이 이미 헌법에 들어 있다.

그러나 (순간적인 충동에 의해 너무나 빠르게 행동한다는) 단원제에 대한 비판을 없애고, 동시에 양원제에서 생기는 모순, 경우에 따라서는 불합리한 점을 피하기 위해 다음과 같은 방법이 양쪽 모두의 개선책으로 제안되고 있다.

첫째, 하나의 대의기관만을 가질 것.

둘째, 그 대의기관을 추첨에 의해 두세 부분으로 나눌 것.

셋째, 제안된 모든 법안은 먼저 그런 부분에서 차례로 토의하되, 서로 의견만을 듣고 표결을 하지 말 것. 그 후 모든 의원이 모여 전체 토의를 하고 투표로 결정할 것.

이러한 개선책에, 대의기관을 항상 새로운 상태로 재생시키기 위한 한 가지 사항이 더 부가된다. 즉 각국의 의원 중 삼분의 일이 일 년이 지난 뒤 사임하고 그 수만큼 새로운 선거로 보충하며, 이 년차에도 같은 방법으로 삼분의 일이 대체되며, 삼 년마다 총선을 한다는 것이다.[171]

그러나 헌법의 각 부분이 어떤 방식으로 배열된다고 해도, 자유와 노예상태를 구별하는 하나의 일반 원칙이 있다. 그것은 인민을 지배하는 모든 세습국가는 인민에게 일종의 노예제이고, 대의제는 자유라는 점이다.

정부를 고찰함에 있어 응당 그러해야 하듯이, 전 국민적 결사라는 점에서 볼 때 정부는 그 각 부분에서 어떤 사고가 발생하더라도 그 질서가 무너지지 않도록 구성돼야 한다. 따라서 그러한 결과를 낳을 수 있는 지나친 권력을 어떤 개인의 손에도 부여해서는 안 된다. 정부 내 어떤 개인의 죽음, 질병, 부재, 결함이 국가와 관련되어, 만일 같은 상황이 영국 의회나 프랑스 국민의회의 의원에게 발생하는 경우 이상으로 어떤 중대한 결과를 낳아서는 안 된다.

개인에게 일어나는 일, 또는 개인에 의해 행해지는 일 때문에 혼란에 빠지는 것 이상으로 국가의 위대성을 훼손하는 것은 거의 없다. 그리고 그런 어리석음은 그런 일을 일으킨 사람의 본성이 보잘것없는 경우 더욱 두드러지게 나타나기 마련이다. 암놈이나 수놈 거위가 의회에 존재하지 않으면 운영될 수 없도록 정부가 조직된다면, 암놈이나 수놈 거위가 마치 왕처럼 도망가거나 병드는 경우에 어려움이 너무나 많으리라. 우리는 개인이 스스로 어리석은 곤란을 자청하는 것을 보고 비웃지만, 모든 어리석음 중에서 가장 큰 어리석음이 정부 내에서 행해지고 있다는 사실은 깨닫지 못하고 있다.[172]

미국의 모든 헌법은 군주제 국가에서 일어나는 유치한 난점들을 방지할 수 있도록 고안돼 있다. 어떤 사태가 발생하더라도 정부의 작동이 멈추는 일은 없다. 대의제는 모든 것을 제공해 주며, 국가와 정부가 항상 그 적정한 성격을 보여주는 유일한 제도다.

지나친 권력이 어떤 개인의 손에 들어가서는 안 되는 것처럼, 한 개인에게 국가에 대한 그의 봉사가치 이상의 공금을 배정해서는 안 된다. 개인이 대통령, 왕, 황제, 의원으로 불린다거나, 겸손이나 어리석음에서 나온 이름, 교만으로 자칭한 다른 이름으로 불리는지 여부가 문제가 아니라, 그가 국가에서 수행할 수 있는 봉사만이 문제다. 그리고 관직의 일상 업무를 맡은 사람의 봉사료는 결코 일 년에 만 파운드의 가치를 넘을 수 없다. 그 사람이 군주든, 대통령이든, 의원이든, 또는 다른 어떤 직위에 있든 여기에는 예외가 있을 수 없다. 세상에서 행해진 모든 위대한 봉사는 자신을 위해서는 아무것도 받지 않는 자발적 인물들에 의해 수행됐다. 그러나 관직의 일상 업무는 모든 나라에서 그 일을 수행할 인원수의 범위 안에서 처리될 일반적인 능력기준을 갖추도록 항상 규제를 받는다. 따라서 너무 많은 보수를 받을 만한 일이 될 수 없다. 스위프트는 "정부의 일이란 간단한 것이고, 대부분의 사람들이 해낼 수 있는 수준이다"고 했다.[173]

한 개인을 지원하기 위해 한 나라의 공적 세금에서 일 년에 백만 파운드를 떼 내 지불하는 반면, 한편에서는 그 세금의 납부를 강요당하는 수많은 사람들이 가난으로 애태우고 비참함 속에서 허덕인다면 그건 너무 비인도적이다. 정부는 감옥과 궁전, 가난과 호사의 대조로 구성되는 것이 아니다. 정부는 빈민의 주머니를 털기 위해, 불행한 자의 불행을 증가시키기 위해 만들어진 것이 아니다. 그러나 이 주제에 대해서는 뒤에서 다루도록 하고, 지금은 정치적 관찰에만 한정하겠다.

지나친 권력과 지나친 보수가 정부 내의 어느 개인에게 배당될 때, 그는 모든 종류의 부패가 발생하고 성장하는 중심이 된다. 어떤 사람에게 백만 파운드의 보수를 주고, 국가의 비용으로 관직을 만들고 없앨 수 있는 권력까지 준다면 그 나라의 자유는 이미 보장될 수 없다. 소위 왕좌의 장엄함은 국가의 타락 이외의 다른 것이 아니다. 그런 정부는 공금으로 사치스럽게 무위도식하는 기생충의 무리로 구성된다.

이런 사악한 제도가 일단 수립되면, 그것은 그보다 낮은 모든 악폐를 수호하고 방어하게 된다. 연봉 백만 파운드를 받는 자가 개혁 정신을 촉진시키는 사람이 될 수 없다. 결국 그 개혁이 자신에게도 미칠 것을 두려워하게 될 것이기 때문이다. 많은 외곽이 본부 성을 방위하는 것처럼, 낮은 악폐를 수호하는 것이 언제나 그의 이익이 된다. 따라서 이런 형태의 정치적 요새에서는 모든 부분이 그런 상호의존 관계에 있으므로 그들이 서로 공격하리라고는 결코 기대할 수 없다.[174]

군주국은 만일 그것이 보호한 악폐가 없었다면 그렇게 여러 시대에 걸쳐 세상에 지속되지 못했으리라. 군주국이야말로 다른 모든 사기를 은폐시킨 사기의 원조다. 약탈에 참여함으로써 군주국은 사기꾼들의 친구가 된다. 군주국이 그런 짓을 그만둘 때 궁신의 우상이라는 역할도 그만 두게 되리라.

오늘날 헌법을 구성하는 원리가 국가에 대한 모든 세습적인 주장을 거부하는 것과 같이, 그것은 또한 대권이라는 이름으로 알려진 그 모든 강탈권의 목록을 거부한다.

만약 대권을 어느 개인에게 맡겨도 명백히 안전할 수 있는 국가가 있다면 그것은 미국의 연방국가뿐이다. 미국 대통령은 오직 4년 임기로 선출된다. 그는 세상의 일반적 의미로만 책임을 지는 것이 아니라, 그를 판단하는 특별한 방식이 헌법에 규정되어 있다. 즉 그는 35세 미만이면 선출될 수 없고, 반드시 그 나라 출신이어야 한다.

이를 영국의 국가와 한번 비교해보자. 헌법에 규정된 미국 대통령의 조건은 영국에서는 전혀 적용할 수 없는 것이다. 영국에서 대권을 행사하는 자는 종종 외국인이고, 언제나 절반의 외국인이며, 언제나 외국인과 결혼한다. 그는 그 나라와 완전한 자연적 또는 정치적 관련을 갖지 않으며, 그 무엇에 대해서도 책임을 지지 않고, 나이도 18세면 충분하다. 그러나 영국은 이런 사람에게 국민도 모르게 외국과 동맹을 맺게 하고, 국민의 동의 없이 전쟁을 일으키거나 끝낼 수 있는 권한을 허용하고 있다.

그뿐만이 아니다. 비록 그러한 개인이 유언자와 같은 방식으로 국가를 처분할 수는 없어도, 사실상 동일한 목적의 대부분을 달성하는 정략결혼을 지시한다. 그는 국가의 절반을 프러시아에 바로 넘겨줄 수는 없지만, 거의 같은 결과를 낳는 혼인 관계를 맺을 수 있다. 그런 상황에서 영국이 유럽 대륙에 위치하지 않은 점은 다행이다. 영국이 유럽 대륙 속에 있었다면 네덜란드처럼 프러시아의 독재에 굴복했을지도 모른다. 결혼관계로 인해 네덜란드는 마치 국가를 넘겨주는 낡은 전제국이 그 수단이었던 것처럼 사실상 프

러시아의 지배를 받고 있다.[175]

미국의 대통령은 (또는 더러 불리듯 '집행자'는) 외국인이 배제되는 유일한 직책임에 반해, 영국에서는 그것이 외국인을 허용하는 유일한 직책이다. 외국인은 의회 의원이 될 수는 없으나 왕은 될 수 있다. 외국인을 배척할 이유가 있다면 그것은 반드시 해악이 가장 잘 저질러질 수 있는 직책, 그리고 모든 이익과 집착의 편견을 통합시켜야만 신탁이 가장 확고하게 보장되는 직책으로부터는 배제되어야 한다.

그러나 국민이 헌법 제정이라는 대사업의 과정에 나서게 됨에 따라, 소위 집행부라는 부서의 성격과 과업을 더욱 세밀하게 검토하게 되리라. 입법부와 사법부가 무엇인지는 누구나 알 수 있다. 그러나 유럽의 경우 그 두 가지와 구별되는 소위 집행부라는 것은, 정치적 과잉이 아니면 은폐된 것들의 혼돈이다.

어떤 종류의 정부 부서는 국내 각지나 국외로부터 들어오는 보고를 국민 대표에게 제출하면 그 직능이 끝난다. 그러나 이를 집행부라고 부르는 데에는 모순이 있다. 그것은 입법부보다 하위라고 생각할 수밖에 없다. 어떤 나라에서나 주권은 법률제정권이고, 그 밖의 것은 모두 하나의 사무부서이다.

헌법상 여러 부서의 원리와 조직을 정한 뒤에는, 국민이 헌법상 권력의 행사를 위촉할 사람을 지원하기 위한 규정을 만들어야 한다.

어느 부서든 간에 일단 한 부서에 고용하려고 결정하거나 혹은 그 부서를 맡기기로 한 사람의 시간과 업무를 그 자신의 비용으로 하도록 요구할 권리는 국가에 없다. 또한 정부의 어떤 부서를 지원하되 다른 부서는 지원하지 않는다는 규정을 둘 만한 어떤 이유도 없다.

정부의 어떤 부서를 맡는다는 명예가 바로 충분한 보상으로 생각될 수 있다면, 그것은 모든 사람에게 똑같아야 한다. 만일 어떤 나라의 입법부 의원들이 자기 비용으로 근무해야 한다면, 집행부 역시 군주국의 것이든 다른 이름의 것이든 같은 방식으로 근무해야 한다. 어떤 부서에는 보수를 지불하고, 다른 부서는 무료봉사를 요구하는 것은 모순이다.

미국에서는 정부의 모든 부서가 적절한 보수를 받는다. 그중 하나가 과다하게 받는 일은 없다. 연방의회나 주의회의 모든 의원은 그의 비용을 충당할 충분한 보수를 받는다. 반면 영국에서는 정부의 한 부서만을 지원하기 위해 만들어진 풍부한 지급항목이 있지만, 다른 부서에 대해서는 아무런 지급항목이 없다. 그 결과 한 부서는 부패의 수단을 갖추게 되고, 다른 부서는 부패할 조건에 놓이게 된다. 이러한 경비의 사분의 일 이하만이라도 미국에서처럼 사용된다면 대부분의 부패를 바로잡을 수 있으리라.

미국 헌법의 또 다른 개혁은 모든 개인적 서약을 파기한 것이다. 미국에서의 충성서약은 오직 국가에 대한 것뿐이다. 어떤 개인을 국가의 상징으로 삼는 것은 옳지 않다. 국민의 행복이 최고의 목표라면 충성서약이 어느 개인에게 상징적으로 행해지거나 그의 이름으로 행해짐으로써 그 의도가 왜곡되어서는 안 된다. '시민선서'로 불리는 프랑스의 서약, 즉 '국가, 법, 왕'도 옳지 않다. 만일 꼭 서약을 해야 한다면 미국에서처럼 국가에 대해서만 해야 한다. 법은 좋을 수도 있고 그렇지 않을 수도 있다. 그런데 여기서 법은 국민의 행복에 도움을 준다는 것 외에 다른 의미를 가질 수 없으므로 국가에 포함된다. 서약의 나머지 대상인 왕은 모든 개인적 서약은 폐지되어야 한다는 이유에서 옳지 못하다. 개인에 대한 서약은 한편으로는 전제정의 유물이고, 다른 한편으로는 노예제의 유물이다. 그리고 창조주라는 이름을 그의 창조물을 격하시키기 위한 증거로 이용해서는 안 된다. 앞에서 설명했듯이 국가의 상징으로서의 서약이라면 그 자체가 중복이니 불필요하다. 그러나 국가를 처음 수립할 때의 서약에 대해 어떤 변명이 있을 수 있다고 해도, 그것이 그 뒤에도 허용되어서는 안 된다. 어떤 국가가 서약에 대한 지지를 요구한다면, 그것은 지지될 가치가 없고, 지지되어서는 안 된다는 것을 나타내는 신호다. 국가를 제대로 만든다면 스스로 지지를 받으리라.

지금까지를 요약하면 헌법상 자유의 영원한 보장과 발전을 위해 이룬 가장 큰 진보의 하나는, 새로운 헌법이 때때로 그것을 개정, 변경, 수정하기 위해 만든 규정이다.

버크 씨가 그의 정치적 신조를 형성한 원리, 즉 "시간의 마지막까지 후손을 구속하고 통제하며 모든 후손의 권리를 영원히 부인하고 포기한다"는 것은 이제 토의 주제로 삼기에는 너무나 가증스러운 것이 돼버렸다. 따라서 나는 그 사실을 까발리는 것 외에 별다른 논평은 하지 않고 지나치겠다.

국가는 이제 겨우 알려지고 이해되기 시작했다. 지금까지 그것은 권리에 대한 모든 실제적 탐구를 금지한, 완전히 소유권에 입각한 권력의 행사에 불과했다. 자유의 적이 그것을 판단하는 재판관인 동안에는 그 원리의 발전이 사실 미미할 수밖에 없었다.

미국의 헌법과 프랑스의 헌법은 그 개정에 필요한 기간을 정해 놓았거나 개정의 방식을 규정해 놓았다. 여러 해 동안 환경의 변화가 전혀 흐트러지지 않거나 시종일관 변하지 않을 만큼 여론과 실천을 원리에 결합시킨 것을 만들기란 거의 불가능하다. 그러므로 불편이 쌓이고 쌓여 결국 개혁을 바랄 수 없게 되거나 혁명을 일으키게 되는 것을 방지하기 위해서는, 불편이 생길 때마다 그것을 규제하는 수단을 그때그때 마련하는 것이 가장 좋다. 인권은 모든 세대의 인간에게 부여된 권리이지, 어떤 한 세대에 의해 독점될 수 있는 권리가 아니다. 복종할 만한 가치가 있는 것은 그 자체의 가치 때문에 복종하는 것이고 바로 이 점에서 그것이 보장되는 것이지, 그것에 부과될지도 모르는 어떤 조건에 있는 것이 아니다. 어떤 사람이 그의 후계자에게 재산을 상속할 때 그는 재산을 후계자가 받아들여야 할 어떤 의무와 연결시키지는 않는다. 그렇다면 헌법에 관해서만은 우리가 왜 달리 행동해야 하는가?

현재 이 순간의 조건에 맞추어 고안될 수 있는 최선의 헌법은, 몇 년 동안에 만들 수 있는 정도의 우수함에는 결코 미칠 수 없다.

국가 문제에 대해 지금까지 나타난 적이 없는 이성의 아침이 인간에게 솟아오르고 있다. 현존하는 낡은 국가의 야만성이 사라지면서 국가 상호간의 도덕적 관계도 변하리라. 인간은 출생이라고 하는 우연이 개인에게 서로 다른 이름으로 구별되는 나라에서 살도록 했기 때문에 자신과 동종인 존재를 자신의 적으로 간주하는 야만적 생각을 갖도록 교육받지 않을 것이다. 그리고 헌법은 언제나 국내외의 환경에 관련되기 때문에 국내외의 모든 변화에 따라 혜택을 받는 수단이 모든 헌법의 일부가 돼야한다.

우리는 이미 영국과 프랑스의 서로를 향한 국가적 성향에 하나의 변화가 있음을 보았다. 그것은 우리가 몇 년만 되돌아보아도 알 수 있듯이 그 자체가 하나의 혁명이다. 프랑스 국민의회가 영국에서 인기 있는 축배가 되리라고, 또는 두 나라의 우호동맹이 쌍방의 소원이 되리라고 누가 예견할 수 있었고, 누가 믿을 수 있었을까? 이는 사람이란 국가에 의해 타락하지 않는다면 당연히 서로 친구이고, 인간 본성은 그 자체가 사악하지 않다는 것을 보여준다. 국가가 부추기고 과세의 목적에 악용한 질투심과 잔인성은 이제 이성, 이익, 인간성의 지시에 따르도록 변하고 있다. 궁정의 하는 일이 무엇인지 알게 되기 시작하면서, 인류를 기만하는 모든 인위적인 마술과 함께 신비의 가장은 사라지고 있다. 신비는 치명적인 상처를 입었고, 얼마간은 지속될지 모르지만 결국 숨을 거둘 것이다.

국가는 인간에게 속하는 어떤 것과도 같이, 여러 시대를 두고 인간이라는 종족 중에서 가장 무지하고 사악한 자들에게 독점된 것과 달리, 개량을 받아들여야 한다. 그들의 졸렬한 국가 관리의 증거로 모든 국민이 불평하는 과중한 부채와 세금, 그리고 그들이 세계를 전쟁으로 몰아세운 것 외에 다른 무엇이 우리에게 필요한가?

이러한 야만적 상태에서 이제 막 벗어난 처지에 국가가 어느 정도의 개량을 수행했는지를 판단하는 것은 시기상조다. 왜냐하면 우리가 예견할 수 있는 것은, 모든 유럽이 하나의 거대한 공화국을 수립하고 인간이 모든 것으로부터 자유롭게 되리라는 것이기 때문이다.

5
유럽의 정치상황 개선을 위한 방법과 수단, 여러 가지 관찰을 섞어서

인간성의 모든 영역을 최대의 규모로 포괄하는 하나의 주제를 고찰함에 있어, 그 추구를 단 하나의 방향에만 국한하기란 불가능하다. 그것은 인간에 관련된 모든 성질과 조건에 근거하고 개인, 국가, 세계를 뒤섞는 것이다.

  미국에서 켜진 조그만 불꽃에서 하나의 큰 불길이 일어나 꺼지지 않고 있다. 마치 왕의 마지막 무기와도 같이, 꺼지지 않는 그 불길은 이 나라에서 저 나라로 퍼지며 소리 없는 작전으로 정복해간다. 인간은 스스로 변화됐음을 알지만, 어떻게 변화된 것인지는 거의 모른다. 그는 자기 이익을 정당하게 추구함으로써 자신의 권리를 알게 되고, 결국 전제주의의 힘과 권력이 오직 그것에 저항하기를 두려워하는 곳에 존재했고, 그래서 '자유롭기 위해서는, 자유를 바라기만 하면 충분하다'는 것을 발견한다.

  이 책의 모든 앞부분에서 국가가 건립되는 데 하나의 기반이 되는 원리체계를 수립하고자 노력해 왔으므로, 여기서 나는 그 원리를 실현시키는 방법과 수단에 대해 말하고자 한다. 그러나 그 주제의 이러한 부분을 더욱 적절하고 더욱 강력하게 소개하기 위해 그런 원리에서 가져오거나 그것과 관련되는 약간의 예비적 고찰이 필요하다.

국가의 형태나 조직이 어떻든 간에 그것은 보편적인 행복 이외의 다른 목적을 가져서는 안 된다. 그럼에도 불구하고 사회의 어떤 부분에서 불행을 만들거나 증가시키는 작용을 한다면, 그것은 잘못된 체계에 입각한 것이니 개혁을 필요로 한다.

관용적인 언어에 의하면 인간의 조건은 문명과 미개라는 두 부류로 구분되어 왔다. 한쪽은 행복과 풍요, 다른 쪽은 고난과 궁핍이라고 한다. 그러나 묘사와 비교에 의해 우리의 상상력이 아무리 영향을 받는다고 해도, 소위 문명국가의 인간 대부분은 인디언의 상태보다 훨씬 더 가난하고 불행한 상태에 있는 게 사실이다. 나는 어느 한 나라에 대해서가 아니라 모든 나라에 대해 말하고 있다. 그것은 영국에서 그러하고, 모든 유럽에서 그러하다. 그 원인을 검토해보자.

그것은 문명의 원리 안에 있는 어떤 본원적인 결함에 의한 것이 아니라, 그러한 원리가 보편적으로 작용하는 것이 방해되기 때문이다. 그 결과는 영구적인 전쟁과 낭비의 제도다. 이것이 국내의 각 지역을 메마르게 하고, 문명을 가능하게 하는 일반적인 복지를 파괴한다.

모든 유럽 국가는 (이제 프랑스는 예외가 됐다) 보편적인 문명의 원리 위에 구성되어 있지 않고, 그 반대의 원리 위에 구성되어 있다. 그러한 국가들 상호간의 관계에 관한 한 그들은 우리가 야만의 미개생활이라고 생각하는 것과 같은 상태에 있다. 그들은 인간과 신의 법 테두리 밖에 스스로 위치하고, 원리와 상호의 행동에 관하여 자연상태 속의 많은 개인과 매우 유사하다.

각 지역의 주민은 법이라는 문명 아래서 함께 쉽사리 문명화되지만, 아직 야만상태에서 거의 끊임없이 전쟁을 하고 있는 국가는 문명생활이 낳은 풍요를 악용하여 미개한 부문을 더욱 확대하고 있다. 이처럼 국가의 야만성을 어떤 나라의 국내 문명에 접목하여, 국가는 국내 문명으로부터, 특히 빈민으로부터 생존과 안락을 위해 사용해야 할 소득의 대부분을 빼앗는다. 도덕과 철학에 대한 모든 고찰을 제외한다 해도 인류의 노력 중 사분의 일 이상이 매년 이러한 야만적 체계에 의해 소비된다는 것은 슬픈 사실이다.

이러한 죄악의 지속에 이바지한 것은, 유럽의 모든 국가가 미개상태를 유지하는 데서 금전상의 이득을 발견했다는 점이다. 그 점은 그들에게 권력과 수입을 요구할 구실을 제공한다. 만일 문명권이 완성된다면 그 이유나 구실이 있을 수 없다. 오로지 시민국가나 법치국가만이 세금을 거둬들일 구실을 만들지 않는다. 그런 국가들은 국내에서 지역의 감시 아래 직접 운용되어, 엄청난 과세의 가능성을 배제한다. 그러나 국가 간의 미개한 전쟁 속에서는 거짓 주장을 내세울 여지가 확대되고, 지역이 더 이상 판단력을 갖지 못하게 되어 국가가 행하고자 하는 모든 부과를 받아들이게 된다.

영국에서 거두는 세금의 30분의 1, 아니 40분의 1도 시민국가의 목적에 의해 징수되거나 그 목적을 위해 사용되고 있지 않다. 이와 관련하여 실제 국가가 하는 일은 법률 제정이 전부일 뿐이고, 지역이 그 자신이 납부하는 세금에다가 다시 치안판사, 배심원, 지방형사법원, 순회법원이라는 수단에 의해 그 각각의 자기 비용으로 법률을 운용하고 집행한다는 것을 아는 것은 어렵지 않다.

문제를 이렇게 볼 때 우리는 국가의 두 가지 상이한 특징을 알 수 있다. 하나는 시민국가 또는 법치국가로서 국내에서 작동하고, 다른 하나는 궁정국가 또는 내각국가로서 국외에서 작동하며, 미개 생활의 조잡한 계획에 입각한다. 하나는 작은 부담으로 가능하지만, 다른 하나는 무한정한 낭비를 수반한다. 그 둘은 너무 달라서 지구가 갑자기 입을 벌려 후자를 집어삼켜 완전히 사라진다고 해도 전자는 변함없이 남을 정도다. 그것은 여전히 지속될 것이다. 왜냐하면 그러는 것이 국가의 일반 이익이고, 그 모든 수단이 활용되고 있기 때문이다.

그래서 혁명은 국가의 도덕적 조건의 변화를 그 목적으로 삼고, 이 변화에 따라 공중의 세금부담은 감소되고, 문명은 지금은 박탈당하고 있는 풍요를 향유할 수 있게 되리라.

이 주제의 전체를 숙고하면서 나는 상업 부분에 눈을 돌리고자 한다. 나의 모든 출판물에서 나는 가능한 한 상업을 옹호해왔다. 상업의 결과에 호감을 갖고 있기 때문이다. 그것은 개인이나 국가를 서로 돕게 하여 인류를 친밀하게 만드는 평화적인 제도다. 단순한 이론적 개혁에 대해 나는 칭찬한 적이 없다. 가장 효과적인 과정은 인간의 이익이라는 수단을 통해 인간의 조건을 개선하는 것이다. 그리고 나의 입장은 바로 이러한 근거 위에 서 있다.

만일 상업이 보편적 수준에서 운영될 수 있다면, 그것은 전쟁 체계를 근절시키고 미개한 국가 상태에 혁명을 일으키리라. 그런 국가가 시작된 이래 생겨난 상업기구는 도덕적 원리에서 나오지 않은 방법에 의해 이루어진 것 중에서 보편적 문명을 향한 가장 위대한 접근 방법이다.

이익의 교환을 통해 시민들 사이의 교류를 증진시키는 경향의 것이라면 무엇이든 간에 정치학의 주제가 됨과 동시에 철학의 주제가 될 가치가 있다. 상업은 두 개인 사이의 거래를 수의 규모에서 증대시킨 것 이상의 다른 것이 아니다. 그리고 두 사람 사이의 교류를 위해 자연이 의도한 것과 똑같은 규칙에 의해 모든 사람의 교류가 이루어진다. 이러한 목적을 위해 자연은 공업과 상업의 자원들을 세계 곳곳의 서로 동떨어진 나라들에 골고루 퍼뜨려 놓았다. 상업은 그러한 자원을 싸게 또는 손쉽게 얻을 수 있게 한다. 이는 전쟁을 통해서는 불가능한 일이다. 이렇게 자연은 상업을 전쟁을 근절시킬 수단으로 삼은 것이다.

두 가지는 서로 거의 반대되는 것이므로, 결국 유럽 국가의 미개 상태는 상업에 해롭다. 모든 종류의 파괴나 장애가 상업량을 줄이는 데 기여한다. 이때 상업 세계의 어떤 부분에서 축소가 시작되는

지는 별로 문제가 안 된다. 이는 마치 혈액에서 피를 채취하는 것과 같아서, 순환하고 있는 전체에서 빼내야지 어느 일부에서 빼낼 수 없다. 따라서 전체가 손해를 입게 된다. 어느 국가에서나 구매력이 파괴되면 판매자도 함께 파괴된다. 만약 영국 정부가 모든 다른 나라의 상업을 파괴한다면, 그것은 바로 영국 스스로를 가장 효과적으로 파멸시키는 길이 되리라.

어떤 한 국가가 세계를 위한 운송자가 될 수는 있으나, 상인이 될 수는 없다. 국가는 자신의 상품을 팔면서, 동시에 살 수는 없다. 구매력은 파는 자가 아닌 다른 곳에 있을 수밖에 없고, 따라서 어떤 상업국의 번영은 나머지 상업국의 번영에 의해 제한을 받는다. 다른 나라가 가난한데 자기 나라만 부유할 수 없고, 그 나라의 상태는 부유하건 가난하건 간에 다른 나라의 상업적 조류의 높이를 보여주는 하나의 지표다.

상업의 원리와 그 보편적인 작용은 그 실제의 내용을 알지 못해도 이해될 수 있다. 이는 이성이 부정하지 않는 점이다. 내가 이 주제를 논의하는 것도 오직 이러한 근거에서다. 회계사무소에서 생각하는 상업과 세계의 상업은 별개다. 그 작용에 관련되어 그것은 반드시 상호적인 것으로 고려돼야 한다. 즉 그 권한 중에서 절반이 국내에 있다 해도 국외에 있는 절반을 파괴하면 그 전체가 결국 파괴된다. 이는 국내의 절반이 파괴된 경우도 마찬가지다. 왜냐하면 다른 반쪽 없이는 그 어느 쪽도 작동되지 않기 때문이다.

과거의 여러 전쟁에서와 같이 최근의 전쟁에서 영국의 상업이

침체된 것은 다른 모든 곳에서의 상업량이 줄었기 때문이다. 그리고 지금 그것이 증가하는 것은 상업이 모든 나라에서 증가하는 상태에 있기 때문이다. 지금 영국이 과거 어느 때보다 더 많은 수입과 수출을 한다면 영국이 교역하는 나라들도 마찬가지일 수밖에 없다. 영국의 수입은 곧 다른 나라의 수출이고, 그 반대 역시 사실이다.

상업에서 자국만 번영하는 나라는 있을 수 없다. 오직 공동의 번영에 참여할 수 있을 뿐이다. 따라서 어떤 부분에서 상업을 파괴하면 필연적으로 전체에 영향을 미치기 마련이다. 그러므로 국가들이 전쟁을 하게 되면 상업이라는 공동자본에 공격이 가해지게 되고, 그 결과는 각자가 자신에게 공격을 가한 것과 같게 된다.

현재의 상업 증대는 장관들이나 어떤 정치적 술책 덕분이라기보다도 평화에 따르는 상업 자체의 자연적 작용 덕분이다. 정상적인 시장은 파괴됐고, 무역망은 무너졌으며, 해로에는 여러 나라의 해적들이 들끓었고, 세계의 시선은 다른 대상을 찾았다. 그러나 이제 그런 장애는 끝나고 평화가 흐트러진 질서를 올바로 회복시키고 있다.[176]

모든 나라가 저마다 무역 차액을 자신에게 유리한 쪽으로 산정한다는 점은 언급할 가치가 있다. 따라서 통상적인 관념에서 볼 때 거기에는 뭔가 변칙이 있을 게 분명하다.

그러나 소위 차액이라고 하는 것에 따르자면 그것은 사실이고, 상업이 세계적으로 지지를 받는 것은 바로 이 때문이다. 모든 나라는 이익이 생길 것 같다고 느껴지지 않는 일은 하지 않는다. 하지만 속임수는 계산을 맞추는 방식에 있고, 소위 이익의 원인을 그릇된 것에 돌리는 데 있을 수 있다.

피트 씨는 종종 세관 장부에 나타난 무역 차액을 보여주는 것을 좋아했다. 하지만 그 계산 방식은 참다운 척도를 제공하지 못할 뿐 아니라 그릇된 척도를 제공하고 있다.

첫째, 세관에서 떠나는 모든 화물이 장부에는 수출로 나타난다. 세관의 대차대조표에 의하면 해상에서의 손실과 외국의 지불정지에 의한 손실은 모두 수출로 나타나기 때문에 이익 쪽에 계상되고 있다.

둘째, 밀무역에 의한 수입이 세관 장부에는 나타나지 않기 때문에 수출과 상계되지 않는다.

따라서 절대적 이익에 적용할 만한 차액을 이러한 자료로부터 끄집어낼 수는 없다. 그리고 상업의 자연적 작용을 검토해보면 그런 개념이 잘못된 것이고, 설령 사실이라고 해도 곧 해로운 것임을 알 수 있다. 상업을 지지하는 중대한 근거는 모든 나라에 일정 수준의 이익을 가져다 준다는 점에 있다.

서로 무역을 하는 상이한 나라의 두 상인은 모두 부자가 될 것이고, 각각 자기에게 유리하게 차액을 만든다. 따라서 그들은 서로 타인을 희생시켜 부자가 되는 것이 아니다. 이는 그들이 사는 나라들도 마찬가지이다. 각 국가는 자신의 자원으로 부유해질 수밖에 없고, 교환에 의해 타국으로부터 확보하는 것으로 자신의 부를 증대시킨다.

영국의 어느 상인이 국내에서 1실링 하는 영국제 물건을 해외로 보내어 2실링에 팔리는 것을 들여온다면, 그는 1실링의 차액을 자기 이익으로 삼게 된다. 그러나 이는 외국이나 외국 상인으로부터 얻은 것이 아니다. 왜냐하면 외국인 역시 자신이 받은 물건으로 같은 일을 하게 되어 결국 그 어느 편도 타인을 희생시켜 이익을 보는 것이 아니기 때문이다. 본국에서 두 물건의 원가는 합계로 2실링에 불과했으나, 장소를 바꿈으로써 처음 가격의 두 배에 상당하는 새로운 가치 개념을 얻게 되고, 그렇게 증대된 가치는 공평하게 분배된 것이다.

대외무역이라고 해서 국내 상업과 손익계산법이 다른 것은 아니다. 런던과 뉴캐슬의 상인들은 마치 서로 다른 나라에 사는 것과 같은 원리에 입각하여 교역하고 그들의 손익을 계산한다. 그러나 런던이 뉴캐슬의 부를 빼앗지 않는 것은 뉴캐슬이 런던으로부터 부를 빼앗지 않는 것과 같다. 그렇지만 뉴캐슬의 상품인 석탄은 런던에서 값이 더 비싸고, 런던의 상품은 뉴캐슬에서 값이 더 비싸다.

모든 상업의 원리는 같지만, 국가적 견지에서 보면 국내 상업이 가장 유익한 부분이다. 왜냐하면 양쪽의 이익 전체가 그 나라 안에 있기 때문이다. 그러나 대외무역에서는 오직 절반의 참여에 그치게 된다.

모든 상업에서 이익이 가장 적은 것은 외국을 지배하는 것과 관련된다. 소수의 사람들에게는 그것이 상업이라는 이유만으로 이익일 수도 있지만 국민 전체에는 손해가 된다. 지배를 유지하기 위한 비용이 모든 무역의 이익을 흡수하기 때문이다. 그것은 세계의 전반적 상업량을 증대시키지 않고, 도리어 그것을 감소시키는 작용을 한다. 그리고 지배를 그만둠으로써 더 많은 양이 유통되면, 지출을 수반하지 않는 참여가 지출을 수반하는 더욱 많은 상업량보다 훨씬 더 가치 있게 되리라.

그러나 지배에 의해 상업을 독점하기란 불가능하다. 따라서 그것은 더욱 더 그릇된 짓이다. 그것은 제한된 통로 안에 머물러 있을 수 없고, 그 시도를 헛되게 하는 정규적 또는 비정규적 수단에 의해 반드시 터져 나오기 마련이므로 그 시도의 성공은 더욱 나쁜 것이 된다. 혁명 이후 프랑스는 외국 영토에 대해 더욱 무관심해졌다. 다른 나라들도 상업적인 측면을 고려해 그 문제를 검토한다면 프랑스처럼 되리라.

지배에 수반되는 비용에 해군의 비용이 추가돼야 하고, 이 두 가지 비용을 상업의 이익으로부터 공제하게 되면, 소위 무역 차액이 존재한다고 해도 그것은 국가에 의해 향유되는 것이 아니라 정부에 의해 흡수된다는 사실이 드러난다.

상업을 보호하기 위해 해군을 보유한다는 생각은 터무니없다. 해군은 보호의 수단이 아니라 파괴의 수단이다. 상업은 각국이 이를 지지하면서 느끼는 상호이익 외의 다른 보호를 필요로 하지 않는다. 상업은 공동의 재화로서 모두에게 이익의 차액이 돌아감에 의해 존재한다. 그리고 그것에 대한 유일한 방해는 현재의 미개한 국가상태에서 오는 것이므로, 그것을 개혁하는 것이야말로 그 공통의 이익이 된다.[177]

이 주제는 이쯤에서 그치고, 이제 다른 문제로 넘어가겠다. 영국을 전반적 개혁이 필요한 범위에 포함시킬 필요가 있으므로 그 국가의 결점을 탐구하는 것이 적절하다. 전체를 개선하고 개혁의 이익을 완전히 누릴 수 있게 하는 유일한 길은 각국이 스스로를 개혁하는 것이다. 부분적인 개혁에서 나올 수 있는 것은 부분적 이익뿐이다.

유럽에서 국가의 개혁이 성공적으로 시작될 수 있었던 나라는 프랑스와 영국 오직 두 나라뿐이다. 하나는 대양에 의해 안전이 보장되고, 다른 하나는 국력이 막강해 안전이 보장되었으므로 외국의 전제주의라는 해악을 막을 수 있었다. 그러나 그것은 상업과 혁명에 의해 가능했고, 그 두 가지가 일반화됨에 따라 이익이 증대되며, 홀로 얻을 수 있는 것을 양쪽 모두에 배증시킨다.

이제 새로운 체계가 세계의 눈앞에 나타나게 되자, 유럽의 궁정들이 그것에 맞서려는 음모를 꾸미고 있다. 과거의 모든 체계에 반하는 동맹이 선동을 일삼고 있고, 궁정의 공동이익이 인간의 공동이익에 대립하여 형성되고 있다. 이러한 결합은 유럽을 뚫고 지나가는 하나의 선을 긋고, 과거의 환경에서 토출해낸 모든 예상을 뒤집을 만한 전혀 새로운 주장을 제시한다. 전제주의가 전제주의와 싸우는 동안 사람들은 그 싸움에 아무런 관심을 갖지 않았다. 그러나 군인과 시민, 나라와 나라를 결합해야 한다는 대의에는 관심을 가졌다. 이런 상황 속에서 궁정의 전제주의는 비록 위험을 느끼고 복수를 꿈꾸면서도 공격에는 두려움을 가졌다.

현재의 중대한 문제로서 이처럼 절박한 것이 역사의 기록에 나타난 적이 없다. 그것은 이 당 또는 저 당이 정권을 잡느냐 못 잡느냐, 또는 휘그당이나 토리당, 또는 고교회파나 저교회파 중 어느 쪽이 집권해야 하느냐 하는 문제가 아니라, 인간이 자신의 권리를 이어받고 보편적인 문명이 만들어지느냐 아니냐 하는 문제이다. 즉 자기 노동의 결실을 스스로 향유하느냐, 또는 그것을 국가의 방탕으로 소비해야 하느냐의 문제이다. 또 궁정의 강도행위가 없어지고 나라에서 불행이 없어지느냐 않느냐 하는 문제이다.

소위 문명국에서 우리가 노인들이 노역장에 끌려가고 청년들이 교수대로 끌려가는 것을 본다면, 그 국가체계에는 무엇인가 잘못된 것이 있음에 틀림없다. 그런 나라의 겉모습만 보면 모두 행복한 것처럼 보이리라. 그러나 보통의 관찰자의 눈에 띄지 않는 곳에, 가난이나 굴욕 속에서 삶을 마치는 것밖에는 다른 기회를 거의 갖지 못하는 민중이 있다. 그 삶의 시작부터가 운명의 예고를 표시한다. 그리고 이것이 시정되지 않는 한 처벌은 쓸데없는 짓이다.

시민국가는 처벌하는 데 있는 게 아니라, 청년들을 가르치고 노인들을 돌보며, 가능한 한 한쪽으로부터는 방탕을, 다른 한쪽으로부터는 절망을 배제하는 제도를 갖추는 것이다. 그럼에도 불구하고 나라의 자원은 왕, 궁정, 고용인, 사기꾼, 창녀에게 낭비되고, 심지어 그 자원을 몹시 필요로 하는 가난한 사람들마저도 자신들을 압제하는 그 거짓을 지지하도록 강요되고 있다.

가난한 사람만 처벌되고 다른 사람들은 거의 처벌되지 않는 것은 무엇 때문인가? 다른 그 무엇 중에서도 바로 이 사실이야말로 그들 환경의 비참함을 보여주는 증거이다. 도덕 없이 성장했고 희망 없이 세상에 내던져진 그들은 악과 합법적 야만 앞에 적나라하게 내던져진 희생물이다. 국가가 엄청나게 낭비하고 있는 그 수백만 파운드의 돈이면 그런 악을 개혁하고, 궁정 주변에 들어가지 않는 나라의 모든 사람들에게 충분한 이익을 주고도 남는다. 이 책에서 그것이 뚜렷이 부각되기를 나는 희망한다.

불행과의 접촉이 연민의 본질이다. 이 주제를 거론하면서 나는 아무런 보상도 바라지 않고, 어떤 결과도 두려워하지 않는다. 승패를 초월한 고결한 긍지로써 나는 인권을 옹호한다.

살면서 도제 노릇을 한 것은 나에게 있어 유익한 경험이었다. 나는 도덕교육의 가치를 알고, 그 반대의 위험도 알게 됐다.

미숙하고 모험적인 16세를 갓 넘긴 어린 시절에 나는 해군에 복무했던 어느 선생[178]의 그릇된 영웅주의에 고무되어 나의 운명을 개척하겠다고 데스 선장의 공인 해적선 테리블 호를 탔다. 다행히도 나는 어느 어진 목사의 애정 어린 도덕적 충고에 의해 그 모험에서 빠져 나왔다. 퀘이커 교도라는 그의 생활습관으로 미루어볼 때 그는 나를 방황하는 젊은이로 보았던 게 틀림없다. 그러나 당시에는 그렇게도 깊었던 영향이 차차 사라지고, 그 후 나는 멘데스 선장의 해적선 '킹 오브 프러시아'를 타고 바다로 나갔다. 그러나 그런 출발과 초년에 닥친 모든 고난에도 불구하고 나는 어려움에 꺾이지 않는 인내심과 주목받을 만한 공정함으로 새로운 국가체계에 근거한 새로운 나라를 세우는 데 기여했을 뿐만 아니라 정치적 저술에서도 두각을 나타내기에 이르렀다. 정치적 저술은 성공하기 어렵고 뛰어난 모든 분야 중에서 가장 어려운 것으로서, 여러 가지 지원을 활용할 수 있는 귀족계급도 아직 도달하지 못하고 맞설 수가 없는 것이다.

지금 내가 하듯이 자신의 심정을 알고, 스스로 모든 당파적 충돌, 그리고 편파적이거나 잘못된 반대파의 악폐를 넘어선다고 느끼면서, 나는 거짓이나 욕설에 대해서는 답하지 않고 영국 국가의 결점에 대해 이야기를 전개하겠다.[179]

나는 헌장과 자치단체에 대한 이야기로 시작한다.

헌장이 권리를 부여한다고 말하는 것은 거꾸로 된 말이다. 헌장은 그 반대의 결과, 즉 권리를 박탈하도록 작용하기 때문이다. 권리란 천부적으로 모든 주민에게 있으나, 헌장은 다수의 그 권리를 무효로 만들어, 즉 박탈함으로써 그 권리를 일부 소수에게 넘겨준다. 만일 헌장이 '자치단체의 구성원이 아닌 모든 주민은 투표권을 행사할 수 없다'는 식으로 직접적 어투로 표현되도록 구성된다면 그런 헌장은 사실 권리의 헌장이 아니라 박탈의 헌장이다. 그 결과는 현재의 헌장이 갖는 형태에서와 같고, 그 헌장이 작용하는 대상은 그것이 권리를 박탈하는 사람들뿐이다. 권리가 박탈되지 않아 권리를 보장받는 사람들은, 헌장이 없다고 해도 그 사회의 구성원으로서 누릴 수 있는 권리 이외의 다른 권리를 행사하는 것이 아니다. 따라서 헌장이란 간접적인 부정적 작용 이외의 다른 작용을 하지 못한다. 헌장은 A에게 권리를 부여하는 것이 아니라, B의 권리를 박탈함으로써 A에게 유리한 차별을 만든다. 그 결과 그것은 부정의의 도구가 된다.

그러나 헌장과 자치단체는 단순히 선거에 관련되는 것 이상의 더욱 광범한 악영향을 미친다. 헌장이 존재하는 곳에서 그것은 끝없는 분쟁의 원천이고, 그것은 국가사회에 공통되는 권리를 감소시킨다. 이러한 헌장과 자치단체의 작용 아래서 태어난 영국인은 완전한 의미에서 영국인이라고 할 수 없다. 그는 프랑스로부터 프랑스인이 자유롭고, 미국으로부터 미국인이 자유롭다고 하는 것과 동일한 의미에서 영국으로부터 자유롭다고 할 수 없다. 영국인의 권리는 마을, 경우에 따라서는 출생 교구에 한정되고, 그의 출신국임에도 불구하고 그 밖의 지역은 그에게 외국과 다름이 없다. 그 밖의 지역에서 거주권을 얻으려면 그곳을 구입하여 그 지역에 귀화하는 절차를 밟아야 한다. 그렇지 않으면 그는 그곳의 거주가 금지되거나 그곳에서 추방되기 마련이다. 이러한 봉건적 요소는 마을의 퇴폐와 그것에 의한 자치단체의 강화에까지 미치게 되고, 그 결과는 눈에 띄게 나타나고 있다.

자치 마을의 대부분은 고립되어 쇠퇴하고 있고, 항해할 수 있는 강이나 풍요한 주변 지역과 같은 위치의 조건에 의해서만 그 이상의 몰락이 저지되고 있다. 인구는 부의 중요한 원천이기 때문에 (인구가 없는 토지란 그 자체가 무가치하기 때문에) 인구를 억제하는 작용을 하는 것은 모두 재산의 가치를 감소시킴에 틀림없다. 그리고 자치단체는 이러한 경향만을 갖는 것이 아니라 직접 그런 결과를 초래하므로 해로운 것이 될 수밖에 없다. 누구나 그가 바라는 곳에 거주할 수 있는 일반적 자유를 갖는 정책 외에 다른 정책을 따라야 한다면, 새로 들어온 입주자에게 여타의 부과금을 강요함으로써 그들의 입주를 배제할 것이 아니라, (프랑스나 미국에서처럼) 그들에게 장려금을 지급하는 것이 더욱 합리적이리라.[180]

자치단체의 폐지에 대해 가장 직접적인 이해관계를 갖는 사람은 자치단체로 수립된 마을의 주민들이다. 맨체스터, 버밍햄, 셰필드의 경우는 이러한 중세적 제도가 재산과 상업에 미치는 폐해를 대조적으로 보여준다. 런던의 경우와 같이 템스 강변에 위치한다는 그 자연적이고 상업적인 유리함 때문에 자치단체라고 하는 정치적 악을 이겨낼 수 있는 힘을 갖게 된 몇 가지의 보기도 찾아볼 수 있으나, 다른 대부분의 경우 그 치명성이 너무나 분명해 이를 의심하거나 부인할 수 없다.

자치마을에서 재산 몰락에 의해 주민 자신이 영향을 받는 것처럼 그렇게 직접적인 영향을 받는 것은 아니지만, 국가 전체도 그 결과를 나누어 가진다. 재산 가치의 저하에 의해 전국의 상업량이 줄어들게 된다. 모든 사람은 자신의 능력에 비례한 소비자이고 국가의 모든 부분은 서로 거래를 하므로, 그 어느 부분에 대한 영향도 반드시 전체에 파급되기 마련이다.

영국 의회의 하나는 대체로 이러한 자치단체에서 선출된 의원들로 구성되므로 더러운 원천에서 순수한 흐름이 나올 리 없고, 그 악폐는 근원적 악폐의 계속에 불과하다. 도덕적 명예와 선량한 정치적 원리를 중시하는 사람은 이러한 선거에 수반되는 비열한 짓이나 수치스러운 수법에 굴복할 수 없다. 선거에 이기기 위해 그는 올바른 입법자의 자질을 포기해야 하고, 그렇게 의회에 들어가는 방식에 의해 부패에 이르는 훈련을 받게 된다. 따라서 그 대표기관이 그 사람보다 나을 것이라고 기대할 수 없다.

버크 씨는 영국 대의제에 대해 말하면서 기사 시대에서나 던져질 수 있을 과감한 도전장을 던졌다. 즉 그는 "우리의 대의제는 인민의 대의제가 바랄 수 있거나 고안할 수 있는 대의제의 모든 목적에 완전히 적합하게 수립됐다"고 한다. 이어 그는 "나는 우리 헌법의 적들이 반대하지 못한다고 믿는다"고 한다. 한두 해를 제외한 그의 정치생활 전반에 걸쳐 모든 의회 방식에 끝없이 반대한 사람에게서 나온 이런 선언은 지극히 비정상적이다. 그리고 그렇게 말하는 그를 그 자신과 비교해보면 이 선언은 그가 의원으로서는 자신의 판단에 반대되는 행위를 했거나, 저자로서는 자신에게 반대되는 선언을 한 셈이다.

그러나 결점이 있는 것은 오직 대의제만이 아니다. 따라서 나는 이어 귀족제에 대해서도 논의하겠다.

소위 귀족원은 다른 경우에 반대 법이 존재하는 바로 그런 기반과 매우 유사한 기반 위에 구성되어 있다. 그것은 하나의 공통 이해관계를 갖는 사람들의 결합체이다. 의회 중 하나가 토지재산 임대자라는 하나의 직업군으로 구성되어야 하는 이유란 있을 수 없다. 그것은 고용자, 양조업자, 제빵업자, 또는 다른 특수계급으로만 그것이 구성되어야 하는 이유가 없는 것과 마찬가지다.

버크 씨는 귀족원을 "지주층을 위한 안전의 거대한 기반이고 거대한 기둥"이라고 부른다. 이를 검토해보자.

국내의 다른 층보다 지주층이 더욱 요구하는 안전의 기둥이란 무엇이고, 국가의 일반적 이익과는 명백하게 다른 별도의 대의제를 요구할 수 있는 어떤 권리를 지주층이 갖는가? 이 권력의 유일한 용도는 (그리고 지금까지 항상 추구돼온 용도는) 세금을 회피하는 것이고, 자신들이 거의 영향을 받지 않을 소비품에 그 부담을 지우는 것이다.

파당에 입각한 정부구성 결과가 이러하다는 (그리고 앞으로도 그럴 것이라는) 사실은, 그 과세의 역사를 살펴보면 영국에서 뚜렷이 나타난다.

일반 소비품목에 대한 세금이 증대되어 왔음에도 불구하고 이러한 '기둥'에게 더욱 특별한 영향을 끼치는 토지세는 감소해 왔다. 1778년의 토지세 총액은 195만 파운드로, 거의 백 년 전의 그것보다 50만 파운드나 준 것이었다.[181] 그러나 많은 사례로 보아 그 후 지대는 2배나 올랐다.

하노버 사람들이 건너오기 전에는 세금이 토지와 소비품목 사이에 거의 평등하게 분담됐고, 토지에 좀더 많은 분담이 이루어졌다. 그러나 그 후 매년 1300만 파운드의 새로운 세금이 소비품목에 부과됐다. 그 결과 빈민의 수와 참상이 끝없이 증대됐고, 구빈세 징수액도 증가했다. 그러나 여기서도 다시금 부담은 귀족층과 그 밖의 사회계층 사이에 평등하지 않았다. 귀족층은 도시에서나 농촌에서나 빈민의 주거와 섞이지 않았다. 그들은 빈곤으로부터 멀리 떨어져 살고, 빈곤을 구제하는 부담도 지지 않는다. 그런 부담이 가장 무거운 곳은 공장이 있는 도시나 노동자 마을이고, 그 대부분에서는 어떤 빈민들이 다른 빈민들을 먹여 살린다.

가장 무거운 고액의 세금 가운데 일부는 '기둥'에게는 면제되도록 고안됐고, 그래서 얼마든지 방어되는 위치에 있다. 매매를 위해 양조되는 맥주 세금은 귀족층과 무관하다. 왜냐하면 귀족층은 세금 없이 자기가 마실 맥주를 양조하기 때문이다. 세금은 오직 양조할 시설이나 능력을 갖지 못한 사람, 그리고 그것을 조금씩 사야 하는 사람들에게 부과된다. 그러나 이렇게 귀족층이 면제받는 세금만도 토지세 전액과 거의 같아, 1788년에는 166만 6152파운드에 이르렀고 지금도 마찬가지이며, 게다가 누룩과 호프에 대한 세금까지 더하면 토지세를 초과한다는 것을 알게 될 때 사람들은 과세의 공정성에 대해 어떻게 생각할까? 하나의 유일 품목, 그것도 주로 노동계층이 대부분 소비하는 것 중 하나에 대한 세금이 나라의 모든 지대에 부과되는 세금과 같다는 것은 아마도 재정의 역사에서 그 유례가 없는 일이리라.

이것이 공통이익의 결합이라고 하는 기반 위에 구성된 한 의회로부터 나오는 하나의 결과다. 왜냐하면 각 당파에 관련된 각자의 정략이 무엇이건 간에 그 점에서 그들은 일치하기 때문이다. 하나의 결합체가 어떤 상품의 가격이나 자신들의 보수율을 올리는 행위를 하거나 세금부담을 자신으로부터 다른 계층에게 이전하는 행위를 하거나 간에 그 원리와 결과는 마찬가지다. 그리고 만일 그 중 하나가 불법적이라고 한다면, 다른 행위가 존재해야 함을 보여주기 어려우리라.

세금이란 먼저 평민원에서 제의한다고 말하는 것은 소용없다. 왜냐하면 귀족원은 언제나 거부권을 갖고 있기에 언제나 스스로 방어할 수 있고, 제의된 조치에 대한 묵인이 사전에 양해되지 않는다고 가정하는 것도 어처구니없기 때문이다. 뿐만 아니라 귀족원은 선거구 거래에 의해 엄청난 영향력을 확보하고 있고, 지극히 많은 관계와 관련성이 평민원 양쪽에 깔려 있어서, 귀족원에 절대적인 거부권이 부여되어 있을 뿐만 아니라 모든 공통 관심사에 대해 평민원에게도 우월권이 부여되어 있는 정도이다.

'지주층'이라는 말은, 만일 그것이 자신의 금전적 이해관계가 농민의 이해관계, 그리고 무역, 상업, 공업 각 부분의 이해관계와 대립되는 귀족 지주들의 결합을 뜻하는 게 아니라면, 그 밖에 다른 어떤 의미를 갖는지 알기 어렵다. 그 밖의 다른 모든 점에서 그것은 부분적 보호를 필요로 하지 않는 유일한 계층이다. 그들은 세계 전체의 보호를 받는 혜택을 누린다. 지위가 높은 사람이건 낮은 사람이건 모든 개인은 땅에서 나는 열매에 관심을 가진다. 수확을 거두들이지 못하는 경우에는 남녀노소나 계층에 관계없이 누구나 농부를 도우려고 나서리라. 그들은 다른 재산에 대해서는 그렇게 행동하지 않을 것이다. 농업은 인류가 모두 기도를 바치는 유일한 대상이고, 수단이 모자라서 안 하게 되지 않는 유일한 것이다. 그것은 정책에 관련된 것이 아니라 인간의 생존과 관련된 것이고, 그것이 없어지면 인간도 없어져야 하리라.

하나의 나라에서 이처럼 일치된 지지를 받는 일은 달리 없다. 농업에 비하면 상업, 공업, 예술, 학문, 그리고 그 밖의 모든 것은 오직 부분적인 지지만 받을 뿐이다. 이런 것들의 번영이나 몰락은 농업처럼 전반적인 영향을 주지 않는다. 골짜기가 웃고 노래할 때 기뻐하는 것은 농부만이 아니며, 모든 생명체가 기뻐한다. 농업의 번영은 모든 질투를 배제하는 번영이다. 다른 것에 대해서는 이와 같이 말할 수 없다.

그렇다면 왜 버크 씨는 귀족원을 지주층의 기둥이라고 말했을까? 그 기둥이 땅 속으로 가라앉는다 해도 그들의 토지재산은 그대로 남아있게 되고 경작, 파종, 수확도 그대로 진행되리라. 귀족은 토지를 경작하고 생산하는 농부가 아니라 단순히 지대의 소비자에 지나지 않는다. 그리고 활동적인 세계와 비교할 때 그들은 꿀을 거두어들이지도 벌집을 짓지도 않고, 그저 게으른 향락을 위해 살아가는 수벌이고 기둥서방이다.

버크 씨는 그의 첫 논문에서 귀족을 "세련된 사회의 코린트식

기둥머리"라고 불렀다. 그런데 그는 그 모습을 다듬어가면서 기둥머리 밑에 둘 '기둥'이란 말을 더했다. 그러나 여전히 초석은 없다. 하나의 나라가 삼손처럼 눈멀지 않고 대담하게 행동한다면 다곤의 사원, 즉 영주와 블레셋의 사원은 무너지고 만다.[182]

하나의 의회가 하나의 특정 계층을 보호하기 위해 한 계층의 사람들로 구성돼야 한다면, 다른 계층도 마찬가지로 그들 나름의 의회를 구성해야 할 것이다. 과세의 불평등과 과부담은, 그것을 어느 계층에게는 인정하고 다른 계층에는 인정하지 않는 데서 생긴다. 농민들의 의회가 있었다면 사냥규제법은 없었을 것이고, 상공업자의 의회가 있었다면 세금이 그토록 불평등하거나 과중하지 않았으리라. 세금이 아무런 규제도 받지 않고 터무니없이 오른 것은, 그 대부분을 자신의 어깨에서 벗어내어 집어던질 수 있는 사람들의 손에 과세권이 주어졌다는 데서 비롯됐다.

중소 규모의 재산 소유자들은 토지재산에 대한 세금을 배제하는 것을 통해 부담이 덜어지기는커녕 도리어 소비품에 대한 세금의 부과로 인해 더 손해를 입었다. 그 이유는 다음과 같다.

첫째, 그들은 그들의 재산에 비해 대재산가보다 과세된 생산품을 더 많이 소비한다.

둘째, 그들의 주택은 대부분 도시에 있고, 그들의 재산은 토지가 아닌 가옥 위주로 돼있기 때문에 지세가 오르는 경우에 비해 소비세의 형태로 부담하는 구빈세 부담이 더 크다. 버밍햄의 구빈세는 파운드당 7실링 이상이다. 그런데 앞에서 보았듯이 귀족은 대부분이 구빈세를 면제받는다.

그러나 이상은 귀족원이라고 하는 이상한 제도에서 나오는 폐단의 일부에 불과하다.

하나의 결합체로서의 귀족원은 언제나 상당한 액수의 세금을 스스로 벗어버릴 수 있다. 누구에게도 책임지지 않는 세습적 의회인 귀족원은 마치 부패 선거구와 같이 이해관계에 좌우될 수 있다. 그 구성원은 소수에 불과하고, 그들은 어느 모로 보아도 공금에 참여하는 자나 처분하는 자가 아니다. 어떤 자는 촛불을 들고 시종이 되는가 하면, 다른 자는 침실의 관리자나 의복담당관, 또는 그 밖의 다른 명목상 지위를 맡으며, 그 각각에는 공적인 세금에서 지불되는 연봉이 따르게 되어 부패의 모습을 직접 보여주지는 않는다. 이런 그들의 상태는 인간으로서의 성품을 타락시키고, 이런 상태가 지배하는 곳에서 명예가 존재할 수 없다.

이 모두에게 다시 공공비용으로 먹여 살려야 하는 수많은 의존자들, 즉 젊은 분가자와 먼 친척들이 추가된다. 요컨대 한 나라의 귀족제에 소요되는 경비를 추산하면, 그것은 빈민 구제의 경비에 거의 필적함을 알 수 있다. 리치먼드 공작 혼자만으로 (그리고 이와 같은 사례는 많다) 2000명의 빈민과 노인을 먹여 살릴 액수를 떼어간다. 그렇다면 이러한 국가제도에서 세금과 구빈세가 오늘처럼 증대되었다고 해서 놀랄 일이 있겠는가?

이러한 사실을 설명하면서 나는 어떤 감정에도 사로잡히지 않고 오직 인간성이 지시하는 바에 따라 공명정대하게 말하고 있다.

나는 적절하지 못하다고 생각해서 여러 가지 제안을 거절했을 뿐만 아니라, 어쩌면 명성과 함께 받아들일 수도 있었던 보수를 거절해왔다. 그런 나에게 그런 비열함과 협잡이 구역질나게 느껴지는 것은 당연하다. 독립성이야말로 나의 행복이고, 사물을 장소나 인물에 구애받지 않고 있는 그대로 바라보게 해준다. 내 나라는 세계이고, 나의 종교는 선을 행하는 것이다.

버크 씨는 장자상속제라는 귀족적 법에 대해 "그것은 우리의 토지 상속에 대한 불변의 법으로, 의심할 바 없이 무게와 중대성 있는 인물들을 유지하려는 다행스러운 경향을 가진다"고 말한다.

버크 씨는 장자상속제 법을 자기 마음대로 부를 수 있을지 몰라도, 인간성과 공정한 고찰은 그 법을 야만적인 불의의 법으로 규탄하리라. 우리가 장자상속제의 일상적 관습에 물들지 않았다면, 또 장자상속제 법이 멀리 떨어진 다른 지역의 법이라고 한다면, 우리는 그런 나라의 입법자들이 아직 문명상태에 이르지 못했다는 결론을 내릴 것이다.

장자상속제 법이 무게와 중요성 있는 인물들을 떠받친다고 하나, 나에게는 도리어 그 반대가 사실인 것으로 보인다. 그것은 인간의 성격을 왜곡시키고, 가족의 재산에 대한 일종의 약탈행위다. 그것은 종속적 소작인들 사이에서는 무게를 가질지 모르나, 전국적인 인물에게는 아무런 무게도 부여하지 않고, 세계적인 차원의 인물에게는 더욱 더 그렇다. 나 자신에 대해 말하자면, 나의 부모는 교육을 통해 나에게 준 것 외에 나에게 단 한 푼도 줄 수 없었고,

교육비 지출로 인해 그들의 살림은 쪼들렸다. 그러나 나는 버크 씨가 갖고 있는 귀족명부에 들어 있는 그 누구보다도 이 세상에서 소위 중요성이라는 것을 더 많이 가지고 있다.

지금까지 양원제 의회의 결점에 대해 살펴왔는데, 이제는 소위 왕위에 대해 매우 간단히 언급하겠다.

왕위란 연봉 백만 파운드짜리 명목상 관직을 뜻하고, 그 직무는 돈을 받는 일이다. 왕이 현명하든 바보이든, 정신이상자이든 아니든, 본국인이든 외국인이든 문제가 안 된다. 모든 장관은 버크 씨가 쓴 것과 같은 이념, 즉 인간은 눈가림을 당해야 하고, 갖가지 도깨비에 홀려 미신의 무지에 갇혀있어야 한다는 이념에 입각하여 행동한다. 소위 왕위란 이 목적에 적합하고, 왕위에게서 기대되는 모든 목적에 부합한다. 왕위의 이런 측면은 양원의 경우보다 더욱 두드러진다.

모든 나라에서 왕이라는 직위가 직면하는 위험은, 왕 개인에게 일어날 수 있는 어떤 것에서 나오는 것이 아니라, 국민에게 생길지 모르는 것, 즉 국민이 각성하게 되는 것이다.

왕위를 집행권이라고 부르는 것이 지금까지의 관행이었고, 그런 관행의 근거가 되는 이유가 없어졌음에도 불구하고 그런 관행 자체는 유지되고 있다.

왕으로 불리는 인물이 과거에는 법률의 시행이나 집행에서 일종의 재판관으로 행동했기 때문에 왕위가 집행부로 불렀던 것이다. 당시의 법원은 궁정의 일부였다. 따라서 현재 사법부라고 하는 권력이 당시에는 소위 집행부였다. 결국 왕위와 집행부라는 두 말 중 하나는 이제 쓸데가 없고, 두 직책 중 하나는 무용지물이다. 지금 우리가 왕위라고 하는 것은 아무런 뜻도 없다. 그것은 재판관도 장군도 의미하지 않는다. 뿐만 아니라 이제 지배자는 법률이지 인간이 아니다. 공허한 형식에 중요성이라는 외관을 부여하기 위해 왕위라는 낡은 용어가 보존되고 있지만, 그것이 갖는 유일한 효능은 경비지출뿐이다.

국가를 오늘날의 그것보다 인류의 전반적 복지에 더욱 공헌하도록 변화시키는 방법에 대해 논의하기 전에 영국의 세제 발전에 대해 살펴보는 것도 무의미하지 않으리라.

일단 세금이 부과되면 결코 없어지지 않는다는 것이 일반적인 생각이다. 최근 이것이 아무리 사실이라고 해도 과거에도 언제나 그런 것은 아니었다. 그렇다면 옛날 사람들은 오늘날의 사람들보다 국가를 더욱 잘 감시했든가, 아니면 국가가 덜 낭비적으로 운영됐다고 봐야 한다.

노르만 정복과 소위 왕위 수립 이래 이제 칠백 년이 된다. 이 기간을 백 년씩 일곱 개의 시기로 나누면 각 시기의 매년 과세액은 다음과 같았다.

1066년부터 윌리엄 정복왕이 부과한 매년 과세액	40만 파운드
정복 후 100년간의 매년 과세액 (1166)	20만 파운드
정복 후 200년간의 매년 과세액 (1266)	15만 파운드

정복 후 300년간의 매년 과세액 (1366)	13만 파운드
정복 후 400년간의 매년 과세액 (1466)	10만 파운드

위 표와 다음 표들은 모두 존 싱클레어 경의 《재정사》에서 뽑은 것이다. 이 책에 따르면 과세액은 사백 년간 계속 줄어들었다. 구체적으로는 그 기간에 과세액은 4분의 3이 줄어들어, 40만 파운드에서 10만 파운드로 떨어졌다. 지금 영국 인민은 그 조상의 용감성에 대해 전통적이고 역사적인 생각을 갖고 있다. 그러나 그들의 미덕이나 악덕이 어떠했든 그들은 분명 기만당하지 않는 인민이었고, 항상 국가로 하여금 원칙을 두려워하게 하지는 못해도 적어도 과세는 두려워하게 만든 인민이었음에 틀림없다. 그들은 비록 전제군주의 약탈을 배제하지는 못했지만, 그것을 공화주의적 과세로 한정했다.

이제 나머지 삼백 년을 검토해보자.

정복 후 500년간의 매년 과세액 (1566)	50만 파운드
정복 후 600년간의 매년 과세액 (1666)	180만 파운드
정복 후 700년간의 매년 과세액 (1791)	1700만 파운드

처음 사백 년과 나중 삼백 년의 과세액 차이가 너무나 놀랍기 때문에 영국의 국가 성격이 바뀌었다고 보는 견해를 시인할 정도다. 옛날 영국인들을 지금 존재하는 과중한 과세상태로 끌어넣기란

불가능하리라. 그리고 백년 전에는 육해군을 비롯해 연봉을 받는 모든 공직자의 봉급이 지금과 같았지만, 과세액은 오늘날의 십분의 일을 초과하지 않았음을 생각할 때 그 막대한 증가와 지출의 원인을 낭비, 부패, 음모 이외의 다른 것에서 찾기란 불가능한 것처럼 보인다.[183]

1688년 혁명과 함께, 나아가 하노버가의 왕위 계승 이후에는 더욱 더 대륙적 음모의 파괴적 체계와, 대외전쟁과 외국지배에 대한 열망이 나타났다. 그 확고한 신화의 체계는 아무리 경비가 들어도 문제되지 않아, 항목 하나 추가하는 것만으로도 수백만 파운드가 더 들었다. 프랑스혁명이 그 체계의 분쇄에 기여하여 거짓 주장을 끝내지 않았다면, 과세가 얼마나 과중하게 되었을지 모른다. 혁명이란 당연히 그렇듯이 프랑스혁명이 두 나라의 세금부담을 경감시키는 다행스러운 역할을 했다고 볼 때, 그것은 프랑스에는 물론 영국에도 매우 중요한 사건이었다. 또한 그것이 초래하고 유도해 낼 수 있는 모든 이익에 적합하도록 개선된다면, 두 나라에서 다같이 축하할 만하다.

이 주제를 추구하면서 나는 처음으로 제기되는 문제, 즉 세금부담의 경감이라는 문제부터 시작하겠다. 그리고 이어 영국, 프랑스, 미국 세 나라에 관해 현재의 사태 전망으로 정당하게 보이는 사항과 제안을 제시하겠다. 나의 제안은, 뒤에 적절한 곳에서 설명될 목적을 위해 세 나라가 동맹을 맺는 것이다.

과거에 일어난 일은 다시 일어날 수 있다. 과세의 변동을 보여준 앞의 표에 의해 과세액이 과거 액수의 사분의 일로 줄었음을 보았다. 현재의 조건에서는 그와 똑같은 감소가 허용되지 않겠지만, 과거보다 더 짧은 기간에 과세액의 감소를 실현하기 위한 일에 착수할 수는 있다.

1788년의 미카엘 축일[184]로 끝나는 연도의 과세액은 다음과 같았다.

토지세	195만 파운드
관세	378만 9274 파운드
소비세(신구 맥아 포함)	675만 1727 파운드
인지세	127만 8214 파운드
기타 세 및 부가세	180만 3755 파운드
계	**1557만 2970 파운드**

1788년 이래 100만 파운드가 넘는 새로운 조세가 부과됐고, 그 밖에 복권에서 나오는 돈도 있다. 따라서 전체 과세액은 과거보다 더 큰 금액일 것이며, 총액은 거의 1700만 파운드에 이른다.

주의할 점은, 거의 200만 파운드 가까운 세금징수 비용과 환불금은 총액에서 공제됐고, 위 액수는 국고에 불입된 순액이라는 점이다.

1700만 파운드라는 액수는 두 가지의 상이한 목적, 즉 국채의 이자 지불과 매년의 경상비로 사용된다. 약 900만 파운드가 전자에,

나머지 약 800만 파운드가 후자에 배정된다. 국채의 감소를 위해 할당됐다고 하는 100만 파운드는 한 손으로는 지불하고 다른 손으로는 받아가는 것과 같은 것이어서 주목할 가치가 없다.

프랑스는 다행히도 국채상환을 위한 국유토지를 소유하므로 세금을 줄일 수 있다. 그러나 사정이 다른 영국에서는 세액의 감소가 경상비의 감소, 즉 앞으로 매년 400만~500만 파운드의 감소에 의해서만 가능하다. 그것이 가능해지면 미국전쟁에서 소요된 막대한 비용을 상계하고도 남고, 폐단이 생겨난 바로 그 원천에서 절약을 가능하게 하리라.

국채는 그 이자가 세액 중에서 아무리 무겁다고 해도 상업에 유용한 자본을 살리는 데 기여하므로, 그 효능으로 인해 그 자신의 무게에 상당하는 부분을 상계한다. 그리고 영국 내 금은의 양이 이래저래 부족하므로[185] (6000만 파운드가 되어야 하는데 2000만 파운드도 되지 못하므로) 그 부족분의 보충에 기여하는 자본을 소멸시킨다는 것은 불공정하고 서투른 정책이다. 그러나 경상비의 경우 무엇이든 절약함이 바로 이익이다. 지나친 절약은 부패를 낳을 수도 있으나, 국채의 이자처럼 신용과 상업에 반작용을 불러일으키지는 않는다.

영국 정부(국민이 아니라)가 프랑스혁명에 대해 비우호적임은 이제 매우 공공연한 사실이다. 궁정의 음모를 폭로하고 세금 감소에 의해 궁정의 영향력을 약화시키는 데 기여하는 것이라면 무엇이건 약탈품을 먹고사는 사람들에게 환영받지 못하리라. 과거 프랑스에서는 음모, 자의적 권력, 가톨릭, 나막신[186]의 소란이 지속되는 동안 그 국민은 세금을 바치도록 쉽사리 꼬임을 당하고 경고를 받았다. 그러나 이제 그런 시대는 지나갔다. 거짓은 그 마지막 수확을 거두었으며, 두 나라와 세계를 위해 더욱 좋은 시절이 눈앞에 나타나고 있다.

앞으로 설명할 목적을 위해 영국, 프랑스, 미국 사이에 하나의 동맹이 체결된다고 가정하면, 프랑스와 영국의 국가지출은 감소하게 될 것이다. 양국에 동일한 육해군이 필요 없게 되고, 감소는 양쪽에서 똑같이 이루어질 수 있다. 그러나 이러한 목적을 달성하기 위해서는, 두 정부가 반드시 동일하고 일치된 원리에 부합해야 한다. 어느 한쪽에 적대감이 남아 있거나, 한쪽이 허심탄회한 것에 반해 다른 쪽은 신비와 비밀에 쌓여있다면 신뢰는 이루어질 수 없다.

신뢰가 이루어지고 동맹이 체결된다면 국가지출은 유례없이 엄청나게 줄어들어 프랑스와 영국이 적대적이지 않았던 시기로 되돌아갈 수 있다. 결국 이는 하노버가의 왕위 계승 이전이고, 또한 1688년 혁명 이전일 것이다.[187] 그러한 시기 이전에 나타난 최초의 사례는 너무나 낭비가 심하고 방탕했던 찰스 2세[188] 때다. 당시 영국과 프랑스는 동맹국이었다. 내가 이 엄청난 낭비의 시대를 선택한 이유는, 오늘날의 낭비가 더욱 지나친 것임을 보여주기 위해서다. 특히 육해군 및 세무관리의 봉급은 그 후 오른 적이 없다.

당시의 평시 재정은 다음과 같았다(존 싱클레어 경의 《재정사》

를 참조하라).

해군	30만 파운드
육군	21만 2000파운드
무기	4만 파운드
왕실비	46만 2115파운드
계	**101만 4115파운드**

그러나 의회는 매년의 평시 재정을 120만 파운드로 정했다.[189] 그 앞 엘리자베스 시대의 세액은 50만 파운드에 불과했으나, 당시 국가는 전혀 재정곤란을 느끼지 않았다.

따라서 프랑스혁명으로부터, 양국의 서로 접근하는 조화와 호혜적인 이해관계로부터 생기는 모든 상황과 함께, 양국의 궁정 음모 금지와 정부에 관한 학문의 지식 발달을 고려하면 매년의 지출을 150만 파운드까지 축소할 수 있다. 즉,

해군	50만 파운드
육군	50만 파운드
정부비용	50만 파운드
계	**150만 파운드**

이 액수도 미국 정부 지출보다 6배나 크다. 영국의 일반 국내통

치(사계재판, 배심, 순회재판에 의해 행해지는 것으로서 사실 이것이 국내통치의 전부이고 국민에 의해 행해진다)는, 미국의 같은 종류와 부분보다 비용이 덜 든다.

지금은 국가가 합리적으로 되어야 할 시대이지, 동물을 타는 사람들의 재미를 위해 동물처럼 지배되는 시대가 아니다. 왕의 역사를 읽노라면 정부라는 것은 사슴사냥으로 구성되고, 각국이 그 사냥꾼에게 매년 백만 파운드를 지불한다는 생각이 들기 마련이다. 인간이라면 이런 기만에 대해 얼굴을 붉힐 만큼 긍지나 수치심을 가져야 하고, 인간의 본성을 느낀다면 의당 그럴 것이다. 이런 성질의 모든 주제에 대해, 우리가 아직도 스스로 장려하고 공표할 만큼 익숙하지 않은 일련의 사고가 마음속을 스쳐 지나가는 경우가 흔히 있다. 신중성이라는 옷을 입은 그 무엇에 의해 제약을 받아, 인간은 타인에게 그러는 것처럼 자신에게도 위선적인 행위를 한다. 그러나 이러한 마법이 얼마나 빨리 풀리는가를 관찰하면 참으로 신기하다. 대담하게 생각되는 말 한 마디가 모든 사람들에게 올바른 느낌을 갖게 하는 일이 종종 있다. 국민 전체도 같은 식으로 행동하곤 한다.

일반 정부를 구성하는 직제는 그것이 어떤 이름으로 불려지든 문제가 되지 않는다. 앞에서 보았듯이 통상의 직무에서 대통령, 왕, 황제, 의원 등 어떻게 불려지든, 그가 수행할 수 있는 봉사의 대가로 매년 만 파운드 이상을 나라로부터 받을 수 있는 사람은 없다. 그리고 자신의 봉사 이상으로 보수를 받아서는 안 되므로 정상적인 마음을 갖는 사람이라면 누구나 그 이상을 받으려 하지 않으리라. 공금은 가장 고결한 명예심으로 다루어야 한다. 공금은 부자에게서 나온 것도 있지만, 노동과 빈곤 속에서 어렵게 번 돈으로부터 나온 것도 있다. 심지어 결핍과 비참의 고통으로부터도 나온다. 거리를 지나가거나 거리에서 죽는 걸인이라고 해도 그 미력이나마 그 전체에 기여하지 않는 자는 없다.

미국 의회가 그 의무와 그들 선거구 주민의 이익을 저버리고 워싱턴 장군에게 미국 대통령의 보수로 매년 백만 파운드를 제공하는 일이 설혹 있을 수 있다고 해도, 그는 그것을 받으려고 하지도 않고 받을 수도 없으리라. 그의 명예심은 다른 종류의 것이다. 자국의 수천 가문의 능력보다 못한, 외국에서 수입된 일가를 유지하기 위해 영국은 지금까지 거의 7000만 파운드를 사용했다. 그러고도 새로운 돈벌이 목적의 후보자가 나타나지 않고 일 년이 지나는 경우는 거의 없었다. 심지어 의사의 청구서까지 대중에게 지불하도록 보내어졌다. 감옥이 만원이 되고, 세금과 구빈세가 느는 것은 이상한 일이 아니다. 그런 체계 하에서는 이미 일어난 일 외에는 바랄 것이 없다. 따라서 개혁이 생긴다면 그것은 반드시 국민에게서 오는 것이지 정부로부터 올 수 없다.

영국과 같은 넓이를 가진 나라에서는 육해군을 제외한 모든 정부비용의 지출에 50만 파운드면 충분하고도 남는다는 점을 보여주기 위해 어느 나라에 대해서나 다음과 같은 계산을 제시한다.

먼저, 공정하게 선출된 300명의 의원이면 입법행위가 적용될 수 있는 모든 목적에 충분하고, 그것보다 더 많은 수보다 낫다. 그들은 두셋의 의회로 나눠질 수 있고, 프랑스에서처럼 일원으로 모일 수도 있으며, 또는 헌법에 따라 달리 모일 수도 있다.

자유국가에서 의원직은 모든 지위 중에서 가장 명예로운 것으로 생각되기 때문에 그 수당은 의원이 직무로 지는 비용을 지불하는 것에만 필요한 정도일 뿐이고, 그 직책에 대해 주는 것일 수가 없다.

만일 매년 500파운드씩을 각 의원에게 수당으로 지불하되 결석일에는 공제한다고 하면, 모든 의원이 매년 6개월씩 출석한다고 가정할 때 비용은 매년 7만 5000파운드가 된다.

아울러 공적 직책의 수와 그 연봉은 다음 수준을 초과할 수 없도록 하는 것이 합리적이다.

의원들의 수당	7만 5000파운드
1만 파운드를 받는 직책, 3개,	3만 파운드
5000파운드를 받는 직책, 10개,	5만 파운드
2000파운드를 받는 직책, 20개,	4만 파운드
1000파운드를 받는 직책, 40개,	4만 파운드
500파운드를 받는 직책, 200개,	10만 파운드
200파운드를 받는 직책, 300개,	6만 파운드
100파운드를 받는 직책, 500개,	5만 파운드

75파운드를 받는 직책, 700개,	5만 2500파운드
계	**49만 7500파운드**

만일 어떤 나라에서 모든 직책으로부터 4퍼센트씩 공제할 수 있다면 연봉 2만 파운드의 직책 하나를 만들 수 있다.

모든 세무관리는 그들이 징수하는 돈에서 보수를 받으므로 위 계산에 포함되지 않는다.

위의 것은 정확한 직책 내용으로 제시된 것이 아니라, 50만 파운드로 유지할 수 있는 직책 수와 연봉 금액을 보여준 것에 불과하다. 그러나 경험상 이러한 비용조차 정당화할 만큼 충분한 직무를 찾기란 어려우리라. 현재의 관청업무 수행방식을 보면 우체국이나 재무와 관련된 일을 하는 몇몇 관청의 장은 매년 3~4회 서명하는 것 외에 다른 일을 하지 않으며, 모든 임무는 하급 서기들에 의해 수행되고 있다.

따라서 정부의 모든 건실한 목적 달성을 위해 필요한 충분한 평시 재정을 150만 파운드로 잡으면, 방탕하고 낭비적이었던 찰스 2세 시대의 평시 재정보다 (이미 보았듯이 육해군 및 세무공무원에 대한 보수와 연봉은 그 당시와 같음에도 불구하고) 30만 파운드가 더 많은 셈인데, 현재의 경상비에서 600만 파운드 이상의 잉여가 남게 된다. 그렇다면 문제는 그 잉여를 처분하는 방법이 될 것이다.

거래와 세금이 서로 꼬이는 방식을 관찰해 본 사람이면 누구나 그것들을 일순에 분리시킬 수 없음을 알 것임에 틀림없다.

첫째, 현재 가지고 있는 물품은 이미 세금이 부과된 것이고, 따라서 현재의 재고품에 대해서는 감면이 있을 수 없기 때문이다.

둘째, 배럴, 혹스헤드, 헌드레드 웨이트, 턴[190] 등과 같은 큰 단위로 세금이 부과된 여러 물품의 경우 그 세금 폐지가, 파인트나 파운드 단위로 구입하는 소비자를 충분히 구제할 수 있는 정도까지 세분되는 것을 허용하지 않기 때문이다. 강한 도수의 맥주에 부과된 최근의 세금은 배럴당 3실링이었는데, 만일 그것을 폐지한다면 파인트당 8분의 1페니를 줄이는 셈이고, 결국 실제적인 감면이 되지 못하리라.

이상이 세금 대부분의 실정이므로 이러한 난점이 없고, 직접적이고 가시적으로 즉각 기능할 수 있는 구제를 찾을 필요가 있게 된다.

그렇다면 먼저 구빈세야 말로 어느 가구주나 느끼는 직접세이다. 또한 그들은 자신이 지불하는 액수를 4분의 1페니 단위까지 알고 있기도 하다. 전국의 구빈세 총액은 확실히 알려져 있지 않지만 추산할 수는 있다. 존 싱클레어 경은 그의 《재정사》에서 그것을 210만 587파운드라고 말했다. 그중 상당 부분이 소송에 사용되나, 그 소송에서 빈민은 구제를 받기는커녕 괴로움을 당한다. 그러나 교구의 입장에서는 지출의 원인이 무엇이든 간에 결국은 마찬가지 지출이다.

버밍엄의 1년 구빈세액은 1만 4000파운드다. 이는 거액이기는 하나, 인구에 비하면 그다지 큰 액수는 아니다. 버밍엄의 인구를 7

만 명이라고 하고 7만 명 인구에 1만 4000파운드 구빈세라는 비율로 보면, 영국 전체 인구를 700만 명으로 잡을 때 구빈세 총액은 140만 파운드에 불과하게 된다. 따라서 버밍엄은 구빈세 부과액에 비해 인구가 과다 할당되었다고 볼 수 있으리라. 전국의 구빈세 총액을 200만 파운드로 잡으면 1만 4000파운드는 5만 명의 인구에 합당한 것이 된다.

그러나 여하튼 그것은 과중한 세금부담의 결과 이외의 다른 것이 아니다. 왜냐하면 세금액이 매우 낮았을 때는 빈민도 생계를 유지할 수 있었고 구빈세도 없었기 때문이다.[191] 현재 상태로는 아내와 두세 명의 아이를 둔 노동자도 일 년에 칠팔 파운드 이상의 세금을 낸다. 그러나 노동자는 이런 세금 부담을 깨닫지 못한다. 왜냐하면 그것은 그가 사는 물품으로 변장되어 있고, 그는 그저 물건값이 비싸다고 생각할 뿐이기 때문이다. 그러나 세금이 그에게서 적어도 그의 연소득액의 4분의 1을 빼앗아가기 때문에 결국 그는 그의 가족을 먹여 살릴 수 없고, 특히 그 자신이나 가족 중 누군가가 병에 걸리게 되면 더욱 그렇다.

따라서 실질적 감면의 제일보는 구빈세의 완전한 철폐이고, 그 대신 잉여세액 중 현재 구빈세액의 두 배, 즉 매년 400만 파운드를 빈민에게 부과하는 세금에서 감면하는 것이다. 이 조치에 의해 빈민은 200만 파운드의 혜택을 받게 되고, 가구주도 200만 파운드의 이득을 보게 되리라. 이것만으로도 1억 2000만 파운드의 국채 감소와 마찬가지가 될 것이고, 결국 미국 전쟁에 소요된 모든 비용과 같게 되리라.

그렇다면 400만 파운드라는 이 감면을 가장 효과적으로 분배하는 방식을 고찰하는 것만이 남게 된다.

빈민은 일반적으로 어린이들과 노동능력이 없는 노인을 포함한 대가족으로 구성된다는 점은 쉽게 알 수 있다. 이 두 계층을 부양할 수 있게 되면 그 구제는 그 경우의 최대 범위까지 미치게 되고 나머지는 부수적이게 되며, 대체로 공제조합의 관할 속에 들어가게 된다. 공제조합은 본래 보잘것없는 기구였으나 지금은 최상의 제도 중 하나로 꼽힐 만하다.

영국의 인구를 700만 명으로 보고 그중 5분의 1이 지원을 필요로 하는 빈민층이라고 한다면 그 수는 140만 명이리라. 뒤에서 자세히 언급하겠지만 그중 14만 명은 노인으로, 그들에게는 특별한 구제책이 마련돼야 한다.

그렇다면 126만 명이 남는데, 한 가족을 다섯 명으로 보면 그것은 25만 2000가구가 된다. 그들은 아동의 양육비와 세금의 무게로 인해 빈민이 되었다.

각 가구의 14세 미만 아동 수는 두 가구당 다섯 명 정도가 된다. 즉 한 가구에 2명이 있다면 다른 가구에는 3명, 한 가구에 1명이 있다면 다른 가구에는 4명, 혹은 어떤 가구는 없고 다른 가구에는 5명일 것이다. 그러나 14세 미만의 아동이 5명을 넘는 경우는 거의 없고, 그 나이를 지나면 노동을 하거나 견습직공이 된다.

두 가구당 5명의 아동(14세 미만)이 있다고 하면, 아동 수는 63

만 명, 부모 모두 살아있다고 할 때 부모 수는 50만 4000명이다.

아동만 부양된다면 부모의 부담은 크게 줄어든다. 왜냐하면 그들의 빈곤은 아동의 양육비에 기인하기 때문이다.

이상 어린 가족 때문에 구호를 필요로 한다고 생각되는 가장 많은 수를 조사했다. 이제 나는 구제나 분배의 방식에 대해 이야기하겠다. 그 방식은 바로 이런 것들이다. 잉여세액 중에서 구빈세 대신 14세 미만의 아동 한 명당 매년 4파운드를 세액의 감면으로써 빈곤층 각 가구에 지불할 것. 그런 다음 아동의 부모로 하여금 아동을 학교에 보내어 읽기, 쓰기, 일반 산수를 배우게 할 것. 각 교구 각 교과의 목사는 그 의무를 수행할 하나의 직책을 공동으로 인정할 것.

그 비용은, 63만 명의 아동에 대해 일인당 매년 4파운드로 보면 252만 파운드이다.

이 방법을 택한다면 부모의 빈곤이 구제될 뿐만 아니라, 무지 또한 다음 세대에서 소멸되고, 그들의 능력이 교육의 도움에 의해 더욱 커질 것이므로 빈민의 수도 앞으로 줄어들게 되리라. 소년 시절에 사소한 일반 교육을 받지 못해 목공, 가구공, 기계제작공, 조선공, 대장장이 등과 같은 기계적인 직업을 익히는 훌륭한 자질의 많은 젊은이들이 평생 발전을 저지당하고 있다.

이제 노인의 경우를 말하겠다.

나는 노인을 두 계층으로 구분한다. 첫째는 50세로 시작되는 전기 노인이고, 둘째는 60세로 시작되는 후기 노인이다.

50세의 인간은 그 지적 능력이 전성기에 있고 그 판단력은 그 앞의 어떤 시기보다 훌륭하나, 노동생활을 위한 육체적 힘은 쇠퇴한다. 그는 젊은 시절 때와 같은 노고를 감당할 수 없다. 벌이가 줄어들기 시작하고, 풍상을 견디는 힘도 떨어진다. 그리고 많은 통찰력이 요구되는 더욱 온건한 직무에서도 뒤처지게 되고, 늙은 말처럼 버림을 당하기 시작함을 스스로 알게 된다.

60세가 되면 적어도 직접적인 필요에서 비롯된 그의 노동은 끝나야 한다. 소위 문명국에서 나날의 빵을 위해 죽는 날까지 일하는 노인을 보기란 고통스럽다.

50세 이상의 수를 판단하기 위해 나는 런던 거리에서 만난 남녀노소를 여러 번 세어보아, 평균 16~17명 중 한 사람 꼴인 것을 발견했다. 노인은 거리에 많이 나타나지 않는다고 말하나, 그것은 아동도 마찬가지이다. 성장한 아동의 대부분은 학교에 있고, 견습공으로서 가게에 있다. 그렇다면 16을 약수로 잡아 영국내의 50세 이상의 남녀는 빈부에 관계없이 42만 명이 되리라.

이 대략의 수 가운데 부양돼야 할 사람들은 농부, 일반 노동자, 각 직종의 행상과 그들의 아내, 수부, 제대군인, 지친 하인 남녀, 가난한 과부 등이다.

또한 상당수의 중개업자들이 있다. 그들은 인생의 전반기에는 넉넉하게 살았지만 나이가 들면서 일감을 잃어 마침내 몰락한 사람들이다.

그 밖에 누구도 정지시킬 수 없고 규제할 수도 없는 수레바퀴의

회전으로부터 끊임없이 튕겨져 나온, 장사와 모험에 관련된 각계각층의 사람들이 상당수 있다.

그런 우연사와 그 밖에도 일어날 수 있는 모든 일을 고려하여 나는 50세를 넘긴 인생의 어떤 시기에, 스스로를 부양하기보다 타인에게 더욱 잘 부양받을 필요를 느끼거나 그것이 마음 편하다고 느끼며, 게다가 그것을 자선이나 특혜로 생각하지 않고 권리라고 생각할 수 있는 사람들의 수를, 앞에서 특별한 대책이 필요하다고 말한 14만 명의 3분의 1로 잡는다. 만일 그보다 더 많은 수가 있다면, 화려한 정부의 겉모양에도 불구하고 영국 사회는 개탄할 상태에 있는 것이다.

이 14만 명 가운데 나는 그 반인 7만 명을 50세에서 60세 미만으로, 나머지 반을 60세 이상으로 본다. 이렇게 수의 비례를 추산하고, 이제 그들의 상태를 편안하게 만드는 방식에 대해 이야기하겠다. 그것은 다음과 같다.

50세부터 60세까지의 모든 사람에게 잉여세액 중 매년 6파운드의 액수를, 그리고 60세 이후에는 매년 10파운드의 액수를 지불할 것. 그 비용을 한번 계산해보자.

7만 명에 대해 매년 6파운드씩	42만 파운드
7만 명에 대해 매년 10파운드씩	70만 파운드
계	**112만 파운드**

이러한 부양은 이미 지적했듯이 자선의 성격이 아니라, 권리 바로 그것이다. 영국에서는 남녀 각자가 자신의 출생일로부터 매년 평균 2파운드 8실링 6펜스를 세금으로 바치고 있다. 징세비용을 가산하면 2파운드 11실링 6펜스를 바치는 셈이고, 결국 50세 끝까지 128파운드 15실링, 60세까지는 154파운드 10실링을 바치는 셈이다. 따라서 그들의 개인 세금을 톤티식 연금[192]으로 환산하면 50세 이후 그가 받게 되는 돈은 자신이 지불한 순액에 대한 법정이자를 별로 초과하지 않는 액수이다. 그 나머지는 그런 지원을 필요로 하지 않는 환경의 사람들이 존재한다는 것에 의해 보충되고, 어느 경우에나 원금으로 정부 경비는 지출된다. 내가 이러한 주장을 나라 전체 노인 수의 3분의 1에까지 확장한 것은 바로 이러한 근거에서다. 그렇다면 14만 명의 노인들 생활이 안락하게 되는 것이 더 좋은가, 매년 100만 파운드의 공금이 어느 개인, 그것도 종종 가장 무가치하고 무의미한 성격을 지닌 자를 위해 소비하는 것이 더 좋은가? 이성과 정의로 하여금, 명예와 인간성으로 하여금, 심지어 위선과 아첨과 버크 씨, 그리고 조지 왕, 루이 왕, 레오폴드 황제[193], 프리드리히 대왕[194], 카타리나 여왕[195], 콘윌리스[196], 티푸 사이브[197]로 하여금 이 물음에 답하게 하라.[198]

 이렇게 빈민에게 감세된 액수는 다음과 같다.

63만 명의 아동을 거느리는

25만 2000명의 빈곤 가구에 대해 252만 파운드

14만 명의 노인에 대해	112만 파운드
계	**364만 파운드**

그렇다면 400만 파운드 가운데 36만 파운드가 남는데, 이는 다음과 같이 배정될 수 있다.

이상의 모든 경우에 대한 구제책이 마련된 뒤에도, 본래는 빈곤계층에 속하지 않지만 자기 자녀에게 교육을 시키기 어려운 가정 역시 많이 있으리라. 그런 경우의 아동은 부모가 실제로 빈곤한 것보다 더욱 나쁜 상태에 처하게 되리라. 제대로 규제되는 정부를 가진 나라는 누구도 제대로 교육받지 못하도록 해서는 안 된다. 정부를 유지하기 위해 무지를 요구하는 것은 오직 군주국과 귀족국뿐이다.

이어 이러한 조건에 있는 아동을 40만 명이라고 가정하면, 이는 이미 구제책이 마련된 뒤에 예상되는 것보다 더 많은 수로서, 그들에 대한 방안은 다음과 같다.

그러한 아동 각각에게 6년간 학비로 매년 10실링의 수당을 지급할 것. 이는 그들이 매년 6개월간의 학교교육을 받을 수 있게 한다. 아울러 종이와 연습장 비용으로 매년 반 크라운(2.5실링—옮긴이)을 지급한다.

그 비용은 매년 25만 파운드가 된다.[199]

그러고도 11만 파운드가 남게 된다.

최고로 조직되고 최대의 원칙에 입각한 정부가 고안할 수 있는 거대한 구제방식에도 불구하고 보다 작은 경우가 여전히 많이 있을 것이고, 그것을 고려함이 나라의 좋은 정책인 동시에 유익한 일이리라.

아이가 태어났을 때 산모가 요구한다면 즉시 20실링을 지급하되 형편이 나쁘지 않은 산모는 굳이 돈을 요구하지 않기로 정한다면, 당장의 곤란을 크게 덜어줄 수 있다.

영국에는 매년 20만 명이 출산하는데, 그 4분의 1이 그런 요구를 한다면 그 액수는 5만 파운드가 될 것이다.

그리고 유사한 방식으로 요구할 모든 신혼부부에게 20실링씩을 준다. 이는 2만 파운드를 넘지 않으리라.

또 일감을 찾아 헤매다가 친지와 멀리 떨어진 곳에서 죽는 사람들의 장례비에 충당하기 위해 2만 파운드를 배당한다. 교구에서 이 부담을 덜어주면 병든 타향인도 더 나은 대우를 받게 되리라.

이제 나는 런던과 같은 대도시의 특수 조건에 적합한 계획을 제시하는 것으로써 이 주제에 대한 이야기를 끝내겠다.

대도시에서는 지방에서 생기는 것과는 다른 경우가 끝없이 생겨난다. 그리고 그에 대해서는 상이한, 아니 부가적인 구제방식이 필요하다. 지방에서는, 아무리 큰 마을이라 할지라도 사람들은 서로 알고, 불행이 생겨나도 대도시에서 흔히 발생하는 것처럼 극단적인 경우는 생기지 않는다. 사람들이 문자 그대로 굶어 죽는다든가, 집이 없어서 추위로 죽는다든가 하는 일은 없다. 그러나 그런 일이, 그리고 그 못지않게 비참한 일이 런던에서는 발생한다.

많은 젊은이들이 거의 무일푼으로, 단지 큰 기대만을 가지고 런던에 온다. 그러나 당장 일자리를 얻지 못하면 그는 이미 절반은 파멸한 것이다. 그리고 종종 타락한 부모로 인해 아무런 생계수단도 없이 런던에서 자란 소년들은 더욱 나쁜 조건에 있다. 일자리를 잃은 하인들도 마찬가지이다. 요컨대 바쁘거나 유복한 생활을 하는 사람들이 알지 못하는 사소한 사건의 세계가 끝없이 생겨나 불행으로 가는 첫 문을 열고 있다. 기아는 연기할 수 있는 결핍에 속하지 않고, 그런 조건의 하루, 심지어 몇 시간도 흔히 파멸의 일생이라는 위기를 초래한다.

바늘도둑이 되고 나서 소도둑이 되거나 좀도둑이 되는 일반적 원인인 이러한 상태는 방지될 수 있다. 앞에서 말한 잉여세액 400만 파운드 가운데 2만 파운드가 남아 있는 것은, 앞으로 설명할 다른 또 하나의 기금 약 2만 파운드와 함께 이 목적 이상으로 더 유용하게 사용될 수 없다. 그 계획은 다음과 같다.

첫째, 적어도 6000명을 수용할 수 있는 건물을 두 동 이상 짓거나 이미 지어진 건물 몇 동을 취해, 그 각각에서 될 수 있는 대로 많은 여러 종류의 일거리를 마련하여 그곳에 오는 남녀는 모두 자신이 할 수 있는 일거리를 찾을 수 있도록 할 것.

둘째, 그곳에 오는 사람이면 누구나, 그가 누구이고 무엇을 하는 사람인지 묻지 말고 받아들일 것. 단 하나의 조건은, 자신의 노동량이나 노동시간에 따라 위생적인 음식과 따뜻한 잠자리, 최소한 군부대 막사와 같은 정도를 얻는 것으로 하고, 각자 노동의 가치

중 일부는 남겨두었다가 그들이 떠날 때 줄 것. 이러한 조건에서 각자는 그의 선택에 따라 길게 또는 짧게 머물 수 있고, 몇 번이라도 다시 올 수 있게 할 것.

만일 각자가 3개월씩 머문다면, 항상 머무는 실제의 수는 6000명에 불과하겠지만, 교대에 의해 매년 2만 4000명을 돕게 된다. 이러한 구호소를 마련함으로써 일시적 곤궁에 처한 사람들이 자신을 추스를 기회를 갖게 되고, 또한 더 나은 일자리를 찾을 수 있게 될 것이다.

그들의 소득 중 일부를 그들 자신을 위해 남겨두고 그들을 부양하는 비용의 절반만 지급하게 되면, 추가로 4만 파운드라는 액수로써 6000명보다 더 많은 수의 사람들에게 소요되는 다른 모든 비용도 지불할 수 있게 된다.

앞의 기금 중 남은 2만 파운드에 부가하여, 이러한 목적을 위해 정당하게 전용할 수 있는 기금은 리치먼드 공작을 부양하기 위해 부당하고 자의적으로 적용된 석탄세에서 나올 수 있다. 사회의 곤궁을 이용하여, 특히 현재의 석탄가격에 의해 누군가가 살아간다는 것은 끔찍한 일이다. 그런 남용을 허용하는 정부는 없어져야 마땅하다. 이 기금은 매년 약 2만 파운드에 이른다.

이제 나는 위에서 설명한 몇 가지 특별 사항을 열거하는 것으로 이 계획에 대한 이야기를 종결하고, 다른 문제로 넘어가도록 하겠다.

그 사항은 다음과 같다.

첫째, 구빈세 200만 파운드의 폐지.

둘째, 빈곤가구 25만 2000명에 대한 구제.

셋째, 아동 13만 명의 교육.

넷째, 노인 14만 명에 대한 안락한 구제.

다섯째, 신생아 5만 명 각각에 대한 20실링씩의 증여.

여섯째, 신혼 2만 쌍 각각에 대한 20실링씩의 증여.

일곱째, 일감을 찾아 헤매다가 친지와 멀리 떨어진 곳에서 죽는 사람들을 위한 장례비 2만 파운드의 지급.

여덟째, 런던과 웨스트민스터 시의 일시적 빈민에 대한 상시적 고용.

이 계획을 실시함으로써 구빈법이라고 하는 시민 고문의 도구는 없어지고, 낭비적인 소송비용도 방지되리라. 또한 헐벗고 굶주린 아동과 빵을 구걸하는 칠팔십 세 노인을 보고 충격을 받는 일이 없어지리라. 그리고 죽어가는 빈민이 이 교구 저 교구의 보복으로 인해 마지막 숨질 때까지 이리저리 헤매고 다니지 않게 되리라. 과부들은 자녀의 양육비를 받게 되고, 남편이 죽었을 때 미결수나 기결수처럼 끌려 다니지 않게 될 것이며, 아동이 부모의 곤궁을 증대시킨다는 생각도 없어지게 되리라. 비참한 사람들의 빈민굴이 알려짐으로써 그들이 도움을 받을 수 있게 될 것이며, 따라서 불행과 빈곤에서 비롯되는 경범죄의 수는 줄어들리라. 그렇게 되면 부자나 빈민이나 정부를 지지하게 될 것이고, 폭동과 반란의 원인과 위험도 없어지리라. 터키와 러시아처럼 영국에도 있듯이, 편히 앉아서 부유한 생활 속에 자위하는 그대, "우리는 잘 살고 있지 않은가?" 하고 자문하는 그대, 그대는 이러한 것들을 생각해 본 적이 있는가? 만일 생각해 본다면 그대는 말하기를 그치고 스스로 고독을 느끼리라.

위 계획의 실행은 쉽다. 그것은 세제에 대한 갑작스러운 간섭에 의해 거래를 방해하는 것이 아니라, 그 적용을 변경함에 의해 감세를 초래하는 것이다. 그리고 그 목적을 위해 필요한 돈은, 영국의 모든 시장 마을에서 일 년에 8회씩 거두는 소비세 징수로 확보할 수 있다.

이 주제에 대해서는 이상과 같이 정리하고 결론을 맺는다. 이제 다음으로 나아가겠다.

지금의 경상비를 현재와 같이 최소액인 750만 파운드로 잡으면, (새로운 경상비로 150만 파운드, 그리고 앞에서 설명한 용도를 위한 400만 파운드를 제외하고도) 나머지가 200만 파운드가 된다. 그 일부는 다음과 같이 사용될 수 있다.

프랑스와의 동맹에 의해 육해군은 쓸모없게 되겠지만, 지금까지 군복무에 종사했기 때문에 다른 직업에 적응하기 어려운 사람들이 남을 행복하게 만든 일로 인해 고통을 당해서는 안 된다. 그들은 궁정을 형성하고 궁정을 어슬렁거리는 무리와는 다른 부류에 속한다.

적어도 몇 년 동안 육해군의 일부는 남게 되고, 그들을 위해서는 이미 위 계획의 앞부분에서 100만 파운드가 배당되어 있다. 그것은 낭비가 심했던 찰스 2세 시대 육해군의 평시 재정보다 거의 50만 파운드나 많은 액수이다.

가령 1만 5000명의 병사가 해산되고 그 각각에게 매주 3실링씩 평생 지급하되, 첼시 수용소[200]의 연금 수령자에게 지급되는 방식으로 지급하여 그들로 하여금 자기 직업과 친지에게 돌아가게 하고, 또한 그곳에 남아 있는 병사의 급여로 매주 6펜스씩 추가로 지급한다고 가정해 보자. 그러면 매년의 지출은,

해산된 병사에게 주당 3실링씩 지급	11만 7000파운드
남아 있는 병사에 대한 부가 지급	1만 9500파운드
해산된 장교에 대한 지급(병사와 동일)	11만 7000파운드
소계	**25만 3500파운드**

복잡한 계산을 피하기 위해 해산된 해군에 대해서도 육군과 같은 액수를 지급하고, 또한 같은 지급의 증가를 인정한다면	25만 3500파운드
총계	**50만 7000파운드**

매년 이 50만 파운드라는 액수(계산을 복잡하지 않게 하기 위해 7000파운드는 제외함) 중 일부가 줄어들고, 그러는 동안 마치 종신 연금의 기준에 입각하듯이 증가된 지출 2만 9000파운드를 제외하

고는 전부 없어질 것이다. 그것이 줄어듦에 따라 세금의 일부를 없앨 수 있다. 가령 3만 파운드가 줄어들면 호프에 대한 세금 전부를 없앨 수 있고, 다른 부분이 줄어들면 양초와 비누에 대한 세금을 줄일 수 있으며, 결국 그 전부가 폐지될 것이다.

그래서 이제 최소한 150만 파운드의 잉여세금이 남게 된다.

주택과 창문에 대한 세금은 구빈세와 같이 거래와 관련되지 않는 직접세의 하나이고, 그것이 폐지되면 즉각 구원된 느낌을 갖게 된다. 이 세금은 중류층 인민에게 무겁게 부과된다.

1788년 보고에 의하면 이 세액은,

1766년 법령에 의한 세액	38만 5459파운드 11실링 7펜스
1779년 법령에 의한 세액	13만 739파운드 14실링 5.5펜스
계	**51만 6199파운드 6실링 0.5펜스**

만약 이 세금을 없애면 약 100만 파운드의 잉여세금이 남게 된다. 그리고 언제나 돌발사태를 위한 예비비를 보유하는 것이 바람직하므로, 먼저 그 이상 감액을 하지 않고 다른 개혁방식으로 이룰 수 있는 것을 생각함이 최상이리라.

세금 가운데 부담이 가장 크게 느껴지는 것은 대체세[201]이다. 따라서 나는 대체세 폐지를 위한 하나의 방안으로 그것을 대신하여 한꺼번에 다음 세 가지 효과를 동시에 얻는 다른 세금을 제시한다.

첫째, 부담을 가장 잘 견딜 수 있는 곳으로 그것을 옮긴다.

둘째, 재산 분배에 의해 가족간의 정의를 회복한다.

셋째, 장자상속제라고 하는 부자연스럽고 선거부정의 중요 원인이 되는 법에서 생기는 지나친 영향력을 소멸시킨다.

1788년 보고에 의하면 대체세액은 77만 1657파운드였다.

새로운 세금에 대해 국민은 사치품에 과세한다는 그럴싸한 말에 의해 위로를 받는다. 한때는 이것이 사치품이라고 하고, 다른 때는 저것이 사치품이라고 한다. 그러나 진짜 사치는 물건에 있는 것이 아니라 그것을 획득하는 수단에 있고, 이는 언제나 눈에 띄지 않게 가려진다.

나는 어떤 나라에서는 들에 있는 나무나 풀이 왜 다른 나라에서보다 더 큰 사치품이 되어야 하는지 그 이유를 알 수 없다. 어느 나라에서나 지나치게 큰 재산은 언제나 사치품이고, 그런 것이 과세의 대상이 되어야 마땅하다. 따라서 이러한 종류의 세금을 만들어 내는 신사들을 그들의 말에 따라 취급하고, 그들 자신이 내세운 원리, 즉 사치품에 과세한다는 원리에 입각해 논의함은 정당하다. 만일 그들이, 또는 갑옷 입은 전사처럼 시대에 뒤떨어지고 있는 것이 아닌지 나로서는 걱정되는 그들의 투사 버크 씨가 연간 2만, 3만, 4만 파운드의 소득을 창출하는 재산이 사치가 아님을 증명할 수 있다면 나는 논의를 포기하겠다.

매년 어떤 액수, 가령 1000파운드가 한 가족의 부양에 필요하거나 충분하다고 한다면, 결국 그 다음의 1000파운드는 사치의 성격을 갖는 것이고, 세 번째 1000파운드는 더욱 그렇고, 계속 나아가면 우리는 마침내 금지할 만한 사치라고 해도 과언이 아닐 액수에 도달하게 되리라. 근면으로 확보한 재산에 대해 제한을 둠은 부당한 것이고, 따라서 근면으로 얻을 수 있는 소득 너머에 금지의 장소를 설정함이 옳다. 그러나 상속에 의해 얻을 수 있는 재산과 그 축적에 대해서는 한계를 두어야 한다. 그러한 재산은 다른 곳으로 재분배해야 한다. 어떤 나라의 최고 부자라도 가난한 친척을 두고 있으며, 그들이 매우 가까운 혈연일 경우도 흔하다.

다음에 나올 누진세 표들은 위의 원리에 입각해 구성한 것으로서, 대체세의 대안으로 제시된다. 그것은 정상적 시행에 의해 금지점에 도달하게 되는 것으로 장자상속제라는 귀족법보다 낫다.

다음은 토지세를 공제한 뒤 순수 연소득액 50파운드 이상의 재산에 대한 세금을 정리한 표다.

연소득	파운드당 세액
500파운드까지	0실링 3펜스
500파운드에서 1000파운드까지	0실링 6펜스
두 번째 1000파운드	0실링 9펜스
세 번째 1000파운드	1실링 0펜스
네 번째 1000파운드	1실링 6펜스
다섯 번째 1000파운드	2실링 0펜스
여섯 번째 1000파운드	3실링 0펜스

일곱 번째 1000파운드	4실링 0펜스
여덟 번째 1000파운드	5실링 0펜스
아홉 번째 1000파운드	6실링 0펜스
열 번째 1000파운드	7실링 0펜스
열한 번째 1000파운드	8실링 0펜스
열두 번째 1000파운드	9실링 0펜스
열세 번째 1000파운드	10실링 0펜스
열네 번째 1000파운드	11실링 0펜스
열다섯 번째 1000파운드	12실링 0펜스
열여섯 번째 1000파운드	13실링 0펜스
열일곱 번째 1000파운드	14실링 0펜스
열여덟 번째 1000파운드	15실링 0펜스
열아홉 번째 1000파운드	16실링 0펜스
스무 번째 1000파운드	17실링 0펜스
스물한 번째 1000파운드	18실링 0펜스
스물두 번째 1000파운드	19실링 0펜스
스물세 번째 1000파운드	20실링 0펜스

위 표는 누진되는 1000파운드마다의 누진도를 나타낸 것이다. 다음 표는 1000파운드마다의 세금액을 표시하고 마지막 열에 합계를 표시한 것이다.

연소득액	파운드당 세액	총 세액
50파운드	3펜스	0파운드 12실링 6펜스
100파운드	3펜스	1파운드 5실링 0펜스
200파운드	3펜스	2파운드 10실링 0펜스
300파운드	3펜스	3파운드 15실링 0펜스
400파운드	3펜스	5파운드 0실링 0펜스
500파운드	3펜스	7파운드 5실링 0펜스

500파운드 뒤에는 파운드당 6펜스의 세금이 두 번째 500파운드에 부과되고, 따라서 연소득액 1000파운드의 재산에 대한 세액은 21파운드 15실링이 되며, 그 다음도 같은 식으로 계속된다.

연소득액	파운드당 세액	총 세액	누계
최초 500파운드	3펜스	7파운드 5실링	
두 번째 500파운드	6펜스	14파운드 10실링	21파운드 15실링
두 번째 1000파운드	9펜스	37파운드 10실링	59파운드 5실링
세 번째 1000파운드	1실링	50파운드 0실링	109파운드 5실링
네 번째 1000파운드	1실링 6펜스	75파운드 0실링	184파운드 5실링
다섯 번째 1000파운드	2실링	100파운드 0실링	284파운드 5실링
여섯 번째 1000파운드	3실링	150파운드 0실링	434파운드 5실링
일곱 번째 1000파운드	4실링	200파운드 0실링	634파운드 5실링
여덟 번째 1000파운드	5실링	250파운드 0실링	880파운드 5실링

아홉 번째 1000파운드	6실링	300파운드 0실링	1180파운드 5실링
열 번째 1000파운드	7실링	350파운드 0실링	1530파운드 5실링
열한 번째 1000파운드	8실링	400파운드 0실링	1930파운드 5실링
열두 번째 1000파운드	9실링	450파운드 0실링	2380파운드 5실링
열세 번째 1000파운드	10실링	500파운드 0실링	2880파운드 5실링
열네 번째 1000파운드	11실링	550파운드 0실링	3430파운드 5실링
열다섯 번째 1000파운드	12실링	600파운드 0실링	4030파운드 5실링
열여섯 번째 1000파운드	13실링	650파운드 0실링	4680파운드 5실링
열일곱 번째 1000파운드	14실링	700파운드 0실링	5380파운드 5실링
열여덟 번째 1000파운드	15실링	750파운드 0실링	6130파운드 5실링
열아홉 번째 1000파운드	16실링	800파운드 0실링	6930파운드 5실링
스무 번째 1000파운드	17실링	850파운드 0실링	7780파운드 5실링
스물한 번째 1000파운드	18실링	900파운드 0실링	8680파운드 5실링
스물두 번째 1000파운드	19실링	950파운드 0실링	9630파운드 5실링
스물세 번째 1000파운드	20실링	1000파운드 0실링	10630파운드 5실링

스물세 번째의 1000파운드에 대해 세금은 파운드당 20실링이 되므로, 결국 그 선을 넘는 1000파운드는 그 재산을 분할하는 방법 외에는 이익을 늘릴 수 없다. 이 세금이 외견상으로는 엄청나게 보이지만, 나는 그것이 대체세만큼 많은 액수를 거두어들이지는 않는다고 믿는다. 그 이상을 거두어들이게 되면 연소득액 2000~3000파운드 이하의 재산에 대한 세액까지 내려가야 한다.

중소 재산에 대한 세금은 (의도처럼) 대체세보다 가볍다. 세액이 무거워지기 시작하는 것은 연소득액이 7000~8000파운드가 된 뒤이다. 그 목적은 세금을 더 많이 거두어들이는 것이 아니라, 도리어 공정한 징수방법에 있다. 귀족들은 지금까지 과도하게 자신들을 비호했으므로, 상실된 균형을 회복하기 위해서는 이 방법이 도움이 된다.

귀족이 자기를 비호한 하나의 보기로서는, 소위 왕정복고, 즉 찰스 2세가 왔을 때 처음으로 간접세법을 제정한 것을 되돌아보는 것으로 충분하다. 당시 권력을 잡은 귀족층은 판매용으로 양조한 맥주에 과세하여, 자신들이 부담해야 할 봉건적 의무를 대체했다. 즉 그들은 다른 사람들이 지불해야 하는 하나의 세금을 만들어, 자기들과 그 후손이 져야할 의무를 면제받는 데에 찰스와 합의했다. 귀족들은 판매용으로 양조된 맥주를 사지 않고, 자가용의 맥주를 세금 부담 없이 빚었다. 당시 어떤 대체가 필요했다면 그것은 당연히 그러한 의무의 면제를 바란 사람들이 부담했어야 하는데도[202], 사실은 이와 전혀 다른 계층의 사람들에게 부담이 돌아갔다.

그러나 이러한 누진세의 중요 목적은 (세금을 지금보다 더 공정하게 부과한다는 점 외에도) 이미 말했듯이 장자상속제라고 하는 부자연스럽고 선거부정의 중요 원인이 되는 법에서 생기는 지나친 영향력을 없애려는 데 있다.

연소득액 3만, 4만, 5만 파운드라는 거대한 재산이 어떻게 나타날 수 있었는지, 그것도 상공업의 규모가 그만한 재산을 모을 수 있을 정도가 못 됐던 시대에 어떻게 나타날 수 있었는지를 따져봤자 좋은 결과가 나올 것 같지 않다. 따라서 그런 재산을 그 집안의 모든 후계자 사이에서 분배한다는 조용한 방법을 통해 다시금 공동사회로 되돌리게 하는 조건 속에 넣음으로써 그 폐단을 시정하는 것에 만족하도록 하자. 이것이야말로 더욱 필요하다. 왜냐하면 지금까지 귀족들은 자신들의 어린 자녀와 친척을 무용한 지위, 직위, 직책에 앉힘으로써 그 부담을 공중에 맡겨 왔는데, 그런 지위 등이 없어진다면 장자상속제도 동시에 없어지거나 제거되지 않는 한 그들을 곤경에 빠뜨릴 것이기 때문이다.

누진세는 상당한 정도로 이러한 목적에 효과가 있고, 그것도 가장 직접적으로 관련되는 당사자에게 유리한 것으로, 이는 다음 표에서도 알 수 있다. 이 표는 모든 재산에 대해 세금을 공제하고 난 뒤의 순수 소득액을 보여준다. 이 표에 의해 재산이 연소득액 1만 3000 또는 1만 4000파운드를 초과하면, 그 나머지는 소유자에게 거의 이익을 가져다주지 않고, 결국 자녀나 친척에게 넘어가게 된다는 것을 보여준다.

다음은 연소득액 1000파운드에서 2만 3000파운드 사이의 각 재산 순소득액을 정리한 표다. 편의상 실링은 생략했다.

연소득액	세금공제액	순소득액
1000파운드	21파운드	979파운드

2000파운드	59파운드	1941파운드
3000파운드	109파운드	2891파운드
4000파운드	184파운드	3816파운드
5000파운드	284파운드	4716파운드
6000파운드	434파운드	5566파운드
7000파운드	634파운드	6366파운드
8000파운드	880파운드	7120파운드
9000파운드	1180파운드	7820파운드
1만 파운드	1530파운드	8470파운드
1만 1000파운드	1930파운드	9070파운드
1만 2000파운드	2380파운드	9620파운드
1만 3000파운드	2880파운드	1만 120파운드
1만 4000파운드	3430파운드	1만 570파운드
1만 5000파운드	4030파운드	1만 970파운드
1만 6000파운드	4680파운드	1만 1320파운드
1만 7000파운드	5380파운드	1만 1620파운드
1만 8000파운드	6130파운드	1만 1870파운드
1만 9000파운드	6930파운드	1만 2170파운드
2만 파운드	7780파운드	1만 2220파운드
2만 1000파운드	8680파운드	1만 2320파운드
2만 2000파운드	9630파운드	1만 2370파운드
2만 3000파운드	1만 630파운드	1만 2370파운드

위 표에 의하면 지세와 누진세를 공제할 때 1만 2370파운드 이상을 산출하는 재산은 있을 수 없다. 따라서 이러한 재산은 분할하는 것이 집안의 이익이 될 것이다. 연소득 2만 3000파운드의 재산을 각각 4000파운드 재산 다섯 개와 3000파운드 재산 하나로 나누게 되면 5퍼센트에 불과한 1129파운드만 부과되나, 이를 한 사람이 소유하면 1만 630파운드가 부과된다.

그런 재산의 기원을 규명함은 불필요한 일이지만, 현재 상태에서 그것이 유지되는 것은 다른 문제이다. 그것은 국민적 관심사이다. 법은 이를 세습재산으로 보아 악폐를 낳았으니, 그 악폐를 시정할 정책 또한 마련해야 한다. 장자상속제는 부자연스럽고 옳지 못할 뿐만 아니라, 그 시행에 의해 나라가 고통을 당하므로 폐지되어야 한다. (앞에서 보았듯이) 장자를 제외한 나머지 아이들을 그들이 마땅히 받아야 할 상속에서 배제함으로써 공공이 그 부양비용을 짊어지게 되고, 이러한 가산이 낳는 부당한 소득의 독점이 초래하는 과도한 영향력으로 인해 선거의 자유가 침해된다. 이것만이 전부가 아니다. 그것은 국가재산의 낭비를 초래한다. 나라의 토지 가운데 상당 부분이 그 법으로 인해 유지되는 넓은 공원과 사냥터 때문에 비생산적으로 변했다. 그것도 곡물의 1년 생산이 전 국민의 소비량에 미치지 못하고 있는 시기에 말이다.[203] 그러므로 다시 정리해서 말하자면 이렇다. 그 귀족적 제도의 폐단은 너무 크고 엄청나서, 공정하고 현명하며 자연적이고 유익한 모든 것과 전혀 맞지 않기 때문에, 이런 폐단을 고려할 때, 지금 그러한 부류로 분류되는 사람들 중에는 그 제도의 폐지를 바라는 사람이 많다는 점에 전혀 의심이 있을 수 없다.

자신의 어린 후손이 놓일 위험한 환경과, 거의 걸식상태와도 같은 것을 생각하는 것으로부터 어떤 즐거움을 그들은 느낄 수 있다는 말인가? 모든 귀족의 가족에는 그 주변을 맴도는 거지 일족이 붙기 마련이고, 그들은 몇 시대나 몇 세대가 가기 전에 모두 버림을 받고, 구호소, 작업장, 감옥에서 그들의 과거사를 이야기하는 것으로 자위한다. 이는 귀족제의 당연한 귀결이다. 귀족과 거지는 흔히 같은 가족 출신이다. 한쪽의 극단이 다른 쪽 극단을 만든다. 한 사람을 부유하게 만들기 위해 나머지 대부분은 가난해야 한다. 다른 방법으로는 그 제도가 유지될 수 없다.

영국법이 특히 적대적으로 다루는 두 계층의 인민이 있다. 바로 가장 무력한 존재인 아동과 빈민이다. 전자에 대해서는 방금 이야기했고, 후자에 대해서는 생길 수 있는 많은 일 중에서 하나만 설명하겠다. 그리고 그것으로 이 주제를 끝내고자 한다.

노동자의 임금을 규제하고 제한하는 많은 법률이 있다.[204] 입법자들이 마음대로 자신의 농장이나 집을 세놓을 수 있듯이, 노동자들도 마음대로 자신의 계약을 체결할 수 있도록 내버려두지 않는 이유는 무엇인가? 자신의 노동력이야말로 그들이 갖는 전 재산이다. 왜 그 작은 자유마저 침해돼야 하는가? 그런 법률의 시행과 결과에 대해 생각할 때 그 부당성은 더욱 강력하게 나타난다. 소위 법률에 의해 임금이 고정되면 법적 임금은 언제나 정체되지만 다른 모든 것은 오르기 마련이다. 그리고 그런 법률을 만든 사람들이 한편으로는 다른 법률에 의해 여전히 새로운 세금을 부과하므로, 이는 하나의 법률로는 생계비용을 증대시키고 다른 법률로는 생계수단을 뺏는 것이다.

그러나 그런 법률을 제정하고 세금을 부과하는 신사들이, 자신의 노동으로 벌어들이는 보잘것없는 액수, 모든 가족이 의존하는 그 소액에 제한을 두는 것이 옳다고 생각한다면, 연소득 1만 2000 파운드 이상이 되는 그들의 재산에 대해, 그들이 번 것도 아니면서 (그들의 조상들도 정당하게 번 것이 아니며) 그처럼 악용해온 그들의 재산에 대해 어떤 제한을 가하는 것을 달갑게 받아들여야 하는 것이 당연하다.

이제 이 주제를 끝내면서 특별히 강조할 몇 가지를 일목요연하게 정리한 뒤 다른 문제로 넘어가겠다.

먼저 앞에서 이미 이야기한 여덟 가지 사항들이다.

1. 구빈세 200만 파운드의 폐지.
2. 25만 2000 빈곤가구에 대한 구제. 14살 미만의 모든 아동에게 일인당 4파운드로 계산해 지급. 이것은 25만 파운드의 추가 자금과 함께 103만 아동을 교육시키는 데 사용된다.
3. 50세 이상, 60세 미만의 모든 가난한 사람들, 실패한 상인, 기타 사람들(7만 명으로 추정)에게 매년 일인당 6파운드의 연금 지급.

4. 60세 이상의 모든 가난한 사람들, 실패한 상인, 기타 사람들(7만 명으로 추정)에게 매년 일인당 10파운드의 종신연금 지급.
5. 신생아 5만 명에게 각각 20실링씩 지급.
6. 신혼부부 2만 쌍에게 각각 20실링씩 지급.
7. 일감을 찾아 헤매다가 친지와 멀리 떨어진 곳에서 죽는 사람들을 위한 장례비로 2만 파운드 지급.
8. 런던과 웨스트민스터 시의 일시적 빈민에 대한 상시적 고용.

다음 여섯 가지를 더한다.

9. 주택과 창문에 대한 세금 폐지.
10. 해산된 1만 5000명의 사병과 해산된 부대의 장교에게 평생 매주 3실링 지급.
11. 잔류 사병에게 매년 1만 9500파운드의 봉급 증액.
12. 해산된 해군에게 육군과 동일한 지급 및 봉급 증액.
13. 대체세 폐지.
14. 부당하고 비자연적인 장자상속제 법과 귀족제의 폐단을 해소하는 데 기여하는 누진세 마련.[205]

앞에서 말했듯이 그러고도 100만 파운드의 잉여세액이 남는다. 그 일부는 지금 당장 일어나지 않는 여러 경우를 위해 필요하고, 필요 없는 부분은 그 액수에 상당할 만큼 더 감세할 수 있으리라.

정의가 반드시 요구되는 주장 중에서도 하급 물품세 징수관들의 조건은 주목할 필요가 있다. 유명무실한 한직이나 명목에 불과한 불필요한 지위와 직위에 그토록 거액을 낭비하면서도, 실무를 맡은 사람들에게는 적정한 생계조차 보장하지 않는 정부라면 비난받아 마땅하다. 하급 물품세 징수관의 연봉은 100년 이상 50파운드라는 보잘것없는 소액에 머물러 있었다. 그들의 연봉은 70파운드는 돼야 한다. 이 목적을 위해 약 12만 파운드를 할당하면 그들에게 적절한 보수를 줄 수 있게 될 것이다.

이 안은 이미 20년 전에 제의되었는데, 당시의 재무위원회는 그것에 놀라워했다. 안을 받아들일 경우 육해군에서도 유사한 요구를 할지 모른다고 여겨서다. 그때 왕 또는 왕을 대신한 누군가가 왕의 보수를 1년에 10파운드 인상하자고 의회에 요청한 것이 통과되는 바람에 다른 모든 것은 무시되었다.

다른 계층의 사람들인 하급 성직자에 대해 그들의 조건을 부연하여 설명하지 않겠다. 그러나 상이한 형태와 형식의 종교를 지지 또는 반대하는 당파심과 편견을 제쳐두면, 누구에게는 1년 20~30파운드의 수입밖에 없는데, 다른 사람에게는 1만 파운드의 수입이 있어도 좋은지는 일반적인 정의가 결정하리라. 교회와 집회에 대한 궁정 아첨자들의 거짓 외침은 국민을 무마시키거나 괴롭힐 수 있지만 나에게는 미칠 수 없다. 나는 장로교파가 아니기 때문이다. 그래서 이 문제에 대해 좀더 자유롭게 말한다.

그대, 단순한 자들이여, 이 문제의 양쪽에 걸쳐 궁정의 술책을 꿰뚫어보지 못하는가? 교회와 집회에 대해 서로 계속 논쟁하고 싸우지 마라. 그런 다툼은 바로 세금이라는 약탈물에 의존해 살면서도 그대들의 가벼운 신앙을 조소하는 모든 궁정인들이 바라는 바다. 인간에게 착해야 한다고 가르치는 한 모든 종교는 좋은 것이다. 내가 알기로 악하라고 가르치는 종교는 없다.

지금까지 설명한 모든 계산은, 세관과 세무서의 비용과 환불금을 공제하고, 국고에 들어가는 세금은 1650만 파운드밖에 안 된다고 가정한 것이다. 결국 국고에 들어가는 액수는 꼭 1700만 파운드는 아니어도 그것에 가까운 액수가 된다. 스코틀랜드와 아일랜드에서 거두어들이는 세금은 그곳들에서 사용되고, 따라서 그들에 대한 구제는 그들의 세금으로 행해져야 할 것이다. 만일 그중 일부라도 잉글랜드의 국고에 들어갔다면 그것은 환불되어야 한다. 그러나 이는 매년 10만 파운드의 차이도 아닐 것이다.

이제 고려해야할 나머지는 국채뿐이다. 톤티식 연금을 제외한 이자는 1789년에 915만 138파운드였다. 그 후 원금이 얼마나 줄었는지는 해당 장관이 가장 잘 안다. 그러나 이자를 지불하고 주택과 창문에 대한 세금, 대체세, 구빈세를 폐지하며 빈민구제, 아동교육, 노인부양, 육해군 해산 후의 제대 군인 구제, 잔존자의 급여 증액을 해도 100만 파운드의 세액이 남는다.

이해관계가 전혀 없는 사람으로서 말하자면, 국채 상환을 위한 오늘날의 계획은 그릇되지는 않았다고 해도 잘못 짜여져 있다. 국채의 부담은 그것이 수백만 또는 수억 파운드에 이른다는 사실에 있는 것이 아니라, 그 이자를 지불하기 위해 매년 거두어들이는 세금의 규모에 있다. 이 액수가 계속 동일하다면 국채의 부담은 원금이 크든 작든 모든 면으로 보아 동일하다. 대중이 국채의 감소를 깨달을 수 있는 유일한 길은 이자 지불을 위한 세금의 감액을 통해서다. 따라서 국채는 지금까지 지불된 수백만 파운드에 의해서도 대중에게는 단 한 푼도 줄어들지 않는 것이 되고, 이제는 국채의 원금을 다 갚기 위해서는 국채가 발생했던 당시보다 더 많은 돈이 필요하다.[206]

국채가 어떻게 시작되었는지를 추궁하기에는 너무 늦었다. 국채를 갚아야 할 대상자들이 돈을 내놓았다. 그것이 옳게 또는 잘못 사용되었는가, 또는 누구의 호주머니에 들어갔는가는 그들의 책임이 아니다. 그러나 국민이 국가의 본질과 원리를 생각하게 되고, 세금을 이해하며, 나아가 미국, 프랑스, 영국의 세금을 비교하게 되면, 지금까지처럼 국민을 마비상태에 계속 두는 것이 불가능해진다는 것은 쉽게 알 수 있다. 그러한 필요로부터 몇 가지 개혁은 즉시 시작되어야 한다. 이러한 원리가 현재의 순간에 얼마만한 힘으로 작용하는지는 문제가 아니다. 그것은 이미 나타나 있다. 그것은 이미 출현해 있고, 어떤 힘도 그것을 중단시킬 수 없다. 이미 발설된 비밀처럼 그것은 돌이킬 수 없다. 변화가 이미 시작되었음을 모르는 사람은 분명 장님임에 틀림없다.

무의미한 세금이 900만 파운드나 된다는 것은 심각한 문제다. 이는 나쁜 정부를 위한 것이라는 이유에서만이 아니라, 상당 부분

외국 정부를 위한 것이라는 점에 문제가 있다. 가능한 한 많은 것을 얻고자 온 외국인 손에 전쟁을 벌이는 권력을 부여하고 있는 이상, 지금까지 행해진 것보다 더 바랄 것은 아무것도 없었다.

어떤 형태의 세제 개혁도 그것은 정부의 경상비에 대해 시행되어야 하지, 국채의 이자에 적용되는 부분에서 시행되어서는 안 된다는 사실을 설명하는 이유는 이미 이 책에서 제시되었다. 빈민에 대한 세금 면제에 의해 그들은 완전히 구제되고 그들의 모든 불만은 없어질 것이다. 이미 설명했듯이 그런 세금을 없앰으로써 영국은 그 광기의 미국 전쟁에 사용한 모든 비용을 회복하고도 남을 것이다.

그러면 불평의 대상으로는 오직 국채만이 남게 된다. 그리고 이를 없애기 위해서는, 아니 이를 방지하기 위해서는 국채 소유자들 스스로 그것을 재산으로 간주하여, 다른 모든 재산과 마찬가지로 약간의 과세 대상으로 생각하는 것이 좋은 방책이리라. 그것은 인기를 높이고 안전을 보장하며, 그 현재 불편의 대부분이 계속 살아 있는 원금에 의해 균형을 이루게 되어, 이러한 종류의 방안은 반대를 침묵시키게 되기까지 그 균형을 더욱 증가시키게 될 것이다.[207]

이제 여러 정부의 사기, 위선, 위계는 너무나 잘 알려지기 시작했으므로 그들에게 더 이상 일을 시킬 수 없다. 모든 나라의 군주제와 귀족제라는 희극은 중세 기사제의 그것을 따르고 있고, 버크 씨는 그 장례식을 위한 옷을 걸치고 있다. 따라서 그것도 다른 모든 바보들과 같이 무덤으로 조용히 사라지고, 그 조객들의 마음이

가라앉게 내버려두자.

머지않아 영국은 매년 100만 파운드의 비용을 들여가면서 영국의 법도 언어도 이익도 모르고, 마을 순경을 하기에도 역부족인 자들을 위해 네덜란드, 하노버, 젤[208], 브른즈윅으로 사람을 보낸 일을 자조할 것이다. 만일 국가를 그런 자에게 맡길 수 있다면 그것은 정말 쉽고 간단한 것임에 틀림없고, 그 모든 목적에 적합한 사람은 영국의 모든 마을과 시골에서도 쉽게 찾을 수 있으리라.

다음과 같이 말할 수 있을 때 우리는 헌법과 국가를 자랑할 수 있을 것이다. 즉 이 세상 어느 나라보다도 우리의 빈민은 행복하고, 그들에게 무지와 불행이 없으며, 감옥에는 죄수가 없고, 거리에는 거지가 없으며, 노인들에게는 부족한 것이 없고, 세금이 과중하지 않으며, 우리는 세계의 행복과 친구이기 때문에 합리적인 세계가 우리의 친구라고 말할 수 있을 때 그렇다.

불과 몇 년 사이에 우리는 미국과 프랑스의 두 혁명을 보았다. 전자의 경우 싸움이 길고 격렬했지만, 후자의 경우 국민이 확고부동한 충동으로 행동했고, 맞서 싸울 적이 없었기에 혁명은 그것이 터진 순간 완전한 권력을 잡았다. 그 두 보기에서 분명한 것은, 혁명의 진영으로 끌어들일 수 있는 가장 큰 세력은 이성과 공동이익이라는 점이다. 이성과 공동이익이 행동할 기회를 가질 수 있게 되면 반대세력은 공포로 죽거나 단죄를 받아 사라지고 만다. 이제 그것들이 전 세계적으로 확보한 것은 위대한 입지이다. 앞으로 우리는 국가의 혁명이나 변화가 그것과 동일한 조용한 작용, 즉 이성과 토론에 의해 결정될 수 있는 어떤 방안에 의한 작용으로 이루어지기를 기대할 수 있게 되었다.

국민이 그 의견과 사고방식을 바꾸게 되면 과거와 같이 지배될 수 없다. 그러나 이성에 의해 수행돼야 하는 것을 힘으로 밀어붙이는 것은 나쁜 정책임과 동시에 어리석은 정책이다. 반란은 국민의 일반적인 의사를 어느 일당이나 정부가 힘으로 반대하는 데서 터진다. 따라서 모든 나라에는 정부에 관한 여론 상태를 수시로 확인하는 방법이 있어야 한다. 이 점에서 프랑스의 과거 정부는 영국의 현 정부보다 우월했다. 왜냐하면 비상시에는 당시 소위 삼부회에 의지할 수 있었기 때문이었다. 그러나 영국에는 이런 수시적 기구가 없고, 지금의 소위 의원들도 대부분 궁정의 도구, 고용인, 하인에 불과하다.

영국의 모든 인민이 세금을 내지만, 그 백분의 일도 선거인이 아니고, 양원 중 한 의회의 의원은 자신만을 대표한다고 나는 믿는다. 따라서 전반적 개혁에 관련된 어떤 문제에도 행동권을 갖는 인민의 자발적 의사 외에 어떤 권력도 없고, 두 사람이 동일한 권리에 의해 그런 주제에 대해 상의할 수 있다면 천 명도 그럴 수 있다. 그러한 모든 예비적 절차의 목적은 국민의 일반적 의견이 무엇인지를 찾아내는 것이고, 그것에 의해 다스려지는 것이다. 만일 국민이 개혁이 아니라 어리석고 잘못된 정부를 택하거나 필요액의 10배나 더 많은 세금을 내는 길을 택한다면 그렇게 할 권리도 가진다. 다수가 자신에게 가하는 것과 다른 조건을 소수에게 가하지 않는 한 과오는 있을 수 있어도 불의는 없다. 그 과오는 오래가지 않으리라. 시작이 아무리 잘못 되어도 이성과 토론에 의해 곧 옳게 될 것이다. 그런 과정에 의해 폭동의 염려는 없어진다. 모든 나라의 빈민은 당연히 그들의 이익과 행복이 포함된 모든 개혁을 좋아하고 감사한다. 그들이 폭동을 일으키게 되는 것은 그 개혁이 무시되거나 거절되는 경우뿐이다.

지금 일반의 주목을 끄는 것은 프랑스혁명, 그리고 여러 나라의 전반적 혁명의 가능성이다. 유럽의 모든 나라 중에서 영국처럼 프랑스혁명에 깊은 관심을 갖는 나라는 없다. 이제 여러 시대에 걸친 적대관계, 그것도 어떤 국가적 목적도 없이 막대한 비용만 들었던 적대관계를 사이좋게 끝내고, 유럽의 나머지를 개혁하는 데 그들이 힘을 합쳐 노력할 기회가 왔다. 그렇게 함으로써 유혈과 중세를 방지할 뿐만 아니라, 앞에서 말했듯이 그들이 지금 지고 있는 부담의 상당 부분을 덜어낼 수 있게 된다. 그러나 오랜 경험은, 이런 종류의 개혁이란 낡은 정부가 바라는 개혁이 아님을 보여주고, 따라서 이러한 문제의 제기는 국민에 의해서이지 정부에 의해서가 아님을 보여준다.

앞에서 나는 영국, 프랑스, 미국 사이의 동맹에 대해 말했다. 이제 그 목적에 대해 이야기하겠다. 나는 미국 측의 입장을 공포할 만한 직접적인 권위는 갖고 있지 않지만 충분한 근거를 가지고 이렇게 말할 수 있다. 미국은 상대국이 음모와 비밀에 쌓인 궁정이 아닌 국민국가로 행동한다면 그와의 동맹을 고려할 것이다. 하나의 나라로서, 하나의 국민국가로서 프랑스는 영국과의 동맹을 좋아할 수 있다고 함은 명백하다. 서로 알지 못하거나 그 까닭도 모르면서 오랫동안 적이었던 국민들은, 자신들이 거짓과 잘못 속에서 행동했음을 발견하면 더 좋은 친구가 될 것이다.

따라서 이러한 연결의 가능성을 인정함에 의해, 나는 그 동맹이 네덜란드와의 동맹과 함께, 직접 관련된 측만이 아니라 전 유럽에 대해서도 공헌할 수 있는 문제를 설명하겠다.

만일 영국, 프랑스, 네덜란드의 해군함대가 연합하여 다음과 같이 서로 합의할 수 있다면, 유럽 전 해군에 대한 제한과 전반적인 무장 해제를 효과적으로 제안할 수 있다고 나는 확신한다.

첫째, 그들을 포함한 유럽 어느 나라에서도 새로운 군함을 만들지 않는다.

둘째, 현존의 모든 해군을 축소한다. 가령 10분의 1로 축소한다면, 프랑스와 영국에 적어도 각각 매년 200만 파운드씩 절약하게 하고, 그들의 상대적 병력은 현재와 같은 비율이 될 것이다. 만일 인간이, 이성적 존재로서 당연히 생각해야 하는 것과 같이 스스로 생각한다고 자처한다면, 돈을 들여 군함을 만들고 거기에 사람들을 실어 바다로 몰아내고서 누가 가장 빠르게 상대방을 가라앉게 하는지를 겨룬다는 것만큼 어리석고 불합리하며, 모든 도덕적 사고에 어긋나게 보일 수 있는 것은 없다. 돈이 전혀 들지 않는 평화는 엄청난 비용이 드는 어떤 승리보다도 훨씬 더 많은 이익을 수반한다. 그러나 이는 국민의 목적을 가장 잘 달성시켜 주지만 언제나 과세, 관직, 직위를 위한 구실로 전쟁을 벌이는 궁정국가의 목적을 달성시켜 주지는 못한다.

또한 나는 영국, 프랑스, 네덜란드의 연합이 미국과 함께 스페인에게서 남아메리카를 독립시키고, 현재의 북아메리카처럼 거대한 지역과 부를 갖는 나라들을 세계의 일반 무역에 개방하도록 효과적으로 요구할 수 있다고 확신한다.

하나의 국민이 파멸, 황폐, 불행을 중대시키기 위해 힘을 사용하지 않고, 세계를 구속으로부터 해방하고, 서로 친구로 만들기 위해 힘을 사용하도록 행동한다면, 얼마나 더 큰 영광과 이익을 그 자신에게 가져올 것인가. 지금 영국 정부가 동인도에서 행하고 있는 저 끔찍한 장면은, 오직 자기들이 즐길 수 없는 세계를 아무런 원칙도 없이 약탈하고 괴롭힌 고트족과 반달족[209]의 이야기를 하는 데나 알맞은 것이다.

남미의 개방은 동양 세계가 갖지 못한 거대한 상업 분야와 제조업에 편리한 금융시장을 마련해 줄 것이다. 동양은 이미 제조업으로 가득 차고, 그 수입은 영국 제조업에 대한 침해가 될 뿐 아니라 그 정화[210]를 유출하는 것도 된다. 이 무역으로 인한 수입 초과로 동인도를 오가는 배로 매년 50만 파운드 이상의 은이 유출되고 있다. 이것이 독일의 음모와 독일 보조금과 함께 영국에 은이 그처럼 조금밖에 없는 이유이다.

그러나 모든 전쟁은 국민에게 아무리 파괴적일지라도 정부에게는 수확이 된다. 그것은 국민이 정부의 잘못과 남용을 추궁하지 못하게 하는 기만적인 기대를 유지하는 데 이바지한다. 그것은 대중을 즐겁게 하고 기만하는 '여기를 보라! 저기를 보라!'는 식의 구호이다.

미국과 프랑스의 혁명이 초래한 기회처럼 좋은 기회는 일찍이 영국이나 전 유럽에 존재한 적이 없다. 미국혁명에 의해 서양세계에서 자유가 하나의 국민적 승리로 획득됐고, 프랑스혁명에 의해 유럽에서도 그러했다. 다른 나라가 프랑스혁명에 동참하면 전제주의와 못된 국가는 다시 나타날 수 없으리라. 진부한 표현이지만, 전 유럽에 걸쳐 무쇠가 달아오르고 있다. 모욕을 당한 독일인, 노예상태에 빠진 스페인인, 러시아인, 폴란드인이 생각하기 시작했다. 현대는 앞으로 이성의 시대라고 불릴 만하고, 현 세대는 장차 새로운 세계의 아담으로 간주되리라.

유럽의 모든 국가가 대의제로 수립될 때 여러 나라는 서로 친밀해지고, 궁정의 음모와 술책에 의해 조성되는 적의와 편견이 없어지리라. 압제를 받은 사병은 자유인이 되고, 고문당한 수병은 더 이상 중죄인처럼 거리를 끌려 다니지 않고 안전하게 자신의 무역 항해를 계속하게 되리라. 군인에게 종신급여를 계속 주면서도 제대를 허용하여 자유와 친구들을 되찾게 하고 재소집을 중지하는 것이, 같은 비용으로 그 많은 사람들을 사회와 그 자신에게 무익한 상태에 두는 것보다 더욱 더 국민에게 유익하다. 지금까지 대부분의 나라에서 군인은 마치 친구가 한 사람도 없는 사람처럼 취급돼 왔다. 자유의 적이 될지도 모른다는 우려 때문에 시민들에게 경원

당하고 상관에게 심한 모욕을 너무 자주 당하기 때문에 그들은 이중의 압제 하에 놓여졌다. 그러나 자유라는 대원칙이 인민에게 퍼지면 모든 것이 질서를 되찾고, 병사들은 문명적인 대우를 받으면 문명인으로 되돌아간다.

혁명을 고찰해 보면, 그것이 분명한 두 가지의 요인에 의해 발생함을 쉽게 알게 된다. 하나는 커다란 참화를 회피하거나 배제하기 위해서이고, 다른 하나는 거대하고 적극적인 선을 확보하기 위해서다. 그리고 두 원인은 능동적 혁명과 수동적 혁명으로 구분될 수 있다. 전자의 원인으로 발생하는 혁명은 그 성격이 격앙되고 자극적으로 되고, 위험을 겪고서 얻게 된 개선은 복수에 의해 더럽혀지는 경우가 흔하다. 그러나 후자의 원인으로 발생한 혁명에서는, 선동된 것이 아니라 활력을 부여받은 심성이 맑은 정신으로 문제를 다루게 된다. 이성과 토의, 설득과 확신이 투쟁의 무기가 되고, 무력적 수단은 오직 그것들을 말살하려는 기도가 나타난 경우에만 사용된다. 과세의 감면과 부패의 근절 같은 것이 확보될 수 있다면, 그것은 좋은 일이라는 데 모두 함께 동의할 때 그 목적은 반 이상 달성된 것이다. 그들은 자신이 목적으로 시인하는 것을 수단에서도 추구하리라.

빈민에게 과도하게 부과되는 현재의 지나친 세제 아래서 1만 4000호의 빈민 가구에 연 5파운드씩 감세를 하는 것이 좋은 일이 아니라고 누가 말하겠는가? 다른 1만 호의 빈민 가구에 연 7파운드씩, 또 다른 1만 호의 빈민 가구에 연 8파운드씩, 또 5000호의 빈민

과부 가구에 연 10파운드씩 감세를 하는 것이 좋은 일이 아니라고 누가 말하겠는가? 그리고 이러한 극단적인 상태에서 한 걸음 더 나아가면, 50세부터 60세까지의 가난하고 불쌍하며 쇠약한 모든 사람들에게 연 6파운드씩, 또 60세 이후에는 연 10파운드씩 보장함으로써 모든 인간 생활이 겪는 불행에 대비하는 것이 좋은 일이 아니라고 누가 말하겠는가?

가구주에 부과되는 200만 파운드의 구빈세 폐지, 주택과 창문 등에 대한 세금 전부와 대체세의 폐지가 좋은 일이 아니라고 누가 말하겠는가? 또는 부패의 폐지가 나쁜 일이라고 누가 말하겠는가?

따라서 만일 그 좋은 일들이 수동적이고 합리적이며 비용이 들지 않는 혁명을 통해 확보할 만한 가치가 있다면, 폭력적 혁명을 초래할 수밖에 없는 참화를 기다리게 하는 정책은 잘못된 정책이리라. 지금 전 유럽을 휩쓸고 퍼져 가는 개혁을 볼 때 나는 영국이 그 마지막이 되리라고는 생각하지 않는다. 그리고 사태와 기회가 조용하게 나타난다면 그것은 불가피한 소란을 기다리는 것보다 더 낫다. 용기와 모험으로 일을 바로 잡는 것은 인간의 동물적 기능에 대한 하나의 영광으로 생각될 수 있으리라. 그러나 같은 목적을 이성, 화해, 전체의 동의에 의해 이룩하는 것은 인간의 이성적 기능에 대한 더욱 큰 영광이다.[211]

그 어느 것으로 불러도 상관없는 개혁 또는 혁명이 스스로 여러 나라에 퍼지게 될 때 그 나라들은 서로 이어지고 회합할 것이다. 그렇게 몇 나라가 연합하면 발전은 급속하게 되어 마침내 폭정과 부패의 정부는 완전히, 적어도 세계의 절반, 즉 유럽과 아메리카에서는 추방되리라. 그러면 알제리 해적들도 자취를 감추리라. 왜냐하면 그것은 오직 낡은 국가들이 서로를 견제하는 심술궂은 정책에서 생겨난 것이기 때문이다.

이 책 전체에서 다양하고 수많은 주제들이 선택되어 다루어졌다. 그러나 종교에 대해서는 단 한 구절, 즉 '사람에게 착하라고 가르치는 종교는 모두 좋은 것'이라는 것뿐이었다.

나는 이 주제의 확대를 조심스레 피해왔다. 왜냐하면 소위 현 내각은 국민의 관심이 정치문제에 돌아가는 것을 막기 위해 종교에 관한 논쟁을 지속시키려 한다고 생각했기 때문이다. 이는 마치 그들이 "저쪽을 보아라, 아니 아무 쪽이나 보아라, 그러나 이쪽만은 보지 말라"고 말하는 것과 같았다.

그러나 종교가 하나의 정치적 도구가 되는 것은 지극히 못마땅한 일이고, 그렇게 됨으로써 종교의 본질이 파괴되고 있으므로, 나는 종교가 나에게 어떻게 보이는지를 말하여 이 책을 끝내고자 한다.

만일 우리가 어떤 특별한 날, 또는 특별한 상황에서, 하나의 대가족의 어린이들이 부모에게 애정과 감사의 표시로 선물을 하는 것이 관행이라고 가정한다면, 그들은 각각 다른 선물을 아마도 다른 방식으로 드리게 되리라. 어떤 아이들은 자신의 창의성을 발휘하여 무엇인가 고안하거나, 그들이 좋다고 생각한 바에 따라 부모에 대한 축하를 시나 산문으로 쓰리라. 그리고 아마도 소수이겠지만 그렇게 할 수 없는 아이는 뜰이나 밭에 들어가 자신이 가장 예쁘다고 생각한 꽃이지만 사실은 아마도 하잘것없는 잡초를 모으리라. 부모는 아이들 모두가 공동의 계획을 짜서 모두 같은 것을 바치기보다는 그런 다양한 것에 더욱 기뻐하리라. 같은 것을 바치는 것은 싸늘한 꾸밈의 외양이나 매정한 통제의 외관을 가질 것이다. 그러나 달갑지 않은 모든 것 중에서도 가장 부모를 괴롭히는 것은, 아이들 모두가 나중에 어느 것이 제일 좋은 선물이니 제일 나쁜 선물이니 하고 사내나 계집애나 서로 싸우고 할퀴고 욕하고 헐뜯으며 서로 맞붙어 다투었음을 알게 되는 것이리라.

왜 만인의 위대한 아버지도 여러 가지 헌신을 좋아한다고 우리가 생각해서는 안 되는가? 우리가 범할 수 있는 가장 큰 죄는 남을 괴롭히고 서로 불행하게 만드는 것이라고 우리가 생각해서는 안 되는가? 나 자신은 인류를 화해시키고, 그들의 조건을 행복하게 만들며, 지금까지 적이었던 나라들을 통합시키고, 무서운 전쟁을 종식시키며, 노예와 압제의 쇠사슬을 파괴하려는 열의로, 내가 지금 하고 있는 일이 신의 눈에 들리라고 생각하고 완전히 만족하고 있다. 그리고 내가 할 수 있는 최선의 역할을 나는 즐겁게 하고 있다.

조금이라도 생각할 줄 아는 사람들이라면, 그 어떤 두 사람도 소위 교리상의 쟁점에 대해 똑같이 생각하리라고 믿지 않는다. 동의하는 것처럼 보이는 사람은 생각하지 않는 사람뿐이다. 소위 영국의 헌법이라고 하는 것이 이와 같다. 그것은 좋은 것이라고 간주되었고, 많은 찬사가 입증을 대신했다. 그러나 국민이 그 원리와 그것이 허용한 악폐를 검토하게 되면, 내가 이 책과 이전 책에서 이미 지적한 것보다 더욱 많은 결점이 있음을 알게 되리라.

소위 국가의 종교에 대해서는, 국가의 신에 대해 말하는 것이 더욱 적절하리라. 모든 나라가 각각 다른 특별한 신을 숭상하는 것은 정치적 술책이거나 이교적 제도의 유물이다. 종교라는 일반적 주제를 다루어온 모든 영국 성직자 중에서 현 랜다프[212] 주교보다 탁월한 사람은 없다. 이 기회에 그에게 경의를 표시하게 된 것이 나로서는 매우 기쁘다.

이제 나는 모든 주제를 다루었다. 적어도 나에게 당면한 문제로 보인 것은 모두 다루었다. 지난 5년간 나는, 만약 미국으로 돌아가기 전에 기회가 주어진다면 국가라는 주제에 대해 영국의 인민에게 하나의 제안을 하리라 별러왔었다. 버크 씨가 그런 기회를 주었으니 나는 그에게 감사한다. 3년 전 어느 기회에, 국가의 상태를 고찰하기 위해 공정하게 선출된 하나의 국민회의를 제안하도록 그에게 재촉했다. 그러나 당시의 의회 흐름이 그가 속한 정당에 아무리 강하게 반대하는 것이었다고 해도 의회의 정책은 결국 모든 것을 부패라는 범위 안에 유지하려는 것이고 우연에 내맡기는 것이었다. 오랜 경험은 의회란 어떤 내각의 변화에도 추종하고, 바로 이 점에 그들은 그들의 희망과 기대를 걸었음을 보여주었다.

과거에는 국가에 관한 분열이 생기면 무력수단에 호소하는 바람에 내란이 뒤따랐다. 그런 야만적 관습은 새로운 제도에 의해 파괴되고 있으므로, 문제는 국민회의에 회부되어야 한다. 토의와 일반적 의사가 문제를 조정하고, 개인의 의견은 이에 기꺼이 복종하게 되어 질서는 제대로 유지될 수 있다.

이 책, 즉《인권》1, 2부의 기반이 된 원리를 '하나의 새로운 유행이론'으로 부르고 싶어 하는 신사들이 있다. 문제는 그 원리가 새로운 것인가 낡은 것인가가 아니라, 그것이 옳은가 그른가에 있다. 만일 전자라면 나는 쉽게 이해되는 하나의 상징으로 그 결과를 보여주리라.

지금은 2월 중순이다. 시골로 가면 잎이 떨어진 나무들이 겨울의 모습을 보여주리라. 사람들은 지나치면서 작은 가지를 곧잘 꺾는데 나도 그럴지 모른다. 그러다가 그 가지에 달린 싹눈 하나가 부풀어 오르기 시작하는 것을 볼 수도 있다. 만일 그런 모습을 보여주는 것이 영국에서 싹눈 하나뿐이라고 생각한다면 이는 지극히 부자연스런 생각이거나 전혀 이치에 맞지 않는 것이리라. 그렇게 생각하지 않고, 나는 즉각 모든 곳에서 같은 현상이 시작되고 있거나 시작되려 하고 있다고 결론을 내린다. 그리고 어떤 나무와 식물은 다른 것보다 더 오래 식물의 수면을 계속할지라도, 또한 그 중 어떤 것은 이삼 년 동안 꽃을 피우지 않을지 몰라도 썩어버린 것을 제외하고는 모두 여름이 되면 잎을 달게 되리라. 정치의 여름이 자연의 여름을 어떤 속도로 따라잡을 수 있을지는 인간의 통찰력으로 판단할 수 없다. 그러나 봄이 시작되고 있다고 느끼는 것은 어려운 일이 아니다. 이상으로, 모든 나라의 국민에게 자유와 행복이 있기를 바라며《인권》2부를 마친다.[213]

:: 옮긴이 해설

인간을 신뢰한 국제혁명가

나는 왕이나 양반이 싫다

지금 왕이라고 하면 누구나 지폐에 찍혀 있는 세종대왕이나 텔레비전에 등장하는 여러 미남 왕들, 심지어 요리에도 일가견이 있는 자상한 왕, 아니면 영국의 엘리자베스 여왕의 미소를 떠올리리라. 특히 그것은 우리 양반의 고향이라는 안동 땅에 걸려 있다. 그러나 나는 그 모든 왕이 싫다. 동시에 양반이 싫다. 그리고 그것을 상징하는 족보나 재실이 싫다.

내가 '자애로운' 엘리자베스 여왕을 비롯하여 영국의 왕들, 세상의 모든 왕들, 그리고 귀족이나 양반에 대해 반감을 갖게 된 것은 페인의 《상식》과 《인권》 때문이었다. 그의 영국 왕이나 귀족에 대한 통쾌하기 짝이 없는 비판에 매료되어 어린 시절에 읽기 마련인 동화나 사극이 시시해졌던 추억이 있다. 그 후 지금까지 그토록 철저히 왕과 귀족을 부정하는 책을 읽은 적이 없다. 이렇듯 페인으로 인해 우리 역사에 등장하는 모든 왕들과 귀족들까지도 나는 부정하게 됐건만, 우리나라에서는 왕과 양반을 부정하는 역사책을 읽은 적이 없다. 도리어 여전히 왕과 양반은 텔레비전 드라마에서 역사책에 이르기까지 숭배되고 있다. 그리고 모두 다 왕족 또는 귀족이라는 양반의 후손임을 자처한다. 전 국민의 양반화, 그것이 우리의 민주화인가?

10여 년 전 처음 영국에 갔을 때, 나는 그곳의 몇몇 사회주의자들마저 여왕을 사랑한다는 자조적인 말을 하는 걸 듣고 기절초풍할 뻔해 몇 달 만에 도망치듯 그곳을 빠져나왔다. 아니, 여왕에 대한 사랑만이라면 여왕이 준 장학금까지 버리고 도망치지는 않았으리라. 영국인의 대부분이 아직까지도 대영제국의 꿈속에서 사는 듯하여 숨이 막힐 지경이었다. 솔직히 말해 그렇게 숨 막히는 분위기의 나라는 그것이 처음이자 마지막이었다.

우리는 어떤가? 두말할 필요도 없이 우리에게는 왕과 귀족이 없다. 그러나 나는 아직도 왕과 양반의 망령이 이 땅에 도사리고 있다고 생각한다. 가히 절대적이라고 할 역대 대통령들을 생각하면 그렇다는 것이다. 그래서 어쩌면 우리는 아직도 조선왕조를 벗어나지 못하고 있는 것이 아닌가 하고 생각될 정도이다. 그리고 대통령에 대해서도 언제나 왕의 이미지가 중첩되고 있는 것인지도 모른다고도 생각된다.

특히 북한이 그렇다. 김일성을 일정하게 평가한다고 해도 나는 김정일의 세습, 그리고 다시 그 세습이 회자되는 현실을 도저히 이해할 수 없다. 과거 대통령의 자녀가 정치의 무대에 화려하게 등장하는 사태도 마찬가지다. 나로서는 도저히 이해할 수 없다. 나는 그 세습만으로도 북한체제가 싫다. 나는 국가보안법 폐지에는 찬성하지만 북한은 싫다. 왕이나 귀족, 양반은 그렇게도 거부될 수 없는 영원한 무엇인가?

그래서 페인의 《상식》을 다시 번역하게 되었다. 그리고 무엇보다도 밤낮으로 우리의 왕이나 귀족들이 등장하는 텔레비전을 아예 꺼버렸다. 만약 페인이 지금 우리나라에 나타난다면 "정말 민주주의를 하고 있소?"라고 물을 것임에 틀림없다. 왜 우리는 왕과 귀족 또는 양반을 부정하지 못하는가?

우리는 왕과 양반을 스스로 거부한 적이 없다. 우리의 마지막 왕은 일제에 의해 쫓겨났지 우리 자신에 의해 쫓겨나지 않았다. 그래서 저 고종이나 명성황후가 그리도 슬프게 회자되는가? 나는 1945년 8월 15일 해방 뒤에 우리가 일제에 의해 쫓겨났던 왕의 후손을 다시 왕의 자리에 하루만 앉혔다가 민주주의를 하기 위해 우리의 손으로 다시 쫓아낸 다음 궁궐에 조용히 살게 했다면 어떠했을까 하는 망상에 가끔 빠진다. 그런데 해방 후 우리는 모두 양반으로 둔갑했다.

그 후 60여 년이 지난 지금에는 그런 것은 정말로 망상이리라. 그러나 나는 일제 시대 친일파에 대한 추궁을 민족의 이름으로 지금 비로소 제대로 논의하는 것보다 더욱 중요하게, 왕과 양반에 대한 추궁을 민주의 이름으로 지금 제대로 논의할 필요가 있다고 본다. 왜냐하면 우리는 그러한 절차를 생략함으로써 진정한 민주주의의 원리를 확립하지 못했기 때문이다. 왕이 침략국에 의해 쫓겨난 것이 문제인 것이 아니라, '민주주의를 하기 위해' 우리 민중의 힘으로 쫓아내는 것이 중요하기 때문이다. 그리고 스스로 양반임을 포기했어야 했다.

민족의 반역자를 청산하지 못한 것도 우리 역사의 오점이지만, 왕조를 제대로 청산하지 못한 점도 그것 못지않게 중요한 역사적 오점이다. 우리가 그런 민주주의의 원리를 체득하지 못한 점이 그 후 지금까지의 오랜 민주화에 대한 고통을 이미 예상하게 했을지도 모른다.

왜 페인인가

민주화는 체육관에서 뽑힌 군인 출신 독재자 대통령을 모든 국민이 뽑은 민간인 출신 대통령으로 바꾸는 것을 뜻하는 게 아니다. 민주화는 모든 인간의 인권이 확립되는 원칙인 민주주의의 수립을 뜻한다. 나는 바로 그 점에서 인권의 확립을 주장했고, 1986년 유네스코에서 펴낸 《인권론(International Dimension of Human Rights)》과 1987년 미국 인권론의 고전인 미국 연방대법원 더글러스 판사의 《민중의 인권(Rights of the People)》을 번역한 바 있다. 이제 다시 페인의 《상식》과 《인권》을 번역하는 것은, 우리는 계속해서 인권을 상식으로 만들기 위해 노력할 필요가 있다고 생각하기 때문이며, 아직 그런 노력이 부족하다고 느끼기 때문이다.

페인의 두 책은 모두 팸플릿이고, 더글러스의 책도 오늘날의 팸플릿이라고 할 수 있는 문고본으로 세계적으로 널리 읽었다. 나는 1987년 6월 항쟁의 상황 속에서 그 전에 낸 유네스코나 더글러스의 책이 널리 읽히리라고 기대했다. 그러나 그렇지 못했다. 6월 항쟁의 이슈는 대통령 직선제였다. 그 밖의 다른 것이 아니었다. 지금 내는 페인의 책도 많이 팔리리라고 기대하지 않는다. 20여 년 전보다 개인들의 수입은 많아졌지만 책 살 돈은 여전히 없는 듯, 아니 더욱 줄어든 듯하기 때문이다. 그래서 책을 내기가 두려우나, 더욱 두려운 것은 끝을 모르고 더욱 타락해가는 현실이다. 책을 안 읽어 그렇다고는 할 수 없겠으나, 그것도 하나의 요인이리라. 그래서 다시 안간힘을 내어 책을 낸다. 누가 뭐라고 욕을 해도 책을 낸다. 나를 욕하지 말고 책을 써라!

그런데 내가 직접 쓰지 않고, 굳이 페인의 번역을 선택한 것은 좀더 읽힐지도 모른다는 기대 때문이다. 나는 2001년 《그들이 헌법을 죽였다》는 제목으로 헌법학자들이나 헌법재판소를 비롯한 정치가들을 비판한 바 있으나, 이 역시 별로 읽히지 않았다. 그래서 법 책은 쓰지 않겠다고 결심했다. 대신 미국과 프랑스 헌법에 관련된 고전인 페인의 책을 번역하기로 했다. 미국과 프랑스 헌법에 대한 고전으로 다른 여러 문헌이 있으나, 나에게는 페인의 책이 가장 흥미롭기 때문이다.

특히 페인의 책들은 18세기 후반 19세기 초엽에 쓰어졌음에도 21세기 한국에 사는 나에게는 여전히 새롭다. 우리는 1948년 이래 헌법에 민주주의와 인권과 국가조직에 대한 조항을 두었으나, 그 실천주체가 없는 탓에 그림의 떡, 아니 독재자의 장난감이 되고 말았다. 민주주의이고 인권이고 권력분립이고 모두 반공주의에 녹아들었고, 그것은 독일이나 프랑스 등 소위 선진국들의 보수주의 이론에 의해 언제나 멋지게 장식되었으며, 그것이 또한 헌법재판소나 각종 법원의 헌법이론으로 등장했다.

나는 《상식》과 《인권》에서 페인이 말한 것보다 더 명쾌한 민주주의와 헌법에 대한 이야기를 읽은 적이 없다. 가령 저 잡다한 주권론 대신 페인은 국민의 주권을 명쾌하게 주장하고, 그것으로부터 모든 인민의 인권은 절대적이라고 주장하며, 국가에 의한 어떤 침해도 부정한다. 그리고 국민에 대해 철저히 봉사하는 국가와 정부를 주장한다. 그 이상 어떤 헌법이 필요한가? 페인은 민주주의와 헌법, 미국혁명과 프랑스혁명의 아버지였다. 페인 같은 진짜 원조가 아닌 모든 가짜 사이비는 가라.

《상식》과 《인권》의 역사적 의의

지금 유럽에는 프랑스, 이탈리아, 스위스 등을 제외하면 왕들이 있다. 그것도 옛날처럼 세습왕제에 의한 것이다. 그러나 어느 나라에서나 권력을 갖는 왕은 없다. 지금의 왕은 그야말로 동화나 전설의 왕일뿐이다. 그 모든 나라는 왕을 그렇게 만드는 역사를 거쳤다. 우리에게도 그런 역사가 있을 수 있었고, 만일 그러했다면 그것은 나름대로의 의미를 가졌을 것이다.

왕은 한때 모든 권력을 가졌다가 차차 그것을 귀족이나 평민들에게 양보했다. 미국이 독립하기 전에 영국 왕은 상원과 하원에 권력의 일부를 나누어 주어 당시에는 나름으로 이상적인 군주제로 평가되었다. 그래서 독립전쟁 직전만 해도 대부분의 아메리카 사람들은 왕을 부정하지도 독립을 주장하지도 않았다. 바로 이때 페인이 발표한 《상식》이라는 50쪽 정도의 팸플릿 하나가 그런 생각을 근본적으로 뒤집었다.

즉 《상식》은 영국의 왕이 지배함은 상식이 아니고, 미국의 독립과 민주주의의 수립이 상식이라고 최초로 주장하여 그것을 달성하게 한 책이다. 페인이 그 팸플릿을 발표하기 전에는 독립해야 한다거나 민주주의를 해야 한다는 것이 상식이 아니었다. 미국 독립의 아버지라는 워싱턴은 1770년대 초까지 독립에 반대했고, 프랭클린도 마찬가지였으며, 심지어 페인 자신도 그러했다고 《상식》에서 말한다.

1775년 4월 19일 영국과 싸운 최초의 전투인 렉싱턴과 콩코드 전투가 벌어지기 전까지 그들은 아메리카에 대한 영국의 부정을 시정하기 위해 싸우는 것이지 독립을 위한 것이 아니고, 도리어 독립은 재난과 죄악으로 가득 찬 것이고 자신들에 대한 중상모략이라고 비난했다.

그래서 페인이 《상식》에서 영국 정체 자체를 비판하자 독립전쟁에 참가한 많은 아메리카인들이 반발했다. 그들 대부분은 영국 정체가 최고라고 생각했기 때문이었다. 우리는 그 지루한 논쟁을 검토할 필요는 없다. 여기서는 《상식》이 나온 지 6개월 만에 성립된 1776년의 〈독립선언〉이 페인의 주장을 거의 그대로 옮긴 것이었음을 확인하는 것으로 충분하다. 《상식》은 1년 만에 15만 부[214]가 팔렸다.

그러나 페인의 독립 주장은 미국만의 이익을 위한 것이 아니었다. 그는 《상식》 머리말에서 다음과 같이 말한다.

아메리카의 대의는 바로 전 인류의 대의다. 한 지역에 국한된 것이 아닌 전 세계적인 상황이 지금껏 수없이 일어났고, 앞으로도 계속해서 일어날 것이다. 인류를 사랑하는 모든 인간의 원칙은 그 세계적인 상황의 영향을 받고, 그 결과로 그들에게 애정이 일어나기 마련이다. 어떤 나라를 총검으로 황폐하게 만들고, 전 인류의 자연권에 반대하는 전쟁을 선포하여 그 자연권의 옹호자를 지구상에서 말살하려는 행위는 자연으로부터 감정의 힘을 부여받은 모든 인간의 걱정거리다. 나 역시 당파적인 비난을 초월한 그와 같은 생각을 하는 사람 중 하나다.

"자유가 없는 곳에 내 조국이 있다"는 유명한 페인의 말은 "자유가 있는 곳에 내 조국이 있다"는 프랭클린의 말에 대한 대답이었으나, 바로 그 말이 단순한 미국 민족주의자가 아니라 세계의 자유주의자인 페인의 삶과 생각을 단적으로 보여준다. 이어 그는 영국과 프랑스의 압제에 대항하여 자유를 향한 투쟁에 나섰다. 그 핵심은 1791년의 《인권》이었다. 따라서 페인은 단순한 독립운동가가 아니다. 그는 미국 출신도 아닌 영국 출신이므로 영국의 입장에서 보면 매국노였다. 그러나 지금은 누구도 그를 그렇게 말하지 않는다. 어쩌면 그는 최초의 국제혁명가였다. 그는 세계를 고향으로 삼았다. 어떤 나라도 나쁜 나라는 그의 조국일 수 없었다.

페인은 누구인가

페인의 삶과 생각을 이해하기 위해 그의 연보를 간단히 살펴보자.

1737년	1월 29일 영국 노퍽(Norfolk) 주의 셋퍼드(Thetford)에서 태어나다. 아버지는 퀘이커 교도였고, 어머니는 영국 국교도였다.
1742~1751년	셋퍼드의 학교를 다니다.
1751~1759년	아버지 상점에서 코르셋 만드는 일에 종사하다.
1759~1760년	켄트(Kent)로 이사해 같은 일에 종사하고, 첫 결혼을 하나 아내는 1년도 안 되어 죽다.
1764년	간접세 세무서(Excise Service)의 하급관리로 링컨서(Lincolnshire)에서 근무하며 밀수 적발 및 술, 담배에 대한 소비세 징수 업무에 종사하다.
1765년	7월 내용물을 확인하지 않고 화물을 인정했다는 이유로 해고되다.
1767년	런던의 학교 교사로 근무하다. 세무서 재취업을 시도하다.

1768년	서섹스(Sussex) 주 루이스(Lewes)의 세무서에서 근무하다.
1771년	담배사업주 딸과 재혼하다.
1772년	담배사업에 대한 세금 인상에 반대하여 《간접세 관리들의 문제(The Case of the Officers of the Excise)》를 집필하다.
1774년	세무서에서 해고되고 재혼과 사업에 실패하다. 프랭클린(Benjamin Franklin)의 추천을 받아 10월 미국으로 이주하다. 이주 중 배에서 열병으로 거의 죽기 직전에 되살아나다.
1775년	필라델피아에 정착하다. 〈펜실베이니아 매거진(Pennsylvania Magazine)〉의 편집을 보조하고 집필을 하다. 4월 19일, 렉싱턴과 콩코드의 전투 이후 미국 독립운동에 가담하다.
1776년	1월 10일 《상식》을 출판하다. 50쪽의 이 책은 1년 만에 15만 부나 팔리다. 독립전쟁에 자원해 너새니얼 그린 장군의 부관으로 근무하다. 12월 19일, 《미국의 위기 제1호(The American Crisis, Number 1)》를 출판하고, 워싱턴이 밸리포지에 있는 모든 군인에게 그 독서를 명령하다.

1777~1779년	의회 외무위원회 간사로 근무하다.
1779년	대륙의회 의원인 딘(Silas Deane)이 미국에 대한 프랑스의 원조에서 사익을 추구했다고 비판하면서 비밀문서를 공개한 이유로 사직되다.
	11월, 펜실베이니아 의회 사무원으로 근무하며, 봉급에서 뗀 500달러로 병사들을 구제하기 위한 기부금을 모집하다.
1780년	〈공익(Public Good)〉에서 비효율적인 연방규약을 개정할 전국의회의 필요성을 역설하고, 대륙헌법에 의해 강력한 중앙정부 수립을 촉구하다.
1781년	기부금 모집을 위해 로렌스(John Lawrence)와 함께 프랑스로 가다. 그곳에서 가지고 온 옷과 탄약은 독립전쟁의 성공에 기여하다.
1783년	워싱턴의 승인을 받아 의회에 재정지원을 요청했으나 묵살당하다.
1787년	필라델피아에 다리를 건설하기 위해 프랑스로 갔으나 포기하고, 대신 영국으로 가서 버크를 포함한 휘그당 지도자들을 만나다. 당시 프랑스 주재 대사였던 제퍼슨과 파리에서 교류하고, 1790년까지 프랑스혁명의 지도자들을 만나다.
1791년	버크의 《프랑스혁명에 대한 고찰》(1790)을 반박하는 《인권》 1부를 출판하다.

1792년	버크의 반론에 대해 《인권》 2부를 출판하다. 이는 영국 정부에 의해 판금되고, 출판업자는 구속되다. 영국 정부는 페인에게 반역죄를 이유로 체포령을 내리다. 그러나 그는 프랑스에서 국민공회 의원으로 선출되어 프랑스로 가다. 영국에서는 궐석재판에서 그에게 반란죄로 유죄판결을 내리고 법익을 박탈하다. 《인권》은 영구적으로 발매 금지되다.
1793년	프랑스 왕의 처형에 반대하고, 그 후 권력을 잡은 로베스피에르에 의해 룩셈부르크 감옥에 투옥되다. 그 전에 《이성의 시대(Age of Reason)》를 완성하다.
1794년	11월 로베스피에르의 실각과 함께 석방되다. 《이성의 시대》 1부를 출판하다.
1795년	《이성의 시대》 2부를 집필하다.
1797년	《토지분배의 정의(Agrarian Justice)》를 출판하여 재산 소유의 불평등을 비판하다.
1998~1802년	나폴레옹에게 영국을 침략하도록 조언하려고 시도했으나 실패하여 1802년 9월에 미국으로 가다.
1809년	6월 8일 뉴욕에서 사망하다. 그의 주검은 뉴욕 주 정부가 제공한 뉴로셀 농가에 묻혔으나, 10년 뒤 영국의 저널리스트인 코벳(William Cobbet)이 유해를 영국으로 가져간 뒤 유골이 분실되다.

혁명가 또는 혁명아

38세의 페인이 미국에 건너간 1775년부터 그가 죽은 지 6년 뒤인 1815년까지, 즉 미국혁명이 시작되어 프랑스혁명이 끝나기까지 페인의 후반생 34년은 혁명가의 그것이었다. 흔히 혁명가라고 해도 실패한 혁명가가 많고, 성공했다고 해도 한 나라의 혁명에 국한된 경우가 대부분인데, 페인은 근대역사의 가장 중요한 혁명인 미국 독립혁명과 프랑스 대혁명을 성공시킨 혁명가였다. 그리고 그는 영국과 아일랜드에서도 그런 혁명이 일어나도록 촉구했다. 뿐만 아니라 그는 19세기를 장식한 노동혁명의 아버지였다.

그의 혁명가로서의 생애는 근대 혁명의 변화를 그대로 보여주는 점에서도 흥미롭다. 18세기 중반에 혁명이란 정부의 변화, 특히 정체의 기본적 원리가 변화하는 것을 뜻했다. 그러나 19세기 초에 오면 그것은 급속하고 근본적이며 진보적인 사회적, 정치적 변화를 뜻하는 것으로 바뀌었다. 즉 그것은 본래의 고유한 정체나 부패하지 않은 국가를 지향하는 것이 아니라, 계몽의 확산과 인간의 불가침 인권에 대한 인식을 근거로 하여, 인류가 야만으로부터 문명에로 나아가야 한다는 확신으로 바뀌었다.

나는 이러한 변화를 우리의 1960년대 혁명으로부터 1980년대 이후의 혁명으로 바뀌는 과정에서도 읽는다. 물론 이러한 단순한 비교는 대단히 위험하나, 어쩌면 정치혁명으로부터 사회혁명으로 나아가는 과정은 유사하다고 볼 수 있을지 모른다. 물론 1980년대 이후의 혁명은 정치혁명과 사회혁명이 동시에 나타난 것이기도

하므로 더욱 분명한 사회적인 혁명은 아직도 오지 않았는지도 모른다.

여하튼 혁명가로서의 페인은 그 짧은 생애에서 그러한 변화까지 보여주는 점에서 흥미롭다. 이는 그의 출신이 당대의 혁명가들 대부분과 달리 빈민의 아들로 태어났기 때문에 가능했는지도 모른다. 미국에 건너가기 전 37년의 전반생은 빈곤과 실패와 좌절의 연속이었다. 그는 아버지로부터 물려받은 직업인 코르셋 제조공, 간접세 세무서 관리, 담배업자, 교사, 그리고 두 번의 남편으로서도 실패했다. 그가 미국으로 건너가면서 열병으로 거의 죽기 직전 되살아난 것은 그야말로 제2의 삶이 시작됐음을 뜻한 것인지도 모른다.

그런 그가 미국에 이주한 지 1년여 만에 《상식》을 집필한 것은 기이하게 보인다. 9년 정도의 초등학교와 중학교를 마친 정도인 그의 교육수준에 비추어보면 그렇게도 간명하면서도 설득력 있는 정치사상을 전개했다는 것이 경이로울 지경이다. 본문을 읽으면서 독자들의 이해를 위해 내가 보탠 역주를 읽어보면 그가 당대 영국과 미국 그리고 유럽의 모든 정치적 논의를 꿰뚫었고, 누구보다도 날카롭게 그 시대의 문제를 진단했음을 알고 놀라지 않을 수 없을 것이다. 우리는 아마도 그가 가난한 생활 속에서도 열심히 책을 사서 읽었을 것이라고 충분히 상상할 수 있다.

그러나 1772년 세무관료의 부패를 척결하는 유일한 방법으로써 그들의 보수를 올려야 한다고 주장하는 글을 발표하여 세무서에서 해고당한 것은 그가 일찍부터 정의감에 불타 글을 썼음을 보여준다. 또한《상식》을 쓰기 전에 이미《펜실베이니아 매거진》에 쓴 〈아메리카의 아프리카 노예제(African Slavery in America)〉(1775)는 아프리카 노예무역에 대한 통렬한 비판으로서 흑인의 완전한 인권을 주장하고 그 말미에 '정의와 인간애' 란 서명을 쓴 점도 우리의 주목을 끈다. 이어 그는 5년 뒤 노예해방을 주장했다.

《상식》

《상식》의 핵심은 미국 독립운동사에 대한 미국 최고의 권위자라는 베일린(Bernard Bailyn)이 미국혁명에 대한 최고의 책으로 칭송받는 저서《미국혁명의 이데올로기적 기원(The Ideological Origins of the American Revolution)》[215]에서 말했듯이 당시의 영국처럼 정체의 균형을 자유의 필요조건으로 보는 전통적 관념에 대한 비판이었다. 그는 영국으로부터 독립할 필요성을 단순히 민족주의적인 관념에서 구한 것이 아니라, 영국 정체에 대한 비판에서 구한 점에서 근본적인 '혁명가' 였다.

즉 페인은 영국 정체는 군주 전제정과 귀족 전제정, 그리고 이를 얄팍하게 덮고 있는 공화정의 복합이고, 그것들이 서로 견제하는 연합체라고 함은 웃기는 짓이므로 아메리카는 그런 군주정을 벗어던지자고 주장했다. 대신 그는 각각 독립한 국가로서 단원제 의회를 창설하고, 더욱 평등한 대의제도를 통해 매년 의원을 선출하고, 영국의 대헌장(Magna Charta)에 상응하는 대륙헌장을 만들어

전국적 단원제 의회를 구성하자고 주장했다.

이러한 페인의 주장에 대해 소위 근왕파는 영국의 정체가 인류가 만든 최선의 것이고, 왕이 없으면 선동가가 좋아하고 부패하기 쉬운 민주정으로 타락하며, 혼란과 내란을 초래하고, 페인이 주장한 정체도 그런 결과를 초래하리라고 비판했다. 그러나 더욱 중요한 반론은 페인과 같이 독립에 찬성하는 사람들에게서 나왔다. 그중 미국 독립운동사에 그 이름이 남은 애덤스(John Quincy Adams)는 페인을 본 순간부터 그를 불신하여 "재앙의 주역"이라고 부르고, 페인의 생각이 "한편으로 정직한 무지나 어리석은 미혹, 또는 다른 한편으로 고의적인 궤변과 부정적인 위선"에서 유래했다고 비판하고 그의 단원제 의회 설치 주장을 비난했다.

그러나 애덤스는 페인의 아나키즘적 요소를 꿰뚫어보았다는 점에서 우리의 흥미를 끈다. 즉 그는 《상식》이 "어떤 제약도 없는, 또는 어떤 평형이나 균형도 추구하는 노력조차 없는, 너무나도 민주적인 제안이어서 반드시 혼란과 온갖 폐해를 초래하리라"고 보았다.[216] 게다가 페인에게는 "애국주의의 핵심을 구성하는 어떤 나라도, 어떤 애정도 없다"라고 비판했다. 즉 페인이 봉사한 대상은 하나의 나라 자체가 아니라, 그가 서 있는 원칙인 자유와 평등일 뿐이었다.

사실 페인은 1774년 그가 태어난 영국을 떠났을 때, 아니 어쩌면 그전에 벌써 특정한 나라에 대한 애정을 버렸다. 《상식》은 독립이라는 민족주의적 상식을 말한 것이 아니라, 자연과 이성 및 감정에 의존하여 자유와 평등에 대한 보편적 가치를 주장한 것이었다. 그것을 주장하는 그는 본질적으로 영국인일 수도, 미국인일 수도, 프랑스인일 수도, 그 어떤 나라의 국민일 수도 없었다.

이는 추상적이거나 이론적인 것을 뜻하지 않는다. 앞에서도 말했듯이 그는 독학으로 공부하여 자신의 정치이론을 세웠다. 그의 이론이 로크를 비롯한 당대의 계몽주의자와 비교되기도 하지만, 페인 자신은 로크를 위시하여 누구도 읽은 적이 없다고 주장했다. 사실 그의 정치이론은 역사상의 그 어떤 범주에도 속한다고 말하기 어렵다. 그는 자신이 목격한 현실과 자신이 만난 사람들과의 대화를 통해 자신의 이론을 구성했다.

《상식》만이 아니라 1776년부터 1783년 사이에 16편이나 이어진 그의 논설 〈미국의 위기(The American Crisis)〉도 그렇다. 각 글의 끝에는 '상식'이라는 서명이 붙었다. 그중 조지 워싱턴의 부대가 붕괴될 위기에 처한 1776년 12월 9일에 출판된 1호 논설은 "지금은 인간의 영혼을 시험하는 시기"라는 말로 시작되고, 워싱턴은 밸리포지에 있는 모든 군인들에게 그것을 읽으라고 명했다.

그의 모든 책은 수십만 부나 팔렸으나, 책값을 싸게 해 많은 사람들에게 읽히게 하고자 인세를 전혀 받지 않았던 그는 가난에 허덕였다. 그래서 독립전쟁이 끝난 뒤 5년간은 교각 없는 다리나 연기 안 나는 초 등을 만들어 생계를 꾸리고자 노력하기도 했다.

《인권》

1781년 필라델피아 근처의 넓은 스쿨킬(Schuylkill) 강을 건너는 단일 아치 철교를 건설하고자 돈을 모으려 간 짧은 프랑스 여행과 달리 1787년부터 1792년까지 페인은 영국과 프랑스에서 살면서 양국의 정치에 관여했다. 영국에서 그는 당시 프랑스 대사로 와 있던 제퍼슨을 위해 미국과 프랑스에 대한 영국의 태도를 관찰하는 비공식 정보원으로 활동하면서 영국의 많은 반정부 인사들과 만났다. 1789년 12월 영국 총리 윌리엄 피트가 네덜란드를 둘러싸고 프랑스와 전쟁에 돌입하려 하자 페인은 "전쟁의 이유는 단 하나, 오직 세금을 증대시키려는 것"이라며 전쟁에 반대하는 글을 썼다.

그리고 파리에서는 지롱드 파의 자유주의 인사들과 교류했다. 프랑스어를 전혀 못함에도 불구하고 그는 1792년 9월 국민공회 의원으로 선출되었다. 이는 《상식》을 비롯한 초기 저서들의 소개로 인한 것이기도 했으나, 더욱 직접적으로는 1791년과 1792년에 출판된 《인권》에서 프랑스혁명을 옹호한 탓이었다. 그것은 1790년에 출판된 버크의 《프랑스혁명에 대한 고찰(Reflection on the Revolution in France)》에 대한 비판으로 씌었다. 《상식》은 1791년에 8판이나 간행되었고, 미국에서도 제퍼슨 협회에 의해 간행되어 널리 배포되었다. 버크의 책은 우리말로 소개된 적이 없어 여전히 소문만 무성한 책이나, 지극히 보수적인 책이라는 점에서 그 책의 역사적 의의나 정치학 상의 가치와는 관계없이 여기서 상세히 언급할 필요가 없고, 다만 《인권》을 읽기 위한 전제로서만 간단히 설명한다. 그 책은 프랑스혁명에 대한 반대이자 그것에 찬성하는 당대 영국인들을 겨냥한 책이었다. 그 책에 대한 논의는 프랑스혁명에 대한 버크의 보수적인 해석에 대해서가 아니라 정치의 기본원칙에 대한 논의로 나아갔다.

《인권》은 프랑스혁명에 대한 옹호에서 출발하여 전횡적인 정부의 해악과 가난, 문맹, 실업, 전쟁 등에 대한 해결책을 찾고자 한 책이다. 그는 이미 《상식》에서 거부한 왕정에 맞서 공화정을 주장하고 대중교육, 빈민구제, 노인연금, 실업구제를 위한 공공사업 계획을 구상했다. 그 모든 비용은 누진적인 소득세 징수로 충당한다는 것이었다.

그 결과 1792년 초에는 영국에서 정치적 논의와 개혁 증진을 위한 조직들이 전국적으로 확산되었다. 또한 정치개혁의 주도권이 1780년대 초의 엘리트 지배의 조직으로부터 중산층과 노동자층의 민주적으로 조직된 대중회원제 조직으로 옮겨갔다. 이러한 변화에 페인의 《인권》은 결정적인 기여를 했다. 그래서 1792년 5월 영국 정부에 의해 판금되고 출판업자는 구속되었다. 페인에게는 반역죄를 이유로 체포령이 내려졌으나 프랑스 국민공회 의원으로 선출되어 프랑스로 감에 따라 직접적인 탄압을 피할 수 있었다. 그는 궐석재판에서 반란죄로 유죄판결을 받고 법익박탈자(outlaw)로 선언되어 다시는 영국에 돌아오지 못하게 되고 《인권》은 영구히 발매가 금지됐다.

《인권》에 대한 톰슨의 평가

《인권》에 대해서는 종래 미국사 연구자를 중심으로 하여 주로 미국 헌법에 대한 페인의 찬양만이 중시되어 왔다. 그래서 우리나라에서 최초로 《페인 정치론집》을 번역한 길현모는 《상식》은 완역을 하면서도 《인권》은 그 본래 분량의 사분의 일도 안 되는 초역을 했고, 특히 영국 노동운동사에 가장 중요한 영향을 끼친 《인권》 2부 5장은 아예 단 한 줄도 번역하지 않았다. 이는 페인을 《상식》 중심의 미국 독립운동 이론가로 보는 미국사 연구자의 협소한 시각을 증명한다. 길현모의 그러한 태도는 페인에 대한 미국 내의 일반적인 태도임은 두말할 필요가 없다. 이러한 문제점을 극복하기 위해 우리는 E. P. 톰슨의 《인권》에 대한 역사적인 평가를 살펴볼 필요가 있다.

《영국 노동계급의 형성(The Making of English Working Class)》에서 톰슨은 1780년대에서 1832년 사이에 영국 노동자계급의 형성을 탐구했다. 1792년 페인의 《인권》이 판금되었지만 그 판금은 동시에 '가장 가난한 사람'이 가지는 '생득권'이 인권으로 의식된 것을 뜻했다고 톰슨은 말한다.[217] 이어 톰슨은 《인권》을 "잉글랜드 노동계급 운동의 원천을 이루는 저작"으로 평가한다.[218]

톰슨은 《인권》의 내용을 소개한 뒤에 영국에 대한 그 엄청난 비판이 18세기 영국인들에게도 일반적이었으나, 이를 공개적으로 밝힌 것은 페인이 처음이었다고 말한다.[219] 그리고 페인이 국가이론 및 지배계급 이론에 대한 어느 정도의 가능성도 보여주었다고 평가한다. 《상식》에서는 로크에 따라 국가를 '필요악'으로 보았으나, 《인권》에서는 아나키즘과 비슷한 태도로서 필요한 것은 국가의 개혁이 아니라 국가의 폐지라고 주장한다는 것이다.[220]

톰슨은 《인권》 중에서 가장 중요한 부분을 2부 5장이라고 한다. 5장은 페인이 상업과 산업 활동을 찬양하고, 식민지 지배를 탄핵하며, 형법을 비판하고, 폐쇄적인 특허장, 신분단체, 독점 등을 규탄하며 세금부담을 강력히 비난한 뒤 여러 가지의 사회개혁을 제시한 부분이다. 그 사회개혁이란 군사비의 삭감, 국세 및 지방 구빈세의 철폐, 누진 소득세에 의한 추가 세금의 징수, 빈민 구제를 위한 지출 등이다. 그리고 페인이 가족보조금, 모든 아동의 일반교육을 가능하게 하는 공공기금, 노년연금을 권리라고 주장한 것을 지적하면서 톰슨은 이것이 페인의 가장 강력한 모습이라고 평가한다.[221]

《인권》 1부의 성공도 대단했지만 2부의 성공은 엄청난 것이어서 1793년까지 20만 부가 팔렸다. 당시 영국의 인구가 1000만 명이었던 점을 감안하면 엄청난 수였다. 그리고 페인이 2부 5장에서 제시한 개혁안은 영국 중산층과 노동계급의 일상적인 경제적 궁핍의 경험과 결부되어 개혁을 위한 선전활동 전체에 새로운 건설적 성격을 제공했다고 톰슨은 평가한다.[222] 즉 "사회적 입법을 위한 출발점을 제시"했다는 것이다.[223] 페인이 영국 민중에게 준 것은 급진적 평등주의의 새로운 수사법이었다고 톰슨은 말한다.[224]

페인의 국가론

페인은 국가 및 정부와 사회를 구분한다. 사회는 자연상태이고 국가 및 정부는 인공상태이다. 즉 자연상태인 사회로부터 인민은 자발적이고 자유로운 계약에 의해 국가를 형성한다. 따라서 국가란 정치적으로 조직된 사회일 뿐이다. 국가를 형성함으로써 인민은 자연상태로부터 정치공동체 구성원으로 넘어가고, 이 단계에서 국가업무 수행의 상설적 대행기관인 정부가 형성된다.

사회는 정의와 양심이 지배하는 한 지속되나, 그것에 결함이 나타나 그것을 보완하기 위해 국가조직의 필요성이 생긴다고 페인은 본다. 따라서 국가는 필요악이고, 문명화 정도에 따라 그 필요성은 줄어든다. 자연상태인 사회에서 인공상태인 국가로 전환하는 것은 구성원의 계약에 의하는 것이지, 통치자와 피통치자간의 계약에 의한 것이 아니다. 구성원 간의 계약에서 개인은 정신적인 권리를 비롯한 인권을 그대로 지닌다.

사회계약에 의해 성립된 국가가 선거와 대표에 의한 대의제 공화국이고, 이에 반하는 것이 세습적 계승에 의한 전제국 또는 귀족국의 독재국가이다. 《상식》이나 《인권》의 상당 부분이 영국과 프랑스의 전제주의를 비판한 글임에서 알 수 있듯이 페인의 최대 관심은 전제주의의 타파와 공화국의 수립이었다.

공화국이란 공익, 즉 인권과 정의의 기본적 원리에 의해 창설되고 운영된다. 따라서 공익은 사익과 모순되는 것이 아니라 사익의 총화에 불과하다. 그러나 페인은 재산권에 대해서는 그 사회적 책임을 강조함으로써, 재산가들로부터 빈민층을 보호하는 보호자로서의 기능을 국가에 부여하는 데까지 나아간다.

물론 경제의 사회화를 주장하지는 않았다는 점에서 그는 사회주의자가 아니다. 즉 노동가치설을 주장한 마르크스가 초과이윤이 노동자에게 돌아가야 한다고 주장한 것과 달리, 페인은 재산은 사회적으로 생긴 것이므로 사회에 반환해야 한다고 주장한다. 이러한 사회민주주의적인 주장은 18세기말에서는 가장 혁신적인 것이었고, 21세기인 지금에도 의의가 있다. 사실 영국을 비롯한 복지국가나 사회국가, 또는 사회민주주의, 수정자본주의라는 것은 이미 페인이 말한 그대로가 아닌가?

페인의 인권론

모든 사람이 자유롭고 평등한 자연적 인권을 타고났다는 페인의 인권론은 1775년 《아메리카의 아프리카 노예제》에서 "그들이 자유를 박탈당하도록 선고를 받은 것이 아니기 때문에 그들은 여전히 자유에 대한 자연적이고도 완전한 권리를 가진다"고 한 점에서부터 나타났다.[225] 이어 1780년의 《노예 해방(Emancipation of Slaves)》에서도 인간의 피부가 다른 것은 신의 창조에 의한 것에 불과하므로 그것을 이유로 인간이 인간을 차별해서는 안 된다고 주장했다.[226]

그가 말하는 자연권은 첫째 한 국민의 주권(이를 근거로 그는 미국의 독립을 주장했다), 둘째 개인적 자유권, 셋째 선거권(따라서 재산에 따라 선거권을 차별하는 것은 부당하다), 넷째 언론의 자유, 다섯째 혁명권이었다.

이러한 자연상태에서 나오는 자연권과 구분되는 것이, 자연상태로부터 정치공동체로 넘어감에 따라 갖는 시민권이다. 시민권은 자연권에 근거하는 것으로서, 자유, 평등, 안전, 재산, 사회적 보호, 압제에 대한 항거를 그 내용으로 한다. "자유란 타인의 자연권에 위반되지 않는 것은 무엇이든 할 수 있는 권리이고", "평등은 모든 사람이 동질의 권리를 누림"이며, "안전은 사회가 모든 시민들에게 그 생명, 재산, 권리를 보존해주는 사회적 보호"를 말한다.[227]

여기서 주목되는 것이 주권과 혁명권이다. 페인은 모든 사람이 사회계약에 참여하므로 주권을 가지고, 따라서 국민은 싫어하는 정부를 개폐할 권리를 가진다고 말한다. 그에 의하면 주권은 주권자인 각 개인이 가지지만, 그것을 어느 누구도 독점할 수 없다는 점에서 국민이라는 추상적 존재가 가진다고 본다. 이는 루소의 '일반의사'와 같은 논리이지만, 루소가 일반의사와 특수의사(전체의사)를 대립시켜 전체주의로 흐르는 반면, 페인은 다수지배의 원리를 통해 주권의 단일성과 최고성을 주장한다.

이러한 페인의 다수지배의 원리는 민주주의를 중우정치로 조롱한 과거는 물론 오늘날에도 대중독재라는 말이 유행하는 만큼 선불리 단순화시키기에는 문제가 많지만, 그럼에도 불구하고 그 이상의 원리를 우리가 갖지 못함도 사실이다. 또한 페인의 계몽주의는 국제적, 경제적, 사회적 문제가 18세기 말의 페인 시대 이상으로 복잡하게 얽혀 있는 오늘날 그 문제에 대한 완벽한 답을 제시해주지는 못하지만, 그 이상의 원리를 우리가 갖지 못함도 사실이다.

버크의 보수주의

앞에서 나는 버크에 대해 설명할 필요가 없다고 했으나, 최근 '보수—진보' 논쟁과 더불어 버크에 대한 논의가 있으므로 이에 대해 간단히 사족으로 언급할 필요를 느낀다. 그 논의는 강정인 등이 번역하고 해설한 《에드먼드 버크와 보수주의》라는 책으로 간행되었다. 그 책에서도 언급되었듯이 1988년 소위 제6공화국 이후 '보수—진보'라는 말이 회자되기 시작했고, 최근 노무현 대통령도 그런 구별을 한 바 있다.

제6공화국에서 '보수—진보' 논쟁은 집권세력이 소위 '보수대연합'을 구축하기 위해 그 외곽의 '진보'를 '좌경용공 세력'으로 매도하여 그 철저한 근절을 노린 것이라고 우려하는 평가가 있었다. 이에 대해 노무현 정권에 들어와서 정권 자체가 '진보'를 표방하고 그것에 대립하는 '보수' 역시 노 정권을 '진보'라고 보는 경향이 생겨나고 있다.

제6공화국에서 벌어진 '보수—진보' 논쟁은 '자유민주주의 대 폭력혁명'으로 주장되었으나, 사실 보수가 말하는 '자유민주주의'는 한국에서 한번도 제대로 실현된 적이 없으므로 위선적이고, 그들이 '폭력혁명' 세력이라고 말하는 진보는 '참다운 민주이념을 지향하는 민중세력'이라고 말한 학자들이 있었다. 그런 학자들에 의하면 '보수-진보'는 '가짜 민주주의-진짜 민주주의'의 대립에 불과했다. 그런 학자들은 여기에 통일과 민족을 붙여 '민주·통일·민족자주성' 대 '반민주·반통일·반민족'이라는 정도의 구별을 했다.

이에 대해 《에드먼드 버크와 보수주의》의 번역자인 강정인은 한국에 사회주의 이념을 지지하거나 북한의 주체사상을 신봉하는 혁신세력이 상당수 존재하나, 세계적으로 이미 사회주의는 파탄했다고 주장한다. 반면 한국에는 '보수세력은 있되 보수이념은 없다'고 하면서 서구의 보수주의를 이해할 필요에서 버크를 소개한다고 말한다. 왜냐하면 보수주의가 버크라는 한 사람의 사상과 프랑스혁명이라는 하나의 사건에서 비롯됐기 때문이다. 수많은 이데올로기 중에서 그렇게 한 사람, 하나의 사건에서 비롯되는 것은 다시없다.

《인권》에서 페인이 말했듯이 버크는 원래 개혁적이었다. 즉 의회를 왕실로부터 독립시키고, 아메리카 식민지에 대한 영국 정부의 정책을 비판했으며, 인도에 대한 동인도 회사의 지배에 대해서도 비판적이었기 때문이다. 그 시절에 페인은 버크의 친구이자 동지였다. 그러나 버크는 졸지에 보수주의자로 전향해서 페인을 비롯한 많은 사람을 놀라게 했고, 결국 페인으로 하여금 《인권》을 쓰게 했다. 그 후 20세기 후반까지 버크와 프랑스혁명에 대한 버크의 비판은 비난을 면하지 못했다. 그러나 20세기 후반 범세계적인 반공주의와 함께 버크는 부활했고, 그가 비판한 프랑스혁명은 사회주의 혁명으로 간주되었다.

버크의 보수주의는 이미 페인이 설명했으니 여기서 다시 요약할 필요는 없다. 문제는 그것이 20세기 후반에 반공주의와 함께 그 바이블로 부활했고, 마치 그것이 바람직한 '보수이념'으로서 우리나라에서 20세기 말에 다시 소개되고 있다는 사실이다. 여기서 우리는 강정인이 단 한번도 언급한 적이 없는 페인을 통해 다시금 버크를 부정하고자 한다.

맺음말

200여 년 전의 페인에게 많은 것을 기대한다는 것 자체가 우습다. 그러나 공화국과 민주주의, 보통선거권과 언론의 자유를 비롯한 인권의 원리로부터, 그리고 자본주의의 모순을 지적하면서 그가 미국혁명과 프랑스혁명을 사고하고 실천한 점에 대해 우리는 주목할 필요가 있다. 그런 점에서 페인의 계몽주의는 여전히 우리의 것이다.

미국혁명과 프랑스혁명에 대해서는 페인이 반론한 버크의 견해와는 다를지라도 최근의 카뮈나 아렌트에 이르기까지 미국혁명에 대해서는 찬양을 하면서도 프랑스혁명에 대해서는 비판을 가하는 견해가 뚜렷이 존재한다. 또한 프랑스 계몽주의자들이 주장한 이성에 대해서도 수많은 반론이 제기되어 왔고, 특히 포스트모더니즘이라는 이름 아래 강력한 비판이 제기되고 있음도 사실이다.

그러나 이 점에 대해서도 페인이 자코뱅주의자처럼 프랑스혁명에서 과격한 폭력주의를 지지한 것이 아니고, 그런 탓으로 로베스피에르에 의해 1년이나 감옥살이를 했으며, 결국 프랑스를 떠나면서 프랑스혁명에 대한 실망을 고백한 점을 주목해야 할 것이다. 그 실망이 혁명의 상식과 인권의 원리에 대한 믿음에서 나온 것이었음은 두말할 필요가 없다.

페인이 말한 《상식》이나 《인권》이 또 하나의 허구일 수도 있다는 포스트모더니즘류의 비판이 불가능한 것은 아니다. 그러나 그런 비판 이전에 페인이 말한 《상식》과 《인권》의 원리가 제대로 확립되고 있는지에 대한 겸허한 사색과 실천이 필요한 시점이 아닐까? E. P. 톰슨과 함께 현대 영국 최고의 마르크스주의 역사학자로 꼽히는 홉스봄(Eric Hobsbawm, 1917~)은 페인에 대한 글 마지막에서 이렇게 말했다. "우리가 여전히 인간을 신뢰한다면, 어찌 지금이라도 페인에게 갈채를 보내지 않을 수 있을까?"[228] 인간의 상식과 인권에 대한 신뢰만으로도 그는 우리의 친구이자 동시대인이 아닐까?

:: 주석

1) 여기서 America를 미국이 아닌 아메리카로 직역한 것은, 이 글이 아직 미국이란 나라가 수립되기 전에 씌어졌기 때문이다. 이 번역서는 같은 맥락에서 American Revolution을 '아메리카 혁명'으로 번역한다. 그러므로 독자는 이 책에 나오는 아메리카 혁명을 남아메리카의 혁명 등과 혼동하지 말기 바란다.
2) 페인의 아버지는 퀘이커(Quaker) 교도였다. 퀘이커는 폭스(George Fox, 1624~1691)가 세운 교파로서 영국의 악명 높은 '10분의 1세' 납부를 거부하고 상류층에 대한 복종의 관습을 거부하여 미국으로 이주했다. 가장 유명한 이주 집단은 1682년 펜(William Penn)이 펜실베이니아에 세운 것이었다.
3) '몇 가지 추가된' 부분과 '부록'의 번역은 일부 생략한다.
4) 여기서 '국가'라고 번역한 government는 종래 '정부'로 번역되었으나, 페인이 그 말을 우리가 말하는 국가와 정부로 혼용함을 주의할 필요가 있다. 따라서 이 책에서는 문맥에 따라 선택적으로 '정부'나 '국가'로 번역한다. 사회, 정부, 국가의 구별은 페인의 정치론에서 가장 핵심적인 내용이기 때문에 더욱 주의해야 한다. 그에 의하면 자연상태인 사회는 인공상태인 국가 및 정부와 본질적으로 다르다. 즉 사회는 자연상태의 자연공동체이고, 그것으로부터 자연권이 나온다고 본다. 그리고 자연상태인 사회로부터 자유로운 계약에 의해 정치공동체인 국가가 나타나고, 여기서 국가업무를 수행하는 상설적 대행기관인 정부가 형성된다고 한다. 따라서 우리는 그러한 의미에 맞추어 '국가'와 '정부'를 구별할 필요가 있다.
5) 브리튼은 당시 영국의 속국이었던 아일랜드를 제외한 브리튼 섬을 말한다.
6) 1625년 즉위한 찰스 1세(1600~1649)는 1649년 시민혁명 기간에 국민에 대한 반역자이고 적이라는 이유에서 처형되었다.
7) 18세기 유럽인들에게 터키는 전제정의 극치로 논의되었다. 특히 '비빈(妃嬪)의 종자(從者)들이 서로 느끼는 애정과 우정'이나 '궁녀들의 침실'이라는 에로틱한 요소와 함께 뒤섞였다. 이러한 논의는 당대의 위장비평, 즉 '안전한 지점에

서 영국 체제에 대해 가하는 논평'의 구실을 하기도 했다. 베일린, 《미국 혁명의 이데올로기적 기원(The Ideological Origins of the American Revolution)》, 배영수 역, 새물결, 1999, 94쪽. 주8을 재인용.

8) 기드온은 이스라엘의 예언자, 사무엘은 히브리의 예언자였다.

9) 〈마태복음〉, 22장 21절.

10) 〈사사기〉, 8장 22절.

11) 〈사사기〉, 8장 23절.

12) 〈왕국 건설〉, 8장 4절.

13) 위의 책, 8장 4~9절.

14) 위의 책, 8장 10~11절.

15) 위의 책, 8장 12~13절.

16) 위의 책, 8장 14~15절.

17) 위의 책, 8장 16~18절.

18) 위의 책, 8장 19~20절.

19) 위의 책, 12장 17절.

20) 위의 책, 12장 17~19절.

21) 사울은 이스라엘의 초대 왕이었다.

22) 1688년 혁명을 말한다.

23) 요크가와 랭커스터가 등 두 가문이 각각 흰 장미와 붉은 장미를 가문으로 한다는 이유에서 장미전쟁이라고 한다.

24) 각각 헨리 6세(1422~1461년 재위)와 에드워드 4세(1461~1488년 재위)를 말한다.

25) 윌리엄 메러디스는 1765년 영국 해군장관이었다.

26) 펠럼(Henry Pelham, 1695?~1754)은 1743년부터 1754년까지 영국의 수상이었다.

27) 1775년 4월 19일에 미국 독립혁명의 첫 싸움인 렉싱턴(Lexington) 전투가 벌어졌다.

28) 1756년부터 1762년 사이에 벌어진 7년 전쟁을 말한다. 이 전쟁은 영국, 프랑스, 스페인이 식민지 쟁탈을 둘러싸고 북아메리카(특히 캐나다), 서인도, 서부 아프리카, 인도 등에서 벌어졌다. 그리고 실레지아(Silesia)를 둘러싸고 프러시아

와 영국이 하노버가를 보호하기 위해 프랑스, 오스트리아, 스웨덴 등과 싸웠다. 이 전쟁에서 하노버가는 프랑스의 약탈로 인해 엄청난 물질적 피해를 입었다.

29) 펜실베이니아주를 말한다.

30) 1774년 보스턴 차(茶)사건으로 인해 영국 정부가 식민지의 자유를 제한하는 법률들을 통과시킨 이후 보스턴은 1775년 4월부터 영국군에 의해 점령당했고, 이에 맞서 5월 10일 식민지군이 보스턴 주변에 진을 쳤다. 6월 17일의 벙커힐(Bunker Hill) 전투 이후에도 사정은 변하지 않았으나, 많은 사상자 수로 인해 영국군은 더욱 직접적인 공격을 감행하게 만들었다. 그 결과 보스턴 시민들은 최악의 상황에 빠졌다.

31) 존 밀턴(John Milton)의《실락원(Paradise Lost)》4장 98~99행에 나오는 사탄의 말이다.

32) 덴마크에서 의회의 특권이 없어진 것은 100년 전의 일이었으나, 당시 그 일은 목전의 일처럼 보였다. 또한 스웨덴은 한때 자유를 향유했으나, 1760년대에 와서 '폭군의 변덕과 자의적 권력에 기꺼이 굴복하고 그들을 묶어 놓은 족쇄에 입을 맞추었다'고 평가되었다. 베일린, 95~96쪽.

33) 노스(Frederick North, 1732~1792)는 미국혁명 기간인 1770~1782년에 영국 수상이었다.

34) 1775년 6월 17일 보스턴의 벙커힐 전투에서 영국군이 크게 이겼다.

35) (원주) 렉싱턴의 학살.

36) 드라고네티(Jacinto Dragonetti, 1738~1818)는 이탈리아 나폴리대학교의 공법 교수로서 나폴리 왕립법원 원장을 지냈다. 이 말의 출처인 그의 저서《미덕과 보수에 대해(A Treaties on Virtue and Rewards)》(1766)는 1768년 프랑스어로, 1769년에는 영어로 번역되었다.

37) 원문에는 Massanello로 표기됐으나 Masaniello(마자니엘로)가 옳은 표기. 마자니엘로는 토마소 아니엘로(Thommaso Aniello)의 별명으로서, 1647년 7월 나폴리의 어부로 당시 어시장을 지배하던 스페인의 압제자가 과도한 세금을 부과하고 재산을 압수하는 것에 대항하여 반란을 일으키고 9일 동안 지배했으나 배신을 당해 처형되었다.

38) 이하 각급 함선의 건조비와 장비의 비용, 승무원, 함대, 영국 전함, 해군, 방어 물자 등에 대한 원저 pp. 37~41 부분의 번역을 생략한다. 이 부분은 페인 스스로 밝혔듯이 초판과 재판에는 없었으나, 그 뒤에 해군에 대한 자신의 평가가 정당하다는 증거로 제시하기 위해 그가 삽입한 것이다. 이러한 번역 생략에 대해 부분역이라는 오해를 받을 수 있으므로 한 가지 해명을 해 둔다. 수많은 페인 연구가들이 말했듯이 페인의 이 저술은 틀을 갖춘 저서라기보다는 하나의 팸플릿임을 의식하고 쓴 것이다. 따라서 처음 발표된 이후 여러 번의 재판 과정을 거치면서 상당 부분이 바뀌었다. 이런 이유에서 페인의 팸플릿에는 정본이라는 것이 없고, 어느 판을 정본이라고 단정할 수도 없다. 그러나 페인이 팸플릿의 기본 내용을 바꾼 것은 아니다. 보통은 최초의 판을 정본으로 본다. 그러므로 당시 영국과 아메리카의 해군력에 대한 서술로서 재판 이후에 보충된 부분은 번역을 생략해도 무방하다고 생각된다.
39) 연합론자(Associators)는 군사연합론자(Military Associators)를 말하며, 1775년 펜실베이니아 하원에 그들의 관리를 선출한 권리, 다른 자격에 무관하게 투표할 권리, 공동체의 부유한 계급과 평등하게 참여할 권리를 청원했다.
40) 콘월(Charles Wolfram Cornwall, 1735~1789)은 노스 내각의 재무장관(1774~1780)이었다.
41) (원주) 대규모의 평등한 대표가 하나의 나라에 얼마나 중요한가를 충분히 이해하고자 하는 사람들은 버그(Burgh)의 〈정치론(Political Disquisitions)〉을 읽어야 한다. (역주) James Burgh, *Political Disquisitions*, 1764, vol. 1, bk. II, chs. 2-7.
42) 여기까지가 초판본의 끝이다. 번역본으로 삼은 옥스퍼드 판에는 이 뒤로 부록(pp. 47~59)이 추가돼 있으나, 그 내용이 앞의 내용을 다시 강조하는 것에 불과하다는 이유에서, 그리고 초판 본문만을 번역하는 것으로 페인의 사상을 아는 데 충분하다는 이유에서 번역을 생략한다.
43) Edmund Burke, *Reflections on the Revolution in France, and on the Proceedings in Certain Societies in London Relative to that event. In a Letter Intended to have been sent to a Gentleman in Paris*, London, 1791.

44) 조지 워싱턴(George Washington, 1732~1799)은 아메리카 혁명 때 대륙군 사령관이었고, 미국의 초대 대통령(1789~1797)을 지냈다.
45) 버크는 영국과 아메리카의 관계가 유지되기를 바랐으나, 영국이 아메리카를 지배하기 위해 무력을 사용하는 것에 대해서는 비판했다.
46) 페인은 1787년 아메리카에서 유럽으로 돌아왔을 때 버크와 만나 교류했고, 버크의 집을 자주 방문했다.
47) 1793년 2월 9일.
48) 1790년 1월 17일.
49) 1778년 2월 프랑스는 미국과 우호조약을 체결했다. 그 내용은 미국의 독립이 인정될 때까지 영국과 강화하지 않고, 미국 대표에게 독립된 외교적 지위를 부여한다고 약속하는 것이었다. 프랑스는 미국전쟁 때 재정적, 물질적 원조를 했다.
50) 페인은 1787년부터 프랑스에 정주하기 시작한 1792년 가을까지 프랑스를 자주 방문했다. 최초의 방문은 그가 설계한 다리를 놓는 데 필요한 자금을 모으기 위해서였으며, 1789년부터는 대부분 프랑스의 정치발전에 관여하기 위해 방문했다.
51) 툴루즈 대주교(Archbishop of Thoulouse, Étienne-Charles Loménie de Brienne, 1727~1794)는 프랑스 대혁명 직전에 수상 및 재무부 장관(1787~1788)이었으며, 계몽주의적 입장에서 개혁을 주장했다.
52) 모렐레(Abbé André Morellet)를 가리킨다. 계몽주의자였던 그는 영국 정치인들과 절친했다.
53) 프라이스(Richard Price, 1723~1791)는 웨일스 출신의 철학자다.
54) 혁명협회(London Revolution Society)는 1688년에 일어난 명예혁명 100주년을 기념해 1788년 설립되어 프랑스 국민의회와의 교류를 주도했다.
55) 헌정연구회(The Society for Constitutional Information)는 1780년에 설립되어 정치적 계몽활동을 했고, 특히 페인의 저술인 《인권》의 보급에 힘을 쏟았다.
56) 이 사건으로 제임스 2세(James II, 1633~1701)가 가톨릭주의를 이유로 왕위에서 물러나고, 윌리엄 오렌지 공(William the Orange, 1650~1703)과 메리(Mary)가 함께 왕위에 올라 공동으로 통치했다.

57) 왕을 말한다.
58) 가톨릭을 말한다.
59) 1789년 7월 12일, 수상이었던 자크 네케르(Jacques Necker, 1732~1804)가 실각된 뒤 파리에서 민중반란이 일어났다. 7월 14일 군중은 앙시앵 레짐(ancien régime)의 상징이었던 바스티유(Bastille) 감옥을 습격했다.
60) 라파예트(Marquis de la Fayette, 1757~1834)는 프랑스의 부유한 귀족으로 1777년 7월 미국군에 자원하여 존경을 받았다. 용기와 능력을 인정받아 사실상의 사령관이 됐고, 프랑스 대혁명 초기에 중요한 역할을 했으며, 파리 국방군의 사령관으로 활약했다.
61) 국민의회(Assemblée Nationale)는 1789년 6월 17일 성립되었다. 여기서 우리는 그것이 성립되기까지의 과정을 잠깐 살펴볼 필요가 있다. 18세기 중반까지 호황이었던 경제가 루이 16세(1774~1792년 재위) 재임 초기부터 어려워졌다. 그래서 1775년 농민과 도시 소비자들이 곡물 기근에 항의하는 '밀가루 전쟁'을 일으켰고, 1789년 7월 중순에는 빵값이 18세기 중 최고가로 치솟았다. 게다가 7년전쟁(1756~1763)과 미국의 독립전쟁(1778~1783)으로 인해 심각한 국가채무 위기에 직면했다. 그래서 국가는 1788년, 1614년 두 차례 열린 뒤 소집되지 않은 삼부회(성직자, 귀족, 제3신분으로 구성된)를 1789년 5월에 소집한다고 발표했다. 1788년 8월부터 검열이 완화되자 프랑스 전역은 정치적 비판으로 들끓었다. 이듬해 5월 전국에서 모인 제3신분 대표들은 6월 17일 자신들이 프랑스 전체 국민의 대표라고 선언했다. 이것은 왕에 대한 협박이자 그 주권에 대한 도전이었다. 이어 19일 제1신분회의가 국민의회에 합류하고, 20일 헌법을 제정할 때까지 국민의회를 유지한다는 '테니스 코트의 서약'을 발표했다. 27일 왕은 삼부회에 양보를 했으나, 이는 의회 해산을 위해 지방 군대를 베르사유로 이동시키는 것을 은폐하기 위한 위장행동이었다. 그러나 이를 눈치 챈 제3신분 선거위원 400명이 국민의회와 연락해 국방군의 조직에 나서고 군대의 원대 송환을 결의했다. 그러나 왕이 그 결의를 무시하고 군대를 비밀리에 이동시킨다는 소문이 퍼져 민심이 흉흉해졌고, 그 와중에 빵값은 더욱 폭등하여 곧 폭동이 터질 기세였다. 당시 파리시민 65만 명 가운데 10만 명이 빈민이

었다. 이어 7월 11일 재무장관 네케르가 파면되었다는 소문과 함께 증권거래소가 문을 닫았다. 이튿날 폭동을 일으킨 군중이 부상병병원에서 무기를 약탈하고, 이어 14일에 바스티유가 점령되었다.

62) 벤저민 프랭클린(Benjamin Franklin, 1706~1790)은 미국의 정치가, 외교가, 저술가로서 1776년 〈독립선언〉에 서명했고, 그해부터 프랑스 대사로 근무했으며, 미국에 돌아와서는 헌법 제정에 중요한 역할을 했다.

63) 베르젠느 백작(Charles Gravier, Comte de Vergennes, 1717~1787)은 1774년부터 1787년에 죽기까지 프랑스의 외무부 장관을 지냈다. 전제주의자였던 그는 영국을 약화시키기 위해 아메리카 독립을 지원했다.

64) 〈프랑스 가제트(Gazette de France)〉는 1631년 창간 이래 프랑스에서 가장 중요한 외교 분야 신문으로, 국가의 지원과 함께 검열을 받았다.

65) 아우게이어스(Augeas, King of Elis)는 그리스 신화에 등장하는 왕이다. 30년간 청소하지 않은 그의 외양간을 헤라클레스가 하루 만에 청소했다.

66) 찰스 1세(Charles I)는 1625~1649년에 재위한 영국 왕으로, 11년간 의회를 소집하지 않아 청교도 혁명에 의해 처형되었다.

67) 셰익스피어, 《오셀로》, 제3막 제3장 제362절.

68) 1745년 제임스 2세의 손자인 찰스 에드워드(Charles Edward)가 프랑스의 도움을 받아 스코틀랜드에 상륙하고 왕이 되어 고지방을 점령했다가 실패한 뒤에 그곳 사람들은 엄청난 탄압을 받았다.

69) 뉴게이트(Newgate)는 런던 서문에 있는 감옥이다.

70) (원주) 위 글을 쓴 뒤 버크 씨의 팸플릿에 바스티유를 언급한 부분이 두 군데 더 있음을 알았으나 어투는 같다. 그중 한 곳에서 그는 모호한 질문의 형식으로 이렇게 묻는다. "지금 그런 왕을 섬기는 어떤 장관이 존경할 만한 멋진 외관을 갖추고 있다면, 과거에 '그 왕의 이름으로' 바스티유 감옥에 보낸 바로 그 사람의 명령에 공손히 복종할 것인가?" 다른 한 곳에서는 그 감옥의 점령이 그 파괴를 도운 프랑스 방위군의 범죄라고 언급되어 있다. "그들은 파리에 있는 왕의 성을 점령하는 것을 잊지 않는다." 바로 이것이 입헌적 자유 운운하는 버크 씨의 말이다.

71) 조지 고든 경(Lord George Gordon, 1751~1793)을 가리킨다. 그는 1780년 아일랜드에서 터진 반가톨릭 폭동의 주동자로 체포돼 1788년부터 1793년까지 뉴게이트에 비방죄로 수감되었다가 처형되었다. 그는 광인으로 취급되기도 했다.
72) 영국 소설가 존 버니언(John Bunyan, 1628~1688)의 소설 《천로역정(The Pilgrims Progress)》(1678)에 나오는 '절망의 거인(Giant Despair)'은 그리스도와 그의 친구가 붙잡혀 있는 '의심의 성(Doubting Castle)'의 문지기이다.
73) 아르투아 백작(Count d'Artois, Charles Philipe, comte d'Artois, 1757~1836)은 루이 18세의 뒤를 이어 샤를르 10세(1824~1830년 재위)가 되었다.
74) 브로글리오 백작(Count de Broglio, 1718~1804))의 이름은 빅토르 프랑수아(Victor François, duc de Broglie)였다. 그는 직업군인으로 1789년 7월 12일에 네케르가 해직 당한 뒤 전쟁장관으로 임명되었다가 바스티유 함락 뒤 해직되었다.
75) 비엔의 대주교(Archbishop of Vienne)는 장 조르쥬(Jean-George Le Franc de Pompignan, 1715~1790)를 가리킨다. 1789년 7월 13일 왕의 군대에 의한 의회 폐쇄에 대항하기 위해 의회가 48시간 동안 철야를 한다고 결정했을 때 그는 의장직을 수행하기 어려웠다. 그래서 라파예트가 부의장으로 선임되었다.
76) 랑베스크 백작(Prince de Lambesc)은 샤를 유젠(Charles Eugène de Lorraine d'Elbeuf, 1751~1825)을 말한다.
77) 루이 15세(Louis XV)가 자기 이름으로 명명한 이 광장은 지금 콩코르드 광장(Place de la Concorde)으로 불린다.
78) 창과 도끼를 결합한 무기.
79) 파리 시장인 데플레셀(Jacques de Defflesseles, 1721~1789)은 1789년 7월 14일 암살당했다.
80) 부상병병원(Les Invalids)을 '폐병원'이라고 번역한 책(노명식, 《프랑스 혁명에서 빠리 꼼뮌까지 1789~1871》, 까치, 1980, 51쪽. 이하 이 책은 노명식으로 인용함)도 있으나, 이 책에서는 '부상병병원'으로 번역한다.
81) 주르당(Bernard-René Jourdan de Launey, 1740~1789)을 가리킨다. 그는 1776년에 아버지의 뒤를 이어 바스티유의 간수장이 되었다.

82) 풀롱(Joseph François Foulon, 1715~1789)은 7월에 파리 주변의 군대 조직화를 주도했고, 만약 파리 시민이 굶주린다면 짚을 먹어야 한다고 말했다.
83) 베르티에(Louis-Benigne-François de Bertier de Sauvigny, 1737~1789)는 파리 주변 군대의 식량보급을 담당했다.
84) 템플 바(Temple-bar)는 런던의 법원 부근 플리트(Fleet) 거리에 있으며, 죄인이 효수되던 곳이다.
85) 다미앵(Robert-François Damien, 1714~1757)은 1757년 루이 15세의 암살을 시도했다가 붙잡혀 참혹하게 처형당했다.
86) 1780년 6월 고든(George Gordon)이 주동한 반가톨릭 폭동을 말한다.
87) 1789년 8월 26일 국민의회가 제정했다.
88) 봉건특권의 폐지를 포함했다.
89) 루이 16세는 1789년 9월 15일 그 법령의 인준을 거부했다.
90) 여기서 근위대는 왕의 근위대(Garde du Corps)를 말한다.
91) 메츠(Metz)는 벨기에와의 국경 지대에 있는 프랑스 북부의 도시이다.
92) (원주) 나는 14년간 우정을 이어온 라파예트 후작에게 개인적으로 들었기 때문에 이렇게 자신있게 주장한다.
93) 베일리(Jean-Sylvain Bailley, 1736~1793)는 1789년 7월 파리 시장에 임명되었다.
94) 랄리 톨랑달(Tromphime-Gérard, marquis de Lally-Tollendal, 1751~1830)은 파리 귀족들에 의해 삼부회에 선출된 보수주의자로, 1789년 9월 프랑스를 떠나 스위스로 갔다.
95) (원주) 베르사유 행진에 대한 설명은 1789년 10월 3일부터 11일까지의 사건을 기록한 〈파리혁명(Révolution de Paris)〉 13권에서 볼 수 있다. (역주) 〈파리혁명〉은 주간지로서 1789년 7월 12일부터 1794년 5월 24일까지 발행되었다. 이는 초기 신문들 가운데 가장 독립성이 강한 것 중 하나였다.
96) 〈창세기〉, 1장 26~27절.
97) 1790년 2월 9일의 연설.
98) 피트(William Pitt, 'the Younger', 1759~1806)는 1783년부터 1801년까지 영국

수상이었다. 그는 1782년, 1783년, 1785년 등 세 차례에 걸쳐 의회 개혁안을 제출했으나 모두 실패했다.

99) 콘월(Cornwall)은 영국 서남부의 주이다.

100) 영국 경제학자 애덤 스미스(Adam Smith, 1723~1790)의 《국부론(An Inquiry into the Nature and Causes of Wealth of Nations)》(1776)을 말한다.

101) 시골 어느 지역에는 다음과 같은 관행이 있다. 두 나그네에게 말이 한 필밖에 없을 때 국고처럼 두 사람을 다 태우지 않고, 먼저 한 사람이 이삼 마일 타고 앞서 가서 마구간에 묶어두고 걸어간다. 그러면 두 번째 사람이 말을 타고 일이 마일 앞서 가서 다시 매어놓고 걸어간다. 이것이 '교대로 말타기' 이다.

102) 모세가 시나이 산 위에 올라가 있는 동안 그의 형 아론(Aaron)은 금으로 송아지 우상을 만들었다. 〈출애굽기〉 32장 1~6절에 나온다.

103) 네부카드네자르(Nebuchadnezzar, 기원전 ?~562년)는 바빌로니아의 왕으로 예루살렘을 공격해 유대인을 바빌로니아로 옮겼다.

104) 보마르셰(Pierre-Augustin Caron de Beumarchais, 1732~1799)는 모차르트의 오페라 대본이 된 《피가로의 결혼》(1784)을 썼다. 페인이 그를 처음 만났을 때 그는 미국을 위한 프랑스 스파이이자 무기상으로 활약했다.

105) 1688년 영국의 윌리엄 3세로 취임한 윌리엄 오렌지 공을 말한다.

106) 1790년 6월 19~20일 법령.

107) '청색 리본' 은 영국 최고의 훈장인 가터(Garter) 훈장을 상징한다.

108) 켄타우로스는 그리스 신화에 나오는, 반은 인간이고 반은 말인 짐승이다.

109) 사투로스는 그리스 신화에 나오는, 반은 인간이고 반은 양인 짐승이다.

110) 키메라는 그리스 신화에 나오는 괴물로서 머리는 사자, 몸은 양, 꼬리는 뱀의 형상을 갖고 있고, 입에서 불을 뿜는다.

111) 18세기 프랑스.

112) 1789년 8월 4~11일 법. 1789년 7월 12일 법.

113) 스미스필드(Smithfield)는 런던 교외지역으로, 1553년부터 1558년까지 메리 1세 여왕 때 프로테스탄트들을 화형한 곳으로 유명하다.

114) 비국교도(Dissenters)는 영국 국교회에서 분리된 교파로서 박해를 받았다.

115) 낭트 칙령은 1598년 조인되어 프랑스에서 종교전쟁을 끝냈으나, 1685년 루이 14세가 이 칙령을 폐기함으로써 프랑스에서 광범한 프로테스탄트 이민을 초래했다.

116) (원주) 어느 나라든 비상사태가 발생할 때는 그 원인을 규명하기 위해 관찰력과 탐구력을 가진 사람들이 필요하다. 맨체스터, 버밍엄, 셰필드의 제조업자들은 영국의 중요한 제조업자들이다. 어디에서 이런 일이 생겼는가? 조금만 주의를 기울이면 그 이유를 알 수 있다. 그런 지역의 중요 주민, 또는 대다수 주민은 영국에서 말하는 법에 의해 수립된 '교회'를 구성하지 않는다. 그들과 그 아버지들은 (왜냐하면 몇 년 사이의 일이니까) 심사법률이 유독 특별하게 시행되는 특허도시의 박해로부터 도망쳐 그런 곳에 자신들의 피난처 비슷한 것을 만들었다. 그곳이 당시에 도피할 만한 유일한 곳이었다. 유럽 다른 지역들의 상황은 더욱 나빴기 때문이다. 그러나 사태는 이제 변하고 있다. 프랑스와 미국은 모든 새로운 이민자를 환영하며, 그들 모두에게 시민권을 부여한다. 따라서 영국에서는 이성과 정의로도 실현할 수 없었던 것을 정책과 이해관계로 실현하려 하겠지만 아마도 너무 늦을 것이다. 그 제조업자들은 도망간 새로운 곳에서 다시 일어서고 있다. 현재 파리에서 3마일 떨어진 파시(Passey)에 거대한 면직공장이 건설되고 있고, 미국에는 이미 몇 개나 건설되었다. 심사법 폐기안이 거부된 직후 영국의 가장 부유한 제조업자가 나에게 다음과 같이 말했다. "영국은 비국교도가 살 나라가 못 됩니다. 우리는 프랑스로 가야 합니다." 이는 사실이다. 영국의 제조업을 오늘날의 지위로 격상시킨 것은 주로 비국교도들이다. 이제 그들은 박해를 피해 다른 나라로 떠나면서 다시 그 지위를 가지고 가버린다. 후일 다시 그곳들에 제조업이 일어선다 해도 이미 외국시장을 잃게 된 후일 것이다. 〈런던 가제트(London Gazette)〉지에는 기계와 인력(인력에까지 확대될 수 있다면)이 국외로 빠져나가는 것을 방지하는 법률의 발췌문이 자주 게재된다. 심사법과 교회조직의 악영향이 크게 의심되기 시작한 것은 여기서부터인 듯하다. 힘에 의한 치유는 이성에 의한 치유를 대신할 수 없다. 1세기가 지나기 전, 대표를 보내지 못하고 있는 영국의 모든 지방, 모든 교파(가장 수가 많은 교파의 적어도 백배가 된다)가

헌법의 필요성을 느끼기 시작하고, 그렇게 되면 그 모든 사항들이 그들에게 정상적으로 제시되리라.

117) 캐퓰릿 일족(Capulets)은 셰익스피어의 《로미오와 줄리엣》에 나오는 줄리엣의 집안을 가리킨다.

118) 루이 14세(Louis XIV)는 1643년부터 1715년까지 재위한 프랑스 왕이다.

119) 루이 15세(Louis XV)는 1715년부터 1774년까지 재위한 프랑스 왕이다.

120) 몽테스키외(Charles de Secondat, baron de Montesquieu, 1689~1755)는 《페르시아인의 편지(Lettres persanes)》(1721)와 《법의 정신(L' Esprit des lois)》(1748)을 썼다.

121) 볼테르(Voltaire, 1694~1778)는 프랑스의 계몽사상가다.

122) 루소(Jean-Jacques Rousseau, 1712~1778)는 프랑스의 계몽사상가다.

123) 레날(Abbé Raynal, 1713~1796)은 프랑스의 역사가다.

124) 케네(François Quesnay, 1794~1774)는 중농주의 경제학자다.

125) 튀르고(Anne-Robert-Jacques Turgot, 1727~1781)는 중농주의 경제학자이자 행정가다.

126) 네케르(Jacques Necker, 1732~1802)는 루이 16세 때 재무부 장관으로 1777년부터 1781년까지 재임했다.

127) 칼론느(Charles-Alexandre de Calonne, 1734~1802)는 1783년부터 1789년까지 프랑스의 재무부 장관이었다.

128) 슈아쾰 공작(Duke de Choiseul, 1719~1785)은 루이 15세 때 장관이었다.

129) (원주) 영국 수상 피트 씨가 의회에서 프랑스 재정상태에 대해 언급하는 경우 이를 보기로 들 만도 하다.

130) 1787년 8월 7일.

131) Chretien-François II de Lamoignon(1735~1789).

132) 라 로슈푸코(Louis-Alexandre, duc la Roche-Guyon et de la Rochefoucauld d'Enville, 1743~1792)는 1787년에 명사회, 1789년에는 삼부회의 멤버였다.

133) 뤽상부르(Anne-Charles-Sigismond de Montmorency-Luxembourg, 1737~1805)는 1889년에 명사회 회장이었고, 1791년에 망명했다.

134) Louis, vicomte de Noailles(1756~1804).
135) (원주) 버크 씨는(나는 그가 프랑스 사정을 잘 모른다고 감히 말할 수밖에 없다) 이 문제에 대해 "삼부회 소집에서 나에게 최초로 충격을 준 것은 그것이 옛날 방식과 크게 다르다는 것이었다"고 하고, 바로 이어 "그 명단을 본 순간부터 앞으로 일어날 모든 일을 예상했고, 사실 그 예상과 같은 일이 생겼다"고 한다. 그러나 버크 씨는 그 뒤에 일어날 모든 일을 예상하지 못했다. 삼부회가 열리기 전후에 나는 '혁명'이 일어날 것이란 점을 그에게 인식시키려 애썼다. 그러나 그에게 그 점을 확신시킬 수 없었고, 그렇게 믿게 할 수도 없었다. 전체를 볼 수 없으면서 어떻게 부분을 볼 수 있다는 것인지 나는 이해할 수 없다. 그리고 '옛날 방식과 다르다'는 그의 발언은 그 표현의 근본적인 취약성을 차치하고라도, 그가 사태를 잘 모르고 있다는 것을 보여준다. 낡은 방식이 잘못된 것이라는 점을 경험을 통해 알게 되었으니 다른 방식을 취할 필요가 있었다. 1614년의 삼부회는 루이 13세가 어렸을 때 내란이 터져 소집되었다. 그러나 그것을 부별로 배열한다는 모순 때문에 혼란을 정리하기 위해 소집된 삼부회가 도리어 혼란을 조장했다. 프랑스에서 혁명이 터지리라고 생각되기 전에 쓰여진 《내각의 음모》라는 책의 저자는 1614년의 삼부회에 대해 다음과 같이 말했다. "그들은 5개월간 대중을 미결상태에 두었고, 그동안 논의된 문제와 그에 따른 흥분으로 인해 거물들은 국민의 복지를 보장하기보다, 자신의 '특수한' 욕망을 만족시키는 것에 더욱 관심이 커 보였다. 그리고 모든 시간이 논쟁과 의례, 그리고 행렬 속에 지나갔다." 《내각의 음모》, 제1권, p. 329.
136) 아베 시에예스(Abbé Siéyès, 1748~1836)는 프랑스의 혁명가다.
137) (원주) 법적인 의미에서나 종교적인 의미에서 사람의 마음을 올바르게 붙잡는다면 어느 개인이나 집단, 또는 어느 정부가 종교 문제에서 잘못된 길로 빠지는 것을 방지하는 하나의 개념이 있다. 그것은 세상에 어떤 인간적 통치기구가 생기기 이전에, 시간이 시작되면서부터 신과 인간 사이에 하나의 계약이 존재했다고 표현할 만한 것이다. 또한 인간이 자신의 개인적 인격에서 자신의 창조자에 대해 서있는 관계와 조건은 인간의 법이나 권위는 변경하거나

변형할 수 없는 것이기 때문에 이 계약의 일부인 종교적 헌신은 인간법의 주제가 될 수 없으며, 나아가 모든 법률은 이 맨 처음에 존재하는 계약에 일치해야 하지, 그 계약을 인간이 만든, 맨 처음의 계약에 종속되는 법률에 일치시키려고 해서는 안 된다는 것이다. 인간이 주위를 돌아보고 인간이란 자신이 만든 창조물이 아니라, 자신이 받아들이도록 만들어져 있는 세계임을 자각할 때 최초로 취하는 행위는 헌신이 될 수밖에 없으며, 헌신은 그것이 인간에게 올바른 것으로 보이기 때문에 모든 개인에게 거룩한 것으로 언제까지나 유지될 수밖에 없다. 따라서 정부가 이에 간섭하는 것은 잘못이다.

138) (원주) 바스티유 점령 이후 점령 과정의 내막이 발표되었다. 그러나 이 책에 기록된 사건들은 그 이전의 것들이다. 그리고 그중 일부는 쉽게 알 수 있듯이 거의 알려지지 않았다.

139) 이어 잡록(雜錄, Miscellaneous Chapter)이 이어지는데 문자 그대로 잡록이고 대부분 앞에서 설명한 것의 중복 설명이며 버크의 책을 비난하는 내용이어서 번역을 생략한다.

140) 앙리 4세(Henry IV, 1553~1610)는 재임 기간(1589~1610)에 낭트 칙령에 의해 유럽연방을 계획했다.

141) 영국에 고용된 헤센 출신의 용병들. 헤센은 독일 중부의 지명.

142) 구약성서 〈왕국건설〉 8장 4~22절에서 사무엘에게 왕의 임명을 요구한 유태인들의 죄목을 말한다. 이는 이 책의 34~37쪽에서도 설명되었다.

143) 이 부분의 설명은 《상식》의 서두에서도 제기되었다.

144) 앞에서 설명한 고든(Gordon)의 반가톨릭 폭동.

145) (원주) 보통 뉴잉글랜드라고 불리는 지역, 즉 뉴햄프셔, 매사추세츠, 로드아일랜드, 코네티컷을 포함한 지역에는 주로 영국계 주민들이 살고 있다. 뉴욕 주에는 약 반수가 네덜란드계이고 나머지는 영국계, 스코틀랜드계, 아일랜드계이다. 뉴저지의 주민은 주로 영국계와 네덜란드계의 혼합으로 이루어져 있고, 스코틀랜드계와 아일랜드계도 약간 있다. 펜실베이니아에는 영국계가 약 3분의 1, 독일계가 3분의 1, 나머지는 스코틀랜드계와 아일랜드계이며, 약간의 스웨덴계가 있다. 남부 여러 주에서는 중부 여러 주보다 영국계 주민의 비

율이 높지만 어디에서나 혼합되어 있다. 이상 설명한 주민 외에 상당수의 프랑스계 주민이 있고, 유럽 연안 각국 출신들이 조금씩 있다. 신도 수가 가장 많은 종파는 장로교이나, 어느 하나의 교파가 다른 교파보다 특히 우월하지는 않고 모두 평등한 시민이다.

146) 시에예스는 프랑스 혁명 초기에 활동했지만 군주제의 유지를 주장하기도 했다. 시에예스는 페인이 1791년 6월에 쓴 〈공화주의자 저자들에게 보내는 편지〉에 이의를 제기하여, 1791년 7월 6일 〈가제트 나쇼날(Gazette nationale ou Le moniteur universal)〉에서 공화국보다 군주국에 더 많은 자유가 있다고 주장했다. 이에 대해 페인은 1791년 7월 16일 〈가제트 나쇼날〉 증보판에 실은 〈아베 시에예스에게 보내는 토머스 페인의 편지, 파리, 1791년 7월 8일〉에서 군주정으로부터 공화정을 수호하기 위해 시에예스의 도전을 받겠다고 했다.

147) 영국의 왕국주의자들이 페인의 주장에 대해 '수평화(levelling)'라고 했는데, 이는 영국 시민전쟁 때 수평파(Levellers)가 했던 주장에 빗댄 것이다.

148) 주로 1455~1485년 사이에 벌어진 장미전쟁을 가리킨다.

149) 1714년 하노버가의 조지 1세가 왕위에 오르자 제임스(James, 1688~1766)가 1715년에, 찰스 에드워드(Charles Edward, 1719~1788)가 1745년에 내란을 일으켰다.

150) 1701년부터 1714년까지 벌어진 스페인 왕위 계승 전쟁은 스페인, 이탈리아, 독일 남부, 네덜란드, 대서양, 지중해, 북해에서 전개되었다.

151) 네덜란드의 분쟁이란 1787년에 일어난 영국, 프랑스, 프러시아 사이의 분쟁을 가리킨다.

152) 호머(Homer)는 기원전 8세기경의 그리스 시인.

153) 유클리드(Euclid)는 기원전 300년경의 그리스 수학자.

154) 그리스 민주주의는 기원전 508년 클리스테네스(Cleisthenes)에 의해 시작되어 기원전 322년까지 지속되었다.

155) (원주) 귀족국의 성격에 대해서는 이 책의 158~164쪽을 참조하라.

156) 솔로몬(Solomon)은 기원전 10세기의 이스라엘 왕.

157) 미국의 각 주가 각각 하나의 국가라고 하는 점은 우리나라에서는 그다지 잘

알려져 있거나 충분히 이해되고 있지 못하다. 그러나 미국을 United States라고 하는 경우 State란 연방의 차원에서 보면 하나의 주를 뜻하지만 본래의 의미에서는 하나의 독립된 국가를 뜻한다. 따라서 미국의 각 주에는 헌법이 있고 기타 여러 법률이 제정되어 있다. 즉 연방국가라고 함은 더욱 정확한 의미에서는 국가연합이라고 함이 옳다.

158) 1787년 2월 6일.

159) 존슨(Samuel Johnson, 1709~1784)은 영국의 저술가로서, 특히 영어사전 편찬자로 유명하다.

160) 윌리엄은 명예혁명으로 영국 왕 윌리엄 3세(1689~1702년 재위)가 된 네덜란드의 오렌지 공 윌리엄(1650~1702)을 가리킨다.

161) 공회의회란 1689년의 Convention Parliament를 말한다.

162) 월폴(Robert Walpole, 1676~1745)은 영국의 휘그당 정치가로서 수상(1721~1741)을 지냈고, 자유무역과 식민정책의 기초를 닦았다.

163) (원주) 올해(1792년-옮긴이) 프랑스의 과세 총액은 3억 리브르, 즉 1250만 파운드이다. 여기에 부가세 300만 파운드를 더하면 1550만 파운드가 되는데, 이를 인구 2400만 명으로 나누면 1인당 13실링도 안 된다. 프랑스에서는 혁명 후 1년에 약 900만 파운드 정도를 감세했다. 혁명 이전에 파리시는 시에 들어오는 모든 물품에 대해 30퍼센트가 넘는 관세를 요구했다. 이 세금은 시로 들어오는 출입문에서 징수되었다. 이는 지난 5월 1일 철폐되었고, 시의 출입문들도 없어졌다.

164) 프랑스의 소위 귀족명부는 영국의 궁정명부와 완전히 같은 것은 아니었다. 그러나 얼마나 엄청난 세금이 낭비되었는가는 충분히 보여준다.

165) 런던탑은 헨리 3세 때부터 18세기 말까지 왕에 반대하는 자들을 가두었던 곳이다.

166) 존 불(John Bull)은 영국 국민 또는 전형적인 영국인을 가리키는 별명이다. 스코틀랜드의 수학자이자 의사였던 J. 아버드넛이 1712년 정치풍자 팸플릿에서 처음으로 이 말을 썼다.

167) '영국에서의 국가'란 'government of England'의 번역이고, '영국 국가'란

'English government'의 번역이다. 이런 구분은 영국에는 참다운 국가가 성립돼 있지 않음을 강조하기 위한 것으로 보인다.

168) (원주) 영국에서는 농업, 실용기술, 제조업, 상업의 발전이 선례만을 따르는 정부의 경향에 반대되어 이루어졌다. 이러한 발전이 전개된 것은 개인과 그들의 여러 단체의 기업정신과 근면에 의한 것이고, 진부한 말이기는 하지만, 정부는 그것에 베개도 받침대 노릇조차 하지 못했다. 그런 일을 계획하거나 추진한 사람들은 정부에 대해 누가 자리를 차지하고 있고, 차지하고 있지 않는지는 생각조차 하지 않았다. 그가 정부에 대해 바란 전부는 자기를 홀로 내버려두라는 것뿐이었다. 서너 개의 엉터리 정부기관지만이 국가적 발전의 정신이 어느 장관에게서 나왔다는 식으로 보도하여 도리어 그 발전을 저해했다. 그런 식이라면 그들은 이 책도 어느 장관에게서 나왔다고 말하리라.

169) (원주) 영국 의회를 구성하는 양원제는 사실 단원제이고 의회로서의 자주성을 갖지 못한 것처럼 보인다. 언제 누구든 장관이 의회를 아편 막대기로 살짝 건드리기만 하면 온순하게 잠이 든다. 그러나 양원의 상이한 능력을 바라보면 그 차이가 너무나 크게 나타나기 때문에 권력을 사용할 판단력이 불확실한 곳에 권력을 부여함이 모순임을 보여준다. 영국에서는 대의제의 실상이 엉터리이지만, 소위 귀족원과 비교하면 그래도 낫다. 이 별명의 의회에 대한 관심이 너무나 적기 때문에 사람들은 그것이 무엇을 하는지도 거의 묻지 않는다. 아울러 외부의 영향을 가장 받기 쉽고, 국민 전체의 이익과는 무관하다. 러시아-터키 전쟁 참가에 대한 토의에서 참전을 주장한 귀족원 다수는 90명 이상이었으나, 의원수가 2배 이상인 하원에서는 다수가 63명이었다. 배심원의 권한에 관한 폭스 씨의 법안 심의도 역시 주목할 가치가 있다. 소위 귀족은 그 법안의 대상이 아니었다. 그들은 그 법안이 다른 사람들에게 부여하는 특권보다 더욱 큰 특권을 이미 가지고 있었다. 그들은 자신의 배심으로써 귀족원의 어느 의원이 명예훼손죄로 기소되는 경우 유죄판결을 받아도 초범인 경우에는 처벌을 받지 않는다. 그런 법의 불평등은 어떤 나라에서도 있어서는 안 된다. 프랑스 헌법에서는 "법은 보호를 위해서든 처벌을 위해서든 모든 개인에게 같다. 법의 눈에 모든 사람은 평등하다"고 규정하고 있다.

170) 1716년.

171) (원주) 영국 대의제의 현실은 너무나 불합리해서 어떤 합리화도 불가능하다. 인구 전체에서 대표를 내지 못하는 수가 증가하고, 대표를 내는 수는 줄어들고 있기 때문이다. 그 정부의 전반적 실태를 고찰하기 위해 전국의회가 필요하다.

172) (원주) 이는 스위스 베른 주에서 아주 옛날부터 곰 한 마리를 공공비용으로 기르는 것이 관습이었고, 만약 곰이 없으면 모두 몰락한다고 믿도록 교육되어 왔다는 것과 관련된다. 수년 전, 그 곰이 병들어 너무나 갑자기 죽어 다른 곰을 즉시 대체할 수 없는 일이 생겼다. 그 공백 기간에 사람들은 곡식이 자라고 포도가 무성하며 해와 달이 계속 뜨고 지고, 모든 일이 과거와 마찬가지로 진행된다는 것을 알았다. 그리고 이로부터 용기를 얻어 그들은 더 이상 곰을 기르지 않기로 결정했다. 그들은 그 이유로 "곰은 엄청나게 먹고 비용이 많이 드는 동물이며, 그것이 시민을 해치지 않게 하기 위해 그 발톱을 뽑아야 했다"고 말했다. 이와 같은 베른의 곰 이야기는 루이 16세가 도망한 때 프랑스의 몇 신문에 실린 것으로, 그것이 군주제를 비유한 것임은 프랑스에서 오해될 여지없이 분명했다. 그러나 베른 귀족국은 그것을 스스로에게 비유하여 그 후 프랑스 신문의 구독을 금지했다.

173) 《걸리버 여행기》, 릴리퍼트 여행, 6장.

174) (원주) 어떤 주제든 정부의 부패를 보여주지 않는 것은 거의 있을 수 없다. '요새'라는 비유는 불행하게도 위에서 암시한 것과 직접 부합되는 하나의 상황과 연관된다. 과거든 현재든 정부가 행하거나 보호한 수많은 악폐 중에서 어느 개인과 그 후손을 공공에 맡겨 그 비용으로 부양한 것 이상으로 중대한 것이 없다. 인간성은 빈민을 구제하도록 명한다. 그러나 소위 리치먼드 백작이라는 자를 공공비용으로 부양해야 한다고 어느 정부가 감히 말하는 것은 도대체 어떤 도덕적, 정치적 권리에 의한 것인가? 그런데 흔히 들리는 말이 사실이라면, 리치먼드 공작의 연봉에 소요되는 돈을 납부하지 않고서는, 심지어 런던의 거지라고 해도 하잘것없는 석탄 한 줌이라도 구입할 수 없다. 그 과세 전액이 일년에 1실링이라고 해도 그릇됨 원칙임은 여전히 마찬가지다. 그러

나 소문처럼 그 액수가 매년 2만 파운드 이하가 아니라고 한다면 그 잘못은 그냥 남겨 두기에 너무나도 심각한 것이다. 이는 군주제와 귀족제가 초래한 결과의 하나에 불과하다. 이 경우를 설명하면서 나는 어떤 개인적인 혐오감에 이끌지 않는다. 나는 누구라도 공공에 의존하여 산다는 것이 비열하다고 생각하지만, 악덕은 정부로부터 비롯되고 있고, 그것이 너무나 일반적으로 되어 여당이든 야당이든 다를 바가 없다. 그들은 상호보장을 확신하고 있다.

175) 1787년 네덜란드 총독제의 부활은 총독이 프러시아 왕의 여동생과 결혼한다는 조건에 의해 프러시아의 지원을 받아 확고하게 되었다.

176) 미국의 상업량 증가율은 영국의 그것보다 높다. 이 시기에 그것은 혁명 이전 어느 시기보다 적어도 반은 더 많다. 전쟁이 시작되기 전 필라델피아 항을 출발하는 선박의 수는 최고 800척 내지 900척이었다. 1788년에 그 수는 1200척을 넘었다. 펜실베이니아 주는 미국 인구의 8분의 1을 차지하는 것으로 추산되므로 지금 미국 전체의 선박 수는 거의 1만 척에 이른다고 할 수 있다.

177) 내가 피트 씨의 의회연설 하나에서 무역차액을 계산하는 방식을 보았을 때 나에게는 그가 상업의 성질과 이익에 대해 아무것도 모르는 것처럼 보였다. 그리고 그처럼 그것을 억지로 꾸며대는 사람도 없다. 평화기간에 그것은 전화(戰禍)와 함께 파괴되었다. 4년 미만의 평화기간에 그것은 세 번이나 정체되었고, 선원들은 강제로 하선을 당했다.

178) (원주) 그는 윌리엄 놀스(William Knowles) 목사로, 노퍽 주 셋포드 문법학교의 교장이었다.

179) (원주) 정치와 자기 이익은 매우 밀접하게 관련되기 때문에 그렇게도 자주 기만당한 사회가 공공의 인사들에 대해 의심함도 당연하다. 그러나 나 자신은 이 점에서 마음이 매우 편하다. 거의 17년 전에 공적 생활에 나선 이후 국가 문제를 이익이라는 동기에서 생각한 적이 없고, 그 때부터 지금까지 나의 행동이 그것이 사실임을 증명한다. 나는 내가 좀 좋은 일을 할 수 있다고 생각한 기회를 알았고, 내 마음이 지시하는 바를 정확하게 따랐다. 나는 책을 읽지도, 다른 사람의 의견을 연구하지 않았다. 나는 스스로 생각했다. 사실은 다음과 같다.

적대관계가 일어나기 전과 일어났을 때 아메리카의 낡은 국가가 정지된 동안 나는 모든 일이 질서정연하게 진행되는 것을 보고 놀랐고, 국가의 존재를 필요로 하는 것이란 기껏, 그대로 내버려 두어도 사회가 당연히 수행하는 것보다 조금 더한 것이 전부라는 것, 그리고 군주국과 귀족국이라는 것이 인류를 속이는 사기이자 기만이라는 점을 깨닫게 되었다. 이러한 원리에 입각해서 나는 팸플릿《상식》을 발간했다. 그것의 성공은 인쇄술의 발명 이래 그 어떤 것도 뛰어넘는 것이었다. 나는 판권을 연방 각 주에 주었고, 그 수요는 10만 부를 내려가지 않았다. 나는 같은 방식으로 그 주제를《위기(Crisis)》에서 다루었고, 결국 혁명은 완성되기에 이르렀다.

독립선언 후 연방의회는 나도 모르게 만장일치로 나를 외무위원회의 간사로 임명했다. 이는 나에게 외국 궁정의 능력과 그들의 업무처리 방식을 관찰하는 기회를 줄 것이기 때문에 나도 동의했다. 그러나 당시 유럽에 있던 그들 직원의 한 사람인 실러스 딘(Silas Deane) 씨와 관련되어 의회와 나 사이에 오해가 생겨서 나는 사임하고, 동시에 프랑스의 장관인 제라르(Gerard) 씨와 스페인의 장관인 돈 후안 미랄레스(Don Juan Mirralles) 씨의 돈벌이 제안도 거절했다.

이때 아메리카 사람들이 내 말을 완전히 받아들이고 믿었고, 나의 독립도 분명해졌기 때문에 정치적 저술에서 아마도 그 어느 나라의 누구보다도 앞서게 되었으며, 더욱 특이하게도 전쟁이 끝날 때까지도 그것을 그대로 지녀왔고, 지금까지도 마찬가지로 그것을 누리고 있다. 나의 목적은 내 자신에게 있지 않으므로, 칭찬이나 비난, 우의나 비방에 움직이거나 어떤 개인적 논쟁에 의해 나의 목적에서 벗어나거나 하지 않고 군건히 나아가고 있고, 다행히도 그런 성품을 지니고 있다. 이렇게 할 수 없는 사람은 공적 인물이 되기에 적합하지 못하다.

전쟁이 끝나자 나는 필라델피아에서 델라웨어 강 동쪽 기슭의 보든 타운(Borden-Town)까지 가서 작은 땅을 가졌다. 당시 연방의회는 그곳에서 15마일 떨어진 프린스 타운(Prince-Town)에 있었다. 그리고 워싱턴 장군은 그의 임무를 마치고 (그가 그 직을 맡은 목적이 완수되었으므로) 개인 생활로 돌아가려는 의도에서 의회 부근의 로키 힐(Rockey-Hill)에 본부를 두었다. 그는 그런 가운데 아래의 편지를 나에게 보냈다.

로키 힐, 1783년 9월 10일

나는 당신이 보든 타운에 있음을 여기에 온 뒤에 알았습니다. 은퇴할 목적에서인지 돈 때문인지 나는 모릅니다. 그 어느 것이건, 또는 두 가지 모두이건 당신이 이곳에 와서 나와 함께 한다면 나는 그곳에서 당신을 매우 행복하게 만날 것입니다.

당신의 존재는 의회에게 이 나라에 대한 당신의 과거 공헌을 회상하게 할 것입니다. 그리고 나에게 그것을 그들에게 강조하는 힘이 있다면 자유롭게 그것을 이용하십시오. 당신의 공적이 중요함을 생생히 느끼고 있는 사람으로서, 또 매우 기쁘게 진력하려는 사람으로서 그것을 즐거이 바칩니다.

_G. 워싱턴

1780년 후반 전쟁 중 나는 영국으로 건너가고자 하여, 당시 남부로 내려가는 도중 필라델피아에 있던 그린(Green) 장군에게 그 뜻을 전했다. 당시 워싱턴 장군은 내가 즉시 뜻을 전하기에는 너무 멀리 떨어져 있었다. 나는 만일 아무도 모르게 영국으로 가서 하나의 출판이 끝날 때까지 무사히 머물 수 있다면, 그 나라 사람들의 눈을 뜨게 하여 그 국가의 광기와 어리석음을 인식시키리라는 생각에 강하게 사로잡혀 있었다. 나는 의회의 당파들이 서로 끝없는 싸움만 할 뿐 서로에게 새로운 영향을 전혀 만들지 못한다는 것을 알았다. 그린 장군은 나의 생각에 완전히 동의했지만, 아놀드와 앙드레 사건이 터진 직후 그는 마음을 바꾸어 나의 안전을 크게 염려하고서 메릴랜드의 아나폴리스에서 나에게 간곡하게 써 보낸 편지에서 그 계획을 포기하게 했다. 얼마간 망설이다가 나는 그의 말을 따랐다. 그 뒤 곧 나는 당시 런던탑에 갇혔던 로렌스 씨의 아들 로렌스 대령과 함께 의회 일로 프랑스로 갔다. 우리가 로리앙(L'Orient)에 도착한 뒤 그는 더 앞으로 갔으나 나는 그곳에 머물렀는데, 그 사이에 나의 원래 계획을 되살릴 사건이 생겼다. 즉 정부의 지급 공문서를 싣고 폴마우스(Falmouth)에서 뉴욕으로 가는 영국의 우편선 하나가 로리앙에 끌려왔다. 우편선을 잡는 것은 특별한 일이 아니지만, 공문서가 함께 끌려온다는 것은 거의 믿기 어려운 일이었다. 왜냐하면 그것은 포탄을 챙긴 가방에 넣어 항상 선실 창문에 매달아 놓고, 순간적으로 물 속에 가라앉게 하도록 준비되었기 때문이다. 그런데 내가 설명했듯이 그 공문서는 내 손에 들어왔고, 나는 그것을 읽은 것이 사실이다. 그런 포획이 성공한 것은 다음과 같은 술책에 의했다고 들었다. 영어를 말할 수 있는 사략선 선장이 그 우편선과 만났을 때, 영국 군함의 함장인 체하면서 우편선 선장을 자기 배로 초대하여, 그 선장이 건너오자 그는 자기 부하를 뒤로 보내어 그 우편물을 손에 넣은 것이었다. 그것을 포획한 경위야 어떻든 간에 그것이 공문서라는 점은 분명한 사실이다. 그것은 파리의 베르젠느 백작에게 보내어졌고, 로렌스 대령과 나는 미국으로 돌아오면서 그 원본을 의회로 가져갔다.

이 공문서를 통해 나는 더욱 더 영국 내각의 어리석음을 알게 되었고, 나의 이전 계획을 새로 짰다. 그러나 로렌스 대령이 혼자 돌아가기를 매우 꺼렸기 때문에, 특히 무엇보다도 우리는 20만 파운드 이상의 돈을 맡고 있었기 때문에 나는 그의 의견에 따라 결국 나의 계획을 포기했다. 그러나 지금도 나는 만일 그때 그렇게 했다면 전혀 실패하지 않았으리라고 확신한다.

180) (원주) 헌장과 자치 마을은 어떤 종류의 요새 역할을 하기 위해 비롯되었거나 관련되었다고 가정하지 않고서 그 기원을 설명하기 어렵다. 그것들이 시작된 시기가 이런 생각을 정당화한다. 그러한 마을의 대부분은 요새였고, 군사적 요새가 없는 경우, 자치단체가 마을의 방어책임을 맡았다. 그것들이 외래인에게 입주를 거부하거나 허용한 것이 증여나 매매의 자유를 부여하는 관습을 초래했다. 이는 시민정부라기보다도 요새 당국이라고 하는 성격을 더욱 강하게 갖는 것이었다. 군인들은 국내의 모든 자치단체에서 자유로웠다. 이는 모든 군인들이 모든 요새에서 자유롭되 다른 사람들은 그렇지 않다는 특권에 의한 것이었다. 군인들은 그 상관의 허락만 얻으면 국내의 어떤 자치단체에서도 어떤 일에나 종사할 수 있었다.

181) (원주) 존 싱클레어(John Sinclair) 경의 《재정사(History of the Revenue)》 참조. 1646년의 토지세는 247만 3499파운드였다.

182) 다곤(Dagon)은 구약 〈사사기〉에 나오는 블레셋 통치자들의 신이고, 삼손은 그들의 원수로 블레셋 사람들에게 잡혔다. 블레셋 사람들이 삼손을 끌어내자 그는 기둥을 밀어 그들을 죽였다.

183) (원주) 최근 몇몇 궁정신문이 와트 타일러(Wat Tyler)에 대해 자주 언급해왔다. 궁정의 아첨자와 공적 이권으로 살아가는 모든 사람들에 의해 그의 행적이 비방될 수밖에 없음은 전혀 이상한 일이 아니다. 그러나 그는 그 당시의 과세횡포와 불공정을 견제하는 수단이었고, 국민은 그의 용기에 엄청난 신세를 졌다. 그 역사를 간단히 말하자면 다음과 같다. 리처드 2세 때 나라의 모든 사람에게, 즉 그 재산이나 지위, 빈부에 관계없이 15세 이상이면 1인당 1실링의 인두세가 부과되었다. 그 법을 피할 수 있는 특혜는 빈민이 아니라 부자에게 주어졌다. 즉 자신과 가족 및 하인에 대해 그 수가 아무리 많아도 20실링 이상은 부과되지 않았던 반면, 20명 미만의 다른 모든 가정에는 두당으로 부과되었기 때문이다. 인두세는 언제나 반감을 불러일으키는 것이지만 과중하고 부당한 것이기도 해서 당연히 빈민과 중산계층 사이에 전반적인 증오를 불러일으켰다. 와트 타일러로 알려진 사람은 본명이 월트였고 데프트퍼드(Deptford)에 살았으나, 직업이 기와장이(tyler)여서 그렇게 불렸다. 인두세 징수원이 그의 집에 와서 딸 한 사람 몫의 인두세를 요구하자 그는 딸의 나이가 15세 미만이라고 말했다. 그러나 징수원은 자기주장을 고집하고, 그 소녀에 대해 치욕스러운 방법으로 심사하기 시작했다. 이에 격분한 아버지는 징수원을 망치로 때려 죽였다.

이 사건은 불만 분출의 계기가 되었다. 이웃 주민들은 타일러 편을 들었고, 역사가들에 의하면 5만 명 이상이 합류하여 그를 우두머리로 선출했다. 그들과 함께 그는 런던으로 행진하면서 그 세금의 폐지와 그 밖의 다른 불만사항들의 제거를 요구했다. 대항하지도, 의지할 곳도 없던 궁정은 리처드를 우두머리로 삼아 스미스필드(Smithfield)에서 타일러와 회담하기로 합의하고, 궁정답게 압제를 없애겠다는 그럴듯한 많은 고백을 했다. 리처드와 타일러가 이러한 문제에 대해 대화를 하는 동안 양쪽은 말을 타고 있었는데, 당시 런던 시장으로 궁정의 꼭두각시였던 월워스(Walworth)가 기회를 엿보다가 비겁한 암살자처럼 단검으로 타일러를 찔렀고, 다른 두셋이 그에게 달려들어 순간적으로 그를 죽였다.

타일러 자신은 용감하고 공정한 사람이었던 것 같다. 그가 리처드에게 제시한 모든 제안은 귀족들이 존 왕에게 제시한 것보다 더욱 정당하고 공적인 근거를 갖는 것이었다. 타일러를 비방함으로써 궁정의 비열한 행위를 그럴듯하게 꾸며대고자 하는 역사가들과 버크 씨 같은 사람들의 아첨에도 불구하고 그의 명성은 그들의 거짓보다 오래 남으리라. 만일 귀족들의 기념비를 러니미드(Runnymede, 귀족들이 존 왕에게 마그나 카르타를 서명하게 한 곳-옮긴이)에 세울 만하다면, 타일러의 기념비는 스미스필드에 세울 만하다.

184) 9월 29일.
185) (원주) 외국에 대한 음모, 외국과의 전쟁, 외국 영토의 지배가 금은의 양이 부족하게 된 중요한 이유들이다.
186) '나막신'이란 프랑스의 비참한 농부를 가리킨다.
187) (원주) 나는 1688년 혁명 백주년 기념제 때 우연히 영국에 있었다. 윌리엄과 메리의 성격은 언제나 나에게 역겹게 보였다. 자신들이 권력을 잡기 위해 윌리엄은 삼촌을, 메리는 아버지를 쫓아내려 했다. 그러나 국민은 그 사건을 달리 생각하는 경향이 있어서, 그 사건의 모든 명예를 어느 한 개인, 즉 그 일을 하나의 돈벌이로 받아들이고, 받을 것은 다 받은 뒤에도 다시 그를 네덜란드에서 싣고 온 작은 함대 비용으로 60만 파운드를 요구한 인간에게 돌린다고 느껴져 나는 불쾌했다. 조지 1세는 윌리엄 못지않게 인색하게 행동했고, 왕으로서의 연봉보다 더 많은 25만 파운드를 영국에서 확보하고 그 돈으로 브레멘 공국을 구입했다. 이처럼 그는 영국의 돈으로 그 공국을 구입하고 그것을 하노버 영토에 더해 사익을 취했다. 사실 자치하지 못하는 모든 나라는 돈벌이에 지배된다. 영국은 혁명 이래 줄곧 돈벌이의 희생양이 되어왔다.
188) 찰스 2세(Charles the Second, 1630~1685)는 크롬웰 혁명 후 왕정복고에 의해 영국 및 아일랜드의 왕(1660~1685년 재위)이 되었다.
189) (원주) 찰스는 그 앞뒤의 왕들처럼 전쟁이 국가의 수확임을 알고 네덜란드와 전쟁을 일으켰다. 1666년 기록에 의하면 그 전쟁비용이 1년의 지출을 180만

파운드로 증가시켰다. 반면 평시 재정은 120만 파운드에 불과했다.
190) 차례로 barrel, hogshead, hundred weight, tun. 모두 부피나 액량을 재는 단위다.
191) 구빈세는 세금이 오르기 시작한 헨리 8세 때 시작되었고, 그 후 세금이 오를 때마다 언제나 올라갔다.
192) 이탈리아의 로렌조 톤티(Lorenzo Tonti)가 고안한 연금법.
193) 레오폴드 2세(Leopold II)는 1747~1792년에 재위한 오스트리아의 황제.
194) 프리드리히 2세(Friedrich II)는 1740~1786년에 재위한 프러시아의 대왕.
195) 카타리나 여왕(Catharine II)은 1762~1796년에 재위한 러시아의 여왕.
196) 콘윌리스(Charles Cornwallis, 1738~1805)는 영국의 귀족.
197) 티푸 사이브(Tipoo Saib, 1799년 사망)는 인도의 황제.
198) (원주) 한 가구의 가족수를 5명으로 잡고, 가족당 세액을 계산해보면 가구당 연평균 12파운드 17실링 6펜스의 세금을 낸다. 여기에 다시 구빈세가 부가되어야 한다. 소비하는 물품에 대해서는 누구나 세금을 내지만 모두가 구빈세를 내지는 않는다. 약 200만 명은 면제된다. 가구주가 아니어서, 또는 무능력자여서, 또는 감세를 받는 빈민이어서이다. 따라서 나머지 수에 대한 평균 구빈세액은 5인 가족 가구당 40실링이 되고, 따라서 세금과 구빈세의 금액 평균은 14파운드 17실링 6펜스가 된다. 6인 가족이면 17파운드 17실링, 7인 가족이면 20파운드 16실링 6펜스가 된다.

새로운 대의제 국가 아래 미국의 평균 세액은, 전시에 체결된 국채의 이자를 포함하고, 또 인구를 날마다 늘고 있지만 현 수준인 400만 명으로 잡고, 남녀노소 할 것 없이 한 사람에 5실링이다. 따라서 두 정부 사이의 차이는 다음과 같다.

	영국	미국
5인 가족	14파운드 17실링 6펜스	1파운드 5실링 0펜스
6인 가족	17파운드 17실링 0펜스	1파운드 10실링 0펜스
7인 가족	20파운드 16실링 6펜스	1파운드 15실링 0펜스

199) (원주) 공립학교는 빈민의 일반적인 목적을 충족해 주지 않는다. 공립학교는 주로 자치단체에 있고, 촌락이나 마을에는 없다. 촌락에나 마을에 있는 경우에도 거리가 멀어서 엄청난 시간의 낭비를 초래한다. 빈민에게 유용한 교육은 사는 데서 가까운 곳에서 이루어지는 것이라야 하고, 그 최선의 방법은 부모에게 스스로 교육비를 지급하게 하는 것이라고 나는 믿는다. 모든 마을에는 그런 교육을 할 수 있는 인물이 남녀 어느 쪽에나, 특히 나이가 들어가는 층에 있기 마련이다. 각각 10실링씩 내는 20명의 아동이 모이면 (그것도 매년 6개월 이상이 아니다) 영국의 변두리 지방에서는 웬만한 생활비가 되고, 그런 수입도 좋다고 받아들일 불쌍한 목사 과부도 흔하다. 이런 식으로 아동에게 부여하는 것이 무엇이건, 두 가지 목적은 달성된다. 즉 아동에게 교육을 부여하고, 아동을 교육하는 사람에게는 생계수단을 부여하는 것이다.

200) 첼시 수용소(Chelsea College)는 런던 남서쪽에 있던 노병 수용소.

201) 대체세(commutation tax)란 물품세를 면제시키는 대신 받아들이는 가구세와 같은 세금을 말한다.

202) (원주) 귀족들에게 면세 조치가 내려진 판매용 맥주에 대한 세금액은 1788년 보고에 의하면 166만 6152파운드로서 오늘날의 대체세액보다 거의 100만 파운드나 더 많다. 따라서 귀족들은 대체세액보다 거의 100만 파운드 더 많은 세금을 면제받고 있으므로 대체세액은 귀족들이 부담해야 한다.

203) 곡물거래에 대한 보고서 참조.

204) 1720년대부터 1790년까지 노동자의 단결을 금지하는 거의 40개 정도의 법률이 제정되었으나 대부분 효과가 없었다.

205) (원주) 빈민의 상태를 살펴보면 다양한 곤란 상태에 처해 있음을 알게 된다. 따라서 위에서 이미 제안된 것보다 나은 상이한 조치가 나올 수 있다. 가령 가족을 부양해야 하는 과부는 남편이 있는 경우보다 결핍이 더욱 심하다. 또한 각 지방에 따라 생활비가 다르고, 연료비의 차이는 더욱 크다.

그래서 극빈자 5만 가구에 매년 가구당 10파운드를 지급하면　　50만 파운드
극빈자 10만 가구에 매년 가구당 8파운드를 지급하면　　　　80만 파운드
극빈자 10만 가구에 매년 가구당 7파운드를 지급하면　　　　70만 파운드

극빈자 10만4천 가구에 매년 가구당 5파운드를 지급하면	52만 파운드
그리고 다른 아동의 교육을 위해 1인당 10실링 대신 가구당 50실링씩 5만 가구에 지급하면	25만 파운드
소계	277만 파운드
14만 명의 노인에 대한 급여를 앞에서 설명한 것처럼 하면	112만 파운드
계	389만 파운드

위 계산은 교육비 25만 파운드를 더하는 경우 앞에서 말한 금액과 같게 된다. 그러나 이는 (노인을 포함하여) 40만 4000가구를 구제하는 것이 되고, 이는 영국 전 가구의 거의 3분의 1에 해당된다.

206) 이어 피트에 대한 약간의 비판이 나오나 문맥에서 벗어나는 것이고 본문의 이해에 반드시 필요한 것이 아니므로 번역을 생략한다.

207) 이하 세금 부과에 대한 구체적인 방법에 대한 약간의 설명도 번역을 생략한다.

208) 젤(Zell)은 네덜란드의 한 지방.

209) 고트족(Goths)과 반달족(Vandals)은 로마를 침입하여 약탈한 게르만족.

210) 정화(specie)란 금화나 은화와 같이 명목가치와 액면가치가 같은 본위화폐를 말한다.

211) (원주) 전제제도가 프랑스에서 오래 지속되지 않는다는 것이, 그 나라의 일반 시민들 사이에서만이 아니라, 과거 국민의회의 중요한 의원들인 가장 계몽된 인사들 (다른 사람보다 사건을 더욱 깊이 통찰하는 사람들이 항상 있다) 대다수의 의견이라는 것을 나는 알고 있다. 그들은 지혜가 세습적으로 만들어 질 수 없듯이 권력도 세습될 수 없고, 국민으로부터 100만 파운드나 받을 만한 사람이면 원자로부터 우주에 이르는 모든 것을 이해할 수 있는 심성을 가져야 하며, 만일 그런 심성을 가진다면 그만한 보수를 받을 수 있다는 것을 깨달았다. 그러나 그들은 국민의 이성과 이익이 지시하는 것보다 더욱 빠르게 국민을 이끄는 것처럼 보이지 않도록 희망했다. 지금까지 이 문제에 대해 내가 제시해온 모든 대화에서 나의 생각은 다음과 같은 것이다. 즉 국민의 일반 여론에 의해 그러한 때가 오면, 명예롭고 관대한 방법은, 어느 누구든 간에 당시 군주의 지위에 있는 사람에게, 세습 부동산물권으로 그럴싸한 선물을 주어,

은퇴해서 사생활을 즐기도록 하되, 일반인과 마찬가지로 권리와 특권을 누리게는 하지만, 다른 시민 이상으로 그의 시간과 행위에 대한 책임이 공공에게 부여되지 않도록 하는 것이다.

212) 랜다프 주교(Bishop of Landaff, Richard Watson, 1737~1816)는 나중에 페인의 종교론인 《이성의 시대(Age of Reason)》를 반박한 《성경의 변호(An Apology for the Bible)》(1796)의 저자다.

213) 이후 '부록'이 이어지는데 번역을 생략한다.

214) 《브리태니커 사전》에서는 50만 부라고 하나 의문이다.

215) 배영수 역, 새물결, 1999.

216) 베일린, 330쪽 재인용.

217) E. P. 톰슨, 나종일 외 역, 《영국 노동계급의 형성》, 창작과비평사, 2001, 상, 33쪽. 이하 이 책은 톰슨으로 인용함.

218) 톰슨, 상, 130쪽.

219) 톰슨, 상, 132쪽.

220) 톰슨, 상, 133쪽.

221) 톰슨, 상, 133~134쪽.

222) 톰슨, 상, 134쪽.

223) 톰슨, 상, 135쪽.

224) 톰슨, 상, 135쪽.

225) African Slavery in America, Thomas Paine, *The Complete Writings of Thomas Paine*, Philip S. Foner (ed.), Citadel Press, 1969, vol. 2, p. 18. 이하 이 책은 *The Complete Writings*로 인용함.

226) *The Complete Writings*, vol. 2, p. 21.

227) Plan of a Declaration. *The Complete Writings*. vol. 2, pp 558~560.

228) 에릭 홉스봄, 김동택 외 역, 《저항과 반역, 그리고 재즈》, 영림카디널, 2003, 18쪽.

토머스 페인_ 미국독립혁명과 프랑스혁명 시기 미국의 사상가, 언론인, 저술가, 정치혁명가로서 미국 독립에 사상적 기초를 제공했고, 조지 워싱턴 등 미국 초기의 정치지도자들에게 큰 영향을 끼쳤다.

페인은 1737년 영국에서 태어났다. 열네 살에 학업을 중단하고 아버지의 직업을 이어받아 코르셋 장인이 됐다. 이후 교사, 담배업자, 하급 세무공무원 등으로 취업과 해직을 되풀이했다. 1772년에는 세무관료의 부패를 척결하는 유일한 방법으로 그들의 보수를 올려야 한다고 주장하는 글을 발표했다가 세무서에서 해고당하기도 했다.

1774년 페인은 세무공무원으로 일하던 중 만난 벤저민 프랭클린의 권유로 아메리카로 갔다. 이후 〈펜실베이니아 매거진〉에서 일하면서 미국 독립전쟁을 지지하는 여러 편의 팸플릿을 발표했다. 그중 1776년 1월에 발표돼 15만 부나 팔린 팸플릿《상식》은 영국에 대한 아메리카의 자주적이고 완전한 독립을 주장한 것으로 6개월 뒤〈독립선언문〉이 나오는 데 직접적인 역할을 했다.

미국 독립 이후 잠시 정치에서 물러나 있던 페인은 1787년부터 영국과 프랑스를 오가며 다시 정치활동을 재개했다. 1790년 버크가 프랑스 혁명을 비판하는 글을 발표하자 이에 반박해 1791년과 1792년 두 차례에 걸쳐《인권》을 발표했다. 프랑스 혁명을 옹호하고 영국인들에게 공화국을 세울 것을 호소한 이 글로 인해 페인은 영국에서 반역자로 몰려 법익을 박탈당하고 가까스로 프랑스로 탈출했다. 이후 프랑스 국민공회 의원으로 선출되는 등 혁명세력에 동참해 활동하다가, 루이 16세의 처형을 반대한 이유로 룩셈부르크 감옥에 투옥되지만 로베스피에르의 실각과 함께 석방됐다.

1802년 페인은 제퍼슨 대통령의 요청으로 다시 미국으로 돌아갔다. 하지만 너무도 급진적이고 자유로운 사상을 가졌던 그는 미국 보수주의자들의 질시를 받았다. 결국 페인은 과거 독립혁명의 영웅이 아니라 혐오스런 무신론자로 배척당하다가 1809년 빈곤과 고독 속에서 파란 많은 생을 마쳤다.

옮긴이 박홍규_ 1952년 태어나 영남대학교와 일본 오사카 시립대학에서 법학을 공부한 뒤 창원대학교 교수를 거쳐 영남대학교 교수로 있다. 미국 하버드대학교, 영국 노팅엄대학교, 독일 프랑크푸르트대학교에서 법학을 연구했으며 일본 오사카대학교, 리츠메이칸대학교, 고베대학교에서 강의했다.

민주주의법학연구회 회장을 지냈고, 전공인 노동법 외에 헌법과 사법개혁에 관한 책을 썼으며,《법은 무죄인가》로 백상출판문화상을 받았다. 이 밖에 빈센트 반 고흐, 프란시스 데 고야, 오노레 도미에, 베토벤, 프란츠 카프카, 조지 오웰, 에리히 케스트너, 에리히 프롬 등의 평전을 썼고 이반 일리치, 미셸 푸코, 에드워드 사이드, 머레이 북친, 윌리엄 모리스 등의 책을 번역했다.

상식, 인권

지은이 | 토머스 페인
옮긴이 | 박홍규

1판 1쇄 펴낸날 | 2004년 12월 15일
1판 6쇄 펴낸날 | 2020년 4월 20일

펴낸이 | 문나영

펴낸곳 | 필맥
출판신고 | 제2003-000078호
주소 | 서울시 서대문구 경기대로 58, 경기빌딩 606호
홈페이지 | www.philmac.co.kr
전화 | 02-392-4491 팩스 | 02-392-4492

ISBN 89-91071-08-2 (03190)

* 잘못된 책은 바꿔드립니다.
* 값은 뒤표지에 있습니다.

이 도서의 국립중앙도서관 출판예정도서목록(CIP)은 서지정보유통지원시스템 홈페이지(http://seoji.nl.go.kr)와 국가자료종합목록시스템(http://www.nl.go.kr/kolisnet)에서 이용하실 수 있습니다. (CIP제어번호: CIP2004002086)